新时代
广东高职教育发展研究

主　编　骆少明　江　洧

副主编　陶　红　李　铁

北方妇女儿童出版社

图书在版编目（CIP）数据

新时代广东高职教育发展研究 / 骆少明，江洧主编．

－－长春：北方妇女儿童出版社，2018.12

ISBN 978-7-5585-2866-8

Ⅰ . ①新… Ⅱ . ①骆… ②江… Ⅲ . ①高等职业教育

－发展－研究－广东 Ⅳ . ①G718.5

中国版本图书馆 CIP 数据核字 (2018) 第 251737 号

XINSHIDAI GUANGDONG GAOZHI JIAOYU FAZHAN YANJIU

新 时 代 广 东 高 职 教 育 发 展 研 究

主　编 / 骆少明　江　洧

副 主 编 / 陶　红　李　铁

责任编辑 / 王天明

出　　版 / 北方妇女儿童出版社

发　　行 / 北方妇女儿童出版社

印　　刷 / 长春市天艺印务有限公司

开　　本 / 787mm×1092m 1/16

字　　数 / 700千字

印　　张 / 26

版　　次 / 2018年12月第1版

印　　次 / 2018年12月第1次印刷

书　　号 / ISBN 978-7-5585-2866-8

定　　价 / 78.00元

前　言

改革开放 40 年以来，在党和政府的关怀下，我国高等职业教育经过全面恢复、初步创立、规范发展、规模发展、内涵发展五个阶段，取得了举世瞩目的辉煌成就。随着新时代社会主要矛盾的转变，人民群众对高质量、高层次的职业教育需求更加旺盛，这为高等职业教育发展带来了全新的机遇与挑战。如何实现新时代广东高等职业教育的可持续发展、跨越式发展成为广东省职业教育发展的新课题。为深入学习贯彻习近平新时代中国特色社会主义思想和党的十九大精神，系统总结广东省高等职业教育改革发展的成功经验和理论创新成果，2018 年 12 月，广东省高等职业技术教育研究会在广东水利电力职业技术学院召开"2018 年广东省高等职业技术教育研究会学术年会"，围绕"新时代广东高职教育发展"的议题，主要讨论乡村振兴战略下广东欠发达地区职业教育的发展路径，粤港澳大湾区职业教育建设的探索与实践，新兴信息技术对广东职业教育的变革与影响，以及新时代广东职业院校教师队伍建设的理论与实践等问题，以总结广东省高等职业教育发展的理论与实践经验，为推进新时代广东高等职业教育可持续发展、跨越式发展提供有价值的参考意见。

为了总结本次会议的研究成果，方便学者间的交流，广东省高等职业技术教育研究会和广东技术师范学院、广东水利电力职业技术学院共同收集整理并出版了本次会议的论文集《新时代广东高职教育发展研究》。本书总计收录了来自国内职业教育学者的参会学术论文 100 余篇，内容涉及职业教育课程与教学研究、职业教育人才培养研究、职业教育专业设置和院校管理研究、职业教育实践研究以及乡村教育与产业发展研究等方面。此次收录的论文代表了国内部分学者当前的研究观点，对于职业教育学科今后的发展具有理论研究价值和实践指导意义。

《新时代广东高职教育发展研究》编委会

2018 年 11 月

目 录

课程与教学研究

人才培养研究

专业设置与院校管理

教师与学生

职业教育实践研究

乡村教育与产业发展

课程与教学研究

科技迭代加速背景下的广东高职教育教学创新系统运作研究[①]

杨　静[②]　杨明婉[③]

摘　要：在技术迭代加速发展的时代，人们获取各行业的数据越来越快捷，怎样通过比较、推理、联系、交谈等方式将数据社会中获取的大数量信息快速转化为知识，广东高职教育教学面临着新的挑战。本文基于粒子群算法，借助于支持向量机建立了广东高职教育教学系统运作模型，研究了影响课程、学习方式、组织管理等方面创新要素之间的关系，得出了张扬个性、创新意识与学校管理标准具有二律背反定律的结论，同时也说明了技术加速迭代可以降低教育成本，提高教育收益。

关键词：科技迭代　高职教育教学　支持向量机

一、基于支持向量机算法的高职教育教学质量分类

支持向量机在解决高职教育教学在信息时代创新发展参数的有效性与无效性分类诊断问题。支持向量机利用最优化方法解决高职教育教学影响因子质量问题，利用最优分类超平面完成样本的分类。

假设给定一个特征空间上的训练数据集

$$T=\{(x_1, y_1) \mid x_i \in R_N, y_i \in \{+1, -1\}, i=1, 2, \cdots, n\} \tag{1}$$

其中，x_i 为第 i 各特征向量，y_i 为 x_i 的类标记。

再设有一个分类超平面 H 使样本完全分开，并使间隔最大化。那么，分类超平面 H 方程为

$$(w \cdot x) +b=0 \tag{2}$$

此方程由法向量 w 和截距 b 决定，可用（w, b）表示。为了使所有样本点 (x_1, y_1) 能满足函数间隔大于等于 1 的约束条件，那么间隔分离超平面

$$y_i((w \cdot x_i) +b) -1 \geqslant 0 \tag{3}$$

---

① 资助项目：广东轻工职业技术学院项目（JG201820）。

② 杨静（1969–），广东轻工职业技术学院副教授（华南理工大学在读博士生），研究方向为管理科学与工程。

③ 杨明婉（1991–），博士研究生，华南农业大学经济管理学院，研究方向为农村金融。

引入拉格朗日函数，获取最优分类超平面

$$L = \frac{1}{2} \| w \|^2 - \sum_{i=1}^{n} a_i [y_i (w \cdot x_i + b) - 1] \qquad (4)$$
(w, a, b)

其中，Lagrange 因子 $a_i \geqslant 0$，$i = 1, 2, \cdots, n$

对 w 求偏导，得

$$\frac{\partial L}{\partial w} = w - \sum_{i=1}^{n} a_i y_i x_i = 0 \qquad (5)$$

所以，

$$w = \sum_{i=1}^{n} a_i y_i x_i \qquad (6)$$

对 b 求偏导，得

$$\frac{\partial L}{\partial b} = -\sum_{i=1}^{n} a_i y_i = 0 \qquad (7)$$

所以，

$$\sum_{i=1}^{n} a_i y_i = 0 \qquad (8)$$

通过大量的实验与研究结果发现，目前对待支持向量机分类参数的选择问题上，国内外尚不具备较为系统的理论或规范标准，大多采取经验样本选择，增加了大量人为的主观因素。或者用交叉验证法建立各种模型，进行方案选择和比对，增加实验工作量和工作时间，甚至在某特定环境下无法选择最优组合方案。为此，在（6）、（8）式中，当前的支持向量机在解决高职教育教学影响因子质量分类诊断的问题当中，对于样本分类很难做到最优组合选择。

二、基于粒子群算法的余热回收热能质量分类

由于算法的智能化和自动化的发展，以上的困扰问题也逐渐得以解决。利用智能优化算法与支持向量机算法相结合，选择粒子群算法用于支持向量机高职教育教学运作系统中影响因子质量诊断工作将更加具备全局最优的现象，易于整体实验的进行和操作。

粒子群算法的基本原理为假设一个 D 维搜索空间内部，存在着 m 个高职教育教学系统创新影响粒子。并且这些粒子组成一个完整的粒子群。并且对其中第 g 个粒子进行位置标记，标记的运动向量为 $x_g = (\ )$ $x_g = (x_{g1}, x_{g2}, \cdots, x_g)$ $g = 1, 2, \cdots, m$，粒子 g 所经历的所有位置当中，x_g^n 和 v_g^n 分别表示第 g 个粒子速度和位置。ω_g 一般初始为 0.9，然后随着进化过程线性递减到 0.4，c_1 and c_2 是群体认知系数，$rand_1$ 和 $rand_2$ 是两个

[0，1] 区间上的随机数，$pBest_g^n$ 表示每个粒子各自维护一个自身的历史最优位置向量；$pBest_g^n$ 表示群体维护一个全局最优向量，具有收敛的作用。为此，计算在 n +1 的粒子群当中第 g 个粒子的 D 维度计算算法公式如下：

$$v_g^{n+1}= \omega \times v_g^n + c_1 \times rand_1^n \times (pBest_g^n - x_g^n) + c_2 \times rand_2^n \times (pBest_g^n - x_g^n)$$

$$x_g^{n+1}= x_g^w + v_g^{n+1} \tag{9}$$

这种算法具有优越的搜索高职教育教学系统影响因子，尤其是在初期的搜索过程中，其收敛速度较快，表现出极强的运算能力。

三、广东高职教育教学系统运作优化模型建立与应用

本文以广东高职教育教学系统形成的基础设施、学习方式、教育流程运行数据为基础进行研究，借助于粒子群优化算法与支持向量机识别技术，分别在空间、课程、学习方式、组织管理不同创新模式，对影响广东高职教育教学的因素进行调整试验，其中，专业设计类别 32 个工况，课程协同 26 个工况，在职教师队伍 13 个工况，学生活动 38 个工况，共 109 个工况作为训练样本，用来预测广东高职教育教学在创新发展系统水平。应用支持向量机，建立广东教育教学创新系统运作优化模型。

将（1）式中的高职教育教学运行样本 (x_i, y_i) 经由非线性映射转化成高维空间中的线性问题，为此需要使用核函数 $K(x, z)$ 代替最优分类函数中的内积运算。当确定了适当的核函数 $K(x, z)$，并且适当调整相应参数，即可得到最优分类函数：

$$f(x) = sign[\sum_{i=1}^{n} a_i^n y_i K(x_i, x) + b^n] \tag{10}$$

其中未知向量 $x \in R^n$

获得最优分类 $f(x)$ 后，就完成了支持向量机对高职教育教学影响因子质量分类构造。利用所建模型分析单个因素对广东高职教育教学运作系统的影响进行定量分析。

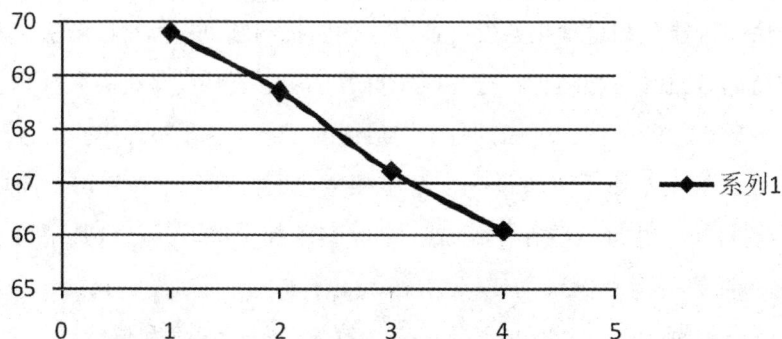

图1 广东高职教育教学管理标准对学生活动质量的影响

社会发展强调人的个性发展，关注学生的个性多样化，关注学生的创新意识和实践活动，图 2 显示，增加一单位的学生活动复杂化，即学生的个性多样化从 2 增加到 3，学校管理松弛度就要从 68.7 下降到 67.1。张扬个性、创新意识与学校管理标准具有二律背反定律。

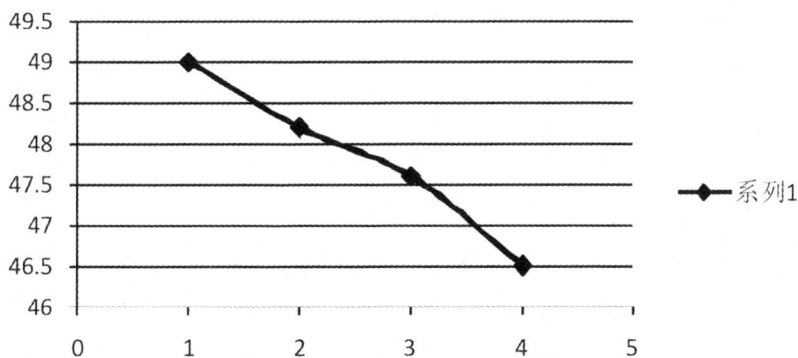

图2　技术更新与广东高职师生获取信息的影响

从课程协同数据中，教学媒体的采集数据变化（从图 2 中），可以看出信息技术提升一个年份的单位，广东高职院校师生获取专业信息的难度有下降的趋势。

四、结论与启示

1.基于粒子群算法和支持向量机建立的广东高职教育教学系统模型，其中采用未经预处理的数据进行预测，其结果显示张扬个性、创新意识与学校管理标准具有二律背反定律。下一篇论文着重点研究广东高职教育管理组织创新与成本，尝试建立发扬学生自主个性与学校管理关系模型，控制决策变量，以供研究者参考。

2.信息技术可以降低教育成本，提高教育收益。技术的迭代使信息具有了明显的是开放性、草根性、多元化、个性化和大众化的特征，促使了互联网发展，进而对社会产生的影响是全方位、整体和深刻的。

今后研究的另一个着重点就是关于技术进步对广东高职教育教学的贡献。探讨技术革新教育的路径选择，努力探索把教师当作研究者和创造者，而非教书匠适应技术迭代背景的新模式。广东高职教育是"农业"，而非"工业"，技术进入教育绝不是要塑造一个统一的、标准化的教学流程，而是通过优化教育资源配置，让教育教学变得更有智慧。技术能够取代的只是旧行业中的机械劳动，把教师从教育教学的重复性劳动中解放出来，从而有更多的时间和精力去做那些富有创造性的工作。

基于课程思政视角的大学英语教材改革的探索

黄奕云①

摘　要：语言与文化是一对不可分割的联系。本文将从"课程思政"的视角，调查发现当前传统文化渗透大学英语教材存在的不对称问题，从新时代对课程改革的新要求出发，并结合当前的"新工科"和"新文科"的鲜明特色，提出修订或制订新的课程标准，彰显语言的人文性特点；渗透本土文化教育元素，实现跨文化交际和培养思辨能力，科学地接收异国文化与传播本土文化等三大解决措施，以期对当前大学英语教材存在的问题提供参考与帮助。

关键词：课程思政　大学英语　教材　改革　探索

一、发现问题

语言与文化是一对不可分割的联系。Kramasch（1998）指出：语言表述、承载也象征文化现实。语言与文化这种关系，国外的语言学界已经有系统的论述（Samovar et al.，2000），我国语言学界也有对语言、文化与社会三者之间关系的专著与文献（陈原，1980；邓炎昌、刘润清，1989）。但是，根据课题团队调查与团队教师们的亲身教学实践，发现现有大学英语教材存在以下三个比较明显的问题，分述如下：

（一）重知识性，弱交际性与人文性

我国历来重视英语语言学习，据教育部《2017年全国教育事业发展统计公报》透露，我国目前拥有近3亿英语学习者。据课题团队调查发现：不管是学校英语教育还是社会上的英语培训，大多数教材仍然沿袭以英语语言知识为主的教学内容；也有一些教材设计听说任务，但是由于课时限制、班级人数多、应试考级的要求等原因，说的技能即交际的技能往往被自学或被忽略，使得交际技能无法得到科学合理的演练；同时人文性作为语言的三大性质之一，由于相同的原因，或多或少被弱化了，大部分教材鲜见人文内容；导致英语语言的知识性过度地被要求学习与考核，大学英语课程的目标变成为了英语考证而学英语，而不是为了会用英语交际和思辨本土与异邦的文化差异而学习，因而，

---

① 黄奕云（1976–）女，副教授，研究方向：语言学与应用语言学。

"哑巴英语"随处可见。

（二）重语言轻文化，尤其轻本土文化

一直以来，我国英语学习者对英语国家文化、西方国家的文化和发达国家的文化，存在一个理解的误区，容易患以偏概全的毛病，往往把英语国家文化、西方国家的文化和发达国家的文化三者等同起来。同时，只关注英语国家的表层性的文化，不关注本族文化与英语国家文化的差异。譬如，跟风庆祝圣诞节，感恩节，而不关注这些节日的来源、节日的性质、庆祝方式和庆祝的地区；赶潮流给孩子起英文名，只知道按照中国的本土文化的意义，把对应的中文翻译成英文。譬如，猴子在我国象征聪明、活泼、机智、忠诚、吃苦耐劳与嫉恶如仇，所以就给男孩起名为 Monkey，并不知晓 Monkey 在英语国家中并无这些含义，因此，在交际的过程中就会出现障碍。此外，只传播浅表性的本土文化到海外。譬如，我国北方通过包饺子庆祝春节，南方通过吃团圆饭庆祝春节，但是这种习俗的由来，演变与发展，教材上并没有深入的论述与分析。再譬如，龙的文化内涵，红色、黄色的含义等都只停留于浅表性的认识。由于重语言轻文化，很多教材基本上轻描淡写，甚至不涉及，片面地凸显英语的语言知识与技能培养，大学英语教材俨然成了一本英语培训的资料。本世纪初,我国已有学者指出:我国英语教学中存在"中国文化失语"的缺陷（从丛，2000）。文秋芳（2016）认为：这一缺失至今仍未彻底得到解决。英语教师或多或少也存在侧重英语国家文化而浅学中国文化的毛病，学生更是这样，这方面急需"补课"，尤其在教材编写与修订上面。有了好教材，教学就有了抓手。

（三）重解题能力轻思辨能力

《礼记·中庸》云：博学之，审问之，慎思之，明辨之，笃行之。概括了古人对学习的五种态度。意思就是：学习要广泛涉猎，有针对性地提问请教，学会周全地思考，形成清晰的判断力以及用学习得来的知识和思想指导实践。

纵观我国小学到大学的英语教材，练习题的设计占据半壁江山，题海战术成了应试的有效手段，师生们都习以为常，很多学习者成了被灌输的对象和解题的机器。慎思与明辨被扼杀在摇篮里。实践证明，过去的英语教材里，少看到针对培养学生批判性思维的习题，学生只管解题，校对答案，听老师评析题目，很少有让学生评析设计题型的意图，考点，这些题目可以培养学生的哪一种能力。老师只知道教学生怎么解题，批改题目，鲜少教育学生质疑这些题目的答案，或者寻找更多的解题路径。不管是教材设计思路还是练习题的设计目的，学生尽量不问"为什么"，只管按照老师的思路去完成任务便是好学生，思辨能力缺少培养的沃土。

二、分析与解决问题

Widdowson（1983）指出，语言学习要确立学习目的，而大部分学习语言的目的都是为了交流，尤其是进行跨文化交流。因此，本文提出以下三点解决措施，力求为当前我国传统文化渗透大学英语教材的改革提供参考与帮助。

（一）修订或制订新的课程标准，彰显语言的人文性特点

课程标准是纲领性的指导文件，是大学英语教材编委编撰教材的依据。为了满足新时代思想政治教育渗透大学英语课程这一新的目标，该课程的内容、实施、评价都要围绕这一目标来改革。一方面，本文呼吁有关部门积极组织教务处、高职研究所、马克思主义学院、外语学院的领导、管理人员和一线教师共同研讨，分工合作，制订渗透我国传统文化、我国的公民价值观、大国治国方略、大国工匠精神、技术创新精神、大国礼仪、职场文化、爱国主义，集体主义，事业与家庭关系的大学英语课程标准，让教材编撰的教师们有纲可循。

（二）渗透本土文化教育元素，实现跨文化交际

刘润清（1999）指出，在外语教学中对学生进行文化教育，应本族文化与西方文化并重。跨文化交际是双向交流的，要求交流的过程不单是吸纳异国文化，而且要传播本土文化。因此，编委们在设计大学英语教材的时候，就必须充分考虑本土文化的渗透，弥补过去轻文化，特别是鲜少体现本土文化的缺失；同时，为了方便学习者把我国的文化传播出去。

（三）培养思辨能力，科学地接收异国文化与传播本土文化

Lado（1967）在倡导语言结构对比的同时，也提出了要对不同的文化进行对比，以帮助学生克服外语学习中由于文化背景不同所引起的学习上的困难。实现跨文化交际畅通，就必须培养学生的跨文化思维与思辨能力，切忌崇洋媚外，全盘接收异国的文化习俗。

三、结束语

"课程思政"是我国新时代教育教学改革的重点，大学英语作为一门公共选修课程，是各个专业传播专业工匠精神的媒介，它承载着语言的知识性、交际性与人文性的重任，因而，大学英语教材的改革任重道远。本文在前人研究的基础上，从新时代"课程思政"的视角，结合自身的教学实践与课题团队的研究探索，发现分析当前大学英语教材弱交际与人文，轻文化学习与缺思辨能力培养等三大问题，从新时代对课程改革的新要求出

发，提出修订或制订新的课程标准，彰显语言的人文性特点；渗透本土文化教育元素，实现跨文化交际和培养思辨能力，科学地接收异国文化与传播本土文化等三大解决措施，以期对当前大学英语教材存在的问题提供燃眉之急。希望对我校其他公共课的"课程思政"改革提供实践指导与启发，对其他高职院校的公共课的课程"思政改革"提供参考，后续研究可在此基础进一步拓展延伸。

基于项目制教学的新时代高职艺术设计工作室平台形成机理研究[①]

刘 明[②]

摘 要：通过分析新时代背景下高职艺术设计教育在设计创新人才培养模式的重要性，以工作项目制教学模式为手段，运用高职院校工作室平台，以漆艺教学为例探讨高职艺术设计教育在当下的发展对策，以便更好地满足新时代我国经济建设和社会创新的需要。本文分析工作室平台在项目制教学模式下的运转流程，团队构成方式，并以案例提出工作室平台在项目制教学模式下搭建的基本策略，从而拓展高职艺术设计教育的新思路和新空间。

关键词：新时代 高职艺术设计教育 项目制教学 工作室 漆艺教学

一、新时代高职院校项目制教学模式与工作室平台的搭建

（一）项目制教学模式内涵

项目制教学模式是指：通过将常规教学任务贯穿于独立、完整的项目工程，并由教师团队、学生团队以及企业团队共同实施的创新型教学模式，目标在于把理论知识与实践教学更具针对性地联系一体，更高效地发挥学生团队的创新能力，培养学生面对实际问题的判断力与解决能力。高职教育近年以来坚持不懈地进行了理论上的研究和实践上的探索，对项目制教学模式的意义、含义、实施途径、教学方法等进行了论述。高职艺术设计教学导入项目制教学模式，一方面是将专业教学与实际设计项目相结合，在项目运行过程中边教学边实践；另一方面是与行业、企业的深度合作。与传统"虚题虚做"

①基金项目：2016年度广东轻工职业技术学院教育教学改革项目《以工作室为载体的高职装饰设计"项目教学"模式探索》，项目编号：JG201625。
②刘明（1982- ），男，广东轻工职业技术学院，讲师，文学硕士，研究方向：漆画创作、公共艺术设计。

或者"实题虚做"的教学模式相比，这种"实题实做"的模式对于新时代高职教育的人才培养目标和方式更有实效性，更有利高素质复合型技能人才的培养和锻炼。

（二）工作室平台是项目制教学模式实施的基本保障

工作室介入教学平台在艺术设计教育中并非标新立异的尝试。早在 20 世纪初期，作为现代设计教育启蒙的德国包豪斯学校就实行了以师徒制与艺术设计教学相结合的工作室教学模式。在工作室中，通过技师的手工艺教育，学生掌握和了解材料和机理、技术和工艺等之间的关系。当时的工作室制教学模式坚守"艺术与技术相统一，理论与实践一体化"的教育理念，与当下我国高教人才培养的要求非常吻合，因而对高职艺术设计院校以工作室为载体的教学模式具有宝贵的借鉴和指导价值。

二、新时代高职院校工作室平台的形成机理与实施

（一）校企联动建立工作室

适应新时代高职艺术设计教育的教学培养模式是解决当下人才培养与社会需求两者脱节的有效途径，其应该遵循高职教育人才培养和艺术设计行业人才成长的规律。建立工作室平台，需要学校联合企业发动双方资源、各司其职，由企业提供"项目"，学校创造"教学氛围"。目前企业在研发漆艺装饰品、设计与漆文化相关的建筑空间的专业人才方面而言不算缺乏，但是在以上设计方案的深化和执行环节可以说是捉襟见肘。原因是漆艺作为一门手工艺属性极强的专业门类，制作过程中需要专业的技术人员，同时漆艺对制作环境空间和时间的要求近乎苛刻，这对于大部分企业形成不可融合的局限性。但如果工作室利用校企设备、场所、技术以及人力资源等条件，则可以为企业提供漆艺相关项目研发的基础保障。校企联动建立工作室，企业可以把真实项目移植到工作室，专业教师从教学管理、绩效考核管理、学分管理、设备管理等方面制定实施相关制度。传统课堂和工作室平台"平行教学"与"交叉教学"结合，保证教学与实践的一致性，实现"工—学—商"一体化的项目制教学设计。

（二）建设专兼结合的"双师型"教学团队

高素质技能型人才的培养需要采用专兼结合的"双师型"教学团队。工作室的实施，特别是企业项目进驻学校工作室，能够使教学内容"贴近生产、贴近技术、贴近工艺"，前提是需要教师团队具备当下最前沿的专业知识和实践技能，始终能胜任教学环节的策划、组织和咨询工作。再者，聘请行业企业中有丰富实践经验的专业技术人员担任项目教学顾问。

（三）项目制教学模式的实施

项目制漆艺教学模式的实施过程是较为复杂的。首先，工作室学生团队的构成中年级、教学阶段，甚至专业方向存在差异，而漆艺本身又是一项在材料特性和工艺流程要求极为严格的工艺技术，这给教师团队在项目安排方面带来多层需要思考的问题；其次，当下漆艺项目的构成在技术难度、项目工期以及项目类型均存在较大差异，教师团队需根据项目的现实状况设置项目课题及团队配置，学生则在老师指导下制订设计方案、实施计划、制作模型样板、制作漆艺作品、运输、安装，最终完成任务。

三、依托工作室，带动专业建设的持久发展，形成有效的工学商一体化教学

（一）项目导入

在"项目导入"环节，指导老师的任务包括三个内容：首先，借助真实的漆艺创作项目实施，设立教学任务及教学目标、展示项目相关材料，让学生对该漆艺项目有全面、直观的概念，并制定具体的完成时间；其次，让学生明确具体任务要求，设置成果评价标准，并清楚认识任务完成后必须掌握的知识以及达到的专业技术水平；最后，根据学生现阶段的知识能力水平，对学生进行分组。

（二）计划制定

在"计划制定"环节，学生通过主动实验摸索与团队协作的方式相结合，对漆艺项目的教学任务及目标做分析领悟，确定项目会涉及的专业知识、工艺表现形式、综合材料等各种要素，充分运用过往所学的专业知识，基于项目要求进行决策，制定实施计划，为任务的实施做好充分的准备。

（三）方案实施

在"方案实施"环节，学生按照已制定计划逐步完成项目任务。漆艺项目实施一般需按照"漆样板或模型制作、漆艺作品实施与调整、成品包装与运输、现场安装与拍摄记录"的顺序流程进行。此过程中，教师对学生加以辅导，保证项目稳定进行同时也培养学生对团队的专业沟通能力。学生通过应用已学漆艺相关知识完成工作任务，完善知识的建构，培养职业岗位能力。

四、总结

本文所提出的教学思路与案例旨在凸显工作室平台在新时代高职艺术设计教育中的作用，使工作室教学平行于传统课堂教学，同时又与传统课堂教学交叉互补，紧紧围绕着社会、企业招聘人才需求，构建具有宏观设计理念的课程体系。本文拟对主题的阐述，

以漆艺装饰设计的实际项目执行为突破点，进而推导出新的艺术设计专业教学方法，并通过教学实践体现本文研究的成果，赋予研究改革行之有效的实践意义。主要体现在：

首先，通过漆艺教学，唤醒学生的中国传统文化意识，从漆工艺的学习让学生懂得以"工匠精神"迎接往后的生活和工作；

其次，通过工作室平台，让工作室教学区别于传统课堂教学，适应新时代高职艺术设计教育的教学培养模式改革；

最后，通过项目制教学的理论研究与教学实践，证明通过开展实际项目促进了高职院校的教学改革，提高职业教育的教学质量，满足新时代我国经济建设和社会创新的需要。

生态语言学视域下的高职英语写作生态课堂的构建

马爱梅①

摘　要：本文尝试在生态语言学视域下构建高职英语写作生态课堂。结合当前高职英语写作教学的实际，尊重英汉思维差异、语篇差异，保护语言的生态性。采用现代信息技术，构建混合式教学模式，采用多模态话语教学方式，以微课为载体，实现高职英语写作课堂生态系统的平衡以及学生写作能力的生态迁移。

关键词：生态语言学　写作　多模态话语　信息技术

一、生态语言学的概述

生态语言学（Eco-linguistics），又称为语言生态学（Ecology of Language），是一门新兴的学科，由生态学与语言学融合而成，为语言学的一个分支。传统的语言学将语言系统视为一个自足的结构系统，而生态语言学则认为语言系统是一个开放的生态系统，认为言语、语言的使用与外部环境是相互依存、相互作用的。语言生态学这一概念最早由斯坦福大学教授 E.Haugen 提出。E.Haugen（1972）将"语言生态"定义为"研究任何特定语言与环境之间的相互作用关系"，并将语言环境同生物环境作隐喻类比。自此，"语言生态"的隐喻开始为语言研究者们所广泛接受并运用。20 世纪 80 年代德国的 Bielefeld 大学的一批学者，进一步将生态学的原理与方法应用于语言研究领域，出现

---

① 马爱梅，罗定职业技术学院 外语系。

了以"生态语言学"或"语言生态学"为题的诸多著述,"生态语言学"学科理论框架得以形成。Halliday(1990)于国际应用语言学会议上就语言系统的非生态因素做了精辟的发言。此后,更多的研究者开始关注语言与生态环境之间的影响与作用,进而推动了语言与生态问题的研究(转自艾尔文·菲尔 2004)。

二、高职英语写作教学课堂生态因素失衡的表现

(一)外语教学课堂生态环境失衡

首先,英语写作课堂生态主体与生态环境失衡,高职外语课堂人数多为 40 人以上,人口密度大,违反了教育生态理论中的最适度原则和耐度定律,增加了生态主体学生的生理与心理压力,导致了外语课堂生态师生主体与课堂生态环境的失衡;其次,教学环境生态失衡。从教学的生态环境:社会环境、学校环境、个人环境三个层次分析,主要存在教师师资力量不足、教学思路陈旧、教学方法单一、教材资源有限、信息滞后、学生畏惧英语、疏于练习、缺乏互动等问题,以至于外语教学课堂的生态环境严重失衡。

(二)学生个性发展与教师主体地位的失衡

教学过程中教师为"教"的主体,学生为"学"的主体,教师与学生作为双生态主体共同作用于教育的整个过程,两者融为一体,构成教学的主要因素。

传统的课堂教学以客观主义认识论和建构主义理论为基础。客观主义认识论强调的是教的核心作用,忽略了学习者对学习的积极性与主动性;建构主义理论则把学习视为是意义的建构过程,虽然强调了学习者的主体性,但在建构的过程中常常把学习者与课堂环境孤立起来,忽略了学习者社会化主体性的培养,导致了学生的个性发展与教师的主体地位失衡。

(三)教学内容与实践运用失衡

目前,英语写作课堂教学大多仍采用传统的灌输模式,内容主要依赖于教材,教学重点仍偏重于理论知识的传授,大部分授课时间用于句法、措辞、句子、篇章结构等知识,而实践运用的时间很少,这种单一、枯燥的教学模式严重地抑制了学习者的自主学习能力的发挥以及创新思维的培养。而教学资源的不足及师资力量的缺乏,使得教师在繁重的教学与作业批改任务中无力进行教学方式的创新与实践活动的开展。因而出现了写作教学内容与实践运用的失衡。

三、高职英语写作生态课堂的构建

（一）实现教学理念生态化与课堂生态因素的和谐统一

高职英语写作课程的教学重点在于传授写作知识、培养写作技能，教师要给学生足够的创造空间和发展平台，因而教师要实现教学理念生态化。首先，教师要在专业知识与教学能力上保持平衡，实现教学能力结构的生态化。其次，由于教师的教学态度、心理特征直接影响到学生的学习心理与学习效果，教师必须改变以往的"教师绝对主导"的教学理念，要建立与学习者平等的关系，尊重学生的个性、心理、阶段特征，调动学习者的学习能动性。

（二）教学内容生态化

1. 教学中尊重英汉思维差异、语篇差异，保护语言的生态性

英汉思维模式存在很大的差异，汉语思维重整体性、领悟性，注重整体的关联，常把理论与感性联系到一起，习惯于从整体上考虑事务，采用螺旋型的思维模式，强调发散性思维，通常从细小的事务开始，重要的内容放在后面；而英语思维重个体性、理性，注重逻辑与推理，习惯于推理、证明及解释等思维形式，注重于个人价值的体现，通常以个人主体为出发点，采用直线型的思维模式。英汉两种语言思维的差异使得英汉句子表达时在主语、主题、物称、人称、主谓关系以及句子重心的表达上有很大的不同。

2. 教学素材、形式生态化

当前高职英语写作教学内容陈旧，主要体现在教学内容层次性不明显、素材不够新颖、实用性不强，写作训练任务通常围绕过级考试题材展开。学生在写作时往往出现内容空洞，思想和细节表达不充分，学生作文的逻辑性以及内容的深度与广度不够，因而其英语综合运用的能力及思辨能力不能得以有效的提高。因而教师在授课时必须对教学内容进行改革。

（三）采用现代信息技术，实现教学模式、方式生态化

1. 教学方式由传统的单模态向多模态转变

多模态话语是指运用听觉、视觉、触觉等多种感觉，通过语言、图像、声音、动作等多种手段和符号资源进行交际的现象。多模态话语研究兴起于上世纪 90 年代，其理论基础是 Halliday 的系统功能语言学与 Kress & van Leeuwen 的社会符号学语言是社会符号和潜势，语言以外的其他符号也有表达意义的功能。模态即"符号模态"，包括图像、声音、色彩、空间、手势等多种符号，多模态是指任何由一种以上的符号编码实现——的语篇符号资源。

2. 构建基于翻转课堂理念的混合式教学模式

翻转课堂是一种新兴的教学理念，其教学设计以合作学习理论、建构主义学习理论，和人本主义为指导思想，充分体现出以学生为中心、一切为了学生的教育教学理念，构建的是一个深化知识、动态生长的生态课堂。混合式教学模式就是要把传统学习方式的优势与数字、网络化学习的优势结合起来，做到既发挥教师引导、启发、监控教学过程的主导作用，又能充分体现学生作为学习过程学习主体的主动性、积极性与创造性。

3. 以网络为媒介、视频为载体，采用微课教学

微课具有主题明确、重点突出、短小精悍、便于自主学习等特点。由于信息技术的发展、人们生活节奏的加快，手机、电脑、网络已经成为E时代的大学生们学习生活不可或缺的部分，通过微博、微信、QQ等媒介获取信息，已经成为一种生活的常态。高职英语写作中将微课引入教学，学生可以利用碎片化的时间随时随地开展学习，有利于激发学生的学习兴趣。

（四）构建基于英语写作能力发展的生态评价体系

生态语言视域下的英语写作能力发展的焦点不再是以往的文本体现，而是人本的互动，它注重的是学习者的写作原因、写作方式、认知特点及文化背景等因素，因而需要一个多维的、动态评价体系。鉴于语言与环境之间的互动能够促进语言的发展（Haugen 2001），笔者尝试在英语写作教学的课内情境与课外情境下构建高职英语写作能力发展的多维动态评价体系。

四、结语

高职英语写作教学是一个系统的生态工程，该系统以学生为主体，教师为主导，充分发挥其他系统生态因子的双向或者多向互动作用。以生态语言教学观为指导，以系统功能语言学、社会符号学、建构主义学习理论、合作学习理论为基础，从教学理念、教学内容、教学方法、教学模式以及测评体系等方面的生态化探讨高职英语写作教学，为该课程教学提供了新的思路和方法，可以充分发挥写作教学中的各生态因子的作用，使写作课堂教学保持旺盛的生命力，实现写作教学的可持续发展，培养学生的写作能力与思辨能力。

"反思性实践"在高职(三二分段班)《护理技能综合实训》课程中的应用①

田京京②　陈晓霞③　张立力④

摘　要：目的：了解"反思性实践"教学法的应用效果，为三二分段班护生的技能教学提供重要的指导与建议。方法：随机抽取57名护生为对照组，使用常规法；57名护生为观察组，使用"反思性实践"法。比较其效果。结果：观察组四个项目反思后的考核成绩明显优于反思前、期末实训考核成绩明显优于对照组（P<0.05）。75%的护生认为多次考核可有效促进学习压力转化为动力；护生们的"循证护理"意识（85.9%）、"经深思的学习"意识（79.7%）等逐步形成。结论："反思性实践"教学可充分调动三二分段班护生的技能学习能动性，激发学习热情，培养自我深度思考的能力。实训教学需追踪临床动态，关注临床带教的薄弱环节适时调整方案，愿今后能以更正确的假设来指导其临床决策和护理行为。

关键词：反思性实践　三二分段班　护理实训教学　应用

为贯彻落实国家、省中长期教育改革和发展规划纲要精神，构建与现代医学相适应、体现终身教育理念、中高职教育协调发展的广东特色现代职业教育体系，2016年我校对口中职学校自主招生三二分段的护生近170多人。我校的高职护理（三二分段班）是从三所对口中职学校（肇庆医学高等专科学校中职部、潮州卫生学校和揭阳市卫生学校）招生过来的。因来自于不同地区的医学院校，学生的专业水平、能力及素质等方面相差甚远，且我校以往三二分段班的护理技能教学与全日制普专生的差异性不大，授课教师普遍认为"这些学生的专业水平不高、学习的积极性较差"，而学生则反映"教学的针对性不强、学习兴趣不大、教学效果不甚理想"等等。故此，授课教师团队需重新思考、探索真正适宜于这类高职护生的护理实训教学方法，本课题团队于2017年3月开始运用"反思性实践"法（源自于加拿大）进行实训教学的改革工作，现报告如下。

---

①课题项目：广东省高职教育医卫类专业教指委教育教学改革项目（编号：20171049）。
②田京京,女,湖南怀化,工作单位:肇庆医学高等专科学校,讲师、主管护师,硕士研究生,研究方向：护理教育、临床护理。
③陈晓霞,肇庆医学高等专科学校护理系。
④张立力,南方医科大学护理学院。

一、研究对象与方法

（一）研究对象

随机选取 2016 级高职（三二分段班）护生 114 名作为研究对象，均为女性，平均年龄为（19.67 ± 0.83）岁；均为护理专业中职毕业生，学制为 2 年；其中 57 名护生作为对照组，57 名护生作为观察组。纳入该研究的护生一般资料比较差异无统计学意义（P>0.05）。

（二）方法

对照组：采用常规法，分为 16 组。（1）平时：护理教师示范操作项目、讲解注意事项等全程不超过 15min。接着护生结合临床案例、操作流程和评分标准进行课堂、课后练习，教师还会进行不定期的操作抽查。（2）期末：技能考核采取小组制抽签，临考前 20min 随机抽取 1 个项目；每组连续进行两轮抽签考核，为公平起见，这两轮的项目抽签中护理老师需注意难易搭配；教师设置临床案例，依据评分标准考核护生。2. 观察组：采用"反思性实践"法，分成 16 组，主要围绕无菌技术、导尿术、生命体征的观察与测量、静脉输液等四个项目展开。（1）反思前：第一次课：护理教师示范操作、讲解注意事项等全程不超出 15min。接着护生分析临床案例，按照操作流程、评分标准进行课堂及课后练习。第二次课：护理老师逐组考核，每组抽取 1 名护生（四个项目轮替抽取组员）考核，与此同时该组成员对其进行操作考核的视频录制，考完后教师返还本次的评分表（内附详细的扣分细节）于护生。（2）反思后：护生根据录制视频、评分表及其他书籍、资料或网络资源等进行反思，在限定日期前（1 周左右）完成该项目的反思后考核，上交"反思笔记"。（3）期末：技能考核方案同对照组。

（三）调查工具

在"反思性实践"教学中，提升反思能力的一个重要方法是随机记录，也就是让学生撰写"反思笔记"。参照文献、访谈及咨询专家等设计了"反思笔记"问卷，该问卷包括回顾、阐述、分析、修正、新观点等五个部分。其中第一部分为单选，余下的四部分按要求书写。

（四）统计学方法

运用 SPSS 23.0 统计软件对数据进行录入、统计学分析。计量资料以（$\bar{x}$ ± s）表示，采用 t 检验；计数资料以百分比表示，采用 χ^2 检验。以 P<0.05 为差异有统计学意义。

二、讨论

高职（三二分段班）的生源均为护理专业中职毕业生，具有护士执业资格证书，历经了 8 个月以上的临床护理实习，积累了一定的临床实践经验，之前的实训教学照搬普专生的方法收效甚微，难以激发她们的求知欲与学习热情。

（一）切实提升高职实训教学的质量

反思（reflection），近代西方哲学中广泛使用的概念之一，又译为反省、反映。原意指光的反射，作为哲学概念是借用光反射的间接性意义，指不同于直接认识的间接认识。三二分段班学生借助录制视频、评分标准及其他学习资料或资源等自我深层次剖析后，62.5% 的护生认为"反思"很有意义。本研究资料结果也显示观察组：四个项目反思后的考核成绩明显高于反思前，期末实训考核的成绩明显高于对照组（P<0.05）。提示此法能真正意义地提升高职护理的实训教学质量，进而获得社会各界的广泛认可，同时也给其他医学院校的专业实训教学提供重大的借鉴价值。

（二）积极促进学习压力内化为动力

在此教学实施的过程中，较为频繁的考试（每个项目考核 2 次）无形之中倍增了压力。现阶段研究者认为，学习压力分为积极、消极方面。积极方面指大学生在学习方面遇到困难时，他们会积极寻求解决途径或通过改变自我价值观来适应学习困难，这些都是利好的一面。钱耀荣等研究提示竞争性考核可调动护生的学习积极性。本研究中有 75% 的护生在"反思笔记"的叙述部分提及考试致学习压力增大等，认为此种压力已转化为个人积极、努力、上进的动力，至此有效扭转了前几届护生"学习兴趣不大"的局面。

（三）追踪临床护理动态，弥补带教之不足

近年来，医院的重大医疗事故一再将"医院感染"推到风口浪尖，同时有研究也显示临床实习护生在医院感染和无菌技术操作方面的意识淡薄，操作环节方面存在安全隐患，故本研究将无菌技术、导尿术、静脉输液三个项目纳入其中。观察组几乎都在"反思笔记"的分析部分谈论到"之前中职阶段的在校技能学习差不多是机械式的模拟，院感、无菌方面意识薄弱；之后的临床实习，带教老师的院感、无菌观普遍不强，与此相关的操作也并不规范"，致使再次回校学习的护生在这三个项目的考核中：反思前、后的成绩差异显著（见表1）。提醒三二分段班的实训教学需紧跟临床步伐，及时更新；针对临床带教的不足适时做出教学调整，如此学校与医院的教学才能有机结合、互为补充。

（四）培养自我深度思考

循证护理亦称为"以实证为基础的护理"，指慎重、准确而明智地将科研结论、护士的个人技能、临床经验、病人的价值愿望与实际情况相结合，制定出完整的护理方案。传统的护理工作以习惯行为、经验、同行建议、直觉等为主，这种缺乏科学依据的临床决策在护理实践中占到了 85%，严重阻碍了护理学科的向前发展，因此临床护理实践非常需要科学依据做支撑。

（五）以更正确的假设来指导今后的临床护理决策与行为

正因"反思性实践"这一教学理念的循循善诱，79.7% 的学生们已开始崭露"经深思的学习意识"、对新技能的学习渴望等。另外，护生们通过回顾"操作视频 + 教师评分表"，能直观、形象地了解到自己对待病人的表情、态度、方式及沟通交流情况等，进一步培养爱伤意识及人文关怀能力，也更增强其综合素质能力。日后更为重要的一点是，将这一理念延伸并应用到个人未来的护理实践中，系统提升个人临床体验反思的能力，以更正确的假设来指导今后的临床决策和护理行为。

微课对室内手绘表现课程教学改革的影响

卢　莹[①]　周泽文[②]

摘　要： 信息时代，室内设计行业线上线下经营模式使设计走向大众化，人才竞争激烈，市场对人才需求已不满足于单一技术层面，"思维创新""差异化服务"备受企业重视。职业教育以培养产业转型升级和企业技术创新需要的发展型、复合型和创新型的技术技能人才为目的，研究室内手绘表现教学运用微课资优势改革传统教学设计，扩宽学生能力口径，培养"懂材料、会制作、有创意、可发展"的高素质应用型人才。

关键词： 职业教育　室内手绘表现　微课　创新思维　教学改革

---

①卢莹(1987–)，女，河南省郑州市，广州工商学院，美术设计系环境艺术设计专业教研室主任，讲师，硕士，环境艺术设计。

②周泽文（1987–)，男，广东省雷州市，广州工商学院，教师，讲师，学士；环境艺术设计。

一、课程教学现存问题

（一）大部分学生专业能力

近年来，职业教育室内设计专业教学上反映出来的问题是，大部学生专业能力建设不完善，对装饰材料的性能、特点、工艺流程掌握不够，对设计要求及施工规范不甚了解，动手能力不足，设计思维创新能力作为行业核心竞争力，更为欠缺。

（二）室内设计手绘表现课程教学现存问题

室内手绘表现课程作为室内设计专业基础课程之一，是设计师快速解决分析设计问题的具象表现，是后期各核心课程学习的基石。室内手绘表现课程在传统教学设计中以课堂师范临摹为主，以掌握"效果图表现技法"为目的，有限的课堂教学限制了手绘实践教学的开展，难以与专业系列课程形成有效知识链接，缺乏知识点的实际应用能力培养，对学生创新思维能力训练不足，学与用脱节。

三维制图软件的发展，室内设计方案效果图的呈现更便捷、逼真，受到市场欢迎。学校教育中越来越多的学生受传统室内手绘表现教学过多关注绘图技法学习的影响，将手绘单纯的认知为设计效果图呈现的一种方式，以此与电脑三维制图做比，较不受重视，根本上忽视手绘表现作为设计师解决分析问题能力的图像表现，贯穿设计者整个思维过程。职业教育不断的改革发展中，本应该立足于实践培养学生设计思维能力，实则没有着眼市场变化对创新型人才需求，存在教学策略单一、教学思路陈旧、教学效果低下、教学内容缺乏实践性，培养目标、课程设置和教学方法上不完善等问题。

二、国内外微课研究现状

在国外，微课程（Micro-lecture）的雏形最早见于美国北爱荷华大学 LeRoyA. McGrew 教授所提出的 60 秒课程（60SecondCourse），以及英国纳皮尔大学 T.P.Kee 提出的一分钟演讲（TheOneMinuteLecture，简称 OML）。现今热议的微课程概念是 2008 年由美国新墨西哥州圣胡安学院的高级教学设计师、学院在线服务经理 DavidPenrose 提出的。他提出建设微课程的五步骤：罗列教学核心概念；写 15-30 秒的介绍和总结，为核心概念提供上下文背景；录制长为 1-3 分钟的视频；设计引导学生阅读或探索课程知识的课后任务将教学视频与课程任务上传到课程管理系统。

国外"微课"视频资源的开发和应用从贯彻政府教育政策为切入口，逐渐由政府投入过渡到学术机构和专家团队的自主创新引领应用，形成大规模覆盖面广的"微网络"课程体系。在我国，"微课"主要由专家引领、教师自主开发为主，根植于真实的实践活动，不仅对教师教育和专业发展的研究有所裨益，也对教学改革起到了非常重要的推动作用。

本阶段的微课程开发，面向大规模系统化的微课程体系发展是必然趋势。室内手绘教学借助"微课"改革教学模式，实现创新思维人才培养目标现实可行。

三、微课对室内手绘课程教学改革的影响

（一）微课特点

"微课"教育资源"微型化"特点，使教学目标和教学重点更为突出；借助移动通信技术，对图文、音频、视频、动漫、插画等多种信息进行综合处理，使教学模式更丰富；借助云盘类开放、共享网络平台分享教育资源，打破传统教学时间与空间的限制，实现教育资源可持续发展。推动"微课"这一新兴信息技术在教学中的应用，有利于室内手绘表现课程扩宽教学时间、空间环境；有利于改革以单一"临摹"形式学习绘图基本技法的教学内容设计；有利于拓展实践教学，在项目中践行室内手绘表现的应用价值，深化对学生设计思维能力的培养。

（二）有利于创新人才培养

信息时代，室内设计行业线上线下经营模式使设计走向大众化，人才竞争激烈，市场对人才需求已不满足于技术层面，"思维创新""差异化服务"备受企业重视。创新设计思维人才主观能动性强，能够快速适应求新求变的行业需求。"互联网+"网络教育资源的共享为高校教师带来丰富有效的教学资源，有利于教师深化学习能力，改革教学内容、教学模式、拓展实践教学的多样性，借助"微课"的东风，实现室内手绘表现课程创新思维课程改革。以此为点，不断深化室内设计专业系列课程教学设计，促进职业教育信息化深入发展，以满足行业人才需求。

四、借微课改革室内手绘课程教学设计

（一）立足实际需求，完善室内手绘表现教学内容

互联网使信息资源大众化，竞争激烈的室内设计行业借助线上线下双平台开展"差异化服务"，创新思维能力的培养能适应不断变化的市场能力匹配，职业教育中高素质人才培养提出由知识传授向知识探究方式转变的实际需求。

（二）借微课开放教学空间，推动创新思维能力的实践教学行为

借助"微课"技术，实现室内手绘教学开放性。

（1）教学理念的开放，传统与现代、学校与地方、技术与创意不拘一格；打破教师主导课堂，以微课资源展开翻转课堂教学模式，学生以自制微视频作为分享学习成果，以课堂为依托交流心得并解决遗留问题。

（2）教学地点的开放，将教室、工作室、实训室、校外顶岗实习基地、各类展览馆、图书馆皆成为课堂；借助校企合作平台，以施工现场为第一教学环境，结合手绘快速表现设计细节施工工艺做法。

（3）教学时间的开放，灵活运用云平台/微信/微博/视频录播等技术平台存储微课视频/图文等教学资源，丰富教学模式的同时符合现代学生多资源利用的学习环境，通过在线交流监管、加强学生自动学习能力。

（三）构建基于"微课"的课程整体教学设计构架

微课教学内容组织方式在 2008 年秋，戴维·彭罗斯（David Penrose）提出了微课建设共有五个步骤：一是罗列出核心概念；二是提供上下文背景知识；三是录制、制作 1～3 分钟的教学视频节目；四是设计出自主学习和探究学习。

微课常以文件夹形式将短小视频、图文等形式知识点分类储存于网络云盘中，微课更接近于教育资源的一种呈现方式，教学内容学习形式分为了线上线下的混合式教学模式，便于学生线下自主学习。其次，借助翻转课堂课前课后的教学设计，微课为学生课前自主学习提供了丰富的线上教育资源，课后以教师组织课堂知识探讨的方式进一步深化学习内核。

完成并完善《室内手绘表现》课程课件的编写，引入校企合作共同开发课程；制定全新培养目标、教学内容、教学模式，培养学生主观能动性学习习惯。

深入学习"微课"的特点、优点、制作及应用形式；学习优秀"微课"制作设计思维及方式。以室内手绘表现课程由知识传授向知识探究转变的实际需求出发，借助"微课"资源特点，形成两者间混合教学模式，丰富教学形式，正确把握"微课"对室内手绘表现课程教学改革的作用。

五、结语

落实《国家中长期教育改革与发展规划纲要（2010-2020 年）》和实施《教育信息化十年发展规划（2011-2020 年）》之际，在混合学习和移动学习日益盛行的趋势下，我国教育信息化资源建设成为教育界研究热点。互联网时代以信息技术为手段，是深化教学和人才培养模式改革的有效方式。职业教育立足市场经济人才需求，产业转型升级促使设计行业向高素质创新设计应用能力人才需求转变，学校教育工作者应以信息技术为手段不断，深入研究分析教育改革具体方式方法，探索满足于学生、学校、企业共同参与的教育创新新方式。以"微课"为切入点，改革教学模式的单一性，更好地设计制作课程教学资源，以满足信息时代学生对学习方式多样化的需求；更好地开展实践教学，强化设计思维的培养，以满足市场对创新能力人才的需求。

欠发达地区高职院校声乐教学标准建设研究①

吴樱子② 孙 警③

摘 要：工作室教学模式下的声乐教学标准建设具有符合欠发达地区地方经济社会发展的存量资源约束条件，符合校企合作、工学结合的办学要求，符合声乐课程标准的三维目标要求等特征。在理顺工作室制下声乐课程教学标准的建设思路后，探讨欠发达地区高职院校声乐课程性质和目标定位、课程内容和结构、课程师资队伍建设、课程考评体系建设等关键环节，对规范包括声乐在内的高职课程教学，提高欠发达地区高职教学质量有着现实意义。

关键词：欠发达地区 高职院校 声乐课程 工作室模式 教学标准

一、欠发达地区内涵的界定

欠发达地区，是经济已有一定程度的发展，加快经济发展的基本条件已不同程度的具备，经济发展的潜力比较大，经济总量和人均占有量等主要经济指标，与不发达地区相比较高，与发达地区相比还有相当差距，具有一定范围的经济区域。欠发达地区是一个相对、动态和综合性的概念，不仅需要考虑其地理位置、发展历史，更需要考虑其地区经济发展水平及发展潜力的经济学范畴概念和民生、教育、文体等社会学范畴概念。所以界定欠发达地区的内涵有助于认清地区经济发展水平、社会发展水平和人文环境发展等方面，有助于辨识适合该地区的课程教学标准或模式。

二、欠发达地区工作室制下高职声乐课程教学标准建设的特征

（一）符合该地区经济社会发展的存量资源约束条件

欠发达地区高职声乐课程教学标准的建设坚持以服务该地方经济社会发展为宗旨、

---

①基金项目：本文系2016年度揭阳职业技术学院教改课题"高职院校声乐艺术实践教学体系研究"（编号：jyc2016Y05）阶段性成果；揭阳职业技术学院"创新强校工程"（2016-2020年）项目"高职院校声乐课程教学标准研究"（编号：JYPJXBZ_C170404）阶段性成果。

②吴樱子（1982-），女，广东揭阳人，揭阳职业技术学院师范教育系教师，讲师，音乐学学士，研究方向为声乐教育、高职教育。

③孙警，揭阳职业技术学院经济管理系。

以就业为导向，面向社会需求、适应市场经济发展的需要。如果推行现代学徒制教学模式，则需要规模化的企事业机构或行业组织来支撑，然而欠发达地区声乐艺术相关行业或企事业机构大多处于"小、散、乱"状态，还不具备这种条件，所以围绕工作室教学平台整合当地声乐艺术存量资源条件，更符合地方经济社会发展的实际情况，更能够充分发挥行业、企业、学校和社会资源的积极作用，推动声乐课程教学标准体系建设和地方行业发展需要的对接、声乐课程教学内容和当地职业标准的对接、声乐课程教学过程和工作过程的对接。

（二）符合校企合作、工学结合的办学要求

教高 [2006]（16 号）文件指出：高等职业院校要积极与行业企业合作开发课程，根据技术领域和职业岗位（群）的任职要求，参照相关的职业资格标准，改革课程体系和教学内容。建立突出职业能力培养的课程标准，规范课程教学的基本要求，提高课程教学质量。工作室制教学模式适合于当前欠发达地区高职声乐艺术学习特性、课程标准建设和教学运作的需要。这种教学模式具有以工作过程为导向、校内校外双导师制、整合各类资源的特点，尤其是其所具备的相对独立性特征便于采取各种激励措施对合作各方作长短期结合的激励刺激，从而形成持续发展、互惠互利的动力机制，支撑声乐课程标准建设和优化。

三、欠发达地区工作室制下高职声乐课程教学标准建设思路

工作室制教学模式下的欠发达地区高职声乐课程教学标准建设，要求以声乐工作室为平台，以真实项目为载体，坚持校企合作、产教融合、工学一体的方式对高职课程教学标准作整体设计。大体的建设思路如下：第一，根据专业人才培养方案中关于人才培养的定位作课程对应的职业分析。以职业能力培养为核心和以就业为导向，声乐工作室扮演组织者和协调者角色，作产业分析、工作岗位分析，最终提炼典型工作任务，以形成对接产业职业资格标准性质的高职课程教学标准。第二，依据课程的职业分析，以声乐工作室为中心，发挥学校和企业的双主体优势，对接产业职业资格标准性质来明确课程基本教学目标和要求。第三，确定课程教学内容，结合真实项目设计学习情境，对课程内容结构化，建设师资队伍并充分运用教学条件采取合适的教学方法给予情境化教学实施。第四，多方法、多角度对完成项目情况进行以职业能力培养为核心、过程性和终结性考察或评价相结合的方式，完成课程的考核工作。

四、欠发达地区工作室制下高职声乐课程教学标准建设的关键环节

（一）课程性质和目标定位

声乐是高职音乐教育重要的专业基础课程，是训练学生掌握科学的发声方法进行歌唱，运用人声进行艺术表现的一门学科。欠发达地区声乐艺术课程教学标准建设通过声乐工作室组织地区行业技术专家和资深专业教师等各方力量对行业、企事业机构和工作岗位进行分析，设置高职声乐艺术课程目标为：在声乐工作室平台上，以工作过程为导向，培养具备能够熟练运用各种声乐知识和技能技巧，声情并茂地演绎各种声乐作品的职业能力的，既能够在各类文艺团体、社会文化部门和音乐教育战线从事声乐表演、声乐教育和声乐相关文艺活动组织、策划，又能够根据该地方经济社会发展和自身条件自主创业的高素质技能型声乐艺术人才。

（二）课程内容和结构

课程内容和结构建设主要根据声乐艺术的课程学科内容体系为参照，对接声乐艺术人才职业能力，坚持地区产教融合、工学一体化方向，坚持教学标准对接职业资格标准、理论知识与课程实践一体、实习实训与真实工作任务对接，选取声乐艺术及其相关的工作岗位群真实工作及其工作过程，遵循声乐艺术学习者职业能力培养基本规律，来设计课程模块和内容。所以，可以围绕声乐工作室依据声乐课程性质、声乐职业能力标准和知识与技能、过程与方法、情感态度与价值观等三位一体教学目标，设计声乐演唱准备、声乐知识和技能技巧运用、声乐作品演绎和声乐艺术舞台表演等四个学习情境，设计发声原理及正确的呼吸方法训练、声乐演唱的基本技巧、发声与气息的联系、扩展音域及换声练习、共鸣器官的调节等15个典型工作任务以及相应细化的三位一体教学目标，例如声乐演唱准备学习情境以初级视唱练耳和声乐作品入门欣赏为典型工作任务，在知识和能力方面的要求是：能初步完成五线谱和简谱视唱；能初步完成音程模唱；能简要分析和理解声乐作品。在过程与方法要求的要求是：以声乐工作室为平台，组织综合采取参观学习、文化采风、导师范唱、多媒体教学等方法。在情感态度或价值观要求是：逐步形成自身正确价值观、就业观、职业观和健康的审美标准；认识和喜爱声乐艺术、了解声乐艺术岗位特质；具备艺术的自觉思考特征和文化市场调查能力。

（三）课程实训教学平台的建设

高职声乐课程是实践性非常强的技法课程，学生需要通过大量的实训实践来逐步把握科学的发声方法和技巧，把握不同国家、不同民族、不同地区、不同时代的作品风格，

把握清晰、准确的歌唱语言,从而声情并茂地演绎各类声乐作品。实训实践教学活动的安排应强调校企合作、产教融合、工学一体,欠发达地区声乐艺术实训实践教学平台建设以声乐工作室为核心,通过校内专业教师和校外导师导入的课题与项目作资源整合化、开放式的工作过程化项目课程教学,构建声乐艺术课程教学实践平台、多元实训实践平台和就业实习平台,从而营造真实或仿真学习环境,并遵循单项技能—综合技能—综合实践应用的路线逐步提升学生声乐艺术文化修养和职业素质能力。课程教学实践平台的建设内容包括课程定位和教学标准的制定、课程理论和实践比例的改革、师资队伍和设施设备的保障等;声乐综合实训平台是利用校内课堂和校外实训基地作工作室项目舞台化排练教学实训,主要形式如工作室根据课程要求开展现场范唱互动教学、微型舞台观摩,通过校外导师在校外实训基地,借助真实或仿真的舞台环境作公开课教学等;就业实习平台以工作室为见习营,优化校内各专业资源,联动校外不同类型的实习单位或实践基地群,承担职业生涯教育、毕业实习教育和社会服务功能。

基于"互联网+"新兴信息技术对广东高等职业教育的渗透与驱动[①]

马秀兰[②]

摘要:广东"互联网+"行动是响应国家的号召而发起的。基于此的新兴信息技术的飞速发展,渗透和驱动着高职教学的方方面面,从教学资源,教学过程,教学课程,教学延伸到职业核心能力的培养,对广东高职教育产生了深远的影响和变革。

关键词:"互联网+" 广东 高等职业教育 新兴信息技术

一、教学资源——多样化,新鲜化

在"互联网+"行动背景下和智慧校园建设的支持下,广东很多高等职业院校校园内拥有高速网络接口,给移动互联网、智能终端、大数据、云计算等提供了设备保障,这些新的信息技术为多样化教学资源的获取、存储和展示提供了可能,并给高等职业教育带来巨大的变革和影响。通过这些技术手段,对数据实时获取,对行业发展追踪,对

①基金项目:广东省高职教育创业教育教学指导委员会 2017 年度课题:高职创新创业教育背景下批判性思维模式培养教学方法改革与改革研究(CYYB2017092)。

②马秀兰(1976–),女,河北张家口市,揭阳职业技术学院外语系教师,讲师,文学硕士,研究方向:认知语言学和高职教育。

新研究成果及时了解等都为高等职业教学带来源源不断新鲜的能源。对教学资源的获取不再仅仅依赖纸质书本，报纸，期刊等，而各类电子书，数据库，网站，app，自媒体，直播等提供更多的方法途径，获取的资源也不仅只局限在国内，很多国外的资源获取也是很便捷，保持资源的多样化和新鲜度。这些资源的获取速度快，时间成本低，价格低，信息量大，内容丰富新鲜。这些资源反哺教学，大大提高学习效果和实用性。学生学习到的知识不再是过时陈旧的而是最新实用的技能知识，真正学有所用，使得高职教育跟社会实践需求无缝衔接，学生可以很顺利的就业，发展。

"互联网+"具有全天候的特征，学生可以不受时间段的限制，在网上搜索获取信息，在网上很容易能找到一些国内外名校开设的免费公开课，比如网易公开课，哈佛的幸福课程就非常受欢迎，还有 TED 等，从这里能得到不同的思维方式对问题的深度探讨，谈到的问题非常多面，例如女性，战争，自然，权力，生命等，观点很有启发性。这些资源对高职的学生来说之前是很难得到的，现在通过互联网，通过不同的软件都可以找得到，对学生的人文素质的提高很有帮助。

面对教学资源多样化，对资源的筛选就显得非常重要，面对海量信息如何准确快速筛选出那些需要的信息，而不被无用的信息拖累，以及选择那种途径去获取信息是最优的，这些问题都值得注意和探讨研究的，根据不同的学科，不同的教学目的，细化的教学环节等都要用不同方法，比如搜索不同的关键词，尝试网页链接，寻找本学科专家的最近著作研究，行业最新进展，市场行情，形象生动的视频，VR，微课等。教学资源的多样化赋予教师更多的选择项，但是更重要的是做出最佳的选择，对教师即时给予也是考验。

二、教学过程——突破传统的课堂模式

基于"互联网+"课堂的慕课、微课、翻转课堂等交互认知教学方式的出现，以及云课堂和雨课堂等网络课堂软件等信息化教学平台能实现了即时信息的传递和转化，反馈。"翻转课堂"已经是大学教育里常用的教学模式，该教学方法形式上将课上和课下，线上线下相结合，跨越空间和时间的限制；教学主体上将学生自学与教师讲解；教学技巧上将理解与分析，发现问题与解决问题相结合，受到各大高校的欢迎，而且越来越普及，对广东高等职业教育领域内产生深远的影响。各类教学 app 在课前，课后的应用极大的提高的学生的学习兴趣和学习效果，现在很多教科书都配备有自己的 app 软件。如有的英语课程软件里有单词的发音，例句，录音，测试等功能，这样让学生课前用手机 app 自己学习新英语单词，课上可以进行测试和巩固记忆。很多测试功能设计得也很能吸引学生，有的用动画，有的用游戏等。

三、教学课程——企业深度参与课程教学

"互联网＋"为高职教育提供了企业深度参与课程教学的便捷可信途径。现在很多东栋高职院校实行"校企合作、工学结合"作为职业教育人才培养的理念，2+1 重实践的教学模式，在校理论学习 2 年，校外实习 1 年。每个学期 2 周的实习。这样学生有很多机会进行实践操作，在企业工作实践中尝试新技术，新理论，同时也学习新知识，新技能。现在实施最普遍的方法有顶岗实习、工学互促实习制、"订单式培养"等。如"订单式培养"专门为具体企业定制培养所需人才，企业可以通过网络与学校直接建立可信，便捷的联系，根据企业的需求积极参与到课程教学目标设置，教学内容，教学评估等教育过程，同时不用派人专门去学校沟通。这样课程教学就变动态和与时俱进，不断地更新，适应市场的需求。学生在实习期间，学校可以通过视频，在线连接，现场直播等看到学生在企业的情况，企业可依据学生的表现给予反馈。同时企业就学生在企业实践表现进行评估，参与课程的考核，这样学生能更注重实践过程，而不是走程序。学生在执行工作任务中有可能会发现新问题，遇到问题会积极努力去想办法解决，这样不仅能提高学生的应用能力和专门的技能，而且也锻炼了适应企业的思维能力，如发现问题、分析问题、解决问题和创新能力等。在这个过程中，学生能在企业环境中认知实践，理解工作环境，分析工作任务，应用工作技能等知识实践，这样有助于培养学生独立思考，反思，评估，辨别是非。企业深度参加课程教学与传统的只有教师、学生参加的教学互为补充，实现了实践和理论，市场和学校的衔接，为学生毕业后更好地适应企业的要求奠定了很好的基础。

四、教学延伸——批判性思维的培养

近几年的广东高职招生分数线一直是一个下降的趋势，显示出学生的学习基础越来越弱，学习能力相对也比较低。经历高考磨砺之后，学生普遍表现出学习动力不足，求知欲低，对学习缺乏足够的自信心，积极性，主动性和持续性。如英语阅读课上，学生不擅长提问，发现问题，缺乏质疑精神。在回答问题，分析问题的环节中，多数同学保持沉默，犹豫或者会与周围的同学小声地讨论，这说明学生在分析问题的过程中推理演绎能力逻辑性不强，自信心不足，独立解决问题等批判性思维能力有待提高。在教室内学生单个回答问题或者完成任务，多比较犹豫，害怕自己犯错，甚至放弃尝试，积极性不高，但是如果微信和群聊等方式来回答问题或完成任务，学生参与的积极性和自信心都会提高。

五、教学目标——职业核心能力提高

广东是一个经济发达的省份，有很多领先公司，为学生提供了海量就业选择机会，大浪淘沙只有那些能适应职业需求的学生才能找到合适的岗位。现在广东高职学生毕业从事的工作除了和在学校的专业有关，如商务英语专业学生从事外贸业务员，很多高职学生毕业之后从事的工作和在学校学习的专业无关，例如商务英语专业的学生可能从事的工作行政岗位，文秘岗位等。要胜任这些岗位，职业核心能力就显得非常重要。职业核心能力能让学生不是仅仅能胜任一个岗位的要求，而且也能胜任很多其他岗位的要求，这将帮助学生延续或跨专业发展职业生涯，适应职业变化的能力，这种能力可以经过训练习得，这也是高职教育的目标之一。

利用基于"互联网+"的新兴信息技术为这一教学目标提供了便利，如顶岗实习通过远程群视频跨越地理的限制探讨问题，与人沟通，寻求解决问题的方法。学习在学习中遇到问题，教师不再是具体的给予解决问题方案，而是指导学生如何借助现有的资源尤其是利用互联网来自己发现解决问题的方法，以此训练学生的解决问题，自我学习，和信息处理能力等。

广东东部地区优质教育师资比较欠缺，通过远程教学可以解决这个问题，如邀请相关专家进行创新创业教育网络讲座，并进行互动对话，培养学生的创新革新能力。

基于机电一体化专业"厂中校"教学模式的探索与实践

陈炳文[①]　林若波[②]　陈国贵[③]

摘　要：以揭阳职业技术学院机电一体化专业为例，在人才的培养模式上，与广东巨轮股份有限公司共建"厂中校"，构建新型的人才培养模式，分析校企共建"厂中校"，在新的人才培养模式下遇到的具体问题，提出一种"厂中校"课程体系的教学实践模式。

关键词：机电一体化　厂中校　教学模式　合作育人

① 陈炳文（1969– ），男，广东揭阳人，工作单位：广东省揭阳市揭阳职业技术学院，学历本科，高级实验师，研究方向：机电一体化技术及教学。

② 林若波，广东省揭阳职业技术学院。

③ 陈国贵，广东省揭阳职业技术学院。

一、"厂中校"教学模式背景

近年来，高等职业教育发展迅猛，从在校生数量上来看，高等职业教育已占到高等教育整个体系的半壁江山。普遍存在两个问题：一是高职毕业生就业难；二是企业普遍反映难以大批量招到熟练掌握生产一线岗位技术技能的员工。

要解决高职生就业难和企业招工难这两个难题，高职院校必须大刀阔斧地实施教学改革。为了培养企业需求的合格人才，揭阳职业技术学院机电一体化专业在人才培养模式进行了一系列的改革，包括专业课程体系优化、专业核心课程建设、校内外实习实训基地建设等方面。学院机电一体化专业在进行充分的企业岗位调研的基础上，找准合作企业，机电一体化专业于 2014 年 9 月与广东巨轮股份有限公司校企合作，加强校企业合作力度，实行专业课程的"厂中校"的教学模式。

二、校企合作"厂中校"对学生的培养

揭阳职业技术学院机电一体化专业与广东巨轮股份有限公司校企合作，实施"厂中校"培养，具体从下面几方面进行。

学生通过在校内的专业理论基础知识学习，掌握机电专业的基础技能实训，达到电气初级工的技能水平。

将中级工的职业能力要求融入专业核心课程，通过在校外"厂中校"广东巨轮股份有限企业教育教学区工学交替，在企业现场一线技术员工的指导下，专业技能进一步提高，达到中级工的技能水平。

机电一体化专业学生在大三的下半学期，到合作公司进行为期 3—6 个月的"厂中校"顶岗实习，经过多岗位多工种的轮换作业，达到电气高级工的水平；

与公司签订就为协议后，到用人单位"准就业"实习，增强岗位能力，塑造职业素质，培养服务企业的责任感，专业岗位技能精益求精，基本达到技师的职业能力；

在毕业后，学生经过几年的生产岗位工作历练，成为企业的生产技术能手和技术骨干，实现达到技术员的工作能力的总体目标。

三、"厂中校"对学生的课程体系、岗位群的优化

（一）构建基于工作过程的项目式课程体系以适应企业需求。

传统课程模式注重知识的系统性和完善性，强调各学科之间相互联系，忽略了企业关注的"工作过程知识"和基本工作经验，其提供的职业学习机会和职业实践的关系是间接的，因此很难从根本上满足企业和劳动市场的要求。"厂中校"改变职业教育这种

课程模式，从实际工作所需要的能力、知识、技能出发，重新构建课程结构和内容，采用基于工作过程导向的课程开发模式，以职业能力的培养为课程目标，以岗位需求为依据，以工作结构为框架，以工作过程为基础组织教学过程，突出"任务中心"和"情境中心"，保持课程学习中工作过程的完整性，强调以学生为中心，注重对学习过程中所产生的学习体验和个性化创造，关注对学习过程的思考、反馈和分析，从而达到培养技能型人才和学生职业综合能力的教育目标。

以企业用人需求为导向，以培养社会紧缺人才为目标，通过校企共建"厂中校"模式的合作，可以更近距离地接触企业生产一线，掌握区域经济的市场脉搏，了解市场的动态，了解社会、企业岗位能力的需求，及时调整专业人才培养方案，使职业技术学院毕业生达到企业用人的标准，制订出机电一体专业"厂中校"课程体系。

（二）通过"厂中校"合作，进一步定准岗位群，明确培养目标和规格。

为了适应我国制造业高速发展和企业发展的需要，以及符合我国高职教育，我院对机电一体化专业的岗位群在实施"厂中校"教学模式中进行合理定位。

1. 中、低端机电一体化设计职位，包括机械零件图纸绘制、小型设备设计、普通车铣刨磨等机床操作、机械工艺与管理等。

2. 中、高端数机电一体化职位，包括数控车床、数控铣床、数控加工中心、数控电火花等工种的编程与加工操作。

四、"厂中校"校外实习实训基地的建设。

广东巨轮股份有限公司位于广东省揭东经济开发试验区，是目前国内规模最大、技术领先和唯一的获准上市的汽车子午线轮胎制造装备开发制造企业，国家"火炬"计划重点高新技术企业，广东省百强民营企业，广东省第一批创新型企业；公司已建成的两个花园式现代化工业小区，总占地面积24万平方米，现有员工已超过1600人。拥有各种高精尖制造、检测设备600多台，采用重复定位精度在 ±0.005mm 以内的精密数控雕刻设备、意大利 FIDIA 高速加工中心、日本马扎克大型铣床、瑞士 WILLEMIN 五轴五联动加工中心等设备；采用进口大型三坐标检测仪进行 CAD 联机检测；采用世界先进的 UG、Ci-matron 等设计软件以及美国、以色列 CAD/CAE/CAM 系统进行设计、模拟、制图，公司建有大型的轮胎花纹和造型数据库，关键工序实现了从产品设计、制图到加工无图纸化作业，技术装备国内一流。

发挥学校、企业在专业人才培养、经费筹措、先进技术应用、兼职教师聘用、实训实习基地建设、教材开发、实训项目开发、专业教学实施、实训设备功能开发和吸纳学生就业等方面的互补优势，形成"厂中校"的模式，促进校企深度合作，引导和激励教师主动为企业和社会服务，落实教师密切联系企业的责任，实现互利共赢，增强办学活力，共同完成好高素质、高技能人才的培养工作。近3年来，学院在建设"厂中校"校外基地方面做了大量的工作，在广东巨轮股份公司共建"厂中校"教室4间，满足教学所需。

五、结语

在高等职业教育迅猛发展的形势下，揭阳职业技术学院顺应当前国家对高等职业教育的要求，立足揭阳区域，在人才培养模式上，"厂中校"通过校企产教深度融合专业建设课程教学改革的内涵提升，提高教育质量。校企共建"厂中校"合作育人办学模式，作为专业对接产业、知识对接技能、教学过程对接生产过程的平台，可以实现人才培养与企业生产需求的紧密结合。构建学生、企业行业、学校多方受益的合作模式，为揭阳市产业结构优化、区域经济具有持久的竞争力源源不断地培育与产业相匹配的机电一体化专业技术技能人才。

基于创客文化背景下高职院校创客教育课程设置研究①

陈慧欣②

摘　要：在创客文化背景下，高职院校越来越重视对学生实施创客教育，旨在提高学生的创新创造能力以及培养学生的创业精神。本文通过对高职院校创客教育课程设置的意义以及其存在的问题进行分析，并为高职院校创客教育课程设置提出改善建议。

关键词：创客文化　创客教育　课程设置

一、创客文化及创客教育

（一）创客文化的内涵

早期国内专业人士曾经把创客翻译成Hacker，即指那些热爱编程，善于改造计算机的"黑客"，而不是在网上破坏网络秩序的"骇客"。黑客文化的核心精神就是：开放、

---

① 基金项目：广州市科技计划项目：高职院校大学生创客空间科普宣传与实践活动（项目编号201806020140）阶段性成果之一。

② 陈慧欣（1994—），女，广东中山人，广东技术师范学院硕士研究生。研究方向：职业教育原理。

共享以及对技术的崇拜与追求。创客文化就是黑客文化和侠义的创客文化的结合，创客文化除了具有黑客文化的特点外，它具体指一群酷爱自我设计、自我实践的人所具有的一种不愿随意消费且乐于对现有资源进行创造再利用的精神。

（二）创客教育的内涵

创客教育是一种新兴的教育活动，它是创客文化与教育的结合，基于学生的个人爱好，倡导学生利用现有资源进行创造，培养学生跨学科解决问题能力、团结合作能力和创新能力的一种素质教育。

创客教育的背景：创客教育起源于美国奥巴马 2009 年提出的创客运动教育改革理念及创客教育计划。在我国，创客教育起源于"双创"改革。2015 年 9 月，教育部明确提出要探索新型教育模式，即创客教育。国务院办公厅在《关于深化高等学校创新创业教育改革的实施意见》中提到创客文化的培育，要努力营造敢为人先的气氛环境。2016 年《国家创新驱动发展战略纲要》在国家层面正式将创客文化融入创客教育，该文件提到推动创客文化进入学校，打造创客活动的品牌效应，通过创客课程激励学生的动手实践能力。

二、高职院校创客教育课程设置的意义

（一）高职院校创客教育课程设置的理论意义

应用创客理念改革课程内容与结构，是新课程改革发展的重要趋势。创客课程简称"创课"，是一种有别于传统学科课程，以跨学科学习为特征，以智能化数字技术为载体，专门服务于创客教育的课程形态。创客教育要在校园里"落地生根"直至"繁荣"，必须以创客课程为抓手。

1. 为学生创新创造提供新视角

创客教育课程简称"创课"，区别于传统教育课程，它没有具体的教材，没有固定的课程模式，它主要以情境化问题为导向，以学生兴趣爱好为主，引导学生用创新创造的方式解决线上线下问题的一种新式课程。不同于灌输式的传统课程，创客教育课程注重学生的兴趣与自我创造，可以使得学生在放松的环境下进行学习探讨，从而更有利于学生高效学习，更能促进学生创新创造能力的发展。所以，创客教育课程在重视学生自主的前提下，定能为学生创新创造提供新视角。

2. 有利于高职院校改革创客教育提出新理论

近年来，在"大众创业、万众创新"的新形势下，高职院校不断加强大学生创新创业教育。但当前高职院校大学生创客教育还尚未形成普及性教育，而在课程设置方面更是未能形成独有的特色课程。高职院校在实施创客教育课程的过程中，会不断地发现社会发展需要与创客教育课程两者间的欠缺，从而不断革新创客教育课程，从而形成各个高校独特的创客教育课程设置与模式。

（二）高职院校创客教育课程设置的实践意义

1. 变革传统学习环境，在创造中学习

创客教育课程往往是偏向实践类型，所以创客教育课程设置需要更大的实施空间。传统教育的学习环境主要在课室里进行，创客教育则需要更大、更开放的共享空间。创客教育需要的创客空间可以分为线下的物理空间，目前很多传媒工作室则属于创客空间的一种类型。还可以分为线上的创客社区，创客社区则比较虚拟，但线上环境则可以为创客们提供更大的学习交流平台，线上的经验交流与线下的合作分享相结合，对高职院校的学生的创新创造起到了很大的促进作用。变革传统学习环境，为创客教育提供创客空间，这无疑是创客教育区别于传统教育的一个显著特征。

2. 有利于成立创客小组，促进创客交流

高职院校创客教育课程设置既要注重其理论价值，更要注重其实践价值。课程既需要培养学生自主思考、自主创新，更需要培养学生团结合作、交流分享。课程的设置少不了学生之间的分工合作，只有成立创客小组，分工明确以及互相交流，才能使更多学生在创新创造方面产生思想的碰撞。只有在分享交流，思想才能更好地转变为实际作品。

三、创客教育课程设置的依据

（一）课程设置的理论依据

1. STEM 教育

创客教育与 STEM 教育是既有区别又有联系。STEM 教育起源于 20 世纪 80 年代的美国，它强调跨学科即不同学科的整合，是针对传统教育过程中分科教育的弊端而提出的，所以 STEM 教育主要强调学科的整合。而创客教育强调的是学生的兴趣与对问题的提出，同时帮助学生在利用现有资源的情况下解决问题，将学生的创新创造思想转化为现实的作品产品。两者最大的联系在于，创客教育的实施过程中需要学生具有跨学科的知识，创客作品的呈现必须具有跨学科的知识支撑。故在创客教育课程设置上，一定程度上需要以 STEM 教育为依据，充分考虑科学、技术、工程与数学等学科的知识内容。

2. 建构主义理论

最早提出建构主义的是瑞士的心理学家皮亚杰，他强调学习者的主动性，认为学生的学习是学生的已有认知与周围环境发生相互作用的过程。创客教育与建构主义的联系在于创客教育也强调问题的情境性、强调学生的主动构建。依据建构主义理论思想，高职院校创客教育课程设置必须有利于学生对所学内容的有意义建构，必须有利于学生问题情境的创设，同时课程设置应该是能激发学生的学习兴趣的，这样才能触发学生的创新创造的潜力。

（二）课程设置的现实依据

1. 创客空间的构建

创客空间有线下的物理空间以及线上的创客社区，线下物理空间应当是较大的、开放的、多样化的以及设备齐全的多用途空间，同时这个物理空间还应该包括各种实施课程的工具。工具可以是最新的设备或技术，比如计算机程序、传感器、VR、3D 打印机和激光切割机等等。创空教育强调学生运用跨学科知识解决学生遇到的实际问题，学生会遇到不同的问题，需要有一定的技术条件作为支撑，故一个齐全的多功能的物理空间更有利于学生进行创造，也有利于师生共同进行问题探讨。而线上的创客社区则是一个更开放无界限的平台，各高职院校可以通过在平台设置有关创客教育的慕课进行分享学习，这样学生的线上资源则可以弥补由地区差异带来的线下资源不对等的缺陷。

所以，完备的创客空间有利于多课程设置，而多课程设置则可以引起创客空间更完备地建造。二者的关系式互相影响互相促进的。

2. 师资队伍的要求

高职院校创客教育课程的设置还需要以学校的师资队伍为依据，即需要有创客型师资，创客型师资指能指导学生将创意转化为具体产品并且能够将其转化为课程的教师。学校可以通过建设"教师创客空间"来培养创客型教师。创客型教师要具备给学生讲授创客装备类和编程类课程，教师自身要热爱 DIY 文化和自己动手且具有创新创造精神，教师还必须能娴熟使用高新设备。此外，学校还可以将企业的高级管理人才和技术人才引进学校，作为高职院校创客教育的创新创业导师。

四、创客教育课程设置的阻碍

（一）课程内容的选用

创客教育的实施为的是培养学生的创新、创业所需的知识、视野以及能力。创客教育课程的设置不同于传统教育课程，单一形式的课程时无法激发学生创新创造能力的。创客教育涉及的领域有科学、技术、工程、数学甚至经济等等领域。所以，想要选取能够激发学生创新创造能力及培育学生提出问题、研究问题、解决问题到动手制作成品的课程内容是值得深究的。

（二）学生对创客教育课程的兴趣

创客教育的课程有理论性的和实践性的，实践性课程形式往往比较丰富，要想学生对创客教育课程产生兴趣，则主要提高创客教育理论课程的兴趣。教师在讲授理论型课程时需要更多的形式及辅助，而将实践课程与理论课程相结合则更能引发学生的学习兴趣。学生对课程的兴趣也取决于教授课程的教师，教师的个人品质、文化底蕴及对创新创业等的热爱程度都会影响学生。

（三）师资队伍的培养

高职院校的老师多数是善于给学生讲授理论或者引导学生进行实践操作的。而目前社会所提倡的"双师型"教师也是比较匮乏的。培养创客型教师需要一定的资金投入，如果从企业聘请高级管理技术人才，还需有一个外源与内生的一个磨合过程。单纯地引入人才和不加以培训本校教师，则难以真正培养出一支创客型教师队伍。

五、创客教育课程设置的建议

（一）选用与地方特色相匹配的课程内容

我国各地区创客教育的发展是不平衡的，每个地区应该根据当地所具有的特色产业进性创新创造。创客的含义也就在此，利用现有资源提出问题、研究问题以及解决问题。高职院校要选取当地特色产业与课程相结合，使学生的创新创造源于生活高于生活，同时这种创新创造是可实现的。

（二）因材施教，引发学生创新创业兴趣

建构主义主张学生的学习应该与现有认知相结合，创客教育课程倘若与学生已有认知水平是差距很大的，超出了学生努力所能及的，也就是超出了维果茨基所主张的"最近发展区"，学生则会失去学习兴趣。因材施教，教师根据学生所擅长的、所感兴趣的内容加以引导，能够最大程度激发学生的内部学习动机，使得创课发挥其最大的效益。

（三）加强创客型教师培养

创客型教师是要服务于教学的，因此教师教学能力必须符合要求。教师要能引导课堂，引导学生自主思考探究，还要发挥学生的主体地位。创客型教师还要有将创意转换成实际产品的实践能力。教师要能够熟悉多种设备工具，能够引导学生进行实际的操作。政府部门要建立完善师资培训的机制，高职院校要将教师"走出去"与人才"引进来"相结合，加强创客型教师与企业之间的交流分享，定时举办有关创新创造的讲座论坛。

乡村振兴战略背景下信息技术在农村教学中的应用研究①

张玮桐②

摘　要：习近平总书记在十九大的报告中提出了乡村振兴战略，以此来促进农村经济的发展，而教育是促进农村经济发展的基本要素。随着科技的发展，教育信息化逐渐走进农村，为农村的教育教学手段注入了新的活力，但由于农村的经济水平落后于城市，信息技术教育的发展状况不容乐观。作为一种和传统教学相比新型的教学手段，在农村教育教学中的应用还存在着很多问题，本文以乡村振兴战略为背景，阐述了信息技术在农村教育教学发展中的必要性，分析了农村信息技术教育教学现状，以此来提出一些实施策略，对促进信息技术应用在农村教学中的普及，更好的实施乡村振兴战略具有重要的意义。

关键词：乡村振兴战略　信息技术　农村教育教学

我国自古以来就是农业大国，农村人口更是达到了总人口的 60% 以上，农村问题则是制约经济社会发展的重要问题。习近平总书记在十九大报告中强调，要把三农问题作为全党问题的重中之重，这是适应社会主义新时期发展的重大决策，实施乡村振兴战略，最重要的是振兴乡村教育。当今社会是一个信息化的社会，科学技术的飞速发展使得信息技术进入了农村的课堂，课堂形式变得丰富，教育者在教学的过程中运用多媒体进行教学，对所学的知识以框架似的结构呈现出来，以便于学生整体的了解教学内容，锻炼学生建构思维的能力。在运用时图文并茂，既不会枯燥无味，又增加课堂的趣味性，学生对课堂内容了解的更为透彻，对于教学效果的提高起着积极的作用。

一、问题的提出

（一）政策支持

为了缩小贫富差距，全面建成小康型国家，习近平总书记提出了乡村振兴战略。在此之前，农村教育问题就得到了国家领导人的高度重视，由于农民的素质亟待提高，农

---

①基金项目：广东省教育厅基础研究重大项目：乡村振兴战略下粤东西北地区职业教育发展路径选择（项目编号：2017WZDXM026）阶段性成果。
②张玮桐(1995–)，女，内蒙古赤峰人，广东技术师范学院2017级研究生，研究方向：职业教育管理。

村的信息化程度普遍低下，我国出台了一系列的相关政策来缩小农村和城市之间的"数字鸿沟"。2016年农业部印发了关于《"十三五"全国农业农村信息化发展规划》的通知，通知中说道"信息化是农业现代化的制高点。'十三五'时期,大力发展农业农村信息化,是加快推进农业现代化、全面建成小康社会的迫切需要。"如何使教育技术在农村中适应现代化社会的发展，已经成为社会各界普遍关注的问题。

（二）信息技术发展对农村教育的作用

信息技术可以让教师从传统的教学方式中解放出来，更好地融入到信息化教学中，转变教学观念，更新教学方式，关注整个教学的创造性设计，提高教师的现代科学知识，使自身能够更好地融入农村的教学之中。学生在信息化的教学中可以培养创造性的思维方式，教师展现出来学习内容框架，学生对教学内容进行思考整合，在较短的时间内获得资料、整理资料、运用资料，从中领悟到科学的思维模式，调动思维的积极性。

二、乡村振兴战略背景下信息技术在农村教育教学中的必要性

随着信息技术的飞速发展和当今对人才的需求，教育技术在农村的普及程度越来越高，教育技术和教学相结合，教师和学生从传统枯燥的教学模式中解放出来，从而使得学生提高学习兴趣，保持较高的积极性。农村教育是解决"三农"问题的关键所在，在农村教学中运用信息技术教学，可以提高教学效果和教学质量，这也是和传统教育模式相比具有优势的地方，将信息技术运用到农村教育中，对于培养高素质人才具有重大意义。

（一）信息技术改变教师备课方式

在传统的教学备课中，教师往往是翻阅一定的资料对其进行整合，得到的图片和材料也是有限的，教师只能靠讲，而不能提供一幅幅生动的图片来散发学生的思维；教师在整合材料的过程中会提高自己的能力，同时也会耽误一部分的时间，降低工作效率。现在的运用信息技术教学，会降低教师劳动的重复率，提高劳动效率，在上课时展示丰富的图片来提高学生的积极性。教师还可以建设教师团队自己的资源库，把具有价值的优秀的资源放到网络上进行共享，增强教师之间的互动，使广大师生受益。

（二）信息技术激发学生的兴趣

兴趣是学习的强大动力，信息技术以色彩鲜明的图片对教学内容进行解释说明，对于农村的学生来说，这种教学手段可以起到耳目一新的效果，在视觉和听觉上引起学生极大的兴趣，在吸引学生注意力的同时也增加了课堂的活力，让他们接触到了外面的精彩世界。

（三）打破传统教学模式

在传统的教学模式中主要以"授—受"为主要的教学模式，而现代信息技术教学与"任务驱动"模式相结合，取得了很好的教学效果。例如：课程导入中，用精美的幻灯片、图片或者音频视频来激发学生的兴趣，为学生创设一种合适的情境，增强学生的注意力；在教学中，让学生学会探索问题的方法，培养学生的自主与协作学习能力。

三、乡村振兴战略背景下农村信息技术教育教学现状

（一）信息技术教育资源有限，基础设施落后

有效开展信息技术教育，需要政府加大对资金的投入。但在农村地区存在着资金投入不足的状况，从学校看，农村学校的资源与城市学校相比设备数量明显欠缺，有些甚至还是旧的兼容机；从学生自身的角度看，学生家庭状况不能满足每个人都可以拥有自己的计算机；从多媒体教学的角度看，设备的落后很难保证教学的效果，满足不了信息技术教学的需要，耽误了学生学习的进程。由于各种条件的限制，学生即使有上机操作的机会，也与自身的需求有着很大的差距，制约着信息技术的发展。

（二）教师的教育观念落后

在农村的一些课堂中，许多都是以教师为中心进行课程的开展，信息技术在学科体系中是从属学科，这就使得学生和教师不重视信息技术教学。有些教师甚至把信息技术教学等同于计算机教学，在教学过程中只是按照教学内容在进行讲解和示范，对学生只停留在如何教会学生使用计算机，对学生的关注度不够，不能发挥学生的主体地位。学校在组织教师进修培训时，往往忽视了这一学科，使得信息技术教育的成长落后与其他学科，这些都是教师对现代教育观念缺乏了解所造成的。

（三）专业师资力量缺乏

信息技术课程在现代教育中是一门新的课程，对于农村的学生来说，学会掌握信息技术是比较困难的，这就需要一批专业的师资力量。在农村地区，条件艰苦，很多具有专业水平的高素质教师都不愿放弃城市的生活去农村教书。担任信息技术教学的教师大多数都不是专业的教师，而是由不同学科的教师担任的，即使有小部分教师从事计算机专业，他们的理论水平很高，实践能力却又明显不足。因此，在农村的信息技术教学开展的过程中，专业师资力量的缺乏是制约教育发展的重要一步。

四、乡村振兴战略背景下农村信息技术教育教学实施策略

（一）发挥政府作用，加强农村信息技术投入

国家要认识到农村信息技术教育落后这一问题的严重性，加大对农村学校的政策支持和资金支持，把农村教育扶持政策纳入到重点规划中。国家可以完善信息技术的法律法规，以保障信息技术合法的运用到学校的教育之中；政府部门也可以结合社会各界的力量，积极筹集资金设备，改善学校的教育教学条件。各地级政府也需要在教学设备、教师培训、贫困学生的帮助加大投入，为农村信息技术教育创造良好的环境。

（二）转变农村教育观念，突出学生主体地位

传统的农村教育观念在一定程度上阻碍了农村信息技术教育发展的进程，随着科技的发展，终身学习的目标提出，学会适应现代信息教育是农村教育者们必须面对的一个问题。在教学的过程中，教师一直都是主导地位，对此，要转变教育观念，突出学生的主体地位。教育者可以通过多种途径来激发学习的积极性，让学生参与到不同的学习活动中来，促进学生主体地位的发展。教师还要给学生自主学习的时间，让学生自己发现问题，对于简单的问题可以独立探索，而对于复杂的问题可以采用小组探讨的模式，教师在这个过程中要鼓励学生，引导学生解决问题，培养学生自主学习的能力，使学生认识到信息技术学习的重要性，激发学生对信息技术学习的兴趣。

（三）加强信息技术专业师资力量建设

教育主管部门要采取激励的制度来鼓励那些优秀的信息技术人才投入到乡村教育中去工作，学校也要加大对教师的培训力度，使每位教育者可以不断学习新的教育技术、教学理念，深入研究教育技术的教学方法。教师可以多参与一些信息技术的竞赛活动，以赛促学，加强教师间的相互交流，以多种方式提高教师的专业素养水平，这对于信息技术在农村教学中的开展具有重大的意义。

基于建筑设计工作过程的高职课程体系研究

——以广州城建职业学院为例

刘圆圆[①]

摘　要：新形势下高职院校建筑设计专业迎来新挑战，专业课程设置如何适应新发展，广州城建职业学院就近年来建筑设计专业高职课程建设与改革进行实践探索。

关键词：建筑设计专业　课程体系　工作过程

广州城建职业学院建筑设计专业于 2013 年正式招生，紧扣国家《建筑业发展"十三五"规划》和《珠三角发展规划纲要》对建筑业人才的需求，创办时间虽短，但职业特色鲜明，人才培养取得了较好成绩，实现了"对接产业行业、工学结合、提升质量，促进职业教育深度融入产业链，有效服务经济社会发展"的专业建设思路。以下就本专业在人才培养过程中基于建筑设计工作过程的高职课程体系构建所取得的一些成果做一梳理。

一、专业定位与专业面向

本专业根据市场调研，办学方向明确，就业岗位清晰，形成了以培养建筑设计能力和建筑施工管理能力为主导，以培养建筑工程投标报价能力为辅助的人才培养模式，专业面向建筑设计、建筑施工和投标报价，初次就业岗位是以绘图员和施工员岗位为核心的"员"级岗，其可持续发展岗位为二级建筑师和二级建造师，如图 1 所示。

---

① 刘圆圆，广州城建职业学院 建筑设计专业。

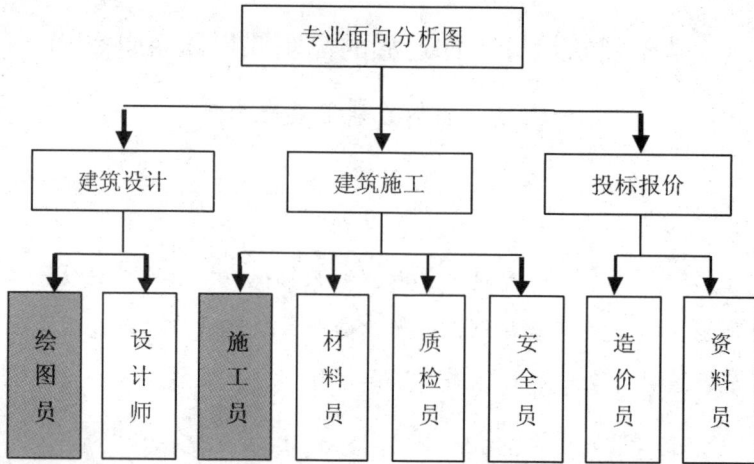

图1 建筑设计专业专业面相分析

二、课程体系开发

课程体系的开发设计以核心岗位工作过程为主线，工作项目为依据，根据典型工作任务要求来设置专业课程。核心岗位工作过程如图 2 所示：

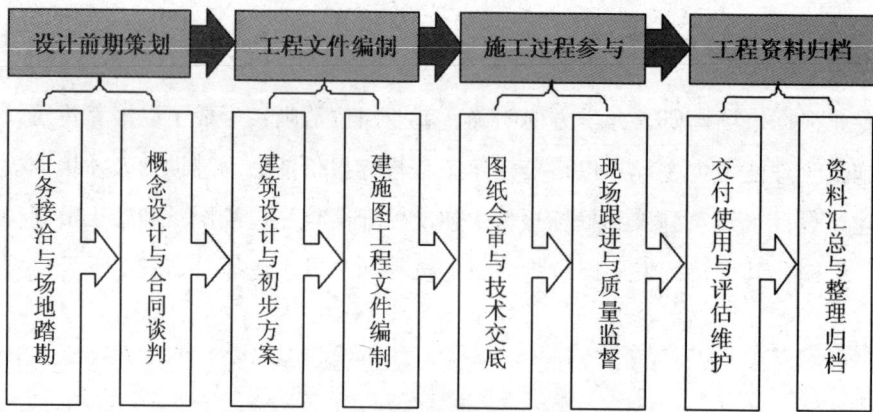

图2 建筑设计专业核心岗位工作过程分析

如"建筑施工图绘图员"岗位，其主要工作任务有：前期配合主创设计师进行任务接洽与场地踏勘，完善与深化概念设计、方案草图等工作，中期协助建筑师进行建筑设计方案图或者相关文件的编制等，包括配合结构、设备等专业，准确和高效地完成建筑施工图等；施工过程中配合施工方进行技术交底与质量监督、现场跟进等工作；后期则完善工程资料整理与归档、参与工程质量评估与维护使用工作。

三、教学内容改革

根据核心工作岗位的需求和对工作技能的要求，改变传统的教学内容、教学模式和教学方法，实施项目化、任务化的职业教育教学模式，构建并完善基于工作过程的课程体系，着眼于学生的全面发展与可持续发展。

四、人才培养模式构建

本专业积极探索行企校合作的新路子、新途径和新模式，依托广州市建筑业联合会与广州市建筑集团有限公司的行业企业背景优势，同时与四十余家著名的建筑行业企业进行联手共建，与广东宏图建筑设计有限公司、广州华阳国际设计集团、广州铂域建筑设计有限公司、广州本筑信息科技有限公司、广州库塔建筑工程公司，校内分别成立生产性实训基地即"教学公司"——"城建—宏图"绿色建筑设计研发中心、"城建—华阳"建筑设计协同育人中心、"城建—铂域"建筑工程中心、"城建—本筑"建筑信息科技中心、"周绍南、陆战兵大师工作室""文健大师工作室""双师工作室"等，开展深度合作。构建了以工作岗位为导向，以"面向企业，立足岗位，基础够用，注重素质，强化应用，突出能力"为指导思想的人才培养模式，即实行"技能递进、接力教学"的"2+0.5+0.5"的阶梯式人才培养，将整个三年教学分为三个阶段。

第一阶段在校完成基础教学，第二阶段后期由合作企业介入，进行接力教学，第五学期在校完成校企共育；第六学期由学生与企业考核相结合签订就业协议书，在合作企业进行主要实践教学阶段，学生在实训中从低到高依次经历相关岗位实训，全面熟悉各级别岗位职责和知识、技能要求。

与企业开展订单式培养加设计工作室的育人模式试点工作，全面构建了"人才共育、过程共管、责任共担、成果共享"的校企合作长效机制，企业参与专业建设和人才培养，并根据产业发展变化做出快速响应，真正实现校企合作的双赢甚至多赢。

五、专业实训条件与实施

本专业实训室建设依托我院省级重点专业建筑工程技术专业基地，总建筑面积3万多平方米，主要实验实训室30多个。本专业实训基地可承接建筑方案设计、建筑施工图审图、建筑材料检测、土工实验报告等工程任务；可满足建筑设计原理与表达、建筑手绘表现技法、建筑工程制图、工业与民用建筑构造、工程测量等课程项目化教学的需要。

依托合作企业，校内成立了华阳－城建建筑设计技术研发中心、建筑设计技能大师工作室，提升学生项目实战水平，实现校企协同共建、产教深度融合。同时建设了一批稳定、高效的校外实习基地，目前本专业稳定的校外实践教学基地5家，企业既是实习基地，也是就业基地、科研基地、外聘教师基地，有力地补充了教学资源，拓宽了学生的就业市场。实现了从校企人员互聘、共同进行课程开发、联合订单培养、接受学生集中顶岗实习、技术项目服务、企业员工培训、就业与质量评价等多角度、多方面的校企深度融合模式。

六、专业建设成果

目前，本专业已经初步形成了"产学研教齐头并进，政行企校协同共赢"的可持续发展的办学体制；构建了以工作岗位为导向，以"面向企业，立足岗位，基础够用，注重素质，强化应用，突出能力"为指导思想的人才培养模式；确立了以建筑设计工作过程为导向的课程体系；拥有一支业务能力强、教学水平高、专兼职"双师"结构的师资队伍，成功立项成为"校级重点团队建设项目"；获批省级培育项目一项，校级培育项目一项，校级课题两个，共建精品资源共享课程六门；立项成为我校重点建设专业。

七、总结

我校建筑设计专业的课程体系改革实践的成功，说明适应新形势下对建筑设计专门人才的需求。基于工作过程的课程体系设计构建了适应高技能人才成长规律的高职课程体系框架，着眼于学生的全面发展与可持续发展，并根据专业特点，将职业素养融入专业培养体系；课程体系以工作任务为载体进行学习情境设计：即对实际工作任务进行分析归纳整合，并结合工作过程实行课程开发，实现学习情境整体设计；创建的以设计研发中心为平台的"职业情境化"教学模式：在真实的企业工作环境中，学生以完成项目的方式进行学习，是一种深层次的工学结合；以任务为驱动，教学做一体的教学组织形式：专业基础技能课程和核心技能课程实现了将理论知识与岗位技能融为一体，学生边做边学，边学边做，学做结合，教学做一体，进行职业规范化训练；构建了以能力培养目标为重点的全学程能力考核标准：把专业技能考核贯穿于整个教学过程中，建立起一套完整的专业技能考核体系，逐步形成知识和能力双考核；构建以能力培养目标为重点的全学程能力考核标准。

基于信息技术支持的广东高职信息化教学研究

李爱民①

摘　要：本文将简要论述信息技术支持与高职信息化教学的基本概念，并分析基于信息技术支持的广东高职信息化教学主要环节以及在教学活动中面临的问题，继而提出基于信息技术支持的广东高职信息化教学的发展路径。通过本文的分析研究，旨在促进广东高职院校信息化教学的完善创新。

关键词：信息技术支持　广东高职院校　信息化教学

一、相关概念与理论基础

（一）信息化教学的基本内容

互联网平台与信息技术相结合基础上的教学方式，具有数字化与网络化的特征，高职院校信息化教学模式是在网络平台与信息技术相结合而产生发展，现阶段高职院校的信息化教学是社会各界以及高职院校中重点关注的内容。本次针对信息化教学的内容论述将从三个方面进行，其中分别是信息技术与学科相互融合、计算机网络教学模式以及立体化教学模式。首先，高职院校信息化教学中，教师的专业知识组成部分应为专业内容以及教学方式内容。美国学者科勒和米什拉发表的概念中，主要包含学科内容知识、教学知识以及技术知识为主的三个方面。因此高职院校的信息化教学活动中是以整合信息教学知识为根本环节，其中结合现代化的教学技术以及教学环境的外化表现。其次，计算机网络教学网络模式是一种高效的教学活动，能够有效地培养学生的创新思维能力以及创新实践能力，需要教师掌握使用现代化知识以及技术的能力。立体化的教学模式中，与传统的教学模式中主要区别在于教学活动主体地位。在三维现代化的教学互动环节中，需要充分利用现有的教学资源，继而实现教学活动的立体化以及信息化发展。

（二）信息化教学的理论基础

基于信息技术支持的广东高职信息化教学研究中，针对信息化教学模式的理论基础

---

①李爱民(1980-)，男，广东河源市人，广州南洋理工职业学院，会计专业教师，讲师，工商管理硕士，研究方向：财务管理。

进行研究为主要内容，本次研究主要内容包含建构主义学习理论、知识管理理论以及社会管理理论为主。首先，建构学习理论是社会主义文化发展背景下教育活动的基本理论指导，是推动学生学习主体性提升以及建立学习互动的重要内容。建构学习主义中认为知识的认识之中主要分为三个环节，即对于知识感性的认识、对于知识理性的认识以及在认识知识的基础上发挥想象力。其次，随着知识经济时代的不断深化发展，知识管理理论逐渐形成。将知识管理理论结合至信息化的教育领域环节中，主要针对知识、经验以及智慧进行系统化的分类处理、知识管理理论能够将隐性知识最大程度的显性研究，因此成为高职院校中信息化教学的理论基础。最后，高职院校的信息化教学活动中，社会学习理论是重要的理论基础。学生在学习活动中的行为是由先行因素以及结构因素影响，因此在学习的过程中之中强化训练是调动学生学习动机的主要方式。在具体的信息化教学环节中，通过社会学习理论的指引，能够转变知识的获取方式，继而提高教学效率。

（三）高职院校的信息化教学

高职教育中教师处于教学活动的主导地位是保证教学方向以及教学纪律性的主要方式，但是也会在一定程度上限制学生创造性及积极性的发挥，继而在一定程度之上组织了学生对于学习内容的理解以及内化吸收。

二、广东高职信息化教学的发展现状及挑战

（一）发展现状

自《教育信息化十年发展规划（2011-2020年）》提出以来，广东省教育部门十分重视教育信息化以及教学现代化事业的发展建设。广东省高职院校的教育信息化工作中，主要坚持将信息技术与教育教学相结合的发展理念，主张在高职院校的现代化发展中应用驱动以及机制创新的基本发展方针，继而加强高职院校教学活动中顶层设计以及资源协同发展。

（二）面临挑战

在基于广东省信息化教学发展现状的分析基础上，不仅需要了解信息化教学的特点以及优势，与此同时应明确信息化教学建设的挑战及消极影响，继而制定具有针对性与合理性的教学计划。现阶段推进信息化教学模式将面临众多的问题以及挑战，首先，广东省高职教育信息化发展中坚持的"四个坚持"以及"三个支撑"理念与发达国家及社会现状之间存在差异性。部分高职院校的教学建设中，对于信息技术的认识不够充分，在推动教育现代信息化的发展历程中缺少积极性，因此建设力度有待提升。

三、基于信息技术支持的广东高职信息化教学总体要求

（一）指导思想

基于信息技术支持的广东高职信息化教学总体要求中，主要为"四个坚持""三个支撑"以及"两个领先"为基本指导思想。广东省高职院校的信息化教学活动中应坚持贯彻落实创新性、协调性、绿色化以及开放共享的教育发展理念，其中将构建教育网络化、数字化以及终身个性化的教学体系为主要任务。

（二）教学原则

基于信息技术支持的广东高职信息化教学主要原则，主要包含以下三个方面。首先，广东省高职教育应坚持深化应用、服务全局的原则。构建教育信息化服务全局的新格局，需要教育改革发展中与现实社会的重大现实问题及教育改革发展趋势相结合，实现由点及面、由浅至深的教育教学管理发展历程。通过教育信息化的神话发展，以现代化信息技术带动广东省高职院校的教育现代化发展。

（三）教学目标

基于信息技术支持的广东高职信息化教学发展目标中，需要借助教育信息化实现高职教育的资源优化及全覆盖。首先，高职院校的教育信息化建设是广东省实现教育现代化改革的重要组成部分，在教学环节中坚持信息技术与教学资源的结合发展，继而促进教育信息化由规模化及常态化转型优质化及多样化发展，使得高职院校的信息化教育品牌效应提升。

四、基于信息技术支持的广东高职信息化教学实现路径

（一）实现优质教育资源全覆盖

基于信息技术支持的广东高职信息化教学实现路径，需要实现高职院校信息化教育资源的全覆盖发展。首先，高职院校应加快引进面向国家课程建设的数字化教材为主，坚持优化式及创新式的信息化课堂教学模式。高职院校应构建出与国家课程要求相适应的计算机教学课程体系，并创建出高职院校在线名师工作室，实现教师资源以及学习资源的整合优化。建设具有完善性的信息化教学体系，需要合理优化整合基础性的数字教学内容，打造出具有广东特色的高职名师教育资源，推动高职教育的信息常态化及大众化发展。

（二）创新教学方式与教学内容

基于信息技术支持的广东高职信息化教学实现路径中，高职院校应坚持以创新教学以及以信息化推动教育多样发展的理念。首先，广东省高职院校应构建新型的学习模式。深入研究信息技术支持下的"互联网＋学习"路径，鼓励学生更多的借助网络平台开展自主学习的活动，师生之间、生生之间更好地进行知识的分享以及经验的交流，推动网络空间学习模式以及学习路径的优化创新。其次，高职院校应积极构建"互联网＋课程"的教学模式，推动高职院校信息教学技术与国家发展需求以及省内经济发展的深度融合，实现高职教育的延伸拓展及丰富深化发展。在具体的教学环节中应将信息技术结合至课程设计、课程实践、课程管理以及教学评价环节中，继而切实提高高职院校学生的综合能力及信息素养。第三，基于信息技术的高职院校信息化教学活动中，应深化教学方式的变革，实现信息技术与教学内容的融合发展。信息技术教学的普及化发展过程，应加强移动终端设备、多媒体教学软件以及网络教学资源在教学活动中的使用频率，构建出教学、科研以及管理一体化的新局面。

（三）以教育大数据使用为核心

高职院校的信息化教学活动中，首先需要构建教育管理信息化体系，其中包含高职院校的财务管理、人事管理、教学管理、图书管理等业务治理，完善信息化背景下高职院校的现代治理体系。其次，基于信息技术的高职院校信息化发展中，应积极推动教育数据的整合发展以及创新应用。高职院校的教育教学信息化发展应实现教育教学资源的系统集成，在基于提高教育管理效能的维度之上，优化再造教学流程，形成基于信息技术的个性化教育服务模式。高职院校应充分重视教育信息化的发展潜力，推动教育内容多样化、教育评价多元化的发展，构建出具有现代化及个性化的教育教学体系。广东省高职院校借助教育信息化打造"阳光教育"的过程中，应整合校园教育业务的系统能力，积极探索出共建共享、数据规范、应用协同的信息化教育体系。

互联网+下高职院校在线网络课程建设：问题、定位与构想①

李 海②

摘 要：职业院校在线网络课程得到很大发展，但依然存在被动"上课"、课程内容不符合学生需求、学习过程难以评价、网络技术难以人性化等问题。随着网络技术的发展，互联网＋下课程定位不断发生变化，由辅助教学到部分代替线下教学已成趋势。为此，在线网络课程建设应以学生为中心，改造在线课程，确保在线课程建设质量；改革课程分类，实现线上线下有机分离；建设网络课程平台，打造多元平台运作模式；营造良好的网络环境，实现学生自由自主选择课程类别，满足学生共享优质教育资源的需要。

关键词：互联网＋ 高职院校 网络课程

一、高职院校在线网络课程存在的问题

"互联网＋"教育是将智能手机、平板电脑等移动工具"请入"课堂，学生通过互联网找资料、看视频、做练习等，满足了学生碎片化学习的需求。通过对在线网络课程平台进行分析，目前网络课还存在以下几个方面的问题：

（一）高注册人数与高"辍学率"并存

投入大量的资金和人力，耗费耗时效果不好。我国高职院校提供了大量的资金和人力建设在线课程，内容包括教学大纲、教案、课件、作业、试题、教学录像、参考文献等，建设后没有进行后续的宣传、推广、应用，没有体现以学生为中心、以学生能力发展为主线的课程建设理念，实用性差，共享、重用和复用率低，一建就死，效果较差。根据《中国互联网络发展状况统计报告》至2017年12月的统计，在线教育领域用户、手机在线教育课程用户使用率分别为20.1%、15.8%。在线教育注册用户虽然不断上升，但使用率不高，在线学习课程的人数随着课程的进程不断减少，完整学完课程的人数比例特别

---

① 基金项目：2017年广州市哲学社会科学规划课题"基于'工匠精神'的广州大学生职业信仰教育研究"，项目编号：2017GZGJ03。广州市哲学社会科学规划课题《高职院校培育和践行社会主义核心价值观研究——以广州市为例》，项目编号：2017GZYB57。

② 李海（1969–），男，江西瑞金人，广东省外语艺术职业学院课程研究所所长，副研究员，教育学博士。主要研究方向：教育原理，职业教育管理，大学课程与教学论。

低。

（二）课程内容与学生的需求错位

现有的网络课程建设模式无法满足学生的特定需求。从目前在线精品课程建设的数量来看，课程建设已初具规模，但总量偏少，课程正常运行的门数和访问量不高。在线课程以授课录像、多媒体课件、文字教案为主，习题、测验、讨论、活动、作业等拓展课程资源数量偏少，且类型单一，数量不多。在线教学大部分时间是教师讲学生听，教学方法简单，听了几次课后容易疲劳，缺乏吸引力，难以坚持下去；网络课程有时间控制不够，很多网络课程因时间长成了网络讲座，单调枯燥的授课方式阻挡了人们的学习兴趣；内容以学科为中心，内容有的简单，有的太难，有的内容过于学术化成为专业课的网络版，阻止了非专业人士的进入。在线课程的这些特点，使得很多网络课程成为"快餐"课程、学术讲座、"娱乐"课程，缺乏实用性、趣味性、知识性，导致在线课程与学生需求不相匹配，课程建设与应用水平之间差距明显。

（三）学习过程与学习评价难对接

网络课程的服务、咨询作用不够，大多数处于课后布置作业状态，双向互动差，缺失交流、互学、评价等功能。对网络课程的学习如何评价有一个认证的问题，也就是说，学习完了可以发给课程结业证书（课程证书、课程通过证书等），但因无法监管整个学习过程，无法确认是否是学生本人还是其他人考试，考试过程是否作弊无法核查，因而作为考试结果的证书是否可以衡量学习的结果还令人怀疑。总之，在线课程"缺乏动态评价机制，对课程的后续建设重视不够。"

二、互联网＋下课程的定位：在线网络课程由辅助教学到部分代替线下教学

网络课程建设需要一定的时间积淀、需要不断更新内容、采用各种线上技术才有可能成功。课程平台建设如果仅以学生为本，不以营利为目的还不够，有可能平台建好了，因学生学习需求、学习动机很低，可能只有很少的在线学习的学生，这就还需要有差异化增值的东西，能够吸引学生持续不断坚持学习，否则可能"存而不活"。

（一）互联网＋下在线课程的发展

在线网络课程分几个阶段，第一代是精品课程建设时代，以课程建设为主。2003年4月8日教育部发布《教育部关于启动高等学校教学质量与教学改革工程精品课程建设工作的通知》教高[2003]1号），国家正式启动了精品课程建设。精品课程有三个层次，分别通过学校、省教育厅和教育部立项，提供经费，教师根据一定的要求和模式进行建设，主要是以讲解内容、提供课程教学视频为主。网络课程不收费、不营利，面向大众，

教师依靠建设经费建设课程，课程以能否获奖或立项成为教师建设的动力。因视频教学时间长，以教师讲为主，教师讲好了，但教学效果很难达到"享受"的目标；教学信息化了，但无法吸引学生和有学习意愿的人坚持学习。

第二代是做教学互动课程平台。有的认为是精品课程开放阶段。除了讲课，师生之间的互动被纳入到教学过程中，避免了单一的、讲座式的教师说学生听的模式，增加了学生的体验，学生成为资源共建的一部分，从而增加了课程学习的价值。

第三代平台是提供双向选择的服务。也有人认为是精品在线开放课程建设阶段。以前课程平台只按教师的想法进行建设，不考虑课程适合谁、谁需要的问题，现在平台充分考虑了面向的对象、对象的需求的双重需要，如课程内容要进行分级别或层次，如初级、中级和高级等，课程面向分对象，如不同专业的人对同一课程的需求会有所不同，课程会根据不同专业的学生进行细分、匹配，或者根据学习者的需求建设课程，完全尊重学生的需要。针对不同的人群匹配不同的课程，从课程、学生进行叠加考虑。同时对课程的质量不断跟踪，对学习者提出的合理意见进行消化、改正，提升课程的有效性、实用性。

第四代课程平台是交互式的。课程内容的选择不只是教师的要求，也是学生的需求，师生共同创造资源，解决彼此的需要，获得双方自身的体验。如师生之间在课前进行沟通，教师可以开出需要阅读的材料，学生也可以提出自己的要求，上完课可以师生互评，教师可以根据学生的要求不断改进教学方法。

（二）互联网＋下在线网络课程的定位

1. 在线网络课程的独立性

从在线网络课程的发展来看，在线网络课程因其不受时间、地点的限制，为学生个性化学习提供了较好的选择。在学生有意愿学习的情况下，在线网络课程已经突破了技术的障碍，与传统教学相比，更有优势，学生可以在电脑、手机随时学习。加上反转课堂的实施，MOOCS、SPOC 等资源的支持，师生可以面对面沟通，可以从混合教学过渡到完全的网络教学，学生完全可以通过在线网络课程自学获取学分，成为与课堂教学并列的有效教学形式。不同课程可以选择线上和线下课程，同一课程可以拆分成线上课程和线下课程。

2. 在线网络课程的替代性

网络课程可以部分替代线下课程。随着精品课程、在线资源共享课程等网络课程的推广和建设，一些采取讲座式、独白式教学方式的课程将由线下逐渐走向线上方式，学生可根据自己的需要选择这些课程，通过考试后即可获得相应的学分。这样，可以把很多知识性的课程通过网络课程的学习方式，由学生自己安排学习时间，学校负责安排考试，学生通过考试后获得相应的学分。学生通过在线课程学习，可以有更多自由学习的支配时间，腾出一些时间进行开展社团活动、技能训练、研讨会等。在线网络课程的实施，可以扩大生师比，把更多的教师解放出来，用更懂的经历培养学生的创新思维和创新能力。

现代学徒制模式下的《建筑施工安全》课程实践

张　迪[①]　陈燕群[②]

摘　要：现代学徒制与传统学徒制不同。《建筑施工安全》课程引入学徒制模式有着积极的现实意义。以《建筑施工安全》课程为载体，从课程定位、教学内容、教学过程、评价体系、存在问题等多方面诠释了现代学徒制在高职教育课程教学中的实践应用。

关键词：现代学徒制　建筑施工安全　课程

现代学徒制是以校企合作为基础，以学生（学徒）培养为核心，以课程为纽带，以教师、师傅的深入指导为支撑的人才培养模式。现代学徒制有利于促进行业、企业参与职业教育人才培养全过程，实现专业设置与产业需求对接、课程内容与职业标准对接、教学过程与生产过程对接、毕业证书与职业资格证书对接、职业教育与终身学习对接，提高人才培养质量和针对性。

一、现代学徒制与传统学徒制的区别

传统"学徒制"中的学徒是为师傅赚取财富的劳动力，师徒之间本质上是一种雇佣关系。"现代学徒制"是一种继承和吸收传统学徒制的特点和优势，并结合时代特点和现代职业教育的特色及市场经济要求，发展起来的一种现代人才教育培养模式。它通常以工学结合、校企合作为基础，以教师（师傅）与学生（徒弟）面对面教育为特色的教育模式，教学方式更加专业与规范，教学内容更贴近市场发展的需要和学生职业素质、职业生涯规划需求。

---

① 张迪（1968– ），女，河南郑州人，广东水利电力职业技术学院副教授，注册咨询工程师，从事建筑工程施工管理与教学工作。

② 陈燕群，广东水利电力职业技术学院。

二、现代学徒制在《建筑施工安全》课程中实施的必要性

课程是达成教学目标的载体，职业教育课程建构是职业教育改革发展的核心领域，也是急需实践的现实问题。对于职业教育而言，它的课程内容必须有很强的经济意义上的实用价值，应具备帮助学习者个体增强谋生能力的效能，同时学习者也能深刻感知到这一极具实际价值的效果。

建筑施工安全涉及面广、综合性强，工程类比和施工经验在安全管理过程中起着重要的作用。《建筑施工安全》课程以安全员职业能力为中心组织教学，学徒（学生）在师傅（教师、工程师）的指导下完成建筑工程各个施工环节的现场安全管理、安全监督等工作，课程以学徒制育人模式为依托，让学徒（学生）明确自己所学的知识、所训练的技能在日后工作中的重要性，培养其具备施工安全管理职业意识。

《建筑施工安全》课程引入学徒制模式，有着积极的现实意义。

三、现代学徒制在《建筑施工安全》中的课程实践

（一）《建筑施工安全》课程定位与安全员岗位对接

《建筑施工安全》课程的近期培养目标是施工单位专职安全员，远期培养目标是注册安全工程师和施工管理技术负责人。

（二）《建筑施工安全》教学内容与安全员职业标准对接

（三）《建筑施工安全》教学过程与生产过程对接

1．与职业标准对接的课程标准和校企合作教材

职业教育作为一种特殊教育类型，具有开放性和跨界性。职业教育跨越了教育与学校，所以具有很强的教育属性；同时又跨越了职业与企业，具有很强的职业属性，职业教育的属性要求其教材与产业需求对接、理论学习与技能训练对接，以达到传授知识和培养能力的要求。

广东水利电力职业技术学院课程组针对安全员岗位能力制订课程标准、开发工作任务，与广州建筑集团合作的《建筑施工安全》教材，涵盖了安全员岗位能力、安全员职业资格证书考核等内容，包括施工现场安全教育、基坑支护及土方工程施工安全、脚手架工程施工安全、模板工程施工安全、垂直运输工程施工安全、临时用电安全等。

2．与职业标准对接的教学过程

以实际工程案例为载体的教学诠释了现代学徒制的教学（指导）过程，体现了工作和学习的相互交融，工作任务典型、完整、具有范例性、可操作性和可迁移性。教师（师

傅）以案例为载体开展教学指导（编制某工程脚手架施工安全专项方案、编制某工程高支撑模板施工安全专项方案、对某工程进行安全检查和评分等）、学徒（学生）不但以呈现完成品（实际工程安全管理方案、安全检查评分）为任务目标，而且在制造完成品（编制实际工程安全管理方案、安全检查评分）的过程中获得知识、训练能力，完成品是教学活动的驱动力。

3．与职业标准考试大纲对接的评价体系

课程考核方案不但考查学徒（学生）对建筑施工安全知识的掌握程度，而且评价其具备的安全员职业能力。

四、现代学徒制模式在本课程实施过程中存在的问题

（一）缺少配套保障机制

目前，现代学徒制的实施形成了以学校为主导、企业被动参与的局面，本课程与实际工程结合紧密，教学案例需要不断更新和补充，配套保障机制和投入的不足，一定程度上影响了现代学徒制的进一步开展。

（二）缺少第三方评价体系

第三方评价体系一般由本行业非合作企业的专家、企业骨干以及其他教育专家等组成评价小组，通过采用实践操作、情境谈话、笔试口试、项目报告、案例分析等各种灵活的方式来全面评价学生的职业能力。

师傅评价、成员互评、计算机试题库考试是课程的主要评价方式，尚需要突破教师、学生、合作企业的局限，形成有利于达到培养目标的第三方评价体系，全面、科学地评价现代学徒制在课程实践中的教学成效。

五、结论

现代学徒制是将学徒（学生）、师傅（教师、工程师）、生产任务、教学内容有机融合在一起的纽带，《建筑施工安全》课程的教学设计体现了高职学生的认知规律和职业成长规律，是现代学徒制的必然选择。

基于SPOC的高职汽车专业课程混合式教学模式探索与实践[①]

覃卓庚[②]

摘　要：应用"SPOC"混合式教学模式是高职学校实践信息技术与教育"深度融合"的模式和方法创新。本文分析基于 SPOC 混合式教学模式的内涵及其优势，在开展基于 SPOC 的高职汽车核心课程混合式教学模式应用实践的基础上，对 SPOC 混合式教学模式进行分析与探讨。

关键词：SPOC　混合式教学　汽车核心课程

为促进高职教育信息化的发展，国家颁布的《教育信息化十年发展规划（2011-2020年）》中提出要将信息技术与高等教育深度融合，加快职业教育信息化建设，支撑高素质技术技能型人才培养。基于 SPOC 的混合式教学模式是信息技术与教育相融合的一种新的教学模式，随着云计算、移动终端设备的突飞猛进，基于 SPOC 混合式教学模式得到迅速发展，正逐步在高职专业课程教学中推广应用。

一、基于 SPOC 混合式教学模式的内涵及优势

SPOC（Small Private Online Course）称为小型私密网络课程，是随着在线开放课程 MOOC 发展而来的一种教学模式，是课程进行 MOOC 建设的雏形，概念最早由加州大学伯克分校的阿曼德福克斯教授提出并使用的。基于 SPOC 混合式教学模式是指教师利用互联网、移动终端、云计算等现代信息技术构建线上网络教学平台，授课班级学生在任课教师的指引下利用网络教学平台中的微课视频、教学 PPT、电子书、测试等课程资源完成自主学习和巩固学习，而线下课堂中教师针对性地进行课程内容讲解、讨论及实践操作，提高学生的专业知识掌握程度和职业技能。

基于 SPOC 混合式教学模式是 SPOC 与传统教学模式相结合的新型教学模式，可以看作在线学习（Online Learning，或 E-Learning）和面对面（Face-to-Face）的课堂学习两种学习方式的有机结合，它整合了线上与线下学习的优点开展和组织教学活动，发挥

---

　　①基金项目：本文系2017年广州南洋理工职业学院校级课题"基于SPOC的高职汽车专业课程混合式教学研究与实践"（课题编号：NY-2017CQ1YB-09）的研究成果。

　　②覃卓庚（1984-），男，广东韶关人，本科，讲师，广州南洋理工职业学院机电与汽车学院，研究方向为汽车职业教育、汽车维修。

两种学习方式的优势。课程整个教学过程即发挥教师引导和监控教学进程的主导作用，又突出学生作为主体的主动与创造性，实现以"学生为中心"的教学模式改革，从而提高学习效果和教学质量。

在基于 SPOC 混合式教学过程中，老师不单对知识进行讲解，更突出是成为学生学习过程中的指导和促进者，学生被动接受知识转变为学习的中心；教学组织也从"课堂讲授＋课后作业"转变为"课前自主网络学习＋课堂互动探究＋过程考核"。要实现这样的教学优势必须关注信息技术和学习活动这两个关键因素，同时也是构建混合式教学学习环境的必要条件，主要有三方面：

（1）有信息技术的支持，即网络教学资源、网络教学平台等网络信息技术的帮助。

（2）利用相关教学管理要求对学生进行约束，增强学生自主学习能力；

（3）教师应用先进信息技术并有较高的专业知识结构，以及在课堂教学活动中的教学设计能力。

二、基于 SPOC 的汽车专业课程混合式教学模式的实践

随着信息化的发展，各高校越来越重视线上教学平台的建设和使用，广州南洋理工职业学院积极推广网络教学，汽车服务工程教研室以《二手车鉴定与评估》、《汽车电子控制技术》等作为试验课程，探索适合高职汽车专业的 SPOC 混合式教学模式。

《二手车鉴定与评估》是汽车营销与服务专业的一门专业课，内容包含多学科知识，既有理论又有实践动手环节，同时本课程正进行校级精品在线开放课程建设，有较丰富的网络课程资源，选择本课程作为试验对其他课程建设有一定的借鉴作用。

（一）教学准备

相较于传统教学模式，基于 SPOC 的课程混合式教学实施中，教师前期准备充分才能保证教学活动的顺利实施。主要包括学生学习教学目标确立、教学内容设计、教学资源开发、网络平台建设等。按专业培养目标确立教学目标教学；结合岗位需求设计教学内容；根据岗位所需的知识、能力和素质设计合适的学习任务，以任务驱动学生参与学习活动过程；教学资源开发主要是指从学生的兴趣和已有经验出发，提供丰富的生活和职业相关素材。

《二手车鉴定与评估》是一门专业课程，使学生掌握二手车鉴定评估师、二手车销售员等的具体工作内容及职业技能。课程内容是基于二手车鉴定评估师、二手车销售的岗位工作流程和情景进行设计，主要有前期准备、现场鉴定、评估二手车价值、撰写二手车鉴定评估报告、二手车交易及拓展资源等六个部分内容。

网络教学平台则是采用 MOOC 超星泛雅平台及超星学习通进行构建，搭建的网络课

程不仅实现网页版的在线学习功能,还有手机端APP让学生随时进行知识的学习与巩固,开展课程教学交流和讨论,实现网上交流答疑、在线测试和作业,将网络教学与传统教学相结合,构建学习新模式。

（二）线上线下课堂

1. 线上课堂

学生按移动终端APP网络课程平台的"任务"和"讨论"提前开展在线理论学习和自测。理论学习是通过观看微课、查阅电子书和PPT课件等形式开展自主学习;在线自测是通过与任务相关的理论测试题,让学生了解自己学习效果,也让教师监控学生的学习情况。

2. 线下课堂

线下课堂是开展任务重难点讲解与答疑,同时完成技能实践训练。技能实践训练采取小组协作的方式,首先就网络课堂中的任务点进行讨论或PPT汇报阐述操作要点。然后学生在老师的指导下进行操作实训,学生也可查看平台上提供的操作实训相关资源（如:操作示范视频）,完成操作训练。最后则是进行课堂作业与个性化指导巩固所学内容。技能实践训练是基于工作过程的学习情境设计,把工作过程引入课堂,并把职业证书考试内容融入教学内容,实现"课证深度融合",提高人才培养质量。

3. 互动交流

互动交流是充分利用超星学习通APP中的群聊、讨论、主题讨论等社交功能,开展教师与学生的互动交流,以及签到、抢答、投票、直播、在线课堂等工具,开展实时互动交流,进一步加强了师生交流互动。

三、基于SPOC混合式教学模式的优势

基于SPOC混合式教学模式是SPOC线上学习模式与面对面课堂教学模式的融合创新,实现了信息技术应与教育全面"深度融合",其先进性和科学性、开放性和灵活自主性已被多所名校实践验证,经过本次教学改革试验,笔者认为在现有高职汽车专业核心课程中应用基于SPOC混合式教学模式进行教学具有多个优势:

（一）提高专业课程教学效果

在混合式教学课堂中,学生是知识的主动建构者,学生要进行自主学习、探究学习和合作学习。MOOC注重知识的传播和复制,SPOC则注重知识的建构与生成。SPOC以先进的教育信息技术为支撑,改变了传统教学方式对学习时间和空间的限制,把丰富的学习资料随时随地提供给学生,并且能够随时随地交流、协作,实现了开放教育环境,为翻转课堂的提供了知识获取的有力保障。

《二手车鉴定与评估》等汽车专业课程是学生职业技能培养的核心主干课程，学生对基础知识的掌握决定了专业课程的学习效果，而采用 SPOC 让学生能够多次重复的进行基础知识的学习与掌握，为职业技能的提高提供了有力支撑，提高了教学效果。

（二）激发自主学习积极性

SPOC 模式强调教师的任务不是简单地向学生灌输知识，而是通过将线上学习过程纳入监控和考核范围，指导学生通过 SPOC 信息、环境等激励其学习兴趣和学习动机，学生通过自主探究学习、巩固复习，最终形成自己的知识体系。

高职院校的学生较喜好实践动手环节，对理论知识的学习缺乏驱动力，而采用 SPOC 能进一步刺激学生进行自主学习。如《二手车鉴定与评估》课程中关于二手车的价值评估方法有现行市价法、重置成本法、收益现值法与清算价格法，学生在线上通过微课、电子书等学习后，教师在课堂上进行案例的应用后，学生在课后再次进行巩固学习并通过在线测验，有效地促进学生的自主学习，提高教学效果。

（三）加强了师生交流互动

混合式教学能够为师生创造一个良好的交流平台，教师不仅课前、课中和课后都保持与学生的沟通，对学生的学习过程进行指导和促进，学生有学习问题能够及时地通过网络课堂平台进行指导，也能够为学生创建一个就学习问题进行讨论，相互促进共同进步。

学生的自主学习激情是需要教师辅助保持的，而线下课堂过后的线上学习是学生巩固知识的有效方法途径，随着信息技术的发展学生在课堂后喜欢使用手机进行学习，教师这就需要通过网络课堂中的群聊、讨论、主题讨论等社交功能及时地给予学生辅导，保持学生自主学习的积极性。

无边界学习：探讨高职课程教学改革[①]

曾昭坤[②]

摘　要： 新兴信息技术对知识获取的方式产生了深远的影响。通过深入分析高职课程教学现状，结合互联网技术对高职教育领域的影响，本文认为应从"无边界学习"的角度，以打破时间、空间、内容的界限探讨高职课程改革：课程教学应与互联网技术深度融合，以学生为中心，考虑互联网背景下知识碎片化传播的特点，通过知识素材收集、知识点连接，以及知识拓展的知识网构建方式进行课程设计，引导学生掌握课程内容，逐步培养自主学习的能力。

关键字： 无边界学习　新兴信息技术　高职课程改革　碎片化学习

一、高职课程教学现状

（一）课程教学仍以讲为主

在信息化高度发展，当前的高等职业教育依然以传统教学方法为主，即任课老师为中心的授课方式。信息化工具的应用未能与课堂教学深度融合，只是把传统教学方式，以信息化工具简单呈现，教师与学生之间是"讲—听"的关系。本质上，并没有改变传统的教学方式，学生在课堂上的参与度很低。

（二）高职学生的情况

进入大学校园后，不少学生对学习形成了错误的认知：其一，学生对学习的理解依然停留在课堂上、课本内。没有形成查阅资料，拓展学习的习惯。其二，结果导向的考核方式使学生形成一个学期"刻苦"一星期错觉，只需要期末考试前把复习资料背熟就能过关。其三，一个学期完成后，把所学内容还给了任课老师，下学期开学时对上学期所学的课程忘记得七七八八。没法把不同学科、不同课程的知识进行连接。

传统的教学方式难以刺激、提高学生的学习兴趣。学生对学习也缺乏主动性。

---

①基金项目：新技术条件下对《财务管理》课程改革的设计，2015JG06。

②曾昭坤（1983–），女，广东广州，广东行政职业学院，会计专业教研室主任，讲师，管理学硕士，主要研究方向：财务管理、会计专业高职教育、管理会计。

（三）教学的信息化程度

近年来"互联网＋教育"的方式使高职教育发生了很大的变化，特别是教学器具上信息化程度越来越高。建设精品课程、微课等项目蓬勃发展，而与之相反的是，课程教学中与这些资源的融合程度还是比较低的。一方面是网络覆盖问题，校园的互联网络还在建设中，拥有电脑的实训室安排未能完全覆盖所有课程；无线网络亦未能覆盖所有教室，让学生使用自己手机流量登录数据流庞大的平台系统，有点强人所难。另一方面是课程设计的问题，课程设计主要针对课堂教学的安排，课堂外与信息化平台的配合度就很少考虑。那么对于学生而言，信息化平台在课堂上用不了，课堂下全凭自觉。

二、互联网技术对高职课程教学的影响

（一）网络无处不在

据统计截至到 2018 年 6 月，我国网民规模为 8.02 亿普及率达 57.7%，平均每周上网时间达到 27.7 小时；手机是最主要的网络接入设备，占网民总数的 98.3%，其后是台式电脑（48.9%）、笔记本电脑（34.5%）。

（二）提供易于获得的海量信息

互联网络提供了海量的信息。通过生活中各种情景的应用，学生已习惯通过各种各样的渠道获得文本、视频、图片等不同样式的资讯。课程教学中完全可以利用这些丰富的资源，既可补充课程教学内容，也能进行课程拓展。

同时应注意到，巨大的信息量很容易导致信息过载，影响信息接收者对知识的吸收。有用的信息、误导性的信息铺天盖地，如何获得有效的、适用的信息，就对"搜索"有技巧性的要求。工欲善其事必先利其器，需要有老师在课堂上对如何"搜索"、如何"选择"进行引导。

（三）碎片化的知识传播

互联网的加速发展，促使人们的生活节奏越来越快，时间被切割得越来越零碎，分配给每件事情的时间不多，因此要求信息的供应能满足这种碎片化时间的要求。短视频、微博等的快速传播，正是应运而生。碎片化、快节奏作为互联网工具传播信息的特征，影响高职课程教学中应用互联网技术的方式。通过短小精干的小视频传递课程知识，更容易让学生接受。

三、对"无边界学习"的探析

互联网技术改变了人们接受知识的方式，对传统课堂是一大冲击。传统的教学方式把学生、老师限制在有限的区域内；而互联网技术改变了知识传播的方式，亦为知识传播的途径提供了多元化选择。高职教学不应把互联网技术仅仅视为教学工具，也可以参考网络思维方式对高职课程进行改革，利用互联网的高渗透性，打破时间、空间与内容的边界，实现"无边界学习"。

（一）打破时间边界

原有的课程安排局限在固定的时间内。在互联网技术下，可以借助新技术打破时间的边界。短期来看，除了固定的课程时间外，让学生可以按照自己的情况安排学习计划。长远看，离开了校园进入社会，学生依然是需要不断学习、自我增值。所谓学无止境，终生学习的观点并不新鲜，然而在信息化高度发展的环境下，为实现这一目标提供了更便捷的方式。

（二）打破空间边界

传统的课程设计是对课堂内授课过程的设计。互联网技术的应用提供打破课程空间界限的可能性。学生对课程的学习不再局限于课室里，随时随地都可以进行学习。

互联网的数据分析功能可以帮助任课老师实现以学生为中心的课程设计。通过互联网数据分析，对学生的"兴趣点"精准把握，合理安排线上、线下的学习内容，引导学生进行线上、线下交互式学习。任课老师的身份为引导者，引导学生进行线上、线下内容的连接。

（三）打破课程内容的边界

高职课程教学中每门课程独立授课，不考虑课程之间的关联性，会造成学生学一门忘一门的情况。互联网中海量的资讯、碎片化传播方式会加深学生吸收知识的难度，同时也为新的课程授课方式提供新思路。

四、以"无边界学习"进行高职课程设计

高等职业教育为社会培养具有职业素养的人才，而高素质的职业人才应该能根据职业需要、社会需要不断提升。这就要求人才应具有自我学习的能力，在离开了大学校园之后，依然能根据现实情境实现自我增值，适应不断变化的职业需求。下文尝试在高职课程设计中融入"无边界学习"理念，以逐步培养学生自主学习的能力。

（一）课程内容的分解与重构

无边界学习的一个重要的外在特点是应用互联网工具协助进行自主学习。因此，笔者认为对高职课程进行改革，需要线上、线下协同进行，即线上学习知识素材，线下进行知识网络的构建。为实现线上、线下协同，帮助学生进行无边界学习，需要按不同渠道工具的特点对课程内容进行分解。

（二）帮助学生逐步进入"无边界学习"

互联网工具之于高职教育不应该是"替代"。在进行高职课程改革时，应考虑互联网工具与课堂内外的有机融合。线上学习、线下学习不应以课堂内外进行划分，避免让学生认为线上、线下是割裂的环节。

"无边界学习"要求打破时间、空间、内容的边界，就高职教育阶段，学生都是学科专业的入门者，要求初学者马上实现自主学习是不现实的；需要通过多门课程的学习过程的渗透，学习经验的累计，逐步进入"无边界学习"状态。

（三）过程考核为主的课程考核方式

无边界学习，鼓励学生以自身兴趣为中心进行学习，突破课程乃至学科的边界构建自己的知识体系。每位学生的兴趣点不同，构建自身知识网络的组织方法不尽相同。若使用单一的期末卷面考核方式，显然不能全面反映学生构建自身知识网络的情况。

应用互联网工具融合到课程设计中，可以使过程考核成为现实，在教学信息平台上，能实时反映学生使用网络资源的情况，并从参与度（登录次数）、活跃度（参与的内容）、有效度（正确率）等方面对学生进行过程控制，帮助任课老师了解学生对课程知识的掌握情况，进行过程评估并及时调整教学进度。教学平台上的数据分析功能，可以帮助任课老师进一步了解学生对知识点难易程度的认知，为有效改进课程内容设置提供数据支撑。

对学生而言，过程考核方式的实施，能让学生清楚知道每一阶段应该完成什么内容，达到什么样的效果。把复杂的专业课程内容，分解为多个可以比较容易完成的项目；在任课老师的指导下，分期分批完成相应的项目，每个阶段的任务完成情况都可以实时查询。有效的过程控制，能帮助学生掌握自身的学习进度，协助进行下一步的学习计划，逐渐进入无边界学习。

信息化背景下高职教师信息化教学能力提升策略研究

——以广东行政职业学院为例

钟　莉①

摘　要：信息化背景下，区域经济社会发展急需具有较强信息化素养和能力的技术技能型人才，高职教师信息化教学能力是提升人才培养质量的关键因素。目前，我国高职教师信息化教学能力发展初显效果，但仍存在不少问题，需要各方树立信息化教学思维、建立健全信息化教学工作机制、加强信息化教学环境建设、完善信息化教学培训体系。

关键词：信息化背景，高职教师，信息化教学能力，提升策略

一、高职教师信息化教学能力的内涵

教学能力是教师开展教学活动、实现教学目标的核心能力，是提高学生自主学习和保证学习效果的必要条件。目前，国内学者对教师信息化教学能力的概念尚未形成统一的界定，可谓"仁者见仁、智者见智"。例如，胡小勇、祝智庭两人首次对教师信息化教学能力进行界定，认为信息化教学能力是"新形态下教师职业的核心素养"；王卫军认为，"教师信息化教学能力是以促进学生发展为目的，利用信息资源，从事教学活动、完成教学任务的综合能力"；张一春指出，"职业院校教师信息化教学能力是以促进学生获取技能为目标，在信息化环境下，教师运用现代信息技术手段与教育理念相融合，充分发挥信息化教学的优势，从而实现职业教育的教学过程最优化"；等等。文献资料分析显示，尽管概念界定不同，但都有个普遍认识:即在信息化背景下，以促进师生共同发展为目的，教师利用信息技术与教学深度融合，充分发挥信息化教学的优势，争取实现高职教育教学过程的最优化。

高职教师信息化教学能力结构包括六个方面：信息化教学迁移能力、信息化教学融合能力、信息化教学交往能力、信息化教学评价能力、信息化协作教学能力、促进学生信息化学习能力。信息化教学迁移能力是基础能力，是教师信息化教学能力可持

---

① 钟莉（1983-），女，江西瑞金人，广东行政职业学院，公共管理系副主任、讲师，管理学硕士，研究方向为行政管理、高等职业教。

续发展的重要条件；信息化教学融合能力关注将信息技术怎么融合到课堂教学过程中，且更强调如何潜移默化；信息化教学交往能力是在信息化情景中师生充分沟通交流，以实现教学目标的能力；信息化教学评价能力是对教师的信息化教学和学生的信息化学习进行合理判断；信息化协作教学能力是利用数字化网络资源与同事、专家合作的能力，有利于促进学生的有效学习和创新能力的发展，也有利于促进教师个人的专业发展。

二、高职教师信息化教学能力发展现状

（一）高职教师信息化教学能力发展成效

十八大以来，我国教育信息化建设取得一定成果。例如，教师信息技术应用能力得到不断提升，20多万名职业院校教师经过培训，信息素养得到有效提升；学校网络教学环境得到较大改善，绝大多数高职院校都使用多媒体教室进行教学；网络学习空间基本做到人人通，当前绝大多数高职院校都已建有网络学习平台，供学生共性和个性化学习需求；教育资源公共服务平台已初具规模。以广东行政职业学院为例，我院是首批数字校园实验校，自立项以来，学院领导非常看重项目建设，成立了领导小组和下设工作小组，制定了详细的工作计划，顺利通过中期验收，数字校园实验校建设成效初显：校园有线网络全覆盖；教室及实训室全部使用多媒体；甚至部分教师为更好教学，借助云课堂，实现智慧教学；建有网络教学平台，学生进入该平台，可以自主学习部分优质课程，如互联网+课程、线上线下混合课程；建有一批院级互联网+课程、线上线下混合课程、精品视频公开课、精品资源共享课；教师们能够通过参加相关培训或自主学习来提升自身信息化教学能力。近年来，我院每年都有教师在广东省职业院校信息化教学大赛中获奖。

（二）高职教师信息化教学能力现存问题

近年来，虽然我国高职教师信息化教学能力取得一定成效，但是在实施过程中也暴露出不少问题。思想认识仍需进一步深化，部分教育行政主管部门和高职院校仍未认识到信息化教学的重要性，对其持怀疑态度，推进力度有待加大。信息技术与教育教学"两张皮"现象仍存在，深度融合不够，教学效果不理想。由于经济、教育发展不均衡，在一些偏远、经济落后地区，部分高职院校信息化教学环境有待改善，硬件设施建设不足，不能满足信息化教学需求，甚至有的院校购买了有关教学设备，但并未合理使用与管理，一定程度上造成资源浪费，阻碍了教师信息化教学能力的发展。而且，只管建设不顾安全、只管硬件忽视软件、只管数据采集不顾数据维护的简单粗

放管理模式普遍存在。信息化教学管理机制有待完善，"政府主导、应用驱动、多部门参与"的工作机制未能充分发挥效能。教师信息化教学能力的培训体制有待完善，尚未形成职前、职中的培训链，未能严把入口关，根据教学能力需要及培训计划的安排，有针对性地开展信息化教学培训。所以，即使高职院校信息技术专业、电子商务等与计算机有关的专业教师拥有较高的计算机操作水平，但由于缺乏相关的继续教育培训工作，教学效果也不够理想。

三、高职院校教师信息化教学能力提升策略

（一）树立信息化教学思维

教师是教育信息化发展的关键因素，教师的信息化教学能力影响教育信息化的全面提升和深度融合。首先，政府（尤其是教育行政部门）要摒弃过时的教育观念，充分认识到教育信息化工作的重要性，充分认识到信息技术对教育发生翻天覆地的影响。因此，政府要发挥引领带动作用，点燃信息技术与课堂教学融合之"火"，促进教育信息化向"主战场、大规模、常态化"发展，推进教师信息化教学能力的发展。其次，高职院校院领导要高度重视信息化教学工作，加强顶层设计，带领教务处、教学系部等有关部门领导认真研究国家到地方有关教育信息化文件，领会文件精神，结合学院实际情况制定推进计划，促进信息技术进头脑、进课堂，深化教育信息化应用上台阶。第三，高职院校教师要更新教学观念，认识到用信息技术开展教学工作，不仅要具备利用信息技术获取、筛选及加工处理信息的能力，而且还要具备灵活运用各种信息技术设施设备的能力，更要具有利用信息技术进行教学设计、实施、评价等能力，积极探索信息化环境下的新模式新方法。第四，学生也要勇于接受新挑战，对教师将信息技术融入教学进行配合与支持，甚至主动利用网络学习空间进行课程学习，提高自身的信息化素养与能力，满足信息化时代行业企业对人才提出的新要求。

（二）建立健全信息化教学工作机制

一是加强信息化教学管理机制。要贯彻落实《国家中长期教育改革和发展规划纲要（2010-2020年）》、《教育信息化十年发展规划（2011—2020年）》、《关于加快推进职业教育信息化发展的意见》、《教育信息化"十三五"规划》等重要规划和文件关于教育信息化的战略部署，成立教育信息化领导小组和工作小组，明确工作职责，统筹管理教育信息化工作。二是建立信息化教学激励机制。

（三）加强信息化教学环境建设

信息化教学离不开良好的信息化教学环境，良好的信息化教学环境是高职教师开

展信息化教学的基础和需求。良好的信息化教学环境包括随时随处可连接且信号强的网络、体系结构完整功能强大的网络综合教学平台以及丰富的教学资源。目前，部分高职院校不太重视信息化教学软硬件建设，不能有效满足信息化教学的需要。因此，各高职院校要根据各校实际，首先，要加强校园网络建设，无线网络全覆盖，随时随处可连接；其次，增强数字化教学环境的建设，实现多媒体教室全覆盖，多媒体课室使用率达 100%；第三，加快智控录播室、智慧教室等建设步伐，争取实现智慧教学；第四，要做好网络综合教学平台以及移动学习平台等信息化教学平台的开发建设工作，如自行开发或政府采购有关信息化教学平台；第五，加快推进优质教学资源建设，如引进优质教学资源或自主开发教学资源，构建教学资源中心，联合有关高职院校建立专业教学资源库，整合引进的活自主开发的优质教学资源，实现共建共享共管，促进优质教学资源的推广。

基于ISM模型的SPOC混合式教学效果影响因素研究[①]

杨雪莲[②]

摘　要：基于 SPOC 混合式教学模式是现代信息技术与传统教学深度融合的一种创新教学方法，影响 SPOC 混合式教学效果的因素很多，每个因素之间关系复杂，本文运用 ISM 解析结构模型法，选取了影响 SPOC 混合式教学效果的 11 个影响因素，通过构建层次结构模型，理清各层次因素的主次关系，旨在为 SPOC 混合式教学效果提供参考。

关键词：ISM 模型　SPOC 混合式教学；影响因素；教学效果

一、SPOC 混合式教学模式的内涵

SPOC（Small Private Online Course）小型私密网络课程，是随着在线开放课程 MOOC 发展而来的一种教学模式，是课程进行 MOOC 建设的雏形。基于 SPOC 混合式教学模式是指教师利用互联网、移动终端、云计算等现代信息技术构建线上网络教学

①基金项目：本文系 2017 年广州南洋理工职业学院校级课题"基于 SPOC 的高职汽车专业课程混合式教学研究与实践"（课题编号：NY-2017CQ1YB-09）的研究成果。
②杨雪莲（1986-），女，广东台山人，本科，助理研究员，广州南洋理工职业学院创新创业学院，研究方向：信息管理、信息系统。

平台，授课班级学生在任课教师的指引下利用网络教学平台中的微课视频、教学 PPT、电子书、测试等课程资源完成自主学习和巩固学习，而线下课堂中教师针对性地进行课程内容讲解、讨论及实践操作，提高学生的专业知识掌握程度和职业技能。

基于 SPOC 的混合式教学模式是现代信息技术与传统教学模式相结合的新型教学模式，课程的整个教学过程既发挥教师引导和监控教学进程的主导作用，又突出学生作为主体的主动与创造性，实现以"学生为中心"的教学模式改革，从而提高学习效果和教学质量。

二、ISM 解释结构模型简介

ISM 解释结构模型，是美国沃菲尔德（John.Warfield）教授于 1973 年作为分析复杂的社会经济结构问题而开发的一种结构模型，20 世纪 70 年代以来，解释结构模型在社会经济系统中得到广泛的应用，如在区域环境规划和农业区划方面，在技术评估和系统诊断方面等。解释结构模型属于静态的定型模型，它的基本理论是图论的重构理论，通过一些基本假设和图、矩阵的有关运算，可以得到可达性矩阵；然后再通过人机结合，分解可达性矩阵，使复杂的系统分解成多级递阶结构形式。

三、基于 SPOC 混合式教学效果影响因素系统结构模型的建立

（一）确定系统要素 Si

分别从 5 个维度确定影响 SPOC 混合式教学效果影响因素有 11 个，要素集 S={S_i, i=1，2，3，……，11}。

（二）确定各相关因素的关联性

构建邻接矩阵 A 根据各要素之间的直接关系，可以建立邻接关系矩阵 A，A 为 11 阶方阵。A 的元素定义为 a_{ij}=1（元素 S_i 直接影响元素 S_j）或 a_{ij}=0（元素 S_i 不直接影响元素 S_j）。

（三）求可达矩阵 M

本文运用微软 office-excel 软件，计算可达矩阵 M。

（四）求可达集、先行集和共同集，并划分要素层次级别

按照上述模型中的定义将可达矩阵 M 分成可达集 R（S_i）、先行集 A（S_i）和共同集 T（S_i）。据此又进行层级划分，满足等式 R（S_i）∩ A（S_i）=R（S_i）成立的要素 Si 就是系统的最高级要素。去掉最高级要素，重复上述步骤，可分出系统的第 1 层至第

5 层要素构成的层次结构。

（五）建立系统结构模型

从上表看出影响 SPOC 混合式教学效果的因素有 5 个层次，通过将结构矩阵要素间连接关系用有向矢线相连，可以得出 SPOC 混合式教学效果影响因素的结构模型。

四、基于 SPOC 混合式教学效果影响因素的 ISM 模型分析

（一）第一层直接因素

SPOC 混合式教学的最直接因素是微课视频、学习任务包和学生参与度与交互度。这种教学模式重点在于学生课前自主学习，通过观看微课视频，参与课前指导建议，进行测试，与师生交互等环节进行学习的一种新的教学模式。微课视频和学习任务包承担着知识传授的任务，线上和线下学生参与度与交互度是学生能动性的直接体现，表明两者的质量与效果将直接影响学生的学习兴趣和学习效果。此外"微课视频"与"学习任务包""学习任务包"与"参与度与交互度"都属于强连接关系，表明它们之间相互影响。它们通过互联网将传统课堂教学的优势和现代网络学习的优势结合起来，以最大化地获得教学效果是一种全新的"混合式学习方式"。

（二）第二层推动因素

教师的课程教学设计和教学评价与反馈是影响 SPOC 混合式教学的推动因素。在 SPOC 混合式教学模式下，学生成了整个教学活动的主体，教师则从传统课堂中的讲授者变成了学习的促进者和设计者，教师课前针对性地制定教学目标，设计教学课程内容，线上微课教学视频录制，线下课堂交流互动将影响 SPOC 混合式教学的效果和学生学习积极性。教学评价与反馈是对学生的学业成绩，学习效果的直接反映，如何利用学习结果与学生沟通交流，也将间接影响学生学习积极性。此外课程教学设计与教学评价与反馈属于强连接关系，它们之间相互影响，说明教学效果反馈对课程教学设计的影响不容忽视，教学评价中的有效沟通与反馈将激发学生的学习兴趣和热情，促使教师更有针对性的制定和修改适合目标群体的课程。

（三）第三层基础因素

良好的信息化环境是 SPOC 混合式教学的必要支撑和基本前提，在 SPOC 混合式教学中，无论是教师微课教学视频的发布，还是学生课前观看学习视频、课后完成习题作业，以及教师指导学生开展个性化与协作化学习，都离不开以上信息化环境。信

息化环境包括硬件、软件与网络学习平台。硬件设施包括网络硬件、多媒体硬件等；软件设施包括办公通用软件、资源开发软件、制作微课所必需的录播软件等；网络学习平台则是用于发布学习指导，学习资源，微课视频，在线测试及结果统计、反馈以及师生交流互动的一套教育软件。信息化环境影响着学生课外学习的深度及学生学习环境的满足程度，为师生互动交流提供保障，"师生互动交流"与"教学评价与反馈"之间相互影响，说明师生互动和教学评价对学习的影响不容忽视。因此，老师与学生、学生与学生之间的互动交流，教学评价中的有效沟通与反馈，都将持续地影响学生的学习积极性。

（四）第四层关键因素

学校政策制度是影响 SPOC 混合式教学效果的重要动力因素。随着各种网上公开课、微课程等新兴技术潮流发展，学生获取知识的渠道越来越丰富，在深入开展SPOC 混合式教学的过程中，学校管理者发挥着举足轻重的作用。"学校政策制度"直接影响"信息化环境""教学过程考核"，"教学过程考核"又直接影响"教学评价与反馈"，可见，学校政策制度是"承上启下""引领全局"作用，SPOC 混合式教学的关键源于学校高层领导者的重视与政策支持。教学过程考核是 SPOC 混合式教学的重要环节，学生课前在线进行微课视频学习，针对性地带着问题学习，线下教师针对某个知识点进行详细讲解，可大大缩短传统教学的时间，提高教学效率，学生获取知识更加巩固，教学过程考核是贯穿线上和线下两个学习模式的全过程，需要学校政策制度支持和配合，是提高 SPOC 混合式教学效果的保证。

五、研究结论与建议

（一）提高学生自主学习能力

SPOC 混合式教学模式的重点在于学生，通过课前自主学习，观看微课视频，参与课前指导建议，进行测试，与师生交互等环节进行学习，教师通过学生参与度和互动情况进行考核评价。所以要激发学生自主学习的兴趣和提高自主学习能力必须建立综合的评价与激励机制，合理的评价与激励机制会更加调动学生学习的自主性，教师应该根据课程的特点和进度设计不同的评价与激励办法。

（二）学校给与政策和环境保障

一种新的教学模式推行需要校方制定相关政策制度、建立健全信息化环境，这是

SPOC 混合式教学模式推行的基本前提，学校要创造一系列的条件和机制，提供网络教学平台，优化信息化教学环境，建立教师信息技术培训制度，建立全新的教学评价体系。只有完善的信息氛围才能营造良好的教学环境，让师生从传统教与学过渡到学生自主学的良性循环。

（三）强化师生信息素养能力

教师首先要树立 SPOC 混合式教学理念，加快转变角色，精心设计学习资源、翻转教学流程与课堂活动组织，提高视频制作质量，加强教育信息技术、课程设计、教学评价等能力方面的培养，同时，注重培养学生自主学习能力、自我监督管理能力、协作学习能力等。学校应多举办提高教师信息素养的培训和讲座，增设相关的选修课供学生选择学习，健全教学评价指标系统，综合多方位评价学生学习效果。

人才培养研究

把新兴信息技术融入高职教育人才培养全过程[①]

杜朝晖[②]

摘　要：进入 21 世纪，以大数据、云计算、人工智能、互联网等为标志的新兴信息技术不断涌现，在新兴信息技术的大力推动下，在"互联网＋教育"的大背景下信息化教学势在必行。目前信息化教学往往还只是停留在课程教学领域，学生利用信息化手段学习知识技能也往往局限课程教学。文章以人才培养过程为主线，把新兴信息技术进行融合，使人才培养和信息化教育互相渗透，有的放矢，进一步增强信息化教育的效果，同时提高人才培养的质量。

关键词：新兴信息技术　高职　信息化教育　人才培养

一、高职教育信息化需求分析

《教育信息化"十三五"规划》明确要求，要增强教师在信息化环境下创新教育教学的能力，使信息化教学真正成为教师教学活动的常态。《国务院关于加快发展现代职业教育的决定》（国发 [2014]19 号）指出"构建利用信息化手段扩大优质教育资源覆盖面的有效机制，推进职业教育资源跨区域、跨行业共建共享，逐步实现所有专业的优质数字教育资源全覆盖。支持与专业课程配套的虚拟仿真实训系统开发与应用。推广教学过程与生产过程实时互动的远程教学。加快信息化管理平台建设，加强现代信息技术应用能力培训，将现代信息技术应用能力作为教师评聘考核的重要依据。"

二、专业人才培养信息化程度法分析

对于大多数高职院校，信息化技术使用的比较弱，信息化手段通常是在课程教学上制作并上传 PPT、微课、教学视频、教学案例、参考书籍等相关资料到网站，或者利用简单的教学软件组织教学。信息化教学手段使用的比较好的老师会利用蓝墨云班课这类云平台软件进行班级创建、资源管理、成员管理、问卷调查、讨论答疑、作业布置、小

---

　①基金项目：广东省高职教育现代学徒制工作指导委员会教学改革项目"企业定制方向与计算机类专业融合特色的现代学徒制人才培养实践研究"。

　②杜朝晖（1969–），女，河北省人，广东邮电职业技术学院副教授，计算机应用技术专业负责人、教研室主任。研究方向：计算机网络、职业教育理论。

组讨论、即时签到等功能。借助在这类软件实现翻转课堂、利用电脑、手机让学生在课下利用碎片化时间进行学习，课堂上利用它和传统教学方法相互融合，进行讨论交流、作业提交、重要资料留存等，创建即时互动教学新模式，这些信息化手段比传统的课堂教学提高了教学效果。

实际上信息化教学不是单纯将信息化技术和教学内容相加，而需要技术与人才培养全过程有机融合，高职学校培养学生的专业知识、技能与企业所需要的专业技能以及与职业技能资格考核需要掌握的知识技能要三者高度的统一，因此人才培养要建立在明确企业背景、企业人才需求的基础上来确定专业的人才培养模式、课程体系、专业课程设置和课程标准制定、课堂教学等环节。新兴信息技术的使用可以使专业人才培养方案定位更准确、更有针对性。专业人才培养全过程与新兴信息技术的融合后，将会引领我们走向更灿烂的教育之路。

三、人才培养新兴信息技术的融入

信息化手段目前在教学中应用也比较普及，但是往往是比较简单的信息化手段，下面对信息化手段进行分析，前面五种是目前教学中普遍采用的，后面几种是新兴信息技术。

（一）情境化教学素材

运用图片、视频、Flash互动动画等多媒体技术创设接近实际的情境进行学习，利用生动、直观的形象有效地激发联想，唤醒长期记忆中的有关知识、经验和表象。这种方式能够抓住人们的眼球，吸引学生的注意力，激发学生的兴趣，其中的故事能引起学生的反思，可以将抽象难懂的知识、看不见、摸不着的事物直观化、形象化，帮助学生学习理解和记忆。

（二）思维导图

各级主题的关系用相互隶属与相关的层级图表现出来，把主题关键词与图像、颜色等建立记忆链接。思维导图充分运用左右脑的机能，利用记忆、阅读、思维的规律，协助教师开启大脑的无限潜能，进行教学组织与设计。

（三）微课

目前在教学中普遍采用，编排录制教学视频，教师讲解知识点、技能点、工艺流程，或者教师演示动作技能、操作流程等，老师们可以自己制作相关的教学微课，便于学生课内外反复学习。

（四）辅助教学软件

微信、微博、QQ群、主题网站和教学辅助平台等互联网+技术，也可以作为教学学习、练习、测试的平台，用于帮助记忆、熟练技能、系统学习的载体，可以是一个网站，可以是一个软件，也可以是一个APP。例如中国大学MOOC（慕课）网、百斩词APP等。

（五）计算机仿真软件

为了解决实训教学中经常碰到的"进不去、看不见、动不了、难再现"等问题或者安全、保密等要求不能实地实训，采用计算机仿真软件进行学习和练习，是有效的技术应用，目前在各个专业都有有针对性的教学仿真软件，例如华为公司研发的虚拟仿真软件ENSP。

（六）半实物仿真系统

半实物仿真，又称为硬件在回路中的仿真，是指在仿真实验系统的仿真回路中接入部分实物的实时仿真。实时性是进行半实物仿真的必要前提。把计算机上运行仿真软件，与实操设备相连的"半实物"仿真系统相比，后者更加贴近实际，能够更好训练学生设备操作的技能水平与规范要求，例如汽车驾驶半实物虚拟环境。

（七）全息投影技术

全息投影技术也称虚拟成像技术，是利用干涉和衍射原理记录并再现物体真实的三维图像的技术。全息投影技术不仅可以产生立体的空中幻象，还可以使幻象与表演者产生互动，一起完成表演，产生令人震撼的演出效果，通过立体投影，直观呈现立体式、微观结构、动态变化的状态，帮助学生全面理解。学生可以带上全息眼镜，走进学习环境中，身临其境地接触以前无法看到的场景，这让学习不再是传统的枯燥的文字呈现或者是固定的图像呈现，它可以把一些用文字、图片描述的内容情景化，增加了学生的学习兴趣，使学生们不再被动地学习知识，从"要我学"转变为"我要学"。

（八）物联网

物联网技术将人与人、人与物、物与物之间联系一起，嵌有智能芯片的任何物体可以"善解人意"，让整个地球变成最大的学会"思考"的"全球大脑"。在教学过程中，通过射频识别（RFID）、红外感应器、全球定位系统、激光扫描器等信息传感设备，以实现智能化识别、定位、追踪、监控、管理、评价。例如在一些实验仪器上装上蓝牙发送装置，通过配套的移动端软件，收集每个学生操作的动作顺序、相关参数等信息，记录、分析、诊断、评价学生操作过程。物联网技术利于学生协同工作、优势互补，让每位学生更加专注于感兴趣的任务。

四、人才培养过程与信息化技术的融合

专业人才培养方案的制定是建立在企业调研分析的基础上，通过大数据数据挖掘、数据集成、数据交换和数据统计分析等技术手段，对企业个体的微观表现进行量化，通过数据的全方位对比展示，揭示企业的岗位需求、能力需求，通过数据分析利用思维导图构建课程体系、课程标准以及考核标准。通过把上述新兴信息技术 AR、物联网、云计算、人工智能、虚拟教学环境等与教学手段相结合，可以解决教学中现存的学生在上课时注意力不够集中、缺少实践、教学没有针对性等问题。通过大数据收集学生个体的学习状态、学习水平和行为表现，发现学生思想、心态与行为的变化情况，分析出每个学生的特点，提供个性化的教育辅导和学习决策支持。

五、总结

我国的教育信息化正处于初步应用融合阶段，到 2020 年将进入全面融合创新阶段。互联网 + 教育、物联网、云计算、人工智能、教育大数据等新兴信息技术的迅猛发展，正逐步改变高职传统的教育模式、教学方法和评价体系，这也为人才培养工作注入了新的生机。教育的手段会越来越多，技术水平不断提高，同时也会出现更多的新诉求。把专业人才培养全过程跟信息化教育相融合是培养面向 21 世纪创新型人才、智慧型人才、实践型人才的高职教育的内在需求。希望本文对新兴信息技术在人才培养全过程的融合应用起到一个抛砖引玉的作用，希望未来在新兴信息化技术还在不断涌现的趋势中，高职教育的人才培养在每个阶段、每个环节能够有所发现、有所创新，充分实现跟信息化相融合的智慧教育。

广东农垦集团的农场员工技能培训研究

孔　涛[1]　彭庆环[2]

摘　要：课题组针对广东农垦集团的农场员工技能培训的实际问题，围绕培训意愿、培训内容、培训形式、培训时间、地点、培训费用、培训效果进行全面调研，剖析广东农垦集团的农场员工技能培训工作中存在的问题及成因，从而为广东农垦集团设计了一套农场员工技能培训体系，以推动广东农垦集团职业技能培训走上规范化的轨道。

---

① 孔涛，广东农工商职业技术学院。
② 彭庆环，广东农工商职业技术学院。

关键词：广东农垦集团　农场员工　技能培训

一、广东农垦集团的农场员工技能培训现状分析

（一）调研情况说明

为深入了解广东农垦集团农场员工培训情况，本课题组在汕尾局和湛江局分别随机挑选 8 个农场——铜锣湖农场、梅陇农场、红星农场、幸福农场、晨光农场、火炬农场、南华农场、洪江农场发放了调查问卷，调查对象为农场基层员工。共计发放 500 份调查问卷，回收 482 份，其中 459 份为有效问卷，有效率达 95.23%。课题组随机走访了 87 名农户，对其深入访谈了现代农场员工对技能培训的需求、培训方式、培训效果的期待等内容。通过对 459 份有效问卷的数据处理和调研资料的梳理，为课题研究提供科学合理的数据分析。

（二）调研情况分析

从调研数据得知，调研对象以 64.4% 的男性为主，年龄集中在 31-50 岁，占总数的 61%，受访员工文化水平和技能水平都偏低，60.6% 为初中水平，64.9% 农场员工评估自己为零技能人员。

二、广东农垦集团的农场员工技能培训工作中存在的问题

（一）培训覆盖面缺乏推广力度

广东农垦集团尽管在近年来非常重视新型职业农民培训工作，但是通过对汕尾和湛江 8 个农场的基层员工调研得知，农场员工对职业技能培训的参与度并不高。绝大部分的农场员工都以劳动密集型工作为主，他们大多从事着不需要太高技术含量的农活儿，以湛江的菠萝为例，农场员工种植一年半，卖出去只是 5 毛钱一斤，收入水平低下跟 64.9% 农场员工没有参加过职业技能培训有很大关系，参加过专业技能培训的员工仅占 7.4%。基层员工参与讲座大多围绕禁毒、安全话题开展，并不是针对农场员工技能上的培训。参与培训人员的稀少，导致参与学习、培训的气氛难以调动，培训人员的受众面难以拓宽。高级技术人员的紧缺，使农场的职业技术培训工作难以深入展开。

（二）培训内容缺乏针对性

目前，广东农垦集团开设的农场员工技能培训班大多在广东农工商职业技术学院等农垦系统的学校举办，培训班开设前并没有针对农场员工的技能情况和农场发展状况做

好市场调研,大多培训班都以培训机构的师资情况和办学条件开设。很明显,大学、中学、小学文化层次不同,学员理解能力截然不同;湛江的农场台风多,天然灾害频繁,其地理环境与汕尾地区的农场也区别甚大。但是,培训师没有针对农场员工文化水平的不同开设不同层次的培训班,与各农场的培训内容基本趋同,也没有针对不同农场的产业特色进行个性化培训,农场员工普遍反映培训学习后,没法及时把培训内容转化为工作成果。

（三）培训经费投入不足

虽然广东省农业厅等政府机构和广东农垦集团都分别对农场员工技能培训实施多次拨款,但是农场,尤其基层员工的培训经费依然十分紧张。培训经费主要以农垦集团向上级政府部门申请专项资金,对应的市级政府并没有什么配套资金,各二级局更没有太多专项资金投入到各基层员工培训上。因此,目前农垦集团的技能培训多以农场的"经理班""骨干班"为主,久而久之,基层员工形成了"培训是领导和后备干部的事"的定性思维,农垦基层员工的技能培训难以实现"平民化"。由于经费的不足,没法大量聘请专业培训师针对每个农场设计不同的课程包;也由于经费的不足导致培训师没法深入每个农场进行调研,培训班的内容都以完成上级部署任务形式化。

三、广东农垦集团的农场员工技能培训工作中存在问题的成因分析

（一）农场员工思想落后,自我认知和职业规划都存在偏差

经过课题组对农场员工的深入访谈,总结出农场员工对技能培训不热衷、参与度不高的原因主要是:第一,农场员工生活和工作环境比较简单,加上文化水平不高、年龄较长,导致其思想比较狭窄,心理上对新技能、新知识有一定的排斥,这是开展农场员工培训工作的最大阻碍力。第二,农场员工对技能培训的了解渠道较单一,基本上靠农场领导通知,农场宣传栏几乎没有什么关于技能培训的宣传资料,农场员工大多靠亲朋好友中得知培训信息,如果身边培训氛围不浓厚,那农场员工几乎一年下来不会参加什么技能培训。

（二）政策指引不明确,部门执行不具体

目前,虽然各政府文件都有对农场员工职业培训发挥号召作用,各二级局和农场领导都有对农场员工进行技能培训的指引,但大多数都只是在宏观层面上进行指导,注重的是培训人数,并没有对具体员工进行个性化需求分析,缺乏可操作性和针对性。农场员工技能培训工作的开展情况和实施效果也没有一个专门的监管部门对其统筹规划。

（三）技能培训信息不对称，培训经费难以落实到位

课题组调研中发现农场员工与农场领导在技能培训的信息上普遍存在信息不对称的情况。农场员工对何时开设技能培训班，培训内容是什么几乎不大了解，农场领导不可能逐一走访讲解培训班事宜，多数采取在宣传栏张贴培训通知，农场员工自行报名的方式。但是由于大部分农场员工文化水平不高，他们不会主动查看培训信息，农场员工对培训内容的不了解，自然不会参与培训，农场领导认为员工积极性不高，也没法勉强他们参加培训，久而久之就造成培训宣传工作落实不到位导致信息不对称的局面。

四、广东农垦集团农场员工技能培训体系的框架设计

（一）成立三层责任小组，实施"自助餐"培训模式

针对农场员工技能培训工作，农垦集团应成立对应的分管员工培训的联络小组、规划小组和督导小组，三个小组明确三层责任。联络小组负责各农场的培训信息通报，农场员工培训需求调研和行业调研；规划小组负责编制年度培训计划和培训内容；督导小组负责对培训效果和培训资金的使用情况进行跟踪监管。联络小组把农场需求调研信息和行业信息汇总后上报规划小组，由规划小组确定培训任务和培训内容，培训过程由督导小组抽查旁听，并审计各项培训经费，培训后由联络小组跟踪培训效果，定期举办"劳动模范""农场三八红旗手"的技能比赛，检测农场员工技能掌握情况，争取让农场员工结业后马上就业。联络小组把培训效果反馈给规划小组，让其调整下一期的培训内容。每年联络小组还需要根据农场员工培训前和培训后的收入水平进行比对，用客观数据反映培训效果，让规划小组及时确定明年培训任务。

（二）阶段性制定农场员工个性化培训内容

广东农垦集团的技能培训要区别于市场上的培训机构培训，必须结合农垦特色，对农场员工提供个性化培训服务和阶段性的培训内容，让每个农场员工都拥有一套长期的职业生规划。首先，应根据培训员工的个体差异确定不同的培训内容。其次，培训内容根据农场员工的不同转移阶段及时调整。在农场员工接受技能培训前，以引导性的培训内容为主，培训内容可以是某一简单的技能操作、生活常识、沟通技巧等。当农场员工接受技能培训后，他们进入培训角色后，可进行法律、电子商务的专业培训，甚至给予一定的创业指导。

（三）构建完善的培训评估体系

培训的评估是为了农场员工的技能培训工作实现可持续发展。评估内容包括全过程

评估针对和层面评估。全过程评估是对培训的前、中、后期进行三阶段的评估，见表5。层面评估是针对学员对培训内容满意度评估、培训师对学员技能掌握程度评估和农场领导对学员培训前后对比评估三维评估，

五、小结

农场员工是各农场特殊的人力资源，把职业技能培训作为人力资源开发，结合农场员工的个性化需求，全面推进技能标准、规范化，建立科学、合理的农场员工技能培训体系是广东农垦集团可持续发展的一大举措。

《坛经》慧能弘法对高职人才培养的启示

彭祖鸿[①]　郭蔓娜[②]

摘　要：高职教育人才培养面临的学生学习能力较弱、自卑心理以及学习目标不明确等诸多难题亟须得到解决，《坛经》慧能弘法过程展现出了卓越智慧和高明策略，其智慧与策略对于对提高人才培养质量有重要的借鉴意义。

关键词：弘法策略　人才培养　学习能力

一、帮助学生克服自卑心理——现身说法

"与普通大学生相比，高职院校的学生自卑心理比较严重。"这种自卑感的产生源于多个方面，如考试的分数较低（对于三年制的学生普遍而言，高职是没能上本科的无奈选择，五年制的学生也往往是在认为考不上好的高中的情况下选择高职）等，但最根本的还是家庭出身的原因，贫寒的家庭让高职院校学生在义务教育和高中阶段就远离优质的教育资源，再加上多数学生家长忙于生计以及观念较为陈旧，忽视了对他们的关心和教育（当然也有部分家长教育水平、教育方式有问题），还有部分是隔代抚养。经济的贫穷和爱的缺失可以说是高职学生成长过程中自卑心理形成的最为根源性的因素。

《坛经》中慧能大师在弘法之初即自述身世："慧能慈父，本贯范阳，左降迁流岭南，作新州百姓。慧能幼少，父又早亡。老母孤遗，移来南海，艰辛贫乏，于市卖柴。"年

①彭祖鸿（1980- ），男，江西余干人，副教授，任职于云浮市南江文化研究中心、罗定职业技术学院，研究方向：叙事研究、南江文化研究。

②郭蔓娜（1982- ），女，广东罗定职业技术学院外语系讲师，硕士，研究方向：课程教学、英美文学。

少丧父，从小就只能卖柴为生，没有上学识字的机会（后文法达求释《法华经》时大师即言："吾一生已来，不识文字，汝将《法华经》来，对吾读一遍，吾闻即知。"在听人颂《金刚经》后立意向佛，历经艰辛赴湖北黄梅求佛，还被五祖弘忍大师戏称为"獦獠"，虽让五祖知道了他的修为，也只是"随众作务"，"于碓坊踏碓八个余月"，干的依然是粗重的活儿，后因一偈语得到五祖传法，成为禅宗六祖，开启了佛教中国化的新时代（佛教真正走进普通百姓、世俗化的开始），影响中国乃至整个中华文化圈一千余年。

二、帮助学生提升学习能力——步步为营

虽然高考和中考的分数并不能代表所有学生的能力和素质，但不可否认的是当前评价和验证学生学习能力的最普遍也最有效的方法，高分数基本意味着学习能力较强，与之相反，低分数（个别发挥失常除外）则意味着学习能力较弱。受高职院校的办学层次、我国目前的招生制度以及传统的认知等诸多因素的影响，目前我国绝大多数高职院校的录取分数线普遍较低，面对的学生现状就是"自主学习能力普遍较弱，学习行为依赖性较强，把学习局限于课堂，课后用于学习的时间很少，而且不能合理地安排和支配自己的时间"，要将这些学生培养成高技能人才，就必须要在提升学生的学习能力上下功夫，《坛经》中慧能大师在弘法和解答疑问时的做法很值得高职院校教师学习。

《坛经》中慧能大师在说法过程中采用的基本策略是突出主旨要领，层层递进深入，具体是 1. 做好准备，首先是营造氛围，面对僧尼道俗一万余人、官僚儒士六十余人的听众群体，僧尼道官僚儒士有一定的修为相对较容易，而俗众就需要说法者营造庄严肃穆的氛围，慧能所做的是自净心神，带领大家一起"静心念摩诃般若波罗蜜法"，形成氛围；其次是提起兴趣，称听众为"善知识"（能说空、无相、无作、无生、无灭之法及一切种智，而使人欢喜信乐者，称为善知识，也指正直而有德行，能教导正道之好人），让听众感受到尊重和善意；再以自己的实例让听众知道"人即有南北，佛性即无南北"，逐渐引到自己的基本观点："菩提般若之智，世人本自有之，即缘心迷，不能自悟，须求大善知识示道见性"，"愚人智人，佛性本亦无差别，只缘迷悟，迷即为愚，悟即为智"，这等于告诉听众，大家都拥有大智慧，都可能成佛，能否成佛只在于"迷"与"悟"这种主观上的区别，而不再是以前的出家、苦修等除主观因素之外还有大量的客观因素的区别了，一下子将成佛的难度降低到似乎触手可及的程度了，佛与佛教不再是高高在上远离人间而是亲近世俗的了，大家都有成佛的可能这一点自然而然就吸引了听众了。2. 突出主旨要领，在阐明基本观点之后即是具体的观点，先是法门以"定慧为本"强调"定慧体不一不二"的关系，再是"无念为宗，无相为体，无住为本"，要做到"于相而离相""于念而不念""于一切法上无住"，再是"坐禅"等等。

三、帮助学生规划学习、职业——见性成佛

心理学已充分证明：动机是行为的动力，对于学生而言，学习动机则是学习的动力，学习动机简单地说就是为什么而学习，其实也可以理解为想要学到什么、学成什么样——学习的目标，换言之，学习动机在很大程度上就是指学习目标。由于高等职业教育的特点，高职生的学习目标要为职业目标服务，或者说高职生需要在职业规划的基础上设定自己的学习目标，而现实的状况则是多数学生缺乏明确的职业规划，甚至连职业设想都没有，因而在学习过程中缺失了学习目标，也就没有了学习动力，表现在课堂上，"近一半的学生不善于独立思考和自主探究，只有 20% 的学生在平日的学习中有明确学习目标，而认真落实学习目标的只占 14%"。一方面是学生没有明确的学习目标和学习规划，另一方面则是"许多学生给自己设定学习目标后会因做不到而放弃（占 59.2%），这说明，有超过一半的高职学生在设定学习目标上可能存在目标过高或是学习不能持之以恒情况"，即使设定了学习目标之后也因目标难以实现而放弃目标，这就说明了多数高职学生要么没有明确的学习目标，要么缺乏实现目标的毅力，需要教师帮助他们进行职业规划和学习目标的规划，《坛经》中慧能自己成佛以及其弘法过程的做法对于高职院校的教师而言就具有很大参考价值。

慧能不是一开始就是大师，他的成佛和弘法之路是经历了很多挫折和考验的（甚至有生死之忧），从卖柴过程中听到客人诵读《金刚经》时开悟，就确定好了人生的目标：成佛弘法，北上时多处滞留但依然不改向佛之心，后经历与五祖对答、踏碓八月余、呈偈、学《金刚经》等诸多考验，了悟成佛，受衣钵后南归弘法，历经艰辛而坚持弘法至死不休，还要求其弟子继续弘法，做到了成佛度己弘法度人。在弘法过程中，慧能大师也在教导信众树立目标：悟菩提般若之智（见性成佛），教导弟子要正本心，要弘佛"度诸群生"，还要求弟子要有吃苦的准备"二十年间，邪法缭乱，惑我正宗"。

虽然对于普通人来说，慧能的高度令人无法企及，尤其网络时代的当下，各种光怪陆离的社会现象以及各种诱惑对人们造成的巨大冲击，我们（包括高职教师和高职学生）要学习的也不是像慧能一样净心见性了悟成佛，而是他明确的人生规划以及他为实现人生目标锲而不舍（非佛教所言的"执念"）精神以及持之以恒的毅力，学习这种锲而不舍和持之以恒的精神能够让大学生（高职生）自觉地摒弃过多的欲望，拒绝外部（当下尤其是各种手机游戏）的诱惑，专注于自己的专业学习。同时，这种目标明确、锲而不舍以及持之以恒与当下高职教育培育学生的工匠精神的趋势相吻合（工匠精神内涵就有"对精品执着的坚持和追求"以及"不急不躁，持之以恒"）。在教学过程中，高职教师需要引导、帮助学生根据自己的兴趣爱好、所学的专业以及今后可能从事的职业岗位

群，再结合学生自身的条件树立较为明确的人生目标和职业规划，要帮助学生明白自己想要成为什么样的人，在此基础上依据自己的职业规划确立学习目标（对于那些已明确了自己定位和目标的学生而言，此环节可以略过）;同时还需要着力培育学生的工匠精神，让学生逐步形成锲而不舍、持之以恒的品格，以利于学习目标的实现和职业规划人生目标的达成。

乡村振兴战略下粤北山区农业人才培养模式（以河源为例）探讨[①]

徐 艳[②] 邱 远[③]

摘 要：党的十九大报告提出的乡村振兴战略将三农工作提升到国家战略高度，对于粤北欠发达山区，这是一次巨大的机遇。如何在乡村振兴战略下奋起直追，缩短与发达地区经济发展的差距，是每一个欠发达地区政府都在思考的问题。本文从粤北山区（河源）农业人才培养入手，分析了作为地方高职院校，为促进区域特色经济发展开展农业人才培养所面临的问题，并提出了相应的建议与对策。

关键词：乡村振兴 农业人才 培养模式 粤北山区

一、乡村振兴战略下欠发达地区农业人才培养面临的问题与特点

（一）农业行业发展缓慢

我国幅员辽阔，自然资源丰富，是一个农业大国。中央一号文14年来聚焦三农问题，十九大更是把乡村振兴策略上升到国家战略层面，可见国家对农业农村的重视。振兴乡村，需首先振兴农业。农业不发展，农村难兴旺。但农业是一个传统行业，纵观农业发展史，相对于工业，农业的发展要缓慢得多。这其中一个原因是农业的生产周期长，受自然环境影响大。此外，随着我国城镇化进程的推进，农村人口减少了，农田无人肯种，农村变得萧条甚至凋敝起来，也是农业发展缓慢的原因之一。城市与乡村的分化及发展的不平衡是当前中国实施乡村振兴战略的基本背景。如何发展现代农业新业态，是振兴

①基金项目:河源市现代农业科技服务骨干机构培育(2015A040404014),粤北山区河源科技人才资源开发服务基地建设项目（ 2015A070713003 ）。

②徐艳,职务:河源职业技术学院食品专业主任,广东省粤北山区河源现代农业科技服务工程技术中心负责人。职称：讲师，学位：硕士、博士在读。

③邱远,河源职业技术学院。

乡村的首要问题。河源市86%的人口为农业人口，是名副其实的农业大市，但2017年河源市农业产值仅占全市总产值的10%，农业发展的空间巨大。

（二）农业工作条件差，影响人才流动

目前农业相关企业普遍规模小，效益差，待遇差，且工作条件艰苦。同时，由于社会价值观导向，农业从业人员社会地位也较低。这导致农业人才很难长期稳定地在农业行业工作。以河源职业技术学院（简称河职院）农业相关专业为例，近三年毕业生总数约1000人，留在农业行业工作者不足10%。专业曾推荐一位本地生源毕业生留在当地一家有实力的农产品加工企业从事项目管理工作。这一案例被专业列为专业对口，本地生源本地就业的典型进行宣传，但一年后，该毕业生离职，原因是工作地点太偏僻。这一情况是河源本地农业相关企业面临人才难求问题的一个缩影。

（三）职业教育以就业为导向，与农业人才就业的不确定性相矛盾

经过多年的发展，我国高校农业人才的人才培养和教学科研已经形成系统，而农村实际接收条件与农业企业发展的不确定性，导致这一供求关系矛盾突出。一般认为，职业教育以就业为导向，推崇将实际工作任务融合到教学内容中，但是，农业相关工作周期长，不确定性高，企业发展相对不稳定，用人需求亦时多时少。不稳定的就业去向与职业教育基于就业的矛盾导致农业相关专业招生难，就业难。例如目前河职院农业相关专业每年招生第一志愿率和最终报到率均低于平均水平。

二、乡村振兴战略下欠发达地区农业人才培养对策与建议

（一）人才培养服务地方特色经济

目前，我省高职院校80多家，这些院校中大部分属于地方院校，河职院就是其中之一，并且目前是其所在地的唯一的高等院校。作为欠发达地区的高职院校，面临着经费短缺，招生困难，办学水平低于一流学校等问题。要改变这一现状，就要在特色上下功夫，要与区域经济紧密联系，让培养出来的人才服务地方经济。以河职院为例，学院地处粤北山区河源，全市五县二区（龙川县、东源县、连平县、和平县、紫金县、源城区、江东新区），人口约350万，其中农业人口占86%，是一个农业大市。2008年起河源市建设东江上游特色水果产业带，并获得国家财政部专项资金扶持，建设了紫金的春甜橘基地、和平的猕猴桃基地、连平的鹰嘴蜜桃基地、东源的柠檬和板栗基地、龙川的脐橙和金橘基地，以及茶叶、蔬菜和南药等特色农业基地100多万亩，打造了一批知名有机食品、绿色食品和无公害食品。形成了粮油、蔬菜、水果、畜禽、茶叶、南药6大产业生产加工基地。各级农业龙头企业225家，农民专业合作社1004个，数量居全省

第一。河源市辖区内拥有省内最大的两个水库（万绿湖与枫树坝水库），是广东省重要的水源保护地。此外全市已建成自然保护区46个，占其辖区面积17.0%，居全省首位，森林覆盖率达74.3%，位居全省前列。优良的自然条件和区位优势，使河源非常适合发展一二三产业融合的休闲农业和乡村旅游。因此河源市以"万绿河源、生态农业"为角色定位，以"珠三角绿色农副产品生产地和广东旅游食品生产制造基地"为市场定位，大力发展旅游业和现代农业，成效初显。

综上所述，河源市具有丰富的特色农业资源和旅游资源，河职院应结合本地特色开展农业人才培养，开设特色专业，为当地特色企业及用人单位培养专业人才，实现高职院校服务地方特色经济发展的目标。

（二）校企合作办学，保证就业

校企合作是目前高职院校普遍施行的一种办学模式，但很少有成功的农业专业校企合作办学案例。除高职院校农业专业开设少外，也与农业行业特点有关。农业企业规模普遍较小，企业用人数量少，校企合作办学难度大。此外，农业企业规模往往较小，缺乏科学的人才储备和人才培养理念。根据这一特点，可引入行业协会，定期收集农业企业用人需求，与高职院校合作，开展多类型的小班制订单培养，这样既可以保证农业相关专业学生毕业时有一个保底就业去向，也可以引导农业企业建立更科学的人事制度。

（三）改革课程内容，把课上在田间地头上

农业相关专业毕业生被用人单位质疑的一个重要方面是，实践知识缺乏。农业实践知识需要长时间的积累，课堂教学很难将这些知识融进教学中，因此，真正实用的实践知识必须要通过长时间踏实的工作积累才能获得。为了解决这个问题，可将学生分成学习小组，在课外跟随学校和企业的实践老师，长期跟踪参与农业实践工作，积累一定的实践知识。

（四）培养踏实肯干的职业素养

经济快速发展易导致社会浮躁，部分人利益至上，影响学生良好职业素养的养成。在课程内容中根据农业生产周期，体现出踏实肯干和耐心等待的职业素养要求，有利于养成学生脚踏实地做事的习惯。我国知名教育家陶行知先生说过：教育是农业而不是工业。农业不像工业那样快节奏，需要耐心等待，教育也是如此，需要等待其慢慢成长，不能贪快求新。

（五）深入开展职业培训与继续教育

职业培训是职业教育的重要组成部分。对在岗人员开展短期的职业培训是提升行业技术水平的一种常规做法。对于农业行业来说，由于就业者普遍教育水平较低，且工作场地偏远，教师下乡培训的方式可能更加可行。同时，针对就业者文化水平低的情况，由政府出资，鼓励其在职提升学历水平，可能有利于短期内提高农民整体教育水平。例如河职院自 2012 年来开展的村干部班，已连续举办五届，培训学员人数 2150 人，大大提高了河源农村致富带头人的综合素质和专业技能水平。

（六）高职院校农业相关专业辅修第二专业

为缓解农业相关专业招生难的问题，可以参照本科双学位制度，让学生选择一项辅修专业，学生在毕业时毕业证书专业栏可显示农业相关专业和辅修专业，这样可以扩大学生的就业面，部分抵消学生报考农业相关专业的顾虑。

三、结语

党的十九大报告提出的乡村振兴战略，将三农工作提升到前所未有的高度。如何利用国家各项扶持政策大力发展农业，带动区域特色经济的可持续性发展将是政府面临的一个重大问题。河源具有优良的区位条件和旅游资源，若输入大量高素质的农业人才，开展特色创新，走出同质化竞争与无特点的困境后，发展第一二三产业融合的休闲农业和乡村旅游将会是河源经济崛起的一大契机。

乡村教师五年一贯制委托培养招生实践研究
——以河源职业技术学院为例

袁光华[①] 罗春娜[②] 王 莉[③]

摘　要：乡村教师五年一贯制委托培养招生连续多年火爆，有的专业年平均录取比例达到 1∶23，堪比高考一本录取比例，这一现象值得研究。本文从近年乡村教师五

---

① 袁光华（1968–），男，汉族，籍贯广东龙川；河源职业技术学院，副教授，研究方向为乡村教育。

② 罗春娜（1978–），女，汉族，梅州兴宁人，河源职业技术学院人文学院院长、副教授，研究方向为小学语文教育。

③ 王莉（1979–），女，汉族，河南固始人，河源职业技术学院英语教育专业主任、讲师，研究方向为小学英语教育。

年一贯制委托培养招生来由、实践及培养效果分析，认为这种培养模式符合需求和供给原理，可修复乡村教育生态系统，以及很好地传承与创新"老中师"培养模式。

关键词：乡村教师 五年一贯制 招生 委托培养

一、引言

目前，乡村小学教师普遍存在的主要问题：下不去，留不住。"下不去"表现在一方面高校师范专业毕业生远远供大于求，因为各种原因，很多大学生不愿意去山区尤其偏远山区做乡村教师；另一方面乡村缺教师、缺年轻教师、缺好教师、缺全科型教师、缺音体美和英语教师，乡村渴望教师，却少人问津。"留不住"表现在一方面现有的村小教师就想方设法往乡镇或县城调动，剩下的只是良心的坚守者或者走投无路的失望者；另一方面，新招聘教师尤其外地引进教师耐不住寂寞乡或乡土情怀缺失，无法扎根乡村，总是怀揣着"外面世界很大，想出去看看"的梦想。需求方（村小）需要人才，人才却下不去，不是因为人才不足，而是因为人才无意下乡或无意留乡。如何培养优质乡村教师？所谓"好铁才能锻造好钢"，要培养优秀的乡村教师，首先要有优秀的生源，优秀生源的品质包含具有学习成绩好，可塑性强，乡村情结浓烈，四方（学生、家长、政府、学校）认可等，其次高校需要从制度、培养方案、教育教学等进行精准培养。

二、政策依据

乡村教育的核心要素是学生、教师和学校。"农村小孩能否有书读，教师安不安心在村小教书，农村学校建设好不好"等问题主要取决于国家政策。自改革开放以来，国家对乡村教育一直给予高度重视，从《关于教育体制改革的决定》（1985 年）、《中华人民共和国义务教法》（1986 年）、《面向 21 世纪教育振兴行动计划》（1999 年）到《乡村教师支持计划（2015-2020 年）》（2015 年）等文件，从保证农村孩子有书读，到保证农村孩子有合格教师教，都做了重要安排。

三、招生实践

（一）博罗模式

2011 年，惠州市博罗县教育局领导到河职院沟通解决：他们正面临着小学专业教师严重缺乏的问题。他们认为本科生不愿回乡镇工作，外地生源又留不住，导致该县小学教师出现结构不合理、断层、缺编、专业教师不专业等问题。为稳定教师队伍，切实提高师资水平，博罗县教育局委托河职院为他们定向培养小学专业教师，以解燃眉之急。

为了选拔好优秀生源,博罗县政府高度重视,从政策制定、生源发动、报名、资格审查、面试等环节都由县教育局、人事局统一组织,层层把关,进展情况在县政府网公布,确保生源选拔做到公平、公正和公开。培养对象必须符合以下三个条件:一是具有博罗县户籍贫困家庭、在本县参加中考且成绩优秀的应届初中毕业生;二是必须热爱祖国,热爱教师职业,品行良好,遵纪守法,志愿从事农村小学教育事业;三是身体健康,符合有关要求。从当年招生看,这批学生素质高,文化基础好,升中考试成绩均达到590分以上。

为明确责任,履行职责,录取的学生在入学前与博罗县教育局、毕业后就业小学签订了三方协议,即学生输送到河职院定向培养五年,在校就读五年的学费、住宿费、书费由博罗县财政统一支出,毕业后统一分配,回户籍所在地中心小学任教,享受公办教师待遇,学生在户籍所在地学校任教时间不少于十年。如果中途违约,要退还全部学费,同时缴纳违约金2万元。

（二）河源模式

与博罗县开展订单班教师培养工作取得了良好的效果,根据河源市农村小学师资"下不去、留不住"尴尬情况,从2014年开始,河源市教育局委托河职院参照博罗模式实施农村小学紧缺师资培养计划,计划实施时间为五年。招生专业和计划由市教育局向各县区征集,根据征集情况,具体确定当年招生专业和各县区招生指标。招生对象为河源户籍初中应届毕业生。招生办法:考生参加全省五年一贯制大专院校资格入学考试,录取分数线由教育厅统一划线,因我校报名人数多,实行单独划线。录取办法:达到教育厅单独划线,被河职院录取;同时,被录取的学生在全市升高考试成绩达到1.2万名内,可以与当地政府签订委托培养三方协议。委培生的待遇和义务基本与博罗模式相似。

四、人才培养效果

（一）博罗班

1. 毕业前

博罗班共有60人,其中男生12人,女生48人。毕业时,他们成绩优秀,全部达到毕业要求,其中大学英语四级考证全部通过,六级考证有32人通过,另外获国家奖学金1人次,国家励志奖学金6人次,国家助学金24人次,学院奖学金40人次,企业助学金1人次;普通话等级二甲有41人通过,二乙有19人通过;56名同学还自费参加华南师范大学的专升本学习,通过所有课程,获得本科毕业资格;学生活泼开朗,积极参与校内外各项文体比赛,他们省级以上获奖23人次,市级获奖8人次,校级荣誉称号达 144 人次；有 6 名同学被党组织吸收为中共党员。

博罗委培班的教学模式是成功的，该班学生英语水平整体上比三年前有很大的提升，学生学习状况积极向上，成功经验归结起来主要有：一是以委托模式培养专门人才，学习动机明确，没有学费压力和就业压力，学生学习轻装上阵；二是被委托方为了维护学校信誉而给予高度重视，这类学生在资源配置上可以获得最优化配置，并可获得较为优秀的教学与指导；三是学校设置了较高的毕业门槛，打消了"养尊处优"的念头。

2. 毕业后

60 名同学全部通过上岗考试，并作为骨干教师分配到原定乡村小学任教，目前他们热爱工作，积极工作，安心工作。据跟踪调查可知，毕业后第一年（2016 年），就有 10 个同学获得博罗县包括说课、微课、基本功等项目竞赛 15 个奖项；2017 年有 10 个同学获得博罗县包括教学论文、微课、基本功等项目竞赛 13 个奖项，另外惠州市级有 2 人获得 2 奖项；已有 5 人入选博罗县教师名师工作室。

（二）河源班

目前在校生共有 871 人，还没有毕业生，但从他们在学学习看，他们大部分学生学习热情高涨，积极参加学校各项活动，思想品德优良，学习成绩优秀，受到委培单位认可和赞许，各县区教育局领导同意接受 2014 级全部学生回乡参加顶岗置换实习。

五、结果讨论

（一）符合需求与供给原理

供给与需求原本是经济学术语，然后被引用到各个方面。师范教育供需问题就如上面所说"下不去，留不住"。是供给出了问题吗？高等教育目的是为社会培养有用人才，可以看出，人才的需求端是个人和用人单位，人才供给端是政府和学校，符合经济学规律。虽然高等教育不能看作生产企业，但它也具备了市场供求的属性，所以，其高校自身改革也可以认为高等教育供给侧改革。

（二）修复乡村教育生态系统

农村空心和村小空心谁之过？有人调侃说因为农村空心所以村小空心，或者说因为村小空心所以农村空心。分析"农村空心"和"村小空心"问题，笔者认为可以从乡村教育生态系统的角度去看看。所谓乡村教育生态系统，就是在一定时间和空间内，小学生与其教育环境以及小学生、教师和家长之间相互作用，彼此通过物质循环、能量流动和信息交换，形成一个不可分割的相对稳定的统一整体。

（三）实现乡村教师本土化

如何解决乡村教师"留不住"的问题，一直都是政府关注的焦点，也是学者研究的热点。为解决乡村教师缺口，有的地方政府和学校曾经以"高薪"招聘的办法，向全国各地高校招人，但被招聘的教师服务不到几年，就吵着调走，闹着调到乡镇或者县城任教，或者辞职回乡或者另谋出路。

振兴发展背景下粤东地区高职人才培养研究①

陈晓青②

摘　要： 广东省人民政府大力倡导促进粤东西北地区振兴发展，在粤东西北交通大会战、工业化以及改变中心城区现状的背景下，粤东地区的高职人才培养迎来了发展机遇和新的挑战。笔者对当前粤东地区高职人才培养现状进行分析，并进一步探讨该地区高职人才培养目前存在的一些问题。在此基础上，提出明确培养目标、改革教学内容、加强校企合作、转变评价方式、建立激励制度等高职人才培养的策略。

关键词： 振兴发展　粤东地区　高职人才培养

为响应相关号召，广东省委、省政府印发了《关于进一步促进粤东西北地区振兴发展的决定》，提出了"振兴东西北"的标语。粤东西北地区振兴发展策略的提出和落实，能有效解决广东区域发展不平衡问题以及推动珠三角的转型发展。2017 年，广东省人民政府印发《促进粤东西北地区振兴发展 2017 年重点工作任务》，让我们更加明确当下工作的主要任务。在粤东西北地区振兴发展政策的带动下，粤东地区的高等职业院校迎来了发展机遇，必须抓住机遇，改善当地的人才培养模式，大力提高高职人才培养质量。

一、粤东地区高职人才培养现状分析

（一）现状

1. 粤东地区高职人才培养的效果并不理想

汕头、潮州、揭阳、汕尾属于粤东地区。目前该地区正进入调整产业结构的关键阶段，

---

①基金项目：广东省普通高校省级重大科研项目：乡村振兴战略下粤东西北地区职业教育发展路径选择（项目主持人：陶红；项目编号：2017WZDXM026）。
②陈晓青（1995–），女，广东潮州人，广东技术师范学院 2018 级硕士研究生。研究方向：职业教育原理。

绝大多数企业对高技能人才的需求都非常迫切。然而实际情况是，广东高职院校主要是聚集在珠三角地区，只有少数分散于粤东西北各地市，粤东地区高职人才培养的效果并不理想，人才质量不能满足市场的需求，培养出来的高职学生与其他地方的相比，缺少竞争力。

2. 粤东地区人才流失现象严重

广东省各区域间发展不平衡。据相关数据显示，2015 年，广州市的经济总量位居全国第三，而粤东地区是属于广东欠发达地区。据调查，当地人才流失现象严重，相关数据显示珠三角地区的高职院校有 59% 的学生来自粤东西北，并且这些学生毕业后大多数在珠三角就业。单单 2016 年就有 81.9% 的高职毕业生在珠三角就业，并且就业比重还在逐年上升，而这一年到粤东西北地区就业的人数只有 2.5 万人。这将会进一步加剧该地区发展不平衡现象。

（二）原因

1. 过度重视专业技能的培养，而轻视职业素养的养成

高职院校在培养过程中，往往过于注重对学生实践技能的培养，而轻视理论知识的学习，忽视了对学生职业素养的培养。目前粤东地区大多数高职院校的培养目标、专业教材以及课程内容的选择和制定，不符合实际需求，培养出来的人才无法适应实际岗位的需求。

2. 实践教学流于形式，缺乏实质性合作

笔者通过调查发现目前校企合作大多只停留在表面，缺乏实质上的合作。就人才培养目标方面，学校和企业之间没有达成统一的意见，双方缺少沟通。高职院校培养出来的学生，可能不适合当地经济发展的需求，在某些程度上，导致高职学生无法在当地企业就业，从而流向了其他地区。就人才培养过程来看，校企双方没有形成培养的合力，学生的学习范围局限于课堂，没能真正参与到一线工作中，因而高职学生在就业时，无法最快适应工作岗位的需求。

3. 资源投入少以及政策保障的缺失

广东省的高等职业教育规模庞大但是资源投入较少，生均财政拨款水平仅比全国平均水平略高一点。尤其是粤东地区的高职院校，师资队伍以及硬件设备的投入还较为不足。粤东地区属于欠发达地区，相对于经济发达的珠三角地区来说，缺少吸引力，尤其是目前粤东地区关于高职人才的就业保障政策还未到位。

二、粤东地区高职教育人才培养的机遇与挑战

（一）粤东地区高职人才培养的机遇

1. 加强与珠三角地区的合作交流，实现教育资源共享

振兴发展背景下，政府加快推进交通项目的建设，包括建设铁路、公路、港口和机场。这样一来，交通方式的便捷化，有利于粤东地区的高职院校与珠三角地区的高职院校进行沟通交流，能大大加强与珠三角地区的合作交流，实现最大程度的资源共享，有利于粤东地区高职院校的发展。

2. 推动产业结构调整优化，促进职业教育转型发展

振兴发展背景下，深化对口帮扶，有助于推动产业结构的调整优化。此举既为当地提供大量的就业岗位，解决就业问题，也为当地经济发展带来了活力，促进实体经济的发展。在某些方面，能推动促进职业教育的转型发展，为就业岗位培养所需的人才。

3. 参与"一带一路"建设，深化教育合作

振兴发展背景下，鼓励粤东地区积极参与"一带一路"建设。如倡导汕头华侨经济文化合作试验区、中德（揭阳）金属生态城等国际合作平台的建设。随着"一带一路"的建设实施，粤东地区与其他各国的合作交流日益加强，这在一定程度上，促进粤东地区高职教育的国际化，不仅引进了各国的技术和资本，也会接触到各国的人文文化和教育理念。粤东地区高职院校的人才培养紧随"一带一路"建设的步伐，使得当地的高职教育朝着国际化方向发展。例如汕头职业技术学院则依托泰国当地的华侨资源，与泰国曼谷吞武里大学进行合作办学。

4. 推行"互联网＋创新创业"，推动教育创新发展

振兴发展背景下，推行"互联网＋创新创业"的新模式。随着创新创业教育口号的提出以及对创新人才的需求日益增长，高职教育面临着创新，迫切需要培养一批高素质的创新型人才。

（二）粤东地区高职人才培养的挑战

在政府大力提倡"振兴东西北"的背景下，粤东地区高职院校虽迎来了发展的春天，但也面临着挑战。例如，面临着日益增长的人才需要，需要构建较好的师资队伍和投入一定的教学硬件，高职院校显然没有竞争优势。振兴粤东西北地区发展的背景下，大力推行"互联网＋创新创业"模式，但是目前人们对创新创业的认识还存在着一定的误区。此外，目前大多数高职院校往往忽视了对学生职业素养的培养。培养出来的学生学习知识面狭窄，实践教学流于形式。总的来看，粤东地区高职人才培养还面临着许多挑战。

三、振兴发展背景下粤东地区高职人才培养策略

（一）根据实际需要，明确培养目标

高职院校是以培养具有一定理论知识和较强专业技能的创新型人才为目标，其培养的学生在毕业之后一般进入基层岗位。因而，粤东地区的高职院校要根据当地企业对人才的实际需求，明确高职人才的培养目标，通过建立和实施高职人才培养制度，将高职院校的学生培养成为综合素质较高的技能型人才。

高职院校的专业建设要直接对接产业，与企业无缝对接，培养当地企业需要的高水平人才。高职院校要贴近粤东地区经济社会发展的实况，要贴近当地劳动力市场对人才的实际需求，在此基础上，结合自身优势，大力发展特色产业。例如汕尾职业技术学院利用本身优势，申报"高位池海水养虾产业技术创新联盟"。

（二）改革教学内容，增长学生见识

传统高职院校过于注重技能的掌握，而忽视知识理论的学习。粤东地区高职人才培养的效果并不理想，人才质量不能满足市场的需求，传统课程更多只是强调知识，而忽视了培养学生运用知识的能力。

因而高职院校需要根据职业岗位的实际需求，对原有教学内容进行改革，以提高学生就业质量为人才培养目标。不仅要注重专业知识的学习，还要引导学生将这些知识运用到实践中。积极为经济发展和社会需求培养大量高技能创新型人才，既有一定的专业技能，又有一定的理论水平。

（三）加强校企合作，提升人才质量

利用振兴发展的契机，深化对校企合作的认识，高职院校和当地企业要认识到校企合作并不是形式上的合作，而是涉及高职院校、当地企业以及相关部门的广泛参与。真正意义上的校企合作，是要整合多方资源，利用多方优势，共同培养人才。

加强校企合作，提高社会各界尤其是企业参与的积极性。提倡企业全程参与高职院校的人才培养，实现高职院校课程教学与当地企业产品生产无缝对接，使课程教学内容符合生产岗位的要求，培养当地企业急需的人才。校企合作有利于整合双方的资源，更好地培养高职人才。在学校和企业双方的合力下，高职学生通过学习知识和磨炼技术，成为一个适应社会需求的高水平人才。

（四）转变评价方式，健全评价体系

一个健全的评价体系，能有效地反映出当前的人才培养情况。目前，大多数高职院校的评价体系较为单一，因此，粤东地区高职院校应该转变其人才培养模式，健全评价

体系。

我们目前提倡转变评价方式，主张实现评价多元化，一是指评价主体多元化，二是指评价内容多元化。目前强调个性化发展和全面发展，很难用单一的评价体系来评价学生，必需健全人才培养评价体系。既强调学生对专业知识的掌握，又要注重培养其专业知识的应用能力，不断提高人才培养质量。

（五）建立激励制度，吸引人才就业

粤东地区是属于广东欠发达地区，目前大多数学生毕业后都流向经济发达的珠三角，人才流失现象严重。再加上广东省大力提倡促进粤东西北地区的振兴发展，目前，粤东地区的发展建设急需大批人才。

因而当地政府要建立就业激励制度，吸引人才留在粤东地区就业。通过为当地人才提供一系列优惠政策和保障制度，为高职人才提供更大的发展空间，吸引更多的人才为粤东地区的建设发展献出力量。

四、小结

培养高技能人才是高职院校的人才培养目标。为实现这个目标，粤东地区高职院校应该抓住"振兴发展"机遇，明确当地的高职人才培养目标，加强多方合作，健全评价体系，吸引高职人才在粤东地区就业，为高职院校的学生提供更大的职业发展空间。

教育硕士专业学位研究生教育政策价值取向研究

郭丽娜[①]

摘　要：我国自 2009 年之后教育硕士专业学位研究生的发展规模越来越大，本文通过分析教育硕士专业学位研究生教育政策在培养模式的价值、社会价值、人的价值等方面的内容，清楚地了解我国现行的教育硕士培养的深刻内涵。

关键词：教育硕士　专业学位　教育政策　价值取向

近些年来，我国教育硕士专业学位研究生教育火速发展，培养方式逐渐成熟稳定，培养模式多样化，随着教学实践的进步和对教育硕士教育的规律的了解不断加深，以及相关政策的出台及时的完善了现有的教育硕士专业学位研究生的教育。通过教育政策的

---

① 郭丽娜，广东技术师范学院，教育科学与技术学院。

价值分析可以帮助我们深刻理解教育政策、更深入地了解我国设置教育硕士专业学位研究生的深刻内涵。

一、概念的内涵

（一）教育硕士专业学位

专业学位是为培养具有高素质的专业能力和专业素养的高层次应用型人才，以满足社会对特定人员的需要而设置的一种学位类型。专业学位与学术学位虽属于同一个层面，但培养的要求各不相同。专业学位的教育模式具有相对独立性，是职业性与学术性的相互统一。当前，我国的专业学位教育体系主要以硕士学位为主，博士、硕士、学士共存，是中国教育体系中的一种特有学位。

教育硕士专业学位是为基础教育教学和管理工作培养高层次的人才，是一种具有特定教育职业背景的专业性学位。它与现行的教育学硕士在属于同一个层面，但培养要求不同，各有侧重。教育硕士要具备良好的职业道德，既要熟练地掌握某一学科的理论知识和系统的专业知识，又要了解现代教育的基本理论和学科教学或教育管理的理论及方法，要有将理论知识转换为实践来解决教学或教育管理中所存在的实际问题的能力，可以较轻松地理解本专业的外文资料。国务院学位委员会于 1996 年 4 月开始设置教育硕士专业学位（Ed.M），招生试点工作于 1997 年开始。教育硕士专业学位的开设，就此变成中小学教师获取研究生学位的一个渠道。通过教育硕士专业学位的学习可以系统地学习最新的知识，紧跟教育发展的步调。教育硕士与教育学硕士的区别在于是教育硕士是职业性学位，重视实践和应用；教育学硕士是学术性学位，以学术研究为主，侧重于理论与研究。

（二）教育政策价值取向

教育政策是由政党和政府拟定与颁发的用来引导、规范教育事业发展的一切价值准则与行为规范的总称。广义上教育政策不仅包含教育行政法规、教育行政规章，而且还包含了教育法律。教育政策是国家意志在教育领域中的体现，是公共利益的保障与实现。

任何一种公共政策的制定与出台，都必定包括了政策主体依据一定的伦理标准来选择价值取向。在政策的制定过程中，政策主体或多或少会将自身的好恶和利益追求考虑到其中，所以公共政策的价值取向就会受到政策主体的价值选择的影响，体现出多元的形态。因此，教育政策应该以正确的价值观来引导教育事业发展。

（三）教育硕士教育政策价值取向

教育政策的实质是一种价值选择。教育政策在制定和执行的过程中都含有部分主体活动的价值观念，这些主体在制定和执行教育政策时，在面临各类教育发展因素之间的联系、面临各类利益相关者的利益追诉求、根据所要处理的各类事物之间的价值区别时会做出一定的政策选择。他们所做出的选择的依据就是其价值观念和价值标准，即在他们的观念中哪一种价值处于优先地位。

从 1996 年教育硕士专业学位研究生教育政策发布以来，教育硕士政策在 20 年发展不断趋于完善。教育硕士教育政策在人才培养方面的根本价值取向没有发生改变，但考虑到当前城乡区域教育发展不平衡，教育部适时地推出了"硕师计划"（即农村学校教育硕士师资培养计划），以及在 2008 年美国次贷危机的冲击下，对教育部对其做出了适时的调整。从政策的调整中我们可以明显地窥探出政策制定者价值取向的一些变化。

二、教育硕士专业学位研究生的培养模式价值分析

我国自 1996 年开始开设教育硕士专业学位以来，先后颁布了不少相关政策，使教育硕士的培养模式变得多样化。经过不断地调整改善，我国的教育硕士的培养模式大概可以分成四种类型：非全日制教育硕士（也称在职教育硕士）、农村学校教育硕士、全日制教育硕士以及免费师范生教育硕士，除非全日制教育硕士毕业后仅发学位证书外，其余三种类型毕业后均颁发学位证书和学历证书"双证书"。

在职人员攻读教育硕士学位是我国国务院学位委员会在 1996 年决定开设的，它最早出现、规模最大的专业学位研究生培养模式，一般招收大学本科毕业生或本科同等学力人员，其中教育管理方向者需要有三年以上第一线教学经历的基础教育和中等职业技术教育等相关工作经验。它是通过全国统一联考或招生单位自主命题的方式来招收教育硕士；采用脱产、半脱产学习方式，学习年限一般为 3 年，因特殊原因不能按期完成学业者，可适当延长学习期限。延长攻读时间者，从入学至获取硕士学位的限期（含休学）最长不超过 5 年。

农村学校教育硕士的开设是为加速农村教育发展、提升农村教育质量，解决农村学校师资匮乏和强化师资力量。因此，教育部决定从 2004 年开始实施"农村高中教育硕士师资培养计划"（2006 年更名为"农村学校教育硕士师资培养计划"，即"硕师计划"），在具备推免研究生资格的高校中，选出一些优秀的应届本科毕业生到中西部地区的"国家扶贫开发工作重点县"高中教学，以提升农村中学教师师资学历水平和整体素质。"硕师计划"的招收方式是推荐免试；学习方式有些特殊，符合"硕士计划"政策规定的研究生第一年要到"国家扶贫开发工作重点县"高职任教一年，一边教学边学习；第二年则脱产学校到培训学校学习硕士课程；第三年需要在职继续学习部分课程，同时还要撰写毕业论文；且毕业后要返回原来任教的农村继续教学两年，这五年的时间包含了"硕

师计划"研究生要履行的为国家贫困县服务五年的义务。"硕师计划"的培养方式充分体现了脱产学习与在职兼读相结合。

全日制教育硕士培养模式的招收对象与非全日制教育硕士研究生的招收对象相似，即国家承认办学资质并具有颁发相应等级毕业证书的系列院校的本科毕业生（或本科同等学力）人员，其中报考教育管理方向者需有 3 年以上相关工作经验。招收的方法也是多样的，包括全国统一考试、单位自主命题考试以及推荐免试等形式。采用全日制学习方式，学习期限一般为 2–3 年，若因特殊原因不能按期完成学业者，可适当延长学习期限。延长学习年限后，从入学至获取硕士学位的时间（含休学）最长不超过五年。因此，有些师范大学也开设了一些"4+2"的教师培养模式。

免费师范生教育硕士培养模式是我国于 2010 年开始试行，免费师范生教育硕士的出台是为了培养面向基础教育管理及教育教学工作需求的高层次人才，同时也是为了让更多优秀的教师人才树立长期从事教育事业的职业理想。免费师范毕业生想要申请以免试的方式攻读在职教育硕士的条件是要到中小学教学，至少一学期，并通过任教学校的审核，部属师范大学根据审核工作绩效、本科学业成绩和综合表现的考核，合格者才能被录取。免费师范生教育硕士是以在职的形式，通过远程授课和假期集中面授相结合的方法进行为期 2—3 年的硕士研究生学习。免费师范生教育硕士在毕业后要返回原工作单位继续任教。2009 年经政策调整与"特岗计划"结合实施。

以上四种教育硕士的培养都侧重于教学实践的操练，偏重于培养运用专业知识解决教学过程中所遇到的实际问题的能力，毕业论文也均偏向于实际的应用价值，这充分凸显了教育硕士的职业性。在课程设置方面侧重于专业理论知识、教学专业技能、教学管理、教学设计、教材研究等方面的学习，充分体现了教育硕士的专业性。教育硕士重视实践的练习，它的课程设置还包括了教学实践环节，这个环节又分为校内实践和校外实践两个部分，所占的学分高于其他课程，充分呈现了教育硕士的实践性。

三、教育硕士专业学位研究生教育政策的社会价值分析

首先，专业学位研究生设置的主要目的是为了适度缓解应届毕业生的就业压力。2008 年美国爆发的次贷危机给全世界经济带来深重的灾难，中国经济也难以避免遭到了巨大的冲击，造成失业率攀升，大学生的就业形势变得相当严峻。于是国家就在2009 年新增招收应届本科生全日制攻读专业硕士学位的计划，把一部分学术性硕士的招生名额安排到专业学位上，以此来吸引应届毕业生报考专业学位研究生。通过专业切实的学习，这些学生就可以熟练地掌握一门专业技能，增强自身的市场竞争力。据统计，去年还有 100 多万大学生未就业，在如此严峻的形势下，教育部紧急颁布研究生扩招政

策，扩招增幅达到，随后又增加了 5 万名全日制专业学位研究生招生计划，其中包括新设置的全日制教育硕士。而教育硕士专业学位研究生的扩招有助于提高我国的师资质量和教育质量，尤其是第一线的教师质量和基础教育的教学水平。硕士研究生的扩招就有效地缓解了大学生的就业压力，在攻读硕士学位期间给自己一个缓冲的时间，尤其是教育硕士在攻读专业学位期间夯实了自己的理论基础和实践基础，积攒丰富的经验，增强职业素养。

相比于城市，农村区域的教师，在其数量和质量上都相差甚大。那些年轻的、优秀的教师都会选择在城市任教，农村学校的教师基本还是由在当地生活的中老年教师担任，部分偏远地区的学校还是由过去的民办教师或聘请的代课教师组成的，他们基本都是师范学院或专科毕业，存在着专业素质较低，知识不能及时更新，学历较低，教学模式单一、手段及思想观念落后等问题。而且这些教师长期生活在当地，在农村的整体文化氛围、教育观念等都较落后的熏染下容易使得这些农村教师的思想意识等更加封闭、落后。农村教育硕士在从事基础教育方面具备一定的优势，并能够牢牢掌握教育的理论知识和较全面系统的学科知识。他们掌握多样化的教学手段、思想开放、积极大胆、富于创新，思想和理念都与老教师不同，也从而影响着老教师的改变，迫使老教师不得不学习，改变旧有的教学思想、模式等，以适应现代化教学的需要。对于全面提高农村教师的整体素质有着积极的推动作用。另一方面，农村地区学校大都存在缺编现象，教师人数严重不足，有些学科甚至一个专业的教师都没有，也因此开不了课或是敷衍，"硕师计划"等一系列政策的实施在很大程度上改善了这一问题。虽然近年来农村地区教育问题得到重视，但在偏远地区师资的补充渠道不畅等等一系列问题严重影响了农村教育的发展。教育部实施的这一系列计划，不断为我国农村特别是偏远地区培养了一批高学历、高素质的青年骨干教师。这批教师不仅自身拥有发展全面、素质高、创新能力、团队意识、专业性强等优点，还很好地带动了当地农村教师的发展，促使他们不断学习、丰富自己、改变思想。从而很好的缓和贫困农村地区师源紧缺和整体素质偏低的现象；改善农村师资队伍和教师年龄结构；强化农村师资水平，加快了农村地区的基础教育事业的发展。

教育硕士专业学位的设置既满足了教育事业在人才数量和质量上的需求，也在一定程度上缓解了农村教师缺乏、教师的学历水平不高、结构性缺失和难以补充等各方面的问题，推动农村基础教育的发展和社会的进步，提高专任教师的教学能力，使得资源得到合理的利用，缓解教育在区域发展不均衡的问题，促进教育公平。

四、教育硕士专业学位研究生教育政策人的价值分析

教育政策关注的是受教育者的生存发展价值，即教育政策在利益方面的思考终将落

脚于教育活动中人的价值提升，国家发展教育硕士学士学位研究生教育应将促进人的全面可持续发展作为政策制定的核心价值与根本价值。

每个人对学历的提升的目的是多元的，有些人是发自内心而求学的，通过进修来提升自身的专业水准，实现自我成长的需要；有些人则带有明显的功利主义，为了职业再规划需要和为未来竞争做准备；也有些人是受到外部因素的刺激，例如看到别人在考取这个学位研究生就跟着考取了；还有些人是因为不满足于现状，想要换一个工作环境，而这个更换工作环境的条件则需要学历来作为一个铺垫，于是就致使这部分人去攻读专业学位研究生。但不管出于什么目的去提升学历，在这个学习过程中研究生的各方面能力都会得到一定程度的提升。虽然我国早已有教师进修制度和机构，但是这种深入学习往往是零散的、不成体系的，而开设教育硕士专业学位，可以帮助教师掌握系统的学科知识，提升自身的专业素养，实现自身的价值。

甚至有些人在攻读教育硕士专业学位之后想进而攻读专业博士学位，不断丰富自身的知识水平、提高涵养、实现自我价值，然而当前，在 40 种硕士专业学位之中只有兽医、口腔医学、临床医学、工程等 5 种专业硕士有专业博士学位，以及一个建筑学专业学士学位。使得那些想继续深造攻读博士学位或者想转型攻读学术型博士学位的愿望难以实现。这也造成教育硕士专业学位研究生难以持续连贯地发展起来，不能很好地与学术型学位在不同教育阶段的进行横向交叉发展。从这一点来看，教育硕士专业学位研究生的教育政策在以人为本方面缺乏一定的人文关怀。

创客教育在高职学前教育专业中的人才培养路径研究[1]

戴秋初[2]

摘　要："大众创业、万众创新"的口号在 2004 年被李克强总理提出后，创新成了人们关注的话题，创客教育也成了新时代的重要话题。目前创客教育更多是对教育技术的支持，在学前教育领域关注尚少。本研究聚焦于创客教育与高职学前教育的融合，尝试探索创客教育在高职学前教育专业中的人才培养路径，为高职培养高素质的学前教育专业人才提供建议。

关键词：创客教育　高职学前教育　人才培养

① 基金项目：广州市科技计划项目"广州市众创空间发展现状及趋势研究"（201806030022）。
② 戴秋初（1995-），女，广东茂名人，广东技术师范学院硕士研究生。研究方向：职业教育管理。

一、创客教育的含义

不同的研究者对创客教育的具体定义不一样，根据李冀红和杨现民（2015）在《创客教育的价值潜能及其争议》一文中把创客教育定义为一种融合信息技术，秉承"开放创新、探究体验"的教育理念，以"创造中学"为主要学习方式和以培养各类创新型人才为目的的新型教育模式。本研究认为创客教育是指为了培养学生解决问题、团队协作和创新方面的能力，教师在学生兴趣的基础上，以项目学习为方式开展教育的一种素质教育，它强调新技术与创客空间的存在。无论是哪一种定义，都离不开创客教育的核心：通过动手实践培养人的创新意识、思维和能力。创客是在大众创业，万众创新的新时代背景下提出的，他（她）的出现符合新时代发展对创新的需求，为了培养更多的创客，创客教育也成了新时代的重要话题。作为一种新的教育理念，创客教育被越来越多的高职院校所接受。

二、创客教育对高职学前教育人才培养的重要性分析

高职院校学前教育专业是目前输送幼儿教师的重要来源，因此高职院校学前教育人才的培养对于国家学前教育的快速发展至关重要。《幼儿园教师专业标准（试行）》（下称《专业标准》）的出台无疑是给学前教育专业人才培养提供了重要的风向标。《专业标准》从教师专业理念与师德、专业知识、专业能力三大维度，十四大领域对幼儿教师提出了新的要求。在高职学前专业开展创客教育，有利于培养新型的、符合《专业标准》的学前教育专业人才，为幼儿园输送更多的有创新意识、创新思维和创新能力的幼儿教师。

（一）教师专业理念与师德学习与创客教育

《专业标准》在幼儿教师职业理解度与认识度上有很高的要求，同时要求幼儿教师对幼儿生活环境、游戏的作用都有充分的、科学的认识，认真贯彻落实"游戏作为幼儿园的基本活动"这一理念。这些要求都体现了幼儿教师的创新精神是幼儿健康生活与学习的重要保障。在高职学前教育专业实行创客教育能提高学生对幼儿教育环境创设、游戏的科学认识与设计。

（二）专业知识学习与创客教育

《专业标准》在了解幼儿心理发展规律、保育教育知识、通识知识等方面对幼儿教师提出了明确的要求。学前教育专业知识涉及的范围广，内容复杂，如果学前专业学生在学习基本的专业知识时不注重团队学习、不抱着好奇、质疑、理解的态度探究，而是如接收器般机械地记忆，便会导致对知识理解不深入，学习效果不佳。创客教育注重培养学生质疑、求实、团结、创新的精神，对提高学生专业知识学习能力起到极大的作用。

（三）专业能力培养与创客教育

《专业标准》要求幼儿教师提供与幼儿兴趣、年龄特点相符合的游戏条件。同时在一日生活中，教师应该是一位观察者，善于观察幼儿的各种行为，再在行为的基础上给予适宜的指导。除此之外，教师需要对于活动中出现的问题进行探索与研究，这对学前教师创新教学方法、创新一日生活指导、探索与反思问题都有很高的要求。创客教育无疑是有助于提高高职学前专业学生思维发散力与解决问题的能力。

三、创客教育在高职学前专业中的运用现状

目前，不少高职院校开始重视创客教育，创客空间的建设与创客活动的开展也逐渐增多，但是创客教育在高职学前专业中的运用在创客团队关注度、学生参与动机以及教师创新重视度上还存在一些突出的问题。笔者通过分析创客教育在高职学前专业的运用中存在的问题，从问题视角出发，更好地促进创客教育与高职学前专业人才培养的有效融合。

（一）高职创客教育团队对学前专业关注较少

越来越多的高职院校为落实创客教育，开始建立创客空间，并组织创客们开展多种形式的活动，包括学术沙龙、技术竞赛等。高职院校创客教育的团队一般倾向于技术型竞赛、模型建构等等，较少会开展与学前教育专业相关的活动。除此之外，创客空间作为创客教育的重要基地，其展示的作品也多为某个项目的成果产品。学前学生在学习过程中会产生大量具有材料多样、颜色鲜艳、造型有趣、富有创造性的作品，而这些作品一般不会展示在创客空间里。

（二）学生参与创客活动动机不一

创客活动的开展是为了培养创新型学生，旨在提高学生跨学科解决问题能力、团队协作能力和创新能力。许多职业院校为了鼓励学生参加创客活动，会采用加学分、获奖金的方式吸引学生参加，这也导致了学生参加创客活动的动机不一。部分学生参加创客比赛仅仅是为了获得更多的学分或奖金，与创客活动的开展目的不一致，因此活动达到的效果也一般。

（三）教师重学生基本技能的训练，轻创新意识的培养

由于学前教育发展较快，幼儿园数量不断增加，社会对幼儿教师的需求也越来越大。为了让教师快速适应幼儿园的工作节奏，幼儿园在绘画、歌唱、舞蹈、弹奏、手工等显性技能上对教师有较高的要求。为了给幼儿园输送优质的人才，许多高职教师会给学生

安排很多技能性课程，让学生大部分时间花在了基本技能的训练上，忽视了在新时代下对学生创新意识的培养，较少考虑创客教育在学前教育领域中的应用。

四、对创客教育在高职学前专业人才培养的建议

针对目前创客教育在高职学前教育专业中的运用情况，结合创客教育的特点以及学前专业人才培养的需求，笔者在思想、管理、教学形式、活动组织、学园合作等五方面提出建议，为高职学前教育专业人才培养路径提供方向标。

（一）思想进步

提高学生的创新意识，改变学生安于现状的思想，让学生在思想上进步是创客教育在学前专业领域实施的重要前提。学校需要做好宣传工作，可通过沙龙、宣讲会、座谈会等形式提高学生对创新的认识，加深学生对创客教育的了解。当学生的创新意识得到唤醒后，学生便会积极参与到创新类活动中去，以满足自己内心的需求。

（二）完善管理

在高职学前专业中引进创客教育，促进专业人才培养是一种新型的培养模式，因此我们需要在创客教育组织团队建设、创客空间建设、师资培训、奖励制度等方面进完善管理。学校可通过组建创客教育组织团队，负责创客教育在高职学前专业人才培养的相关事宜，团队成员不仅需要包括专业教师，还有学前学生，做到师生共同建设；在创客空间建设方面可开设学前作品展示橱窗与学生项目讨论场所；在教师队伍的培训方面需要教师在教育理念、教学方法、课程设置上开展学习；学校可对有突出贡献的教师与创客项目团队给予适当的资金支持、职称或学分上的奖励等。

（三）走进课堂

创客教育是以项目教学为方式，旨在提高学生解决问题、团队协作和创新能力。项目教学在高职学前教育课堂中应用广泛，如美术教师可根据课程需要，以小组为单位完成黏土创设合作项目。学生会根据项目的需求进行分工合作，如材料准备、方案撰写、作品解说等。对于在项目中遇到的挑战他们也能共同商议，积极探讨，出谋划策，如关于项目的创意设计、整体布局等。让创客教育走进学前专业课堂，把创客教育作为学前人才培养的重要一环是提高高职学前人才培养质量的重要方式。

（四）开展活动

在教育形式上，创客教育除了能走进学前专业课堂外，还可以通过开展各式各样的课外活动影响学前教育人才的培养，如通过组织创客教育研讨会、邀请相关学者发表演

讲、开展某创客项目的座谈会、对广大学前专业学生进行创客类论文征集与创客作品的征集等。如学前教育系以"环保"为主题向校学前专业学生征集创客作品，其作品可展示在创客空间里供学生参观。

（五）深化合作

在 2017 年 10 月 18 日，习近平同志在十九大报告中指出，要深化产教融合。职业学校与幼儿园的合作培养已经成为学前教育人才培养的重要方式。幼儿园是目前学前专业学生人才流向的重要场所，也是促进创客教育对学前人才培养的必要基地。学前学生进行创客项目时会产生创客成果，其中一部分成果可直接展示在创客空间，另一部分可展示或直接应用于幼儿园。如学生对幼儿情绪自我管理做了详细的研究后便研发出幼儿情绪自我宣泄的产品模型。如产品仅仅展示于创客空间，便难以评价产品的有效性。如果通过检测合格后，把产品应用到幼儿园中，则能对产品进行有效的评价。

五、总结与讨论

本研究立足于创客教育在高职学前专业中的运用现状，根据高职学前专业的人才培养需求和创客教育的特点，在思想、管理、教学形式、活动组织、学园合作等五方面为创客教育与高职学前专业人才培养融合提供可行性建议。在当今大众创业、万众创新的时代，创客教育作为一种新型的，科学的教育理念，可以被更多的学前教育工作者所接受。由于各高职院校地域性和教学发展水平的差异，创客教育在高职学前专业人才培养中的运用也需要贴合实际，如何根据实际需求，实现创客教育与高职学前教育的有效融合，是目前学前教育工作者需要考虑的重要问题之一。

高职学生信息化英语自主学习能力差异面面观[①]

谢雨彤[②]

摘　要：自从 Holec 把自主学习理论引入外语界以来，国内外许多学者对外语自主学习进行了大量探讨与研究，但绝大部分都是对英语自主学习能力进行界定，或对其理

---

①基金项目：广东省哲学社会科学"十三五"规划 2016 年度学科共建项目"信息化环境下自主学习有效性研究—基于语言经济学视角"（项目编号：GD16XWW33）。

②谢雨彤（1981-），女，湖南衡南，广东行政职业学院，讲师，硕士研究生。研究方向：英语教学、高职教育。

论依据和实施策略等进行解析。综观现有文献，学者们对于不同学生的信息化英语自主学习能力差异却鲜有研究。鉴于此，本研究采用定量和定性相结合的方法，以广东行政职业学院高职学生为例，以不同学生群体信息化环境下英语自主学习能力的差异性为研究内容，旨在帮助教师更全面了解学生群体这方面的差异以便因材施教，更有效地帮助学生提高信息化英语自主学习能力。

关键词：信息化　自主学习　差异

一、引言

自主学习（autonomous learning）概念源于哲学范畴，在 20 世纪 50 年代被用于教育心理学领域，是一种以认知心理学和人本主义心理学为基础的现代学习理念。最早把这种学习理论引入外语教学领域的是 Henri Holec。他在其著作《自主性与外语学习》中阐明，自主学习能力就是学习者在学习过程中对"对自己学习负责的一种能力"。自主的学习者可以根据自身的需求确定学习目标，选择学习内容和方式，并监控学习过程以及评估学习效果等。我国学者束定芳教授将外语自主学习系统归纳为三方面："一是态度，学习者自愿对自己的学习负责并积极投身于学习的态度；二是能力，学习者应该培养自主学习能力和学习策略，以便独立完成自己的学习任务；三是环境，学习者应该被给予大量的计划去锻炼自己，负责自己的学习能力。这三方面相互作用，构成了英语自主学习系统。"虽然关于"自主学习"概念的界定众说纷纭，但其本质具有一致性。总体来说，自主学习应该是以学习者为中心，学生在整个学习过程中能够管理自己的学习行为，包括制定学习目标和计划、选择学习内容和方式、监控学习过程以及评估学习效果等。

国内外对于自主学习的相关研究主要集中在研究自主学习的内涵及其影响因素、培养自主学习能力的必要性与可行性、促进自主学习的方法与实践（包括充分利用信息技术化）、构建有效的自主学习模式、建设与发展自主学习平台及资源等方面。虽然有些学者对某一具体学生群（如英语专业学生或研究生）的自主学习能力培养有所研究，但极少对不同群体学习能力差异进行比较研究。笔者以"外语自主学习"为主题并且以"比较"和"差异"为关键词，对 2000 年 1 月至 2017 年 8 月收录于"中国知网"的论文进行检索，检索结果为零。由于生理遗传、家庭背景、生活环境，个人主观等方面的不同，不同学生个体甚至学生群体的学习风格和学习能力均存在不同程度的差异，教师需要及时了解学生个体及学生群体的差异，因材施教，帮助学生扬长避短，获得最佳发展。因此，对不同学生群体外语自主学习者能力差异并找出相应对策显得十分必要。随着"数字化、信息化、网络化技术的发展，以网络技术为主导开展外语教学成为必然趋势"，对信息化环境下学生英语自主学习能力的研究显得尤为迫切。本文采用定性和定量相结合的方法，分析不同学生群体信息化环境下英语自主学习能力的差异以及原因，并提出相应的改善措施，以期为高职英语自主学习提供一定的理论和实践指导，同时也为英语自主学习能力的培养以及高职英语教学提供一些参考和启迪。

二、研究设计

（一）研究目的

随着中国信息化时代的到来，信息和通信技术对人们的教育和学习理念产生了深远的影响，"信息化教育业已成为现代教育的典型范式"，陈坚林认为，教师可以"利用网络信息化资源实现多元互动的个性化学习方式"。通过调查，笔者获取信息化环境下不同学生群体英语自主学习能力现状并对其学习能力差异进行比较分析，以增进教师对不同学生自主学习能力差异性的了解，探求因材施教提高学生的信息化英语自主学习能力的对策。

（二）研究问题和假设

本研究拟解决以下的问题：

（1）信息化环境下高职在校生和高职毕业生英语自主学习能力情况分别是什么？是否存在差异？如果存在，有何差异？两组学生的自主学习观念与态度、自主学习策略、学习动机、教师作用、质量监控与评价方面是否存在差异，如果存在，哪些方面差异更为显著？为什么？

（2）信息化环境下高职在校男生和在校女生英语自主学习能力情况分别是什么？是否存在差异？如果存在，有何差异？两组学生的自主学习观念与态度、自主学习策略、学习动机、教师作用、质量监控与评价方面是否存在差异，如果存在，哪些方面差异更为显著？为什么？

（3）信息化环境下高职在校英语专业生和非英语专业英语生自主学习能力情况分别是什么？是否存在差异？如果存在，有何差异？两组学生的自主学习观念与态度、自主学习策略、学习动机、教师作用、质量监控与评价方面是否存在差异，如果存在，哪些方面差异更为显著？为什么？

（4）如何解决不同学生群体信息化英语自主学习能力的差异？

限于篇幅，本研究只对高职在校生和毕业生、高职在校男生和女生、高职在校英语专业生和非英语专业英语生三组学生进行比较分析，难免有一定局限性，然而，这三组学生在一定程度上反映了高职学生不同群体信息化英语自主学习能力的差异。当然，为了能进行更全面的研究，高职学生与本科生以及研究生等之间的差异有待进一步探讨和研究，本文仅作抛砖引玉。

（三）研究对象与研究方法

广东行政职业学院在校生 462 人，专业包括商务英语专业，国际经济与贸易专业，人力资源管理，会计专业，市场营销专业，电子商务专业，投资与理财专业等；该学院毕业生 116 人。

实验中，我们发放关于信息化英语自主学习的调查问卷表共 623 份，其中广东行政职业学院在校生 462 份、广东省委党校 2016 级硕士研究生 45 份和广东行政职业学院毕业生 116 份（因篇幅有限，广东省委党校 2016 级硕士研究生 45 份问卷不在本次研究的范围），收回有效问卷 623 份，有效率 100%。本问卷调查共 36 个调查项目，分为八个部分，即学习观念与态度（6 项）、自主学习策略（5 项选择 +1 项）、学习动机（8 项）、教师作用（5 项）、质量监控与评价（7 项）、影响自主学习的因素（1 项）、学习内容（1 项）、自主学习成效（2 项）。本问卷前五部分采用 LIKERT（莱克特）五分量表，分为：完全不符合、基本不符合、不确定、基本符合、完全符合五个方面，分值从 1–5，分值越高代表自主学习能力越强。分析工具采用 SPSS 软件。两份问卷采用 Cronbach's Alpha 系数、KMO 和 Bartlett 分别对信度和效度进行了检验，其中，信度系数分别为 0.867 和 0.880，均大于 0.7，证明问卷具有较好的信度；经过 KMO 检验，数据评价满足因子分析，进行 Bartlett 检验，得出两份问卷的 KMO 值分别为 0.873 和 0.782，均大于 0.7，说明问卷的结构效度良好。

三、实证分析

本研究通过对每个数据按评价等级的分值进行权重处理（选 A 者乘以 5，选 B 者乘以 4，选 C 者乘以 3，选 D 者乘以 2，选 E 者乘以 1），最后计算出每个等级的平均分值。如果该项的平均得分为 5，就说明学生全部都填写"完全符合"；如果该项的平均得分为 1，说明学生百分之百地填写"完全不符合"；如果该项的平均得分为 3，说明学生处于一种保留的态度（"不确定"）。标准偏差值通过 Excel 软件计算得出，通过它反可以看出学生的选择是否一致。学生的选择差异小，则标准偏差值小；反之，则数值大。显著性水平数值采用 Kruskal–Wallis 检验获得，显著水平小于 0.05 则说明在 95% 置信度下拒绝原假设。

互联网+背景下高职院校现代学徒制学生党建工作探讨

黄俊育①

摘　要：现代学徒制招生模式作为高职院校职业教育校企合作不断深化的一种新型人才培养模式，其招生人数日益增多，其所受教育时间、形式与普高生的不同，导致学生党建工作的形式和时间随之发生了变化，由此决定了高职院校的党建工作必须进行变革，如何在全面了解学徒制学生党员特点、管理薄弱环节等问题下，运用互联网＋技术来完善、补充高职校院现代学徒制学生党员管理中出现的短板，不断创新管理新途径和新措施，具有划时代的意义。

关键词：现代学徒制　高职院校　互联网＋　党建工作

一、现代学徒制学生党员的特点

（一）整体素质薄弱

相对于普通高中而言，现代学徒制学生由于基础知识较差，理解能力和实行力比较欠缺，而现代学徒制党员，一般入党动机比较功利，党性不高，组织观念淡薄，缺乏主动学习和提升党性修养的动力，自控能力较差，易受外界不良思想的影响。

（二）工学结合，双重身份

现代学徒制的学生大一第一学年在学校就读，第二、三学年在企业顶岗实习，偶尔结合工作需要上一些专业培训课，学习相关的工作技能，对实际工作能力起到了很大作用，因而忽视了党的思想教育，淡薄了与党组织的联系、汇报和民主生活会。

（三）淡化党员角色

校企合作企业一般对党建工作不太重视，其更多的是追求利润等经济效益，作为现代学徒制学生党员，由于工作环境及自身修养问题，逐步遗忘自己的党员身份，从学生到社会人角色的转化，使他们在繁忙的生产劳动中淡化了自己的党员意识，无法发挥先锋模范作用。

---

① 黄俊育（1971–），男，籍贯广东陆丰，在广东科学技术职业学院珠海校区工作，辅导员，助理研究员，硕士学位，主要研究方向：党建，思想政治教育，大学生创新创业教育。

二、现代学徒制党建工作存在的问题

（一）校企双方党建管理脱节

根据对省内十几所高职院校的调查，普遍反映其校企合作企业有成立党支部的比例不高，也许很多是民营企业的原因，重经济效益而轻思想政治教育，现代学徒制学生从学校到企业后，学校基层党支部由于学习环境变化等各种原因放松了对这部分学生党员的管理，而企业由于自身原因没有承接学生党员的教育管理工作，从而使现代学徒制学生党员管理被边缘化，与学校、企业严重脱节，无法接受党的再教育。

（二）党性教育形式单一，效果不佳

目前很多高职院校的基层党建小组活动形式比较简单，活动内容不丰富，无法让长期在企业顶岗实习的现代学徒制学生党员及时参与党员活动和学习，没有根据现代学徒制党员的工作规律设计学习活动，日常交流较少，针对性和实效性不强，无法提升此类党员的思想教育境界。

三、利用互联网＋改变现代学徒制学生党员管理模式

互联网是 1970 年美国夏威夷大学的诺曼 . 阿勃拉姆逊研制而成的，简称ALOHANET，"互联网＋"技术的提出，对人类经济社会产生了巨大、深远的影响，它可以使传统产业实现在线化、数据化、随时调用和挖掘信息价值，减少仓储，提高生产速度发挥巨大的作用。互联网是迄今为止人类所看到的信息处理成本最低的基础设施，具备全球开放、平等、透明等特性，大大降低生产成本，是社会财富增长的新动力源泉之一。而现代学徒制学生招生的特殊性，决定了他们在党的知识和认识方面与普通高考大学生具有不同之处，这就需要高职院校党委组织部做出相应的调整和安排，正视存在的管理问题，灵活地处理、解决好此类学生的党建工作问题。

（一）构建实习基地动态党支部

现代学徒制的学生实际在校学习时间只有一年的时间，此时党建工作由学校学生党支部开展，通过学生自荐、班委和班主任的推荐选拔入党积极分子进行培训，按时参加党课的学习和有关政治文件的研讨，同时指定一名在校生党员作为基层党小组联络员，按分工联系三至五名现代学徒制学生党员，组织日常的学习和召开民主生活会，上传下达，做学徒制党员的贴心人。第二学年开始后，现代学徒制学生从学校进入企业顶岗实习，此时学校学生党支部要派出辅导员、专业课老师、班主任与企业组建实习基地动态党支部，要求企业设立实习生带队负责人，以企业班主任的身份配合学校班主任、辅导

员的管理，学校和企业共同协商好，拿出一部分经费对学徒制班的在校班主任和企业班主任进行电话、管理补贴，从而提高他们的工作责任心和积极性，这样学徒制学生党员受到原学校学生党支部和实习基地动态党支部的双支管理，使党建管理工作起到"耦断丝连"的承接作用，不因学生党员离校进厂而出现党建工作"真空"的现象。

（二）构建网络学习平台，发挥互联网作用

利用互联网的便利，结合当代学生的学习特点，创建微信公众号，要求学生实名注册 APP，因手机屏幕太小，无法像电脑一样显示更多的知识，公众号可下设三大内容：一是微资讯，包括通知公告、工作动态、风采展示、民主评议等；二是微党务，包括干部知识、支部工作、党员服务等内容；三是微党校，包括党章常规、学习热点、党校培训、知识测试等内容，并链接上一级国家机关有关党政建设的相关学习文件，可以在网络上及时、便捷地进行学习，并根据每个月所学党建的内容或主题进行测试，题目数量一般限制在 10 道以内，以免引起学生党员厌倦情绪的产生。学生做完测试后，系统给予评分并指明答案错误的题目，使学生对自己的选项明明白白，增强网上党章党规及国家领导讲话的掌握和理解程度。

（三）加强党员监督机制

现代学徒制学生党员由于长期在企业工作，且没有固定的实习岗位，在校党支部负责人无法掌控其行为和表现，因此要发动学校和企业群众的力量，同时让群众对我们的党组织也有初步的了解，因此要求群众每月或每一季度对学生党员进行民主测评，利用微信的特性，制作调查问卷，方便群众上网对党员的行为表现进行打分，从而有利上级党支部对党员有一个较全面的了解，反过来也加强了群众对我党的规章制度和政策的进一步认识和了解，设立投诉邮箱和书记邮箱，接受人民群众全方位、连续性、多层次的监督，树立一个良好的群众基础，提高共产党员在群众心目中的形象。

四、利用互联网做好现代学徒制党建工作的意义。

（一）完善校企党建管理工作机制

通过建立实习基地动态党支部的举措，帮忙企业建立和完善党建工作，引导企业对高职校完善学徒制学生党员培养的重视，通过学校、企业的强强联合，加强对现代学徒制学生党员的教育和培养，通过"三会一课""两学一做"等活动，学生党员可以在线参与评论、发表意见等等，拓宽了学徒制学生党员参与组织生活的渠道，丰富了学生党员业余生活，利用互联网技术创造性地开展党员工作模式，使之发挥党员先锋模范作用，创造更多经济效益。

（二）有利学生适应环境

学生从在校学生一下子转变成企业员工，从思想和环境上产生了巨大的落差，学习和生活出现一种"断奶"感觉，很多学生都很不适应。此时在企业中建立实习基地动态党支部，有利于企业和学校共同做好学生的思想教育工作，结合互联网技术的运用，及时传递学校党支部、企业实习基地党支部对学生党员的关怀和鼓励，传播社会、学校和企业正能量，健全学生的三观，使学生党员一下子就找到家的感觉，在上级组织的关怀下很快适应新的环境，融合在企业新的社会关系中。

（三）提升学生就业率

在企业中建立实习基地动态党支部，能够与学徒制党员做好交流和探讨，通过谈话和了解，能够及时发现实习生中的不稳定因素，通过召开民主生活会和互联网测评，引导和巩固实习生党员建立正确的职业精神，提高工作能力，养成良好的职业道德，增加对企业的忠诚度，在生产岗位中发挥苦干、巧干的作用，早日得到企业的青睐，得到企业的重用，从而毕业后能够很快地与企业签约，解决就业难的问题，大大提高了就业率。

互联网+高职院校工匠精神与职业素养培养路径[①]

曾文英[②]　　康思琦[③]　　曾文权[④]　　李斌宁[⑤]　　牛德雄[⑥]

摘　要：根据工匠精神和职业素养内涵，结合高职院校双创和智能制造人才需求，基于互联网＋技术特点，提炼出工匠精神和职业素养培养途径与方法，以解决培养师资、培养时空、个性化特点、学习资源、知识更新等需求；实践设计和构建互联网＋微技平台，实现互联网＋工匠精神与职业素养在线育人平台。主要创新在于提出校园、社会、家庭、企业、网络等多个维度结合的培养路径，进行网络协同服务平台的研究与实践。在新兴技术对高职教育的变革与影响方面具有良好的借鉴价值。

---

①　基金项目：2017 年广东省科技计划项目（项目编号 2017A070715014、2017A070715015）；2017年广东省教育厅基础研究重大项目及应用研究重大项目（项目编号 2017GKZDXM003）。

②　曾文英（1967–），女，江西省乐安县人，广东科学技术职业学院教师，教授，博士，研究方向为计算机系统结构、网络存储、云计算、大数据、移动计算、软件技术、数字媒体应用技术、高职教育。
③　康思琦，广东科学技术学院国际合作学院。
④　曾文权，广东科学技术职业学院教务处。
⑤　李斌宁，广东省人才研究所。
⑥　牛德雄，广东科学技术学院计算机工程技术学院。

关键词：互联网＋　高职　工匠精神　职业素养　在线育人

一、引言

高职院校培养高技术技能型人才，随着创新创业热潮和智能制造趋势，对工匠精神具有前所未有的迫切需求。"工匠精神"是一种职业精神，是职业道德、职业能力、职业品质的体现，是从业者的一种职业价值取向和行为表现，其基本内涵包括敬业、精益、专注、创新等内容。体现在追求卓越、精益求精、用户至上、技术进步。

工匠精神是 2016 年政府工作报告新词。鼓励企业开展个性化定制、柔性化生产，培育精益求精的工匠精神，增品种、提品质、创品牌。

工匠精神对于智能制造和产品创新必不可少。人类社会中工匠人才的培养需求永远存在。工匠精神不仅仅体现在认真对待学习和工作，还体现在对已有相关规范的传承创新，使人类社会得以持续的努力与进步。

工匠精神关系到职业人做好工作、生产好产品。高职院校为社会培养需要的职业人才，直接需要工匠精神，以促进学生职业生涯发展与提升。互联网＋高职院校工匠精神为学生成长提供了拓展空间。

二、相关研究

工匠精神体现的是一种价值观和使命感，对产品和技术的严谨，把事情做好的信念和决心。职业精神是工匠精神的载体和现实体现，可细分为职业价值观、职业责任感、职业道德观、职业发展观和职业创造性等五个方面。我国的职业教育，应从制度保障、社会文化环境、职业教育体系重构、校园文化、师资素质、创新培养等入手，将工匠精神的培育融入与贯穿到职业教育人才培养的全过程。

工匠精神是一种信仰和价值追求。在我国产业结构调整、工业转型优化升级的背景下，具有重要的现实意义。需要政府建立健全工匠精神培育的制度体系，学校要以校园文化建设和专业培养为载体，将工匠精神的培育纳入人才培养计划，建设以工匠精神为核心的企业文化。

工匠精神需掌握一门精湛的技术，要对产品精益求精，吸收最新的技术，创新出独特的产品、工艺和服务。工匠精神的培养是社会进步、企业生存、学校发展和学生就业的需求。要从校园文化氛围的建设、就业创业教育、专业课程教学、专业技能训练、现代学徒制的实施、工学交替校企融合等方面传承和塑造工匠精神。

三、工匠精神宣传与职业素养培养设计

以点带面，以线建面，以面立体，工匠精神融合到课程教学和实践教学中，是工匠精神培养的必由之路。在校园中，进行工匠精神的宣传与培养，可以通过多种场景构建、情景演练、知识图谱引导、激励机制强化等多种方式实施。将工匠精神融入教学过程，与教学内容无缝结合，相互促进，逐步实现平台化、常态化。

（一）工匠精神培养途径

工匠精神主要培养途径不仅是在对精益求精的态度培养，需要在标准优化、产业生态、教育链等多方联动，标准化与产业化融合。

工匠精神培养可从理论和实践两方面培养。对内涵的了解是基础，才能更有效地在实践方面践行。工匠精神，也是一种敬业、严谨、精益态度，遵循流程规范、借助新技术与方法，提高工效，低耗高产，完善标准。

对于智能制造而言的工匠精神，不仅在于对规范流程的运用，也体现在对现有产品的改进与创新，对科技的运用与创新贡献。

互联网＋工具：线下与线上结合，实体场景与信息空间互相映衬与改进。基于互联网软件工具的熟练运用，易于提高沟通交流的效率，优化流程。

途径：学习；实训；实习；顶岗实习；工作过程。学习与实践相互结合印证，有助于积累职业岗位经验，为就业入职打下基础。

平台：通过互联网＋云计算、大数据、移动互联网等平台融合运用，通过海量网络资源辅助学习，可大幅提升学生职业素养与技能。

（二）高职教育工匠精神培养

高职教育中培养工匠精神，具有充分必要性和迫切性。（1）培养职业技能之必备。（2）职业素养之必需。（3）创新之基础。（4）进步之源泉。

高职教育培养工匠精神途径，得天独厚，其优势在于：（1）学习职业技能时体验工匠精神。（2）顶岗实习时现场实践工匠精神。（3）岗位工作时体现工匠精神。（4）按职业岗位标准要求，精益求精，不断创新。（5）产教融合，联合培养，从思想到行为培养学生谦虚敬业。

四、互联网＋工匠精神与职业素养培养路径

工匠精神与职业素养一脉相承，源于制造业，广义可引申到任何行业。比如，软件开发、界面设计、数字媒体设计等。其培养路径可从基于互联网＋校园教育、拓展到社会教育、溯源到家庭教育、延伸到企业教育、网络教育等。

（一）校园教育

通过互联网+校园展示宣传与学习活动，发布相关课程教育资源，以校园活动潜移默化，弘扬工匠精神内涵与优秀学生与名家典型。进行工匠精神与职业素养重要性、必要性等分析，优秀毕业生、成功企业家、名人名家等典型范例的宣介等。以理服人，以榜样引领前行。

（二）社会教育

1. 社会楷模引导

政府与高校等提倡学习的楷模，在敬业爱岗方面堪称典范，业绩行为十分突出，值得全民学习。宣传社会楷模先进事迹，引导学生奋发努力。

2. 社会活动倡导

通过相关部门举办的各种宣传活动，进行工匠精神传扬与推行。让工匠精神深入人心，成为自然常态，良好习惯。

3. 自我教育

工匠精神本质上是对工作的严谨、科学、细致与敬业精神，职业素养是指职业岗位要求的素质和涵养。通过各种资源和形式的学习内化为学生的自我感悟和习惯养成。

五、互联网+工匠精神培养方法与平台

（一）协同服务平台

中国知网的高等职业教育校企协同教学研究平台为行校协同、校企协同，为教学全过程提供知识服务，以满足企业创新需要的应用型技能人才的培养。

互联网海量课程资源面向社会开放，成为协作学习平台，通过结合行业企业真实项目案例视频与文本教程，为社会化职业学习提供了海量资源。有利于促进互联网行业人才的快速成长。

（二）互联网+职业训练平台

互联网+职业训练平台目前尚无特定专业的平台。各类专业资源库在互联网上随处可见；职业训练未来可期待借助 VR/AR 技术实现。

（三）中国互联网工匠平台

工匠家（http：//www.gjhome.cn/）是一家互联网工匠平台。工匠家打造和完善"互联网+工匠+建材"的生态模式，通过为消费者提供便捷的工匠师傅对接服务，逐步成为家装行业的"滴滴找师傅"的范本。使传统的家装建材行业通过"互联网+"的模式促使服务升级。工匠家秉承"解放天下工匠师傅"的创业初心，坚持做一个"心系业主、心系工匠师傅"，坚持为大众带来便捷的家装服务。

新时代电子类高职生创新能力培养模式研究[①]

林家铸[②]　　陈惠静[③]

摘　要：本文在分析新时代"中国制造2025"背景下社会对电子类高职生人才培养的新要求以及欠发达地区电子类高职生学习现状基础上，遵循职业教育发展规律和人才成长培养规律，提出了基于科技创新项目培育，以专业竞赛为检验锻炼平台的卓越工程师人才培养模式，探索和实践欠发达地区电子类高职生创新能力培养模式。

关键词：新时代　中国制造2025　欠发达地区　电子类高职生　创新能力

一、新时代"中国制造2025"背景下社会对电子类高职生的新要求

新时代"中国制造2025"背景下，工业生产将呈现前所未有的特征，现有的重复性单调性的岗位任务、不需要创造性的岗位任务将被智能机器所替代，人在生产中发挥的作用将有了更深层次的意义，不仅仅是技术和产品的中介，而是生产过程的中心，是真正意义上创造性活动的开发者和使用者。因此，它对人才提出了全新的要求，尤其是对高职人才培养提出了新的要求，不仅需要掌握技能，更加需要培养能够适应岗位发展的创新能力和学习能力。

目前欠发达地区的职业教育更重视是完成某一岗位需求的操作技能和知识的培养，而对职业综合能力培养比较弱化，例如问题解决能力、自主学习能力、创新能力等。客观上造成这些职业院校毕业生能力结构单一，往往只能胜任某一个岗位或某一岗位群，其职业生涯发展潜力不足，不具备可持续发展能力，无法自适应企业在智能制造时代的发展，无法胜任未来即将出现的新兴岗位。

① 基金项目：2017年汕尾职业技术学院科研课题"中国制造2025"背景下电子类高职生创新创业能力培养模式研究（项目编号：SWKT17-021）；2015年汕尾职业技术学院院级质量工程项目应用电子技术专业特色专业项目（项目编号：swzytszy15005）。

② 林家铸（1983- ），男，广东廉江，广东汕尾职业技术学院讲师，硕士，研究方向：应用电子技术专业教学与研究。

③ 陈惠静（1983- ），女，广东海丰，广东汕尾职业技术学院讲师，硕士，研究方向：应用电子技术专业教学与研究。

新时代对电子类高职生的人才培养提出了新的明确要求，必须适应"机器换人"，必须注重学生的可持续发展能力、创新能力、学习能力的培养，培养复合型人才，使学生在未来的就业过程中能够适应产业转型升级需求，适应未来出现的新兴岗位。

二、欠发达地区电子类高职生学习现状分析

欠发达地区高职院校电子类专业学生一般高考成绩不理想，且生源不足，大部分生源不是第一志愿录取的，而是高考志愿被调剂或补录的。生源成绩属于高考层次的最底层。这些学生大部分是高中时期学习成绩不理想的，在学习上遇到过或多或少的挫折，缺乏学习主动性，没有学习自信，甚至具有学习自卑感，外界环境可能导致他们产生了"自己不适合读书、自己是个差生"的心理暗示。所以大多数学生对就读的职业院校和专业其实不尽了解，缺乏对所就读职业院校和专业的认同感。这些特点导致大部分高职生在校期间，只是进行着可量化、可目测的操作技能学习，而缺乏自我进行自主学习能力和创新能力的学习。

三、培养模式探索

结合欠发达地区高职院校工科生生源被调剂、生源质量一般、学习自信不足等特点，笔者所在的教师团队对电子类高职生创新能力和自主学习能力的培养开展了探索实践，遵循职业教育发展规律和人才成长培养规律，提出了"基于科技创新项目培育，以专业竞赛为检验锻炼平台，促进电子类高职生自主学习能力和创新能力提升"的卓越工程师人才培养模式，按项目导师制、"学生跟着做，学生自己做，学生创新做"三个阶段螺旋上升实施。其中每个项目培育团队均有大一、大二、大三学生参与，形成梯队式阵列，学生以老带新，不同年级的学生进行创意交流，使得创意不局限于有限的专业知识。

项目团队导师发挥先主后辅的作用，既实现导师"传道、授业、解惑"的本质，又实现学生"修行靠自己"的内涵。在项目进行的初期阶段——即确定选题以及方案的细化阶段，导师一定要多参与，而且要占主导地位，这一阶段，导师要在方案确定、方案设计、实施计划等方面把好关；这一阶段，要多联系项目组成员，督促项目的进度，解决研究过程中的问题；还要给项目组成员鼓劲关爱，避免学生中途因遇到挫折放弃而导致项目夭折；当进入项目具体的制作阶段，导师就要逐步减少对项目的参与，让学生自己占主导，解决这一阶段碰到的各种问题，使学生充分开展自主学习和创新设计，导师只起到辅助引导作用。

四、实践成效

经过近五年的探索实践，笔者所在团队在促进电子类高职生创新能力和自主学习能力方面取得了一些成效。

（一）良性"标签效应"，提升学生对学校和专业的认同感，树立学习自信

欠发达地区高职工科生大多是报考志愿被调剂，成绩较差，缺乏学习自信，缺乏对就读学校和专业的认同感，因此对高职阶段学习期望不足。

根据欠发达地区高职工科生生源特点，实施学科竞赛项目培育，通过竞赛出成绩产生良性"标签效应"，提升学生对就业学校和专业认同感，树立学习自信，消除学习自卑感，产生"只要努力，我也有机会能够超越名校学生"的心理暗示，进而愿意主动学习。

（二）项目实施三阶段递进，促进学生自主学习和创新能力提升

传统课内教学因时间等因素限制，为了达到课堂教学目标，往往侧重于某一专业技能点的训练，无法在课堂较好地实现知识与技能的实时整合，导致学生缺乏进行自主学习的基础。本成果实施课外导师制项目培育，帮助学生有效地将课内所学应用于项目，实现知识与技能综合应用，并且随着项目的深入开展，学生需要"学以致用"，从"跟着做"转变成"我来做""创新做"，激发学生自主学习新知识新技能的动力，鼓励学生结合自身个性进行创意设计，形成自主学习意识，促进自主学习能力的提高。

根据技术技能人才成长培育规律，学生参与项目按"学生跟着做，学生自己做，学生创新做"三个阶段设计，逐层递进，通过项目实施和改进需求激发学生自主学习和创新意识，变被动为主动，促进学生自主学习和创新能力提升。

（三）"皮格马利翁效应"促学生成长

最好的教育就是陪伴。项目培育过程导致发挥先主后辅的作用，即导师带入门，随着学生成长，导师逐步放手，但保障全程跟进指导。欠发达地区高职工科生大多在高中阶段在学习方面不受老师的重视，因此，导师的全过程参与指导，导师的期望，会使学生心理得到肯定与满足，引发"皮格马利翁效应"，促使学生成长。

在学生学习自信不足，或无法进行知识与技能综合应用的情况下，学生是不具备创新的勇气和意识的。本成果使学生通过参与项目实现知识与技能处于螺旋上升状态，提高了学生的学习成就感和自信心，培养了学生自主学习能力，为学生开展创新奠定了基础。进而在项目"创新做"过程实现了学生创新能力的培养。

粤港澳大湾区高职技能人才双精准培养模式研究

罗 静[①]

摘 要：针对学生职位与专业对口较少，毕业生的工作能力不满足企业要求，学生就业压力大的问题。分析职业院校培养模式的特点，对"双精准"（校企精准对接、精准育人）这种新的模式进行探索，通过专业设置精准对接产业发展、课程改革精准对接职业能力、教学过程精准对接生产过程、技术服务精准对接企业攻关四个方面对接，实现校企精准对接、精准育人。

关键词：精准育人 对接 培养目标 教学过程

一、高职学生在培养过程中出现的"三难"问题

近年来，在高职人才培养过程中，都会遇到一个"三难"问题，一方面是学校注重校企合作，积极寻求企业互助，但是部分企业希望实习生能直接上手工作，或者企业采用培训的方式运营，造成学校企业互动合作"一热一冷"的状态，也造成了学生的就业压力。另一方面，教师较少机会与企业互动，实地工作经验有限，不利于培养双师人才。导致学生的培养方向、质量、水平不适应社会需求。还有一方面，学校也面临一些困难，学校老师有经验，但是没有实训场地，实训资源难充分利用。

面对这些问题，通过对信息学院试点，对"双精准"（校企精准对接、精准育人）培养模式进行研究。

二、精准对接的关键内容分析

20 世纪 80 年代职业大学到"三教统筹"（即普教、职教、成教协调发展）办高职，我国各个阶段的高职教育人才培养目标的表述大同小异，即培养生产、服务、建设、管理第一线工作的"应用性人才""实用性人才"或"专门人才"等。进入 90 年代，教育一直在跟随经济发展、社会变化和技术进步的脉搏，不断调整，走在教育改革的路上——教育目标明确，日渐深化，逐步完善，一个比一个成熟，以至形成当今现代职业教

---

① 罗静（1981–），女，湖北荆门人，广州南洋理工职业学院，教师，讲师，计算机科学与技术，研究生硕士学位，主要从事人工智能的研究工作。

育体系构建中的人才培养目标。即：高素质技术技能人才。

高素质技术技能人才的目标定位从两个方面考虑。一个是技能上：位居技能上人才的最上端，具有一般技能人才所不具备的精湛技艺，以及解决复杂性、关键性和超常规实际操作难题的能力，带有很强的技术性。二是综合素质：能对岗位工作提出策略性方案并组织实施这一技术能力，还必须具备人文精神、科学精神和创新精神。具有较强的综合应用各种知识解决实际问题的应变能力和组织能力。

不同时期，国家对人才有不同的要求，要结合国家的培养目标来制定高职人才的培养目标。通过以下三个方面探索精准对接的内容。

（一）精准对接人才培养目标

从 80 年代的人才培养目标是应用型、实用性人才、技术员到高素质高技能型专门人才到现阶段的高素质技术、技能人才。明确现阶段的培养目标，明确院校的正确发展方向。

（二）精准对接职业能力标准，持续深化产教融合

根据设定的人才培养目标，精准对接企业人力资源需求和职业能力标准，持续深化产教融合，形成人才"供给—需求"单向链条转向"供给—需求—供给"协同育人的生态圈模式。"推动高水平大学加强创新创业人才培养，为学生提供多样化成长路径。

学院结合自身办学定位和实际需求，培养学生的工匠精神、职业道德、职业技能和就业创业能力为目标，从专业人才培养方案的制订着手，重视发挥企业重要主体作用，充分吸纳企业职业标准，充分考虑学校软件和硬件设施，充分听取各方意见建议，制定专业人才培养方案。

（三）对接人才培养规格，努力做个"四高"教师

"四高"教师指的是高素质、高技能、高职称和高学历。"素质"：先天天赋条件和后天习得的品质、才能的合称，包括思想政治素质、文化素质、专业素质和身心素质。宏观上：当好学生引路人，争做"四有"好教师。实际中：当作学校一分子，融入学校发展，把获得感建立在发展平台上。

教师利用假期完成企业实践与社会服务，提升专业知识、解决实际问题、练就熟悉技能。

教师不断提升学历和职称，学历越高，接受学习的时间越长，获得知识的层次越高，从事高级技术的能力越强，发展提升的空间越大。

学院在 2017 年相继出台《高层次人才津贴方案》、《专业带头人、骨干教师选派与管理暂行办法》等 17 个制度，立竿见影地引进副高以上 21 人，硕士以上 31 人，教师

队伍的结构日趋优化。这项改革举措为广大教师的成长、成功、成就打造了广阔的发展平台，为南洋的跨越发展营造了崇尚"四高"的良好氛围。

三、"双精准"具体实现形式

学院从"培养目标、人才培养规格和能力标准"三大方面介绍对接的关键内容，针对不同的学院，有不同的对接内容，信息学院就是从专业设置、课程改革、教学过程、技术服务四个方面对接，来实现"校企精准对接、精准育人"的培养目标。

（一）专业设置精准对接产业发展

主动适应"互联网+""人工智能""新型城镇化建设"等国家战略和珠三角区域经济社会发展需要，确立了"计算机应用专业品牌、拓展动漫类专业空间、发展物联网线上专业"的专业发展格局。对精准对接程度高、行业支撑强、社会需求大、第一志愿上线率高、就业前景好的专业适当调整招生人数；对产教融合难以深化、招生就业情况不佳的专业进行动态优化调整，近年将电气自动化专业并到机电系，整合应用专业为移动物联网专业。

（二）课程改革精准对接职业能力

这次课程改革的专业是以动漫制作技术与数字媒体专业为试点，该专业主要体现在"应用"为主旨和特征，对接职业能力标准，构建课程体系和教学内容，既按照职业岗位（群）所需要的能力要素有针对性地设置课程，又紧跟现代前沿应用技术创新教学内容，提升和增强学生的岗位适应能力、可持续发展能力和就业核心竞争力。

在课程改革过程中，将企业岗位标准，作为动漫专业的漫画方向的人才培养目标。在关注职业知识、职业技能的同时，以行业主导企业的共性为动漫学生漫画方向技能标准。同时也高度关注职业态度和素养的培养，为毕业生的就业实现和整个职业生涯的个人发展夯实基础。

（三）教学过程精准对接生产过程

2017年底，经过多方领导和企业的互助，学院签订了4个校企合作单位，广东京豪信息技术有限公司、广东今科道通科技股份有限公司广州分公司、北京神州数码科捷技术服务有限公司广州分公司和广州漫原画道计算机科技有限公司。这四个合作单位中漫原画道与动漫制作技术与数字媒体专业开展了订单班项目，重点培养学生的原画技能。

学校与合作企业构建起资源共享、互惠互利的协同育人、协同创新长效机制。大二开展订单班教学，大三直接进入到企业，开展实习工作。

（四）技术服务精准对接企业攻关

学院对接合作企业的生产实际或潜在的研发需求，通过相应的技术路线，采用适当的方法手段，筛选出必须解决的项目疑难问题，开展技术咨询、技术服务，或联合申报国家授权专利，或协同创新联合攻关，研发出能满足市场需求的新品种、新技术，新服务。也可以利用产学研平台和企业合作申报研发项目。

四、总结

通过强化"专业设置、课程改革、教学过程、技术服务准"四大对接，实现"校企精准对接、精准育人"，根据广东省产业转型升级新常态，按照专业精准对接产业发展要求，深化校企合作，明确专业培养目标、定位，调整优化专业结构，优先设置从化市省重点发展产业相关专业，加强内涵建设，深化教育教学改革，提高精准育人水平。

以更加主动的作为，更加开放的姿态，更加先进的技术手段，迎接产教融合的2.0时代，把精准育人作的道路越走越宽，越走越亮，越走越远。

民办教育集团构建中高职一体化人才培养机制的研究①

伍有才②

摘　要：广东民办教育集团推行中高职人才培养一体化，实行中高职衔接贯通，是广东职业教育实现可持续发展的必然要求，它可以打破民办中高职院校各自为政，专业设置混乱，课程设置重复，人才培养不成体系的局面，可以实现资源共享，从而节约办学成本，提高技能人才培养质量。近年来，广东地区部分民办教育集团在构建中高职一体化人才培养机制方面进行了一系列卓有成效的教育实践，但也存在诸多亟待解决的问题，探索构建适合民办教育集团中高职一体化人才培养机制的路径势在必行。

关键词：民办　中高职　一体化　教育集团　人才培养机制

①金项目：本文系2014年度广东省教育研究院研究课题"民办教育集团构建中高职衔接人才培养机制的研究"研究成果。（立项编号：GDJY-2014-B-b076，主持人：伍有才）。
②伍有才（1977-），男，广州康大职业技术学院，高级讲师，高级职业指导师，教育硕士，研究方向为职业教育发展理论与实践。

一、构建民办教育集团中高职一体化人才培养机制的重要意义

对于民办教育集团内的中职学校来说，推行中高职人才培养一体化，实行中高职衔接贯通，在中职学校招生面临着生源数量不足，生源质量日趋下滑的大背景下，可以与高职院校实现资源共享，开辟中职升高职的绿色通道，从而打造中职学校的办学品牌，使其能够在激烈的市场竞争中立于不败之地。对于民办教育集团内的高职院校来说，推行中高职人才培养一体化，实行中高职衔接贯通，可以打破中高职各自为政，专业设置混乱，课程设置重复，人才培养不成体系、职业技能资格提升不匹配的局面，从而降低教育资源的消耗，提高技能人才培养质量。因此，积极探索在教育集团内部构建统一设计的校际人才培养方案，以资源共享，学分互认为纽带，构建职业技能教育、职业资格鉴定和学历教育相互衔接贯通的人才培养机制是改革所向、大势所趋。

二、广东民办教育集团构建中高职一体化人才培养机制的改革实践

（一）民办教育集团中高职一体化人才培养机制的改革实践成效

广东作为发展中国特色社会主义的排头兵、深化改革开放的先行地、探索科学发展的试验区，南方重要职业教育基地，在促进职业教育发展方面敢于先行先试，大力鼓励吸纳社会资金参与办学，已经形成了公办与民办共同发展的多元化职教办学格局。截至到 2017 年底，全省拥有民办高职院校 27 所。改革开放以来，在地处珠三角地区的广州市，涌现出以广东岭南、广东华商、广州城建等为代表的一大批实力雄厚的民办教育集团，这些民办教育集团为广东职业教育发展作出了十分重要的贡献，为广东经济社会发展培养了一大批高技能应用型人才。这些教育集团有一个共同特点：就是均创办了一所高职院校和一所技工学校（比如：广东岭南教育集团创办了广东岭南职业技术学院和广东岭南现代高级技工学校，广东华商教育集团创办了广州华商职业学院和广东华商技工学校，广州城建教育集团创办了广州城建职业技术学院和广州城建技工学校），涵盖了高职（专科）和中职（技校）两个办学层次，两所中高职院校同处一个集团创办的教育园区，它们通过集团化办学，实现了中高职院校优势互补，实现了人力、物力、财力、智力等教育资源的优化配置，办学效益明显提高，办学竞争力日益增强，初步形成了中高职一体化人才培养机制。

（二）民办教育集团中高职一体化人才培养机制的改革实践存在的问题

经过深入调查研究发现，广东地区部分民办教育集团中高职一体化人才培养机制仍不完善，改革成效并不尽如人意，还存在着一些亟待解决的突出问题，主要表现在以下几个方面：

1. 集团内的中高职院校自成系统的教育管理体制并未彻底打破

虽然两所中高职院校均属集团统一管理，但由于隶属上级主管部门不同（高职院校隶属于广东省教育厅，技工学校隶属于广东省人力资源和社会保障厅），两个办学主体在办学理念、专业设置、教学管理、教师管理、实践实训、学生管理及责任主体等方面还存在着诸多体制机制障碍，办学过程中还存在着各自为政，协调不畅的情况。

2. 集团内的高职院校实现集团内部招生还存在诸多瓶颈

目前实现中高职招生衔接，主要采用"中高职三二分段"对口招生模式、高职自主招生模式，对于集团内部中职院校来说，这些招生模式最大不足在于高职对口招生比例太低，中高职院校对口试点专业太少（根据广东省考试院公布的2018年职业院校中高职贯通培养三二分段试点名单，广东岭南职业技术学院与广东岭南现代高级技工学校对口招生试点专业只有9个，广州城建职业技术学院和广州城建技工学校对口招生试点专业只有3个，广州华商职业学院和广东华商技工学校对口招生试点专业只有2个）。因此，集团内的高职院校仍然无法满足大部分中职毕业生日益增长的升学需要。由于招生政策改革的滞后，这些民办高职院校只能舍近求远，眼睁睁看着集团内部中职学校毕业生生源流失。

3. 集团内的中高职院校在制定一体化人才培养方案上缺乏系统性

调查发现，目前广东民办教育集团在制定一体化人才培养方案仍处在探索阶段，方案制定缺乏协同性和系统性，部分管理者和教师仍缺乏"一盘棋"人才培养思维，未能充分意识到中高职院校人才培养目标既有一致性，又有差异性。他们未能充分认识到中职教育定位是培养实用型、技能型、操作型人才，强调的是有一技之长；而高职教育定位是培养应用型、管理型和高级技能型人才，与中职教育相比，强调的是应具有更深的专业理论，更高的技术水平，更强的综合素质与创新能力。

三、构建民办教育集团中高职一体化人才培养机制的路径探索

（一）解决机构重组，实现中高职院校管理机制一体化

民办教育集团要实现中高职人才培养一体化，就必须做好机构设置的顶层设计，建立管理高效、职责明确、相互协同的行政管理机制，可以尝试建立公司董事会领导下的中高职一体化人才培养工程改革实践领导小组，专门研究、指导和协调集团内部高职院校和中职院校教学、学生管理等工作，除了学生管理相互独立以外，教学、行政、人事、招生、就业、实训等机构完全可以合并重组，形成集团一盘棋的工作思路与管理格局。同时根据集团内部中高职院校主管部门不同，积极与省教育厅等教育主管部门和人力资源和社会保障厅等劳动保障部门协调，及时反馈推进中高职一体化人才培养经验做法和

存在的问题，力争取得上级主管部门支持，打开中高职衔接的有利局面。

（二）实行联合招生，实现中高职院校招生生源一体化

当前中高职院校均面临生源数量不足和生源质量不高的问题，民办中高职院校要想在激烈市场竞争中立于不败之地，就必须适应区域经济社会的发展需要，根据不同专业和学生的特点，重点开展"3+2"分段培养试点，突出专业（群）对口衔接和课程衔接，保证中职学校毕业标准与高职院校入学标准相近或一致。中高职院校可以考虑以教育集团为依托，充分发挥各自的办学优势，创新中高职一体化招生模式，实行捆绑式招生，同一集团内的民办中高职院校完全可以实现招生资源共享，比如学生前三年在集团内部中职院校学习，后两年在集团所属的高职院校学习，这样就可以提高中职院校招生吸引力、为中职学生求学提供了绿色通道，同时也拓展了高职院校生源渠道，满足区域经济社会发展对不同层次技术技能人才的需求。因此，民办高职院校应充分考虑集团内中职学校毕业生的升学需求，完善中高职贯通的招生办法，为学生接受高等职业教育提供多样化入学形式。

（三）精心设计方案，实现中高职院校人才培养目标一体化

民办教育集团开展中高职人才培养一体化工程改革实践，必须积极探索教育集团化办学背景下中高职合作育人方式，有利于从专业布局、人才培养体系、运行保障等层面形成系统化的人才培养机制。对于民办教育集团来说：首先，要组织中高职院校制定中等和高等职业院校专业设置衔接计划，完善和规范专业设置管理，合理调整专业结构，优化专业布局，加强专业建设。其次，要依据区域产业布局和发展规划，研究确定中等和高等职业教育衔接专业目录，同时对接人力资源市场，建立专业设置信息采集、发布和预警机制。再次，要构建科学合理的一体化人才培养方案，集团内的中高职院校必须做好项目的顶层设计与科学规划，既要确保中高职人才培养目标的差异性，又要保证人才培养系统性，从而打通中高职贯通的立交桥。

粤港澳大湾区邮轮旅游人才培养探索①

谭金凤② 袁 萍③ 钟 妮④

摘 要：我国邮轮旅游市场迅速扩张，邮轮旅游成为我国国民的一种新的旅游出行模式，也是满足人民日益增长的美好生活需要的一种追求。粤港澳大湾区城市群里有四个邮轮港口，每年接待数以百万计游客，随着邮轮旅游新的消费热潮兴起，高素质的专业化和综合化邮轮旅游服务型专业人才需求倍增，高校专业人才培养迎来了新的挑战。本文从粤港澳大湾区邮轮旅游发展趋势、大湾区邮轮旅游人才培养现状分析等，提出粤港澳大湾区邮轮旅游人才培养的对策。

关键词：粤港澳大湾区 邮轮旅游 人才培养

一、粤港澳大湾区邮轮旅游发展现状与前景

《全国邮轮旅游发展总体规划（2016—2025）》提出了未来 10 年我国邮轮旅游的发展目标、主要任务和保障措施。粤港澳大湾区发展规划纲要即将出台，这是湾区的重大机遇，也是大湾区邮轮产业发展的重大利好。大湾区四个邮轮港发展迅猛，因港珠澳大桥、广深港高速铁路及港九铁路等运行，把邮轮旅游覆盖到粤港澳大湾区多达 6600 万人口中的数以千万计的潜在客人，同时广州深圳两地链接全国高铁网络，吸引更多高铁旅客参加邮轮旅游，有效形成了客源地和出境游集散地，为大湾区旅游经济发展贡献大。

据中国交通运输协会邮轮游艇分会（CCYIA）统计，2017 年我国 11 个邮轮港共

① 基金项目：广州市哲学社会科学发展"十三五"规划 2018 年度课题"推动粤港澳大湾区旅游协同发展互利合作机制研究"，课题编号：2018GZGJ120；广东南华工商职业学院课题"粤港澳大湾区邮轮旅游发展研究"，课题编号：2018y2。

② 谭金凤(1975–)，女，广东，广东南华工商职业学院，旅游管理学院副院长，高级经济师，法学硕士，研究方向：酒店经营与管理、酒店专业人才培养。
③ 袁萍 1974–)，女，四川，思库邮轮管理咨询（广州）有限公司，联合创始人，本科，研究方向：邮轮旅游管理。
④ 钟妮（1973–)，女，广东，思库邮轮管理咨询（广州）有限公司，联合创始人，高级经济师，经济学硕士，研究方向：旅游经济、邮轮经济。

接待邮轮 1181 艘次，邮轮旅客出入境 4953960 人次，11 个邮轮港口汇总，广州市场份额位于前三甲，总航次 122 航次，占全国的 10%，中外旅客 403534 人次，占全国的 8%。2017 年广州市政府通过《关于加快广州国际邮轮产业发展的若干措施》。2018 年 6 月，国务院印发《进一步深化中国（广东）自由贸易试验区改革开放方案》中对邮轮旅游发展制订了专项政策，用以促进邮轮产业的发展。预计 2018 年，靠泊邮轮 160 艘次，到 2020 年，靠泊邮轮 240 艘次。《措施》提出广州要连续 3 年共投入 9000 万元，对新设邮轮公司、增加邮轮航线航次、旅行社拓展邮轮业务三方面进行奖励，并到 2020 年将广州建成亚洲最大的邮轮母港之一，实施新一轮国际航运中心建设三年行动计划，在更高起点上推进自贸区开放创新，将大力发展水上休闲产业，将广州南沙打造成中国邮轮旅游发展的实验区。

香港邮轮旅游方兴未艾，香港旅游发展局已经成立亚洲邮轮联盟，香港将发展成为东北亚流量最高的邮轮枢纽之一。2017 年，停靠香港的邮轮数量就有约 250 艘次，客运量 85 万人次，创下历史新高。施政报告中提出香港将加强与内地的合作，推动内地与香港邮轮旅游发展。开拓"海上丝路之旅"，开发新加坡以南、近印度海沿线一带的市场。皇家加勒比与香港旅游发展局合作推出高铁邮轮套票或相关产品，发展火车邮轮假期，吸引更多内地游客。香港邮轮已经开往内地华南一带，日本、韩国和台湾地区，新马泰等航线。

2016 年 12 月初，深圳也草拟《深圳邮轮旅游发展总体规划 2017-2030》，2017 年 5 月，国家旅游局批复同意在深圳蛇口工业区太子湾设立"中国邮轮旅游发展试验区"，预测 2020 年仅深圳出入境邮轮旅游预计可达 150 万人次。深圳市交通运输委副主任温文华表示，发展邮轮经济是深圳紧抓粤港澳大湾区建设战略机遇、推进港口转型升级的具体举措，也是落实水路交通与旅游融合发展的具体实践，将对深圳乃至粤港澳大湾区人员往来、旅游业发展起到积极的促进作用。太子湾邮轮母港采用"前港 – 中区 – 后城"新型商业模式下，按照"邮轮母港 4.0"超前概念打造的世界级邮轮母港项目，体现的是一种"邮轮经济"，具有全产业链的复合拉动模式，实现"双船同泊"，目前已开通新加坡、日本、中国台湾等 8 个国家及地区航线，分别有"云顶梦号""海洋航行者号""大西洋号"和"幸运号"等重量级邮轮。以深圳蛇口太子湾邮轮母港的开港为标志，深圳正在抓住国际邮轮产业发展机遇，抢占邮轮产业发展先机，打造连接"一带一路"的国际航运中心。深圳蛇口太子湾邮轮母港是华南地区唯一集"海、陆、空、铁"于一体的现代化邮轮母港，享有深港融合圈、空港辐射圈、海港服务圈"三圈叠加"效应。

二、粤港澳大湾区旅游人才培养现状

（一）粤港澳大湾区邮轮旅游产业人才供给现状

相对于欧美国家，我们国家的邮轮旅游发展比较晚，针对邮轮旅游专业人才培养的高校比较少，目前全国本科及高职学校开设邮轮相关专业的院校仅有70所，平均一所院校年招生80人，年毕业生人数也仅有5600人，而其中相当一部分院校近2年内还没有毕业生。而每艘邮轮的客人与员工比约为2：1，一艘邮轮的客人承载量基本超过3000人，甚至如南沙港的"世界梦号"满载客量超过4500人，因此，一艘邮轮的员工配置超过2000人，根据相关规定，船员8-10个月必须进行上岸休息，意味着每年需要的大量的新员工。

（二）粤港澳大湾区邮轮旅游人才培养现状

粤港澳大湾区的邮轮旅游人才匮乏，基本依赖于广东省的高职院校旅游、酒店相关专业的培养，目前为止，广东省也仅有广州航海学院、广东南华职业学院、顺德职业技术学院、农工商职业技术学院和阳江职业技术学院等院校的极小比例的优秀毕业生从事邮轮旅游工作。这将会限制粤港澳大湾区邮轮行业发展。

三、粤港澳大湾区邮轮旅游人才培养对策

（一）建立粤港澳大湾区邮轮旅游高校协同育人平台

粤港澳大湾区9市2区都拥有丰富的旅游资源，同时也有培养旅游人才的大学本科和高职院校。根据培养定位不同，本科院校可以承担邮轮产品研发与策划人才、邮轮奖励旅游拓展人才、邮轮渠道扩展人才、岸上运营收益管理人才、邮轮产品管理人才等的培养，如中山大学、广州交通大学（2020年开始招生）、香港理工大学、澳门旅游学院等；高职院校可以侧重于培养邮轮船上酒店运营服务环节、邮轮专线领队、邮轮销售顾问、目的地岸上观光管理人才、船陪人员、码头运营及管理等人才。

（二）建立粤港澳大湾区邮轮旅游"政·校·企"协同育人模式

政府支持、企业参与、高校培育，实施协同，绩效评估，形成模式。邮轮旅游经济是我国旅游经济发展的重要组成部分，目前为止，国家和地方政府均出台各种利好政策，促进邮轮经济的发展，但是针对人才培养方面的政策欠缺。广东旅游局或协会可以和香港旅游发展局进行磋商，协同制定邮轮旅游人才培养指引，组织国际邮轮公司和本土邮轮公司及旅游企业共同探讨粤港澳大湾区邮轮旅游人才状况特点及需求。鼓励邮轮公司及有资质和经验的邮轮旅游人才咨询公司参与高校人才培养，政府可以批准国际邮轮公司和高校进行深度合作开办"邮轮旅游人才培养订单班"，创新校企协同育人模式，实现"四共"：共同招生、共同育人、共建制度、共同发展。遴选现有的 46 所有旅游相关专业的高职院校，试点示范，探索创新，服务湾区经济。

（三）加强国际化与本土化融合发展的培养模式

中国邮轮市场亟须培养孕育具有国际化视野且具有中国本土化邮轮情怀及管理能力的高级管理人才。邮轮旅游产品是外来的舶来品，现代国际邮轮业已经发展了 50 多年，国际上在邮轮运营管理方面已经形成较为成熟的管理体系且极具借鉴学习意义，比如美国、英国、德国等发达国家的大学有开设邮轮旅游管理、邮轮运营管理、邮轮教育管理与培训等本科专业。为了培养具有国际视野、战略性的高级邮轮人才，粤港澳大湾区在人才培养政策方面应该鼓励有条件的本科院校实施"走出去、请进来"创新思路，与拥有邮轮专业的国际知名大学展开专业共建合作，实施"2+2""3+1"合作模式，确保粤港澳大湾区邮轮专才的培养能对标国际水平，服务本土邮轮旅游企业。

新兴信息技术对广东职业教育人才培养路径的影响

符 阔[①] 李 丽[②] 莫 夫[③]

摘 要：面临着粤港澳大湾区与全球信息化的融合发展，广东职业教育新时代下要走出一条特色化的发展道路，一条超前、具有示范性、世界影响力的路。教育部印发《教育信息化 2.0 行动计划》进一步推动广东职业教育在信息化道路前进。新兴信息技术使广东职业教育进化其教育思想和先进的现代化教育制度，走出人才培养惯性并形成新理念。新兴信息技术也是教育信息化 2.0 发展的基石，需要广东职业教育警惕发展的陷阱，还需要整个职业教育战线的自我觉醒，形成良性发展的技能型人才培养路径。

---

① 符阔（1989–)，湖南岳阳人，广东科技学院机电系，硕士研究生，从事信号与信息处理研究。
② 李丽，广东科技学院。
③ 莫夫，广东科技学院。

关键字：新兴信息技术　职业教育　人才培养路径

一、新兴信息技术融合广东职业教育的三重意义

（一）广东职业教育面向世界与面向未来

作为国家发展战略前沿地区，广东与先进国家和地区形成完善科技合作和人才交流与流动。具有一批国家级、世界级的新兴信息技术企业、并在制造业中智能制造等发展优势明显。广东新兴信息技术企业加快全球制造业布局，对外开展制造服务、高技能人才输出等活动。加强与海外职业技术人才、工业生产服务合作，设立一批针对海外职业技能培训、新型生产服务管理孵化器、技术转化应用中心，利用海外创新资源为广东新型经济驱动力发展服务。全面提升广东新经济指数中的创新能力、全球化、绿色化、数字化、网络化和智能化。努力实现其在国家职业教育层面的意义包括：广东职业教育的本质功能是培养技能人才，尽量培养新型、新兴高技能人才；要为中国引领新一轮的经济全球化输出服务型、技能型人才探索新的培养模式；尤其是充分发挥好职业教育国际化程度高的优势，探索一套真正示范意义的技能人才培养模式进行推广。

（二）广东职业教育是跨区域经济与社会沟通的桥梁

从全球视野来看，纽约湾区、旧金山湾区、东京湾区三大湾区之所以能享誉全球，既是具有各自优势的产业群，又都具有与之相伴相生、连接紧密的教育集群。"粤港澳大湾区"作为为国家战略同样在积极引导粤港澳三地新兴信息技术领域的优势科技力量围绕信息化 2.0[3]、智能制造服务、工业制造互联网、大数据应用等关键核心领域加强教育合作，推进人才联合发展。但连接不同体制之间的区域协同发展的案例，在全球范围内还是罕见的，粤港澳大湾区高等教育集群有望承载这个光荣而艰巨的使命。广东职业教育需要瞄准新兴信息技术产业链的关键应用技术环节，依托全校、集团或政府的力量联合区域创新培育计划，整合产业链和生态链机制力量，组织实施技术、产业化项目对接职业教育。鼓励新兴信息技术领域联合相关的国际、粤港澳、重点实验室或技能中心、领军人物，开展技能技术人才交流、联合共建技能培训中心、科技园区开放合作等积极构建职业技术教育创新共同体。

（三）在合作与碰撞中探索广东职业教育自身发展新模式

广东职业教育之于粤港澳大湾区，正是助力发展一座沟通未来跨区域经济、社会合作和自身发展的桥梁。广东职业教育为区域经济发展服务的同时也是自身发展的良机，而职业教育发展水平与经济发展水平不相称，是广东这个经济大省长期面临的问题。为打造广东职业教育自身发展新模式已经采取的措施：全面提高受教育者的素质，强化职业精神和职业素养教育，弘扬劳模精神、劳动精神、工匠精神来完善职业教育和培训体系。广东职业教育的优势资源整合和协同创新，无论整体规模还是新型高职学校数量上和质量上基本处于优势。优化广东职业教育结构和布局，推动职业教育协调发展，统筹规划、综合协调、宏观管理，鼓励参与发展多元化、新型化、特色化等类型职业教育等。

二、新兴信息技术下高技能型人才培养模式实施的三大路径选择

（一）利益协商生态链

不可否认创新是引领发展的第一动力，而在马克思主义利益理论中利益是人类活动的基本动力。利益在当前自由市场经济体制下任何领域的合作或协同，都是需要思考解决的问题。利益首先要考虑共同利益，中等收入陷阱使我国发展到现阶段可能面临两种结果：一是持续发展，实现共同利益逐渐成为发达国家；二是出现只代表部分利益的贫富悬殊、环境恶化甚至社会动荡等问题，导致经济发展徘徊不前。打造新兴信息技术下职业教育生态的设想要获得各方的高度支持，就必须服务好本地经济的发展，甚至能够带动辐射全国的的发展，实现在宏观层面的共同利益并具备很好的民意基础。

其次是自身利益问题，新兴信息技术利益方亟待与职业院校之间展开充分的对话和磋商，新兴信息技术利益方如果给教师和学生带来很大的压力和负担，同时也要考虑职业院校将得到什么？不能共赢情形下大湾区能获得技能、技术与服务型优秀人才吗？教育和经济不一样，在合作中的物质利益难以直接看到，又难以短期内见效。这就需要用用战略规划的思维来推进，需要通过对话、讨论和协商来厘清各自的优势和需求，为接下来制度层面的对接建立基础。新兴信息技术与技能的教育应该为广大人民服务，如果只为个别企业服务来榨取消费者利益，这种人才培养模式是错误的，这样的生态链是断层的。

（二）机制对接战略布局

1. 制定广东新兴信息技术高技能人才发展战略

为加强广东职业教育要求制度顶层设计，需要全面打造新兴信息技术人才队伍，推进新兴信息技术人才供给结构改革，加快实现新兴信息技术和教育深度融合，提升新兴信息技术人才关键能力和素质，打造高素质专业技能人才、铸就新兴信息技术人才队伍、建设高水平的经营服务人才、优化新兴信息技术人才发展环境、完善新兴信息技术领域多主体协同育人机制。

2. 制定完善新兴信息技术类专业与课程设置

研究制订或修订高等职业教育适应新兴信息技术类专业与课程，遴选建设一批职业院校示范专业点。目前我国职业教育在学规模世界第一，2016 年里我国职业教育统计毕业人数普通专科有 329 万人，其中广东职业教育毕业人数为 26 万人 [5]，职业教育已成为可持续发展的最大助力和牵引动力。

（三）理念交融服务变革

深化新兴信息技术服务职业教育教学便捷化。不断推动新兴信息技术与职业教育深度融合为学生学习便捷化提供新方式，从而引领学生为主体的人才培养和技术应用模式，带动广东新兴信息制造业总体实力的提升。新兴信息技术带动职业教育突破时空限制、快速复制传播、丰富独特的教学模式、独立的学生知识技能迁移能力等。这将促进广东教育公平、提高教育效果、构建泛化学习环境、实现终身学习，必将带来社会高度发展。深化新兴信息技术服务职教育人全过程智能化。广东职业教育育人全过程推动新兴信息职业教育的智能化和个性化，主动应对多元化社会浪潮带来的新机遇和新挑战。今后新兴信息化职业教育的主要努力方向是开展智慧职教创新示范、构建智慧学习支持环境、加快面向下一代网络的职校智能学习体系建设、加强职教信息化、多元化和特色化建设。努力打造职业教育服务育人全时域、全空域、全受众的智能学习新要求，以增强知识传授、技能培养和素质提升的效率和效果为重点。最终实现广东各地区和各级各类职业教育加速新兴信息化教育发展的效率、效果和效益。

三、结语

通过把新兴信息技术与教育信息化 2.0 行动计划结合来规划职业教育，分析解决当前新兴信息技术发展下广东职业教育如何走出一条特色化发展道路。本文思考新兴信息技术对广东职业教育的影响和意义，提出发展广东职业教育的特色发展路径的可行性。通过构建新兴信息技术对广东职业教育的生态、文化和理念的影响分析其发展的路径，有利于广东职业教育在新时代下良性发展。

产业升级背景下河源地区技能型人才培养模式研究①

董婷婷②

摘　要：人才是产业发展的引擎，技能型人才与产业发展的联系最为紧密。立足本地区产业发展的现实需要，根据产业需求导向培养技能型人才，使之适应本地区产业发展。目前而言，河源地区高等教育发展落后，技能型人才上培养存在着结构性矛盾依然突出、技能型人才培养师资队伍有所欠缺、技能型人才培养模式有待丰富等问题。因此，要依据产业发展特点，动态调整技能型人才培养结构；依据产业发展需求，强化"双师型"教师队伍；依据产业发展方式，创新技能型人才培养模式。

关键词：产业升级　河源地区　技能型人才培养

一、技能型人才对于产业升级的重要意义

《国务院关于大力发展职业教育的决定》（国发 [2005]35 号）中谈到，以服务社会主义现代化建设为宗旨，培养数以亿计的高素质劳动者和数以千万计的高技能专门人才。技能型人才主要从事技术领域相关工作，服务于本地区产业发展，对于推动科技创新及成果转换具有极为重要的作用。

（一）技能型人才为产业升级提供智力支持

产业升级发展对人才的需求也进一步扩大，尤其是对技能型人才的需求达到前所未有的高度，具体表现在对技能型人才的知识水平、操作技能、技术难题处理能力等职业素养方面。有关研究表明，当前对技能人才需求量占各类人才总需求的 60% 以上

---

①基金项目：广东技术师范学院 2018 年研究生创新课题"河源市支柱产业与技能型人才培养模式研究"（项目编号：GSY201816，主持人：董婷婷）阶段性成果。

②董婷婷（1994-），女，内蒙古人，广东技术师范学院教育科学与技术学院 2017 级硕士研究生，研究方向：职业教育管理。

比例，当前技能劳动者的求人倍率达到 1.5 ：1 以上，高级技能型人才的求人倍率达到 2 ：1 以上。技能型人才作为与产业发展联系最为紧密的类型，在产业转型升级发挥着不可忽视的重要作用。技能型人才作为科研成果转换力量的主力军，通过对自身所学的知识技能的运用以及实践经验的总结，为产业升级提供智力支持。

（二）技能型人才为产业升级提供技术支持

技能型人才主要是服务于一线领域的工作人员，需要具备高超的技术技能，在工作中能够灵活运用所学知识技能解决关键技术和工艺操作性难题，此外，能够将创新性技术及成果运用到实际工作情境中。技能型人才的技能与工作素养对于产业升级发展具有决定性意义。每一轮的产业升级都意味着在技术方面取得了新的重大突破，人才是产业发展的引擎，产业升级发展离不开技能型人才对其支持，尤其是技能型人才提供的技术支持，为产业发展提供了源源不断的内生动力。

（三）技能型促进产业结构优化

产业结构优化升级是产业发展的必然趋势。随着经济的发展，产业结构也随之发生了显著的变化，由第一产业逐渐转向二、三产业。第三产业快速发展，新兴产业萌芽。技能型人才为其发展提供人力、智力及技术支持，促进新兴产业发展壮大，推动产业结构优化升级。同时，技能型人才还可以促进产业合理布局。产业布局是指产业在某地区的空间分布形式，产业集聚和产业分散是产业布局常见的两种形式。产业升级规定了技能型人才培养的规模和方向，技能型人才反过来又推动了新一轮的产业升级发展。总之，产业升级发展与技能型人才两者之间是相辅相成、相互促进的关系。

二、河源地区技能型人才培养现状

目前来看，河源地区高等教育发展较为落后，主要有河源职业技术学院一所高职院校，因此，河源地区技能型人才培养现状以河源职业技术学院为研究对象，具体从技能型人才培养结构、技能型人才培养师资队伍建设、技能型人才培养模式三个维度展开。

（一）技能型人才培养结构性矛盾依然存在

河源职业技术学院是一所河源市人民政府举办的全日制高等职业院校，当前，河源职业技术学院主动对接河源市产业结构调整转移，紧扣"省内一流、国内领先"的建设目标，为区域经济社会发展培养高素质技术技能型人才。但是，技能型人才培养的结构性矛盾依然存在，具体表现在人才培养结构与产业结构布局的适应性不强、技能型人才等级结构有待合理、技能型人才的专业结构不均衡几个方面。首先，河源地区技能型人才的数量及素养还不能很好地适应河源地区产业转型升级的需要；其次，河源地区高技能型人才较为缺乏，难以适应产业发展的需要；最后，就专业结构而言，河源职业技术学院以模具设计与制造、应用电子技术、旅游管理、文秘、服装设计等重点专业为龙头，相关专业为支撑，建构起与产业群发展较密切的专业群。但存在专业结构分布不均衡的现状，许多产业仍然面临着技能型人才严重不足的情况，而某些产业也存在着人才过度饱和的现状。

（二）技能型人才培养师资队伍有所欠缺

"双师型"教师作为技能型人才培养的主要承担者，对技能型人才的培养发挥着不可忽视的作用。据河源职业技术学院教育质量年度报告（2017），"双师型"教师所占比例几乎达到50%左右。近年来，河源职业技术学院教师规模、质量、专业发展能力都在不断提升。但是，双师型教师队伍与产业发展现状还存在较大差距，仍不能满足产业升级的需要。河源地区技能型人才培养师资队伍有所欠缺具体表现在双师型教师队伍数量不足、双师型教师质量有待提高、双师型教育评价机制不健全等几个方面。目前，在双师型教师队伍中，有许多教师虽然符合双师型教师的从教条件，但由于缺乏在一线工作的实践经验，难以将所学的理论知识应用于实际的教学情境中去，从而对技能型人才培养的实效产生影响。

（三）技能型人才培养模式有待丰富

目前，国际上比较流行的技能型人才培养模式主要有德国"双元制"、英国学徒制、法国学校本位、日本企业本位、美国社区学院等培养模式。尽管这些培养模式都各有自身的特点，但其共同点都是注重企业与学校之间的联系，将校企合作的理念与育人模式进行深度融合。但反观我国的技能型人才培养模式，我国技能型人才培养的话语权主要在各职业院校手里，企业在技能型人才培养中的关键作用并没有真正发挥出来。换言之，在技能型人才培养过程中，校企合作的深度还不够。河源职业技术学院依托校企合作理事会，加强与行业、企业的深度合作，形成了经费共投、过程共管、人才共育、资源共享的实训实习基地建设机制。截至2017年，河源职业技术学院共签约校外实习实训基地437家，共接收校外顶岗实习学生总数4186人，基地数量较为充足、专业覆盖面广。但是仍然存在学校的理论教学与企业的实习实践相脱节的情况，技能型人才培养模式有待丰富。

三、产业升级背景下河源地区技能型人才培养模式的构建

河源地区产业发展面临着人才瓶颈的问题，技能型人才缺乏已成为制约河源地区产业发展的重要影响因素之一。研究产业升级背景下河源地区技能型人才培养模式的构建，有利于实现以人才吸引产业、留住产业的良好局面，为河源实现率先振兴注入活力。

（一）依据产业发展特点，动态调整技能型人才培养结构

目前而言，河源地区技能型人才培养结构方面存在的问题主要有：与产业结构布局的适应性不强、技能型人才等级结构有待合理、技能型人才的专业结构不均衡三个方面。因此，必须对技能型人才培养结构进行动态调整，使其适应河源地区产业发展的需求。首先，要立足产业发展特点，加强产业发展与人才培养的适应性。为此，职业院校密切与企业间的联系，实时把握新兴产业与支柱产业的最新动态，使所培养的人才能满足产业发展的需求。其次，要加速高技能型人才培养的步伐。在产业结构转型升级对高技能人才需求不断扩大的形势下，我国高技能人才的有效供给仍然不足。据相关数据显示，目前技能劳动者数量占全国就业人员总量的19%左右，高技能人才仅占5%。高技能人才的培养需要职前和职后两个阶段的培养，"速成式"的高技能型人才不是真正意义上的高技能型人才。因此，高技能人才培养的整个过程都需要职前培养与职后培养相互交织，既注重理论知识的学习，也注重实践技能的提高。最后，优化技能型人才培养的专业设置。专业设置是连接产业发展与高职院校教学工作的纽带，是高职院校服务于地方经济发展的关键环节。河源地区凭借其得天独厚的区位优势，承接珠三角地区、粤港澳大湾区的产业转移，服务广东产业转型升级。贴近地方行业企业的实际，加强校级资源整合，引入专业设置的动态调整机制。

（二）依据产业发展需求，强化"双师型"教师队伍

相比于普通人才来说，对技能型人才的实际动手能力要求更高。因此，首先要有一支理论与技能都具备的"双师型"教师队伍，才能提升技能型人才的培养质量。"双师型"教师的培养主要有两条路径可供选择，一条是内生型培养路径，即通过加强师资培训把现有的专业课教师培养成为具有较强动手能力的一体化教师；另一条是外生型培养路径，即聘请有丰富经验的企业技术人员担任专职或兼职教师，开辟企业技师、高级

技工等高技能人才调入技工院校任教和事业进编的绿色通道,以服务地区产业发展需求为目标,打造一支具有一定技术专长的双师型教师队伍。此外,还可通过"项目开发"等活动,促进理论教师得到实践锻炼,使教师由单一教学型向教学、科研、生产实践一体化的"一专多能"型人才转变。

(三)依据产业发展方式,创新技能型人才培养模式

结合河源地区产业发展方式,创新技能型人才培养模式。在技能型人才培养模式上,国外有许多值得借鉴的做法。如德国的"双元制"、英国的现代学徒制等。我们要"取其精华、去其糟粕",有选择、有目的地加以引荐,而不是全盘模仿。注重技能型人才的实践锻炼,努力增强他们的实践技能,加强技能型人才与产业发展间的适应性。此外,在借鉴的基础上,创新技能型人才培养模式。不仅要让学生扎实掌握基本理论知识,还要加强学生的实践训练,让他们有效融入实践活动当中,促进他们将所学知识技能转化为先进科技成果的能力。同时,在实际的教学情景中,要善于综合应用合作学习、情境教学、任务驱动教学等方法,激发学生在课堂学习的主动性和积极性,发挥学生在课堂活动中的主体作用,让他们有效融入学习当中,从而取得更好的教学效果。

专业设置与院校管理

高校潜行干部激励机制：表现、成因与矫正

吴　渝[①]　吕淑芳[②]

摘　要：激励是高校干部管理的重要手段，调动干部的积极性和开发干部的潜能，由于受到干部职数、内部环境等条件制约，在高校存在着潜行的干部激励机制，它是对高校干部激励制度不足的一个补充。但这种潜行的干部激励机制很容易产生一种"潜规则"，造成高校干部之间分化与对立，因此需要构建科学性、权威性和导向性的高校干部激励机制，化解潜行干部激励机制的负面效应。

关键词：潜行干部　激励机制　高等学校　人事制度

一、高校潜行干部激励机制的表现形式

高校潜行的激励机制存在于干部管理的各个方面，其共同特征是表面上"活儿干得多"，而实质上是"得到得多"；显性的是"工作"，而隐性的是"权力"。具体说来，常见的表现形式有：

（一）岗位核心要职

一般而言，高校内部的各部门都会设有一些重要的岗位，这些岗位会分配相对重要和较多数量的任务，并赋予比较大的权力，对学校的贡献都不小，因此被称为岗位核心要职。虽然干部提拔是显性的一种激励形式，但是何种岗位的干部才有这样的机会，则要看其现职岗位在单位的重要性了。由此可见，处于核心要职的干部可以得到更多晋升的机会，雄心勃勃的事业型干部当然会争取这些岗位。学校领导通常会将这些要职作为对优秀下属的一种激励，下属干部一般会从起初的"能者上"逐步发展到"领导认可"，不知不觉在单位中形成各种类型的"关系户"、各类"小团体"。但是这种潜行的干部激励方式往往会产生官僚腐败，大大降低办事效率，违背服务宗旨和组织目标，严重影响学校形象。

---

① 吴渝，罗定职业技术学院。
② 吕淑芳，罗定职业技术学院。

（二）委以重任

在分配工作任务时，除了各职能部门应承担的任务之外，学校领导一般会将重要的任务交给自己信赖的人做，也就是说，一个干部被安排完成一些重要的任务，那么他一定是领导看重的人，这种情况称之为"委以重任"。"委以重任"之所以能够在高校成为一种潜行的干部激励形式，是因为它表面上或较短时间内不能给这个干部带来利益，但它本身也是一种暗示、一个机会，暗示他是领导的"宠臣"，并有可能得到更多发展的机会。然而，已被"委以重任"的干部又如同"出头鸟"，容易成为学校多数同级干部的众矢之的，严重影响了学校干部之间的团结，甚至是一定程度上的内耗。同时，学校领导和下属其他干部之间的关系也会因此加了道屏障，一种相互猜疑、相互埋怨、相互推卸责任的沟通障碍，从而影响其他任务的分配和完成。这对学校整体工作目标的达成、工作氛围都有不良影响。

（三）特殊标准和要求

高校内部科学的管理制度通常会有相对统一的标准和要求，而潜行的干部激励机制对某些任务、岗位或人则有差异性的标准和要求，又被称为特殊标准和要求。这种特殊性标准和要求分为两种情况，一是低于统一标准和要求，比如因人设岗，往往会降低标准；二是高于统一标准和要求，如干部提拔时，设置资历、年龄等非关键因素方面的要求。当权力被学校少数领导的主观思想所控制时，这种特殊标准和要求就会被某类干部所关注或利用，即将其作为个人目标，迎合当权者的喜好，赢得某些特殊性，因而也是高校一种潜行的干部激励机制的表现形式。特殊性会滋生各类腐败，对学校组织目标的实现、干部队伍整体素质的提高，都会产生不良影响。

二、高校潜行干部激励机制成因分析

（一）学校客观原因

1. 高校性质和体制

在我国，高校是属于事业单位编制，一直属于"国有"和"铁饭碗"的性质，尽管在吸纳人才方面具有一定的吸引力，但是它的管理体制存在一定问题，与现代管理存在很多的不协调。首先，学校运行系统的半封闭性导致其体制不灵活，权力过于集中、管理理念和手段落后等体制弊端。其次，学校体制不灵活会造成单位内部资源和信息的有限性；一般学校的权力或利益集中岗位或职位十分有限，很难满足干部群体不断晋升的需要。最后，学校内部资源和信息的有限性使得常规的干部激励形式过于单调和落后，为潜行的干部激励形式埋下伏笔。

2. 高校的人事制度

虽然传统的人事制度正在不断地改革和完善，但一般高校的干部任用制度仍然存在诸多弊端。第一、"虎头蛇尾"；从整个干部任用制度看，过于注重干部的选拔或任用，在干部的使用、考核、开发等管理方面却没有全面而系统的制度，尤其是在开发、考核和离职方面更是"轻描淡写"。第二、欠缺人本理念；很多高校总抱着"地球缺了谁都照样转"的思想、视人才为工具、能将事情处理好就行、干部能力如何是他自己的事，无须开发与培养等，以上种种都是缺乏以人为本理念的表象。第三、干部激励方式单调、不灵活；信息化社会给人们带来多元化的需求，高校干部群体也是如此，因此单调的激励方式远远不能满足其各种需求。第四、绩效考核流于形式；学校干部群体的绩效考核有别于其他群体，因为他们工作所产生的产品是无形的、价值可能难确定、效果在短时间内不明显等，因此对考核结果的处理往往只是形式上，对多数干部们并没有起到实际性激励作用。总之，高校干部任用制度的弊端使得常规激励形式的作用极为有限。

（二）"人"的主观原因

1. 领导的行事风格

国内外学者对领导风格的分类有不同观点，每种分类基本上与领导人的性格有关。借鉴国内学者的研究，可以我国高校领导风格分为四类：支持型领导、指导型领导、参与型领导和成就导向型领导，其中支持型领导、参与型领导在工作中比较友善、平易见人，与下属之间相处融洽；而指导型领导和成就导向型领导重点关注任务的完成和目标的达成。关系型领导习惯将对下属干部的信任或亲密关系作为激励方式，下属便以此为自己争取到更多的发展机会或其他利益；事务型领导则通常将重要任务或关键岗位的安排作为对干部的潜行激励形式，受到激励的干部不仅以此为荣，而且同样可能会得到更多展现自己的机会。不论高校领导属于哪种类型，都容易促使领导者个体主观激励方式的产生，这种主观性会带来非常规性和隐蔽性，从而最终定格为高校潜行的干部激励机制。

2. 干部自身的性格特点

在高校内部，每位干部成长经历不同，其性格特点也就不同，实现职业目标的方式更是形形色色。有些干部将职位晋升作为目标；有些认为享受各种经济利益才是重要的；也有人认为名誉或他人对自己的评价是重要的；更有人认为自我价值的实现是最重要的，而学校显性的激励制度却远远不能满足他们的需求，或者制度改革的速度赶不上干部需求的变化。同时，总有些干部在无法通过常规制度实现自己的职业目标时，会选择捷径去满足个人的需求，比如性格活泼的干部就会选择频繁而有创意的社交活动得到学校领导的信任和关心，这种亲密关系就成了对其激励的一个焦点；技术型干部很有可能通过过硬的技术得到上级的认可，争取更多对外展现自我的机会；能力型干部则可能会争取各方支持后，将关键岗位或职位揽入怀中。

三、高校潜行干部激励机制矫正路径

（一）要准确把握高校潜行的干部激励机制指导思想,有效遵循激励理论的客观规律,坚持以人为本理念,持续不断改进高校潜行的干部激励方式、完善高校潜行的干部激励制度、增强高校潜行的干部激励效果,并综合运用多种激励手段,将干部在工作过程中的实际绩效和他的收入、职级等方面进行联系,建立一套科学、规范和完善的多种高校潜行干部激励制度,逐渐形成精神激励和物质激励、职级激励和荣誉激励、正激励和负激励等方面相融合良好氛围,激发干部内在动力,最终能够调动高校干部的积极性与创造性。

（二）要建立科学的高校潜行的干部激励机制并确保激励的长效性,必须要遵循一些基本原则和要求。

（三）要形成多层次、开放式的高校潜行的干部激励机制,多角度建设好相关配套制度建设,以增强激励效果。

一流高职院校建设路径研究[①]

叶　华[②]

摘　要：从高职教育发展进程梳理一流高职院校建设的背景,分析了一流高职院校存在的困难与问题,提出一流高职院校建设发展路径：办学特色发展；开放教育发展；人才的全面发展；专业群协同发展；多渠道师资发展；塑造文化底蕴。

关键词：高职院校　学校建设　发展路径

---

① 基金项目：2015年广东省高等职业教育教学改革项目（GDJG2015060）；2016年文化素质教学指导委员会教育科研课题（WH1352016YB06）；2016年中国职业技术教育学会科研规划项目课题（201619Y24）；2017年度广东省教育科学"十三五"规划研究项目（2017JKDY23）；2017年广东省高职教育创业教育教学指导委员会教学改革项目（CYWT2017007）。

② 叶华（1968–）,女,广东兴宁,理学学士,副研究员,主要研究方向为高等职业教育。

一、高职教育发展演进分析

我国高职教育发展转型升级可以概括为 3 个阶段，高职院校在不同时期的建设发展内涵是有所不同的。

第一阶段：自身发展阶段（1990-2004 年）。高职院校教育教学改革的重点在于培养规格定位、课程体系构建、教学内容设计等，主要解决高职教育的定位与教育方向，以及如何办高职教育的问题。

第二阶段：良性规制阶段（2005-2014 年）。高职教育教学改革重点在于"工作导向""任务驱动"课程改革、体制机制建设、推进双主体合作办学，创建全国示范性高职高专院校，引导和规制高职教育标准化、规范化、法制化发展，强化高职院校内涵建设和双主体办学。

第三阶段创新驱动阶段（2015- ）。高职院校教育教学改革重点转向一流高职院校建设发展问题，对高职教育的发展问题开展创新性研讨。建设一流高职院校的提出，顺应了经济转型升级的需要。

二、建设一流高职院校的背景

（一）走向国际化是高职教育的必由之路

日本的一位教育家曾说过：大学如果丧失国际性，也就没有存在意义。教育需要更宽的国际视野，走向国际化是世界职业教育改革与发展的大趋势，也是高职教育的内在需求。学校需要培养了解国际文化经济动态、能够参与国际事务和国际竞争的人才。这类人才培养既需要一流大学，也需要一流高职院校共同培养拔尖创新性人才及技术技能型人才。经济发展转型，地方产业更迫切需要参与国际性竞争，一线技术技能型人才需求更大。

（二）促进发展是高职院校的自身需求

国内关于一流高职院校建设的探讨始于 2015 年。从国家政策导向看，一是直面经济发展对现代职业教育的要求，《国务院关于加快发展现代职业教育的决定》（国办发〔2014〕19 号）提出了建成一批世界一流的职业院校和骨干专业，形成具有国际竞争力的人才培养高地；二是提出建设一批一流高职院校的目标，教育部《职业教育管理水平提升行动计划（2015-2018 年）》从政策层面针对性地提出了"建设一批世界一流高职院校"的目标；三是明确了高等教育改革的行动指南，国务院发布的《统筹推进世界一流大学和一流学科建设总体方案》，确定了建设一流师资队伍、培养拔尖创新人才、提升科学研究水平、传承创新优秀文化、着力推进成果转化五项建设任务；四是启动了一流高职院校建设项目，2016 年 5 月，广东省率先启动了一流高职院校的建设。

可见，建设一流高职院校政策的施行，体现国家从战略高度的重视，推动了高职教育的健康、快速发展，建设一流高职院校也成为新时期高职院校的发展目标。

三、一流高职院校建设发展困境

（一）定位不明确，缺少特色

与传统大学相比，一些高职院校办学在类型定位、层次定位、作用定位理念方面存在一些偏差，特色不够突出。

在类型定位上，简单地认为高职教育就是低于本科层次教育，部分高职院校片面强调基础理论知识和学科教学，办成本科的压缩版，即除课程学时外，与本科教育没有太大区别，导致类型定位不合理，缺乏自身办学定位。

在层次定位上，简单地认为办学层次越高，办学水平就越高，甚至部分院校过分追求学校升格，导致层次定位模糊，缺乏自身办学特色。

在作用定位上，一些院校管理者目标不明确，把就业教育等同于职业培训，在办学过程中偏重学生的就业，过分强调职业资格的获取和对接工作岗位需要，没有充分考虑学生职业迁移发展的需求。

因此，高职院校要突出技术教育，使高职教育真正成为高技术技能人才源，并通过协同创新成为技术创新源和技术应用源。

（二）生源不足，选择少

从最近几年招生政策可知，多地在教育改革中制定了"平行志愿"政策，解决应招生生源渐减，以及报到率偏低的问题。除与升学人数减少有关外，有些学生和学生家长的潜意识中认为高职教育明显逊色于本科教育层次、读高职没有前途，做技术工作太累、收入不高，达到不到自己的期望。受社会舆论导向多重压力影响，对缺乏办学特色的高职院校必将是一种挑战。

（三）人才培养重技能，轻素养

虽说社会亟须高素质、高技术技能的创新型人才求，但高职院校培养的人才与行业的需求仍存在差距。还不能成为技术创新的重要力量。高职教育在某些方面的功利性，阻碍了人才培养的特色发展。

（四）专业建设布局散乱，投入少

科学合理地设置和调整专业，是经济发展转型升级对高职教育的需求，是实现人才培养目标的一项重要基础工作。然而，一些高职院校专业设置主体不清，追求大而全，导致设置专业多，布局分散，投入不足。由于市场导向过重，同质化专业设置较普遍，却难以形成办学特色。纵观国家示范建设项目，关注度和落脚点都在专业建设上。一些高职院校专业课程设置过于"专"和"精"，而人文类通识教育课程几乎空白，得到不应有的重视。

四、一流高职院校建设发展路径

建设一流高职院校是高职教育发展的国家战略需求。面临新的历史机遇，高职院校从社会发展、内在需求和教育改革涉及的各个方面，努力汇集优质资源，做好发展顶层设计，探索一流高职院校建设发展路径。

（一）"错类"定位，特色发展是办学要求

从世界范围看，高职教育比高等教育起步晚，是一种新型的高等教育。这种新型的高等教育机构——高职院校，虽然在组织管理上沿袭了传统大学的做法，但是受政府财政资助少，教育层次较低，不能授予学位，是长期低层次、低水平发展的高等学校。高职院校如果定位准确，则可以引领一所学校快速发展；如果定位不准，学校发展就会走弯路。因此，高职院校务必与本科院校进行"错类"定位，通过发展理念再认识，坚定高职教育发展的类型观，准确把握属性特色，把握好办学目标定位，为一流高职院校特色发展指明方向。

（二）"错动"需求，开放发展是生源需求

高职院校的招生改革包括自主招生、三二分段招生、五年一贯制招生、中职推免以及注册入学，但不外乎是对建立分类考试、多元录取、综合评价招生考试制度的探索。因此，以"错动"需求探索高职院校招生改革，符合技术教育类型的高职教育发展需求，促进人文素质教育的稳步实施。招生改革难以一步到位，但应着重解决以下几个问题。

1. 增强高职教育生源

发挥政府和市场作用，加强宣传，提升高职教育的社会认同度，对职业学校进行合理分流，吸引和录取更多、更好的生源，以利于现代职业教育体系建设，以获得更好的生存发展。

2. 扩大社会开放性

高职教育适龄人口为 18~22 岁。但随着适龄人口减少，以及高等教育大众化发展，高职院校的受教育群体也在发生变化。发达国家经验是取消高职教育对适龄学生的限制,扩大高职教育对社会开放,把招生对象从传统学生群体扩大到社会人员群体,包括下岗再就业人群、退役军人、在职工作人员等成人群体。开展中外合作办学,开放发展,扩大受教育人群的范围,从而实现"使无业者有业,有业者乐业"高职教育理想。

（三）"错位"培养,人的全面发展是人才要求

在我国高职教育人才培养"链"中还存在诸多错位现象。诸如,培养目标定位高与生源学业基础差的错位,培养方案单一性与学生诉求多样化的错位、培养方式的"学问化"与学生智能多元化的错位、评价方式注重"外显"与学生优点"内隐"的错位。

高职教育不仅要教学生知识和技术,也要注重人文素质教育,让学生从"技术工"变成"技术人"。因此,要以学生的职业生涯发展为主线构建人才培养体系,教学生会做人,会做事,具备终身发展能力。

一是实施个性化教育。秉承"有教无类"的教育思想,对基础不同的学生因材施教,进行个性化培养。

二是实施"一校多本"。应根据学生的学业基础和求学目标,制定多样化的培养方案并常态化。

三是实施"行动导向"。以实践引领教学体系,实施小班教学,让学生成为学习的主体,实现培养过程与学生智能特点对接。

四是实施"三方认同"。把话语权重新分配,评价主体聚焦学生、用人单位和教育主管部门,实现培养质量与学生发展对接。

五、结语

一流高职院校是一个开放的体系,主导着未来高职教育的发展。面对我国产业结构的转型升级以及对技术人才的需求扩大,高职院校应抓住机遇,选对发展路径,顺应时代变革,使高职教育成为推动经济发展和转型升级的重要引擎。

高校内审如何开展固定资产审计及发现的问题分析

刘庆原[①]

摘　要：高校内审机构如何开展固定资产审计，固定资产审计的内容，固定资产审计的重点以及如何开展符合性测试，就固定资产审计发现的问题进行了分析。

关键词：高等学校　内部审计　资产管理　固定资产

一、固定资产审计的内容

固定资产的审计内容涵盖：资产管理、使用情况和效益情况，资产是否安全完整，是否建立健全设备、物资的购置、领用、使用、保管、报废、清查、对账等制度，财务账、资产台账、资产卡、实物是否相符，资产管理部门对存在的问题是否及时处理。

1. 资产采购的情况，采购的资产是否列入了年初学校采购预算，是否按规定的程序和方式进行政府采购，有无及时登记入账。

2. 资产管理部门的日常管理情况，现有资产的权属关系是否清晰明了，有无按照有关规定定期对资产进行盘点，有无存在财务账与资产台账账账不符的情况，是否存在资产管理台账与实物不符的问题；资产管理制度的建立健全情况，包括资产采购、领用、保管、报废、清查的管理办法。

3. 资产的处置情况，资产处置一般包括报废、盘亏、毁损、调拨、出租、出借等，资产处置是否恰当，有无按规定的程序报批，特别是金额较大的资产报废有无报上级主管部门审批。调拨、出租、出借固定资产有偿有无按规定程序报批，金额较大的有无上级主管部门，取得的收入是否按纳入学校预算管理实行收支两条线。

二、固定资产审计的重点

固定资产审计的重点是资产管理使用情况，资产有无流失、损失现象，查明原因和责任，审查资产的核算、管理制度是否建立、健全、有效，资产的购置是否全部入

---

① 刘庆原（1964–），女，湖南郴州，清远职业技术学院、院长助理，高级会计师／高级审计师，经济管理专业，本科。主要从事审计理论与实践研究。

账，是否及时登记。对银行存款和库存现金以及固定资产，低值易耗品，库存物资等资产要重点审计，检查其是否账实相符，有无账外资产、资产流失或被无偿占用的情况。设备采购是否有计划，物资设备是否按规定的程序进行采购。关注学校在执行政府采购过程中遇到的问题如采购审批程序、采购时效、价格、质量等情况。

三、固定资产的实质性测试

（一）向资产管理部门索取或自行编制固定资产情况表

通过固定资产情况表可以了解资产部门管理的固定资料的大致情况，包括房屋及建筑物、一般设备、专用设备的金额与数量，表格化资产情况一目了然，可以分析资产变动情况，可以核对账账是否相符，如何账账不符则要将明细账与原始凭证进行核对，查找出差异的原因，并要求有关部门予以更正。

（二）实施分析程序

分析比较期末与期初固定资产增加和减少的金额和数量，关注大额变动，分析产生的原因是否合理，是否有其他资料支撑。

（三）固定资产增加的审计

高校固定资产的增加一般为单位购买、科研部门自行研制的设备、接受社会或校友捐赠几种方式。固定资产的购置是否列入年度预算，是否按规定程序进行采购。索取或编制货物和服务项目采购招标情况表。审查购置的固定资产时签订的合同是否符合真实合法并得到切实执行。审查购置的支出是否走相应的程序，是否符合有关规定。审查已购资产的使用效率如何，是否存在设备闲置、未使用或不需要的设备，若存在设备空置率高或设备从未使用的问题应进一步查明原因。

（四）固定资产减少的审查

高校固定资产的减少一般为报废、毁损、盘亏或对外投资转出等等情况。由于国有资产的报废手续繁杂，高校的资产往往是虚增的，如批量购入的办公用电脑、打印机、投影仪、摄像仪等等电子产品，使用寿命5-8年左右就应当报废淘汰，而实际上许多的学校已经将这些电子废弃在仓库，可账上却还有实物存在（仓库）。加上对学校的书记校长的经济责任审计中有一项重要的指标就是"国有资产的保值增值率"，这种体制机制下，许多的高校领导不愿报废上千万的应当淘汰报废的资产。而作为审计部门，也只能按照制度办事，确保固定资产的安全与完整，对减少的固定资产进行严格的审计，从而确保其合法合理。

（五）对固定资产进行实地观察

重点审查新增资产，可从两个方面入手，一是以资产部门提供的明细账为依据，进行实地检查，以证实资产的真实性。另一方面是以实物为依据进行追查，查看会计记录是否无遗漏，审查的同时也要记录其使用状态，是否存在设备闲置或购入后根本就没有启封的现象。若发现有未使用和不需用的固定资产，则需进一步调查原因，为何购进，有无进行购置前的可行性论证。

（六）对固定资产进行盘点

由于高校审计部门的人手有限，可以与资产管理部门的人员一道进行固定资产的盘点，盘点时可分成2-3个小组，由内审人员带队，按照资产明细分类账进行盘点。若资产管理部门内控制度健全并运行有效，可只对贵重仪器设备进行盘点，贵重仪器设备一般指单位价值在1万元以上的仪器设备，若资产管理部门内控薄弱不能做到每年盘点，则需要对资产进行全面监盘。

（七）检查学校的资产是否存在担保或抵押的情况

若有担保或抵押的情况，应审查手续是否完备，有无相应的程序报批。

（八）检查固定资产是否已在资产负债表中如实呈现

四、审计发现的问题分析

有的高校虽然有相应的固定资产内部控制制度，但实际操作过程没有严格按相关的制度执行，特别是资产使用以及维修保管过程有疏漏，一些可以家用的贵重仪器设备如摄像机、照相机等签领与保管的责任不清。资产管理部门与财务部门没有对资产按类别分类，也没有定期相互核对账目。资产管理部门也未按照上级的有关规定，对资产进行定期盘点，有的高校资产部门每年只能对新增的资产进行盘点，而不是全部盘点。部分在建工程已经完工并交付使用，资产部门未及时办理增加固定资产手续。报废车辆和设备未及时办理减少资产等账务处理，造成账实不符。

笔者通过多年的审计工作实践，将高校资产审计发现的问题归结如下：

（一）账表反映资产数据不完整不准确

某高校内部审计发现，财务处对于工期较长的跨年度建设项目未设置基建账进行核算，直接在事业支出资本性支出中反映。2014 年 1 月至 2016 年 11 月 "事业支出资本性支出" 科目发生额为 6870 万，在此期间 "固定资产" 科目新增为 5191 万，两者相差 1678 万。差异包括如：校园网三期工程于 2015 年度支付了 755 万（该项目于 2016 年底才验收），因此目前尚未转增固定资产；又查出，该校新的校区在建设之初，没有单独设立基建账进行核算，所有建设成本全部费用化，建成后也未记增固定资产，导致新校区 11 栋房屋建筑物及相关配套工程未在学校财务账和决算报表上反映，造成财务会计账表反映的资产数据不完整不准确。

由于未设置基建账，也未核算跨年度建设项目，同时也没建立备查资料管理这部分的差异，导致以年度划分的资本性支出中已经支付的固定资产项目，容易被遗漏未做固定资产新增，从而形成一部分的账外资产。

（二）固定资产财务核算不规范

经高校内审发现，该校财务账仅按大类对固定资产进行核算，未按财务相关制度设置固定资产明细台账，固定资产的明细账仅能由资产管理部门提供，财务处只能根据资产管理部门提供的明细来核对财务账上的固定资产，未能对资产进行有效管理及监督。

（三）无形资产管理缺失问题普遍存在

高校内审发现，学校无形资产未纳入会计核算，学校相关部门并未对无形资产归口管理，没有制定无形资产内控管理制度没有对校名、校标、专利、著作权等制订规范的审批登记流程，土地权属不清晰，未按规定办理土地产权登记。

（四）仪器设备购置和管理不规范，使用效率不高

内审发现学校设备采购招标文件设置排他性条款，背离采购招标文件和原合同实质性内容签订补充协议，设备放置校外合作单位使用缺乏有效监督，原材料未按规定办理出入库手续等情况。

刍议如何加强和改进教职工思想政治教育工作

——以民办高职院校为例

陈毓秀[①]　韦一文[②]

摘　要：民办高职院校教师的思想政治素质关系到学校办学的政治方向和人才培养的综合质量，也关系到我国高校可持续发展等重大问题。本文阐述了加强和改进民办高职院校教职工思想政治工作的重要性和迫切性，对民办高职院校教职工思想政治工作存在的问题进行分析，笔者基于调查数据及工作经验提出了相关加强和改进民办高职院校教职工思想政治工作的建议，通过分析以期给相关管理工作人员一定的借鉴作用。

关键词：民办高职院校　师资队伍　思想政治教育　素质

一、加强和改进教职工思想政治教育工作的重要性

教育部部长袁贵仁在第二十一次全国高校党建工作会议上强调："把加强高校青年教师思想政治工作作为高校党建工作的一项重大任务来抓，全面提升青年教师思想政治素质和业务水平，提高他们教书育人的荣誉感和责任感。"民办高职院校的教职工思想政治工作是提高教学质量、促进行政管理效率的重要举措，加强和改进教职工思想政治教育工作具有十分重要的深远作用。

（一）提高教师教学的效果和效率

民办高职院校的教学主体主要是教师，教师通过课堂教学为学生提供知识教育、思想政治教育等一系列教育服务，目的是为了帮助学生获得更多的知识。在教学过程中，教师的思想政治修养直接影响课堂的教学效果和效率，以及教学质量的提高。良好的思想政治修养帮助教师自己树立正确的思想道德观念，建立正确的职业意识和职业情感，最终建立科学的职业理想。教师具有良好的思想政治修养能够利于教师自身的成长，有效地提高教师教学的效果和效率。

---

① 陈毓秀（1985-），女，广东阳江，广州科技职业技术学院、专任教师、助理研究员、教育管理专业硕士研究生学位，研究方向：行政管理、教育管理。

② 韦一文（1985-），男、广东阳江、广州科技职业技术学院、副科长、一级职业指导师，研究方向：职业指导、校企合作。

（二）促进行政管理机制的运行

民办高职院校的行政管理运行离不开行政管理人员，行政人员的思想政治修养直接影响整个学校行政管理的运行机制。对行政人员加强思想政治工作，有利于给学校营造融洽和谐的工作环境，进而教育和引导行政管理工作人员正确认识和处理个人利益和集体利益以及当前利益和长远利益的关系，从而更有效地促进行政管理机制的运行。

（三）有利于给学生树立榜样形象

教师是引导学生进步成长的导师，教师的言行举止直接影响着学生，教师的思想政治素质修养和职业道德水平直接关系到"培养什么人、如何培养人"。教师具有良好的思想政治修养不仅能够利于教师自身的成长，更能为学生提供正确的学习和思想指引方向，给学生树立良好的榜样形象，使学生在接受教育过程中对自身实现良好定位，培养良好的思想观念、政治观点、道德规范。

（四）进一步促进学校的生存发展

民办高职院校的生存及经费来源主要依靠学生的生源，学校的生源充足直接影响着学校的长远发展，而民办高职院校教职工却是促进学校发展的必要主体，其思想政治素质和教学业务水平在一定程度上影响学校的生源。民办高职院校作为我国高等教育的重要组成部分，其目标也是为社会输送更多的优秀人才，而实现这一目标需要强有力的思想政治工作来凝聚人心。

二、民办高职院校教职工思想政治工作发展现状及存在的问题

（一）民办高职院校教职工思想政治工作发展现状

我国民办高等教育经过近三十年的发展，已经成为中国高等教育事业的重要组成部分。在多渠道师资来源的情况下，民办高职院校当前的教职工队伍大部分处于两极分化的状态，即民办高职院校教职工中 30 岁以下的青年和 60 岁以上的老年居多，中年教职工比例较少，年龄分布呈现两极分化的现象。这就导致民办高职院校教职工的整体素质参差不齐，思想政治素质也高低不一。

（二）民办高职院校教职工思想政治工作存在的问题

将调查数据与自身实际工作经验相结合，从对影响民办高职院校教职工思想政治工作开展的因素进行详细探讨分析可以发现，民办高职院校教职工思想政治工作存在的问题主要有以下几个方面。

1. 教职工思想政治教育的渠道单一

当前民办高职院校开展教职工思想政治工作的教育途径比较单一，仅仅是依靠党政部门开展思想工作，而其采取的方式则是座谈会谈心的形式，或者由部门领导传达文件精神或念报告进行教职工的思想政治教育。

2. 教职工的个人利益未能与集体利益有机结合

民办高职院校大部分的教职工普遍存在分不清个人利益和集体利益的现象，总是把自身的个人利益放在首位，以个人利益为重，集体利益放在末位，自身的个人利益未能真正与集体利益有机集合。有的教职工更是存在"集体利益与个人无关，我只要保障我个人利益就可以"的思想。

3. 思想政治素质考评机制不完善

大部分的民办高职院校现行的薪酬制度多是实行"以岗定薪，多劳多得"的分配办法，老师的收入水平与其所承担的工作任务和课时紧密挂钩。为了获得更好的收入，大多数老师都承担了超负荷的工作任务。老师们整天忙于上课和处理工作中的琐事，同时还要承担生活上巨大的压力，因此很少有精力放在其他方面，也就很难兼顾到思想政治理论的学习了。

三、加强和改进民办高职院校教职工思想政治工作的措施

结合教职工思想政治工作在实践中探索出的若干做法，从实行多元化的教职工思想政治教育渠道、促进个人利益与集体利益有机统一结合、完善和健全教职工思想政治素质考评管理机制三个方面提出提升高职院校职业指导效果和效率的措施。

（一）实行多元化的教职工思想政治教育渠道

在民办高职院校中，大部分院校偶尔的时候会采取传统的座谈会谈心的方式了解本校教职工的思想政治情况，使得教职工思想政治教育的渠道比较单一。座谈会谈心仅仅是学校对教职工实施思想政治教育工作最常见的一种形式和渠道，这种传统的教职工思想政治教育方法和形式比较单一，完全跟不上教职工思想受社会影响而变化的速度。

（二）促进个人利益与集体利益有机统一结合

个人利益与集体利益有机结合，不是简单地强调"个人就要服从组织，个人利益就要无条件地服从集体利益"，而是要将个人利益与集体利益要有机相融合，实现二者的统一同时集体利益并不是个人利益的简单相加，而是每个集体成员利益的有机结合。集体利益与个人利益的关系是辩证统一的关系，二者在根本上是一致的。坚持集体主义并不意味着只顾集体利益，不顾个人利益，正当、合理的个人利益是应该受到尊重和保护的。

正如邓小平同志指出:"在社会主义制度之下,归根结底,个人利益和集体利益是统一的。"

(三)完善和健全教职工思想政治素质考评管理机制

建立健全民办高校教师思想政治素质的考核和评价机制,是增强民办高校教师思想政治素质的必要措施。教职工思想政治工作开展的好坏是直接影响学校的教育质量,加强和改进教职工思想政治工作的开展及管理具有重要的意义。思想政治教育体系的建立能够为学校开展教职工思想政治工作提供制度保障。

(四)打造一支高素质、高水平、高责任心的师资队伍

学校不仅是培养学生促使学生发展的地方,也是培养教师促使教师发展的地方。教师队伍建设是学校整体发展的目标,不是一时一事的临时行动,它应该是持久的,符合学校发展需要的。教师思想政治素质的培养是一项艰巨复杂且长期的工作,要真正成为未来教育教学工作的主力军,要求我们要根据工作中出现多种问题,提出相应的对策,完善教师培养机制,最大限度激发教师的工作热情,赋予他们足够的工作自主性,充分发挥创造性的潜能并愉快的教学,从而进行创造性教学,使广大教师能适应未来社会和未来教育的要求,使他们成为道德优、知识专、思想新的一代教育工作者,从而使教育迈上一个新的台阶。

试论如何推动民办高职院校教学管理工作的开展

陈毓秀[①]　韦一文[②]

摘　要:随着社会经济发展,企业现代化水平不断提高,社会对高技能人才存在着大量需求,带动了民办高职教育的迅猛发展。然而民办高职教育在近二十年大规模高速扩张的过程中,暴露出许多问题,比如说教学基本建设薄弱、师资队伍薄弱、实训条件落后等等,这些问题严重影响了高职学生的课堂教学质量,导致教学效果不理想。

关键词:民办高职院校　教学管理　教学质量　效能

① 陈毓秀(1985–),女,广东阳江,广州科技职业技术学院、专任教师、助理研究员、教育管理专业硕士研究生学位,研究方向:行政管理、教育管理。

② 韦一文(1985–),男,广东阳江,广州科技职业技术学院、副科长、一级职业指导师,研究方向:职业指导、校企合作。

一、加强民办高职院校教学管理的必要性

当前，教学管理作为学校管理核心的部分，教学管理的水平高低和效果效率高低直接影响民办高职院校的教学质量，对提升学校的竞争力和社会地位具有十分重要的意义。教学管理指学校管理者利用科学的管理方法和手段，对教学活动进行管理，在管理过程中促使人才培养目标实现的流程活动，是一个学校教育教学的重要组成部分，是学校教育管理中的重中之重，更是教学秩序正常运行的有力保障。学校教学机制是否能正常运转，主要依靠教学管理，教学管理水平的高低直接影响学校教育质量的高低。民办高职院校作为我国培养高技能技术人才的重要主体，其教学管理过程的科学有效影响着人才培养目标的实现，要实现更高质量的教学效果，就必须对教学管理进行改革创新。民办高职院校加强教学管理，可以有效地帮助管理者和决策者全力抓好和加强在新时期、新环境下的教学管理工作，有利于提高民办高职院校的教育教学质量，"以人为本"理念的应用和实践，从而能为社会培养出更多应用型复合人才，为社会培养德智体美全面发展的社会主义建设者和接班人。

二、民办高职院校教学管理工作存在的问题

（一）专业化的教学管理人才紧缺

民办高职院校的管理体制是实行董事会领导下的校长负责制，受自身办学的特点的限制，没有实业支持办学，其办学经费来源渠道比较单一，仅仅是依靠学生的学费支持学校的运转，董事会往往为了节省人事成本，而存在着不同的部门都有一人多岗的现象。民办高职院校系部的教学秘书不仅仅是负责教学管理工作，还需处理系里各种各样的行政事务，工作相对比较繁杂，这就使得教学秘书无法一心用在教学管理工作。正是教学管理人员的紧缺，这就使得教学管理人员存在一人多岗的情况，工作的繁杂无法使他们有更多的精力放在教学管理上。同时，基层的教学管理人员的地位比较低，在待遇上相对其他教师偏低，还存在不受尊重和被人歧视的情况，制约着教学秘书个体积极情绪的发挥。

（二）专业人才培养方案制定缺乏科学性和规范性

大部分民办高职院校的专业人才培养方案的制定基本是由教务处牵头组织，教研室主任负责制定实施的。在制定的过程中，有的教研室主任缺乏一定的责任心，为了应付交差，修订人才培养方案没有展开市场调查，根据专业的发展前景修订教学计划，没有与教研室内的专业老师展开研讨，更没有邀请了行业专家，结合自身的学术、企业经验组织全系老师进行专业和教学计划、课程设置等可行性的论证，没有结合学校自身的办学特色制订专业人才培养方案，仅仅是借鉴其他学校在网上公布的人才培养方案，并直接套用，毫不费劲地就制定了专业的人才培养方案，专业人才培养方案制定缺乏科学性和规范性。更是还存在随意更改专业人才培养方案的现象，不按人才培养方案预先设置的教学计划开课，考虑的不是适合学生的人才培养模式，应结合市场需求开设课程，更多的考虑是有没有老师担任课程，结合系的师资情况是去开设课程。

（三）教学管理系统信息化建设步伐缓慢

教学管理系统虽然具有了一定的基础并发挥了重要作用，但是由于缺乏一个长远的整体规划建设，教学管理系统建设仍停滞不前，使得教学管理系统无法更进一步完善，这也导致了教学管理系统存在一定的问题。教学管理系统的不完善使得系统的不稳定，更导致有效数据无法正确输出，导致教学工作中断或瘫痪，影响整个教学管理过程正常运行。

三、推动民办高职院校教学管理工作开展的途径

（一）实施精细化教学管理

精细化教学管理就是要将教学管理的责任落实到每一位管理者的身上，将管理的责任具体化、明确化。在高校教学管理中，将精细化管理运用到教学和管理两个环节，就是要将教学和管理中所有的流程实现精细化。在实施精细化教学管理过程中，可以采用流程管理理论进行流程设计管理。

（二）健全教学质量监控和考核体系

教学质量是学校教育发展的核心，教学质量的提高依赖于每一个教学环节的提高，每一个教学环节是相互联系、相互制约、相互促进的，直接和间接影响教学质量的产生和形成，所以要重视对每一个教学环节监控。

（三）完善教学管理的实施保障条件

教学管理工作有力的组织保障就是建立健全的教学管理结构，最基本的还是要实现学院制的教学管理结构设置，做到权力下放，从教学管理决策机构、教学管理运作机构、教学管理保障机构与教学管理监督评价机构等四个方面有针对性地完善和健全教学管理机构。

（四）制定科学严密的管理规章制度

教学管理规章制度的健全和完善对教学管理基础工作的运行具有重要的意义。完善的规章制度是学院依法治校的基础保证，是使学院的各种管理活动做到有章可循、

有法可依的必要条件，是提高学院管理工作水平和学院发展的必然要求。这就要求学校要制定科学严密的管理规章制度，完善教学管理机制。

（五）注重打造优质稳定的教学管理队伍

在学校教学管理中，教学管理人员是十分重要的。教学管理人员在服务教学的同时又对教学进行指挥，既是实施者又是组织者。因此，正常的教学秩序依靠教学管理人员维持，对教学质量的提高有直接促进的作用。这就要求对教学管理人员进行有效管理，加强对教学管理队伍的建设。在教学管理过程中，教学管理人员的工作热情度直接影响工作的积极性，影响教学管理效果和效率的发挥，教学管理人员的工作热情应引起学校的重视，积极激发教学管理人员在管理工作中的热情，充分调动教学管理人员工作的积极性和创造性。这就要求学校要保证教学管理队伍的稳定性，加强教学管理队伍业务技能的培训，积极促进教学管理发展的人事管理制度，建立驱动为主的人员聘用方式，增强对教学管理岗位的吸引力，提高教学管理队伍的凝聚力，不断完善教学管理队伍管理能力的培养，整体提升教学管理人员的专业素养和业务水平。

四、结语

教学管理是学校管理的最重要的核心部分，它的存在是学术管理与行政管理相结合的表现，提高教学管理的有效性，就能够保证学校教学机制的正常运行，不断提高教育质量。本研究以广州A职业技术学院为例，运用教育管理的知识和原理，对民办高职院校的教学管理现状及存在问题进行了探讨。我们认为，民办高职院校要及时进行探索性教学管理改革工作，通过加强和改进教学管理提高教育教学质量，把握好教育发展的战略机遇。坚持以服务教师和学生为本，牢固树立全面、协调、持续发展教育教学的理念。通过创新教学管理理念、完善教学管理的实施保障条件、加强教学管理队伍建设、强化教学基本建设的管理、健全教学质量监控和考核体系等措施，及时处理好各环节在教学管理工作中的关系，增强学校的办学活力和自主适应社会需求变化的能力，促进民办高职院校的可持续发展，并为社会进一步输送有用的人才。

广东民办高职党组织战斗堡垒作用的主因及对策①

韩治国② 王艳丽③

摘　要：学习贯彻习近平新时代中国特色社会主义思想和党的十九大精神、贯彻习近平总书记重要讲话精神，落实党建工作三年规划，书写好广东教育"奋进之笔"，围绕学校中心工作，做好党建引领，发挥好民办高职院校党组织战斗堡垒作用是高职院校目前工作的重中之重。本文论述广东民办高职党组织战斗堡垒作用的意义，并详细提出应用对策。

关键词：民办高职党组织　战斗堡垒　主因　对策

一、民办高职党组织发挥战斗堡垒作用的重大意义分析

（一）坚持党的领导是民办高职健康发展的政治保障

2018年6月29日，中共中央政治局就加强党的政治建设举行第六次集体学习，习近平总书记在主持学习时强调，马克思主义政党具有崇高政治理想、高尚政治追求、纯洁政治品质、严明政治纪律。如果马克思主义政党政治上的先进性丧失了，党的先进性和纯洁性就无从谈起。这就是我们把党的政治建设作为党的根本性建设的道理所在。党的政治建设是一个永恒课题。要把准政治方向，坚持党的政治领导，夯实政治根基，涵养政治生态，防范政治风险，永葆政治本色，提高政治能力，为我们党不断发展壮大、从胜利走向胜利提供重要保证。

（二）坚持党的领导是民办高职立德树人的思想引领

在第二十三次全国高等学校党的建设工作会议上，习近平总书记就高校党建工作作出重要指示，要加强党对高校的领导，加强和改进高校党的建设，坚持社会主义办学方向，坚持立德树人的思想引领。

---

① 基金项目：2018年肇庆市社科规划项目（项目编号：18ZC-31）。
② 韩治国（1966-），男，汉族，山西大同人，本科，副教授。广东工商职业学院党委办公室主任、宣传部长。研究方向：党建、国学。
③ 王艳丽（1978-），女，汉族，山西大同人，本科，助理馆员。广东工商职业学院图书馆管理员。研究方向：图书馆学。

全国高校思想政治工作会议上，习近平总书记的讲话，深刻回答了事关高等教育事业发展和高校思想政治工作的一系列重大问题。习近平强调，高校思想政治工作关系高校培养什么样的人、如何培养人以及为谁培养人这个根本问题。要坚持把立德树人作为中心环节，把思想政治工作贯穿教育教学全过程，实现全程育人、全方位育人，努力开创我国高等教育事业发展新局面。

（三）坚持党的领导是民办高职思想理论建设的根本信条

习近平总书记在纪念马克思诞辰 200 周年大会上的讲话中指出：回顾党的奋斗历程可以发现，中国共产党之所以能够历经艰难困苦而不断发展壮大，很重要的一个原因就是我们党始终重视思想建党、理论强党，使全党始终保持统一的思想、坚定的意志、协调的行动、强大的战斗力。中共中央、国务院在《关于加强和改进新形势下高校思想政治工作的意见》中强调指出，高校肩负着人才培养、科学研究、社会服务、文化传承创新、国际交流合作的重要使命。

二、民办高职党组织发挥战斗堡垒作用的对策分析

（一）落实"双向进入、交叉任职"工作机制，使民办高职党组织有领导权、管理权、话语权

民办高职院校党委书记由省教育工委选派。党委书记必须通过法定程序进入学校董（理）事会，办学规模大、党员人数多的学校，符合条件的专职副书记也要进入董（理）事会。党组织班子成员应按照学校章程进入行政管理层，党员校长、副校长等行政领导班子成员，按照党内有关规定进入党组织班子。涉及民办高职发展规划、重要改革、人事安排等重大事项，党组织都要参与讨论研究，董（理）事会在作出决定前，要征得党组织同意；涉及党的建设、思想政治工作和德育工作的事项，要由党组织研究决定。建立健全党组织与学校董（理）事会、监事会日常沟通协商制度，以及党组织与行政领导班子联席会议制度；强化党组织对学校重要决策实施的监督，定期组织党员、教职工代表等听取校长工作报告以及学校重大事项情况通报。落实民办高职党组织"三权"：领导权、管理权、话语权。

（二）党组织班子充分发挥作用，做到守土有责、守土负责、守土尽责

首先，强化民办高职党组织自身机构，组织部长、宣传部长、统战部长担任党委成员，党委办、组织部、宣传部、学工部、统战部、纪检委，包括党组织领带下的工会、团委、教代会、职代会等机构必须健全，学校专职党务工作人员配备，应根据实际需要保持一定数量，经费单列，保证党建工作的开展。其次，民办高职党组织书记要把抓好党建作

为最大的政绩，增强履行"第一责任人"责任的政治自觉和行动自觉，做到守土有责、守土负责、守土尽责。

（三）党组织和党员队伍自身建设要加强，凸显战斗堡垒作用

民办高职院校党组织要真正发挥战斗堡垒作用，在日常工作中必须做到"七强化"。

1.强化党建队伍建设

按照"党要管党"的要求，民办高职院校党组织首先要抓好组织覆盖工作。师生规模不超过1万人的学校要配备3名以上学校党委部门专职党务干部；师生规模在1万到2万人之间的学校要配备5名以上学校党委部门专职党务干部；师生规模在2万人以上的学校要配备7名以上学校党委部门专职党务干部。每个二级院（系）党组织至少要配备1名专职党务干部，超过3000人的院（系）党组织至少要配备不少于2名专职党务干部。民办高职院校基层党组织负责人应由政治素质好、热爱党务工作、年富力强且有一定党务工作经验的党员担任。

2.强化党组织的政治核心作用

民办高职院校在利益追求上不同于公办高校。它不仅注重人才培养，强调社会效益，而且更注重经济利益，往往把经济利益放在首位，忽视社会效益。强化民办高职党组织在学校工作中的地位和作用，就是发挥党组织的战斗堡垒作用，引领学校正确处理经济利益和社会效益的关系，把社会效益放在办学的首位，全面贯彻国家的教育方针，深化教育教学改革，加大教学投入，改善教学环境和教学手段，提高教育教学质量。

3.强化党组织的协调、监督和保障作用

通过政治、组织、思想和纪律建设，充分发挥党组织的战斗堡垒和党员的先锋模范带头作用，提高党组织的凝聚力，使广大党员把学校的发展看成是自己的事业，开拓思路，积极进取，努力工作。党组织积极参与学校的管理，监督学校的办学行为，促使学校依法办学，维护举办者、教职工和学生等各方的利益，协调各种关系，促使新办学模式带来的新矛盾和新问题的圆满解决，形成民办高职和谐发展的长效机制。党组织要严格落实"三会一课"、组织生活会、谈心谈话、民主评议党员等制度，在突出政治性、强化刚性执行上下功夫，对照党章，锤炼党性，提高觉悟。

（五）强化"六项责任"落实

维护大局稳定、构建和谐社会是党对基层组织提出的政治任务，也是民办高职院校党组织发挥战斗堡垒作用的重要内容。各民办高职院校要按照省教育工委与学校党委书记签订"六项责任制"（论坛、教材、课堂教学、校园网络安全、涉外资金和资助项目、党团组织建设）的内容，层层签订职责状，督促各系部（二级学院）和职能部门落实"六

项责任制"，进一步加强党对意识形态工作的领导，坚持正确的政治方向，落实党委主体责任，夯实基层党建，加强制度建设和规范管理，把民办高职打造成为防范境外敌对势力渗透的"护城河""防火墙"，维护学校政治安全。

（六）强化师生党员发展培养

要充分认识加强高校中青年教师党员发展工作的重要性和紧迫性，大力推进高校中青年教师党员发展工作，一方面，通过党的先进性使教师在思想觉悟、政治修养、业务能力等方面不断取得进步，更在引领学生思想道德方面发挥模范带头作用。另一方面，作为知识分子群体的优秀代表，高校中青年教师入党可以进一步增强党的先进性，不仅有助于培养出政治坚定的马克思主义者、优秀的共产党员，更有助于保证党的政策在高校的贯彻和执行，为高等教育的改革与发展提供坚强的组织保障。民办高职党支部要统筹规划教师党员发展工作，建立健全及时发现机制。各级党组织要按照控制总量、优化结构、提高质量、发挥作用的总要求，单列教师党员发展计划，规划好优秀青年教师的发展工作，主动帮助引导青年学术骨干、学科带头人、拔尖领军人才和海外留学归国教师向党组织靠拢，条件成熟的及时确定为党组织发展对象，切实做好在青年教师中发展党员工作。

粤港澳大湾区职业教育专业建设探索与分析

——以中山职业技术学院为例

聂劲松　王文彬　万伟平

摘　要：加强"粤港澳大湾区建设、粤港澳合作、泛珠三角区域合作"是十九大报告的工作要求，职业教育肩负着培养数以万计的技能技术型人才的使命，是湾区经济社会可持续发展的不竭动力。文章以粤港澳大湾区内地9市之一的中山市为例，在对中山市新一轮发展及产业转型升级分析的基础上，剖析了广东省一流高职院校：中山职业技术学院的专业结构，并与粤港澳大湾区同类院校专业设置进行对比，最后，提出关于新一轮发展的专业优化建议。

关键词：粤港澳大湾区　职业教育　专业建设

一、产业背景：大湾区建设及中山新一轮发展定位

（一）粤港澳大湾区建设及其产业走向

早在 2005 年，《珠江三角洲城镇群协调发展纲要（2004-2020）》就提出建设世界级城镇群和粤港澳跨界合作发展区。十九大报告明确支持香港、澳门融入国家发展大局，以粤港澳大湾区建设等为重点，全面推进内地同香港、澳门互利合作。

从经济社会发展和产业走向看，粤港澳大湾区建设最具标志性意义的信息，一是世界级湾区城市群和世界级沿海都市带的建设。突出表现为水陆空交通的巨大发展，预示了以交通航运为主的制造业、服务业的快速增长与提质。二是粤港深度合作区的发展。核心是建成高水平国际化城市和国际航运、贸易、金融中心，关键是研发及科技成果转化、国际教育培训、金融服务、专业服务、商贸服务、休闲旅游及健康服务、航运物流服务、资讯科技等八大产业的推进发展。

（二）中山新一轮发展及产业转型升级要求

按照李希书记的指示要求，未来中山将奋力建设成为珠江东西两岸融合发展的支撑点、沿海经济带的枢纽城市、粤港澳大湾区的重要一极。这意味着，中山既要承载港澳及深圳、广州等地现代金融、专业服务和高端制造等高科技产业的辐射和渗透，又要凸显自身产业特色，成为粤港澳大湾区世界级先进制造业基地、区域性综合交通枢纽、产业创新中心和历史文化名城。

二、当前状况：中山职业技术学院专业结构及其相关分析

（一）专业（点）面向情况

在中山职业技术学院（以下简称"学院"）现有 35 个专业点中，面向制造业的专业点 11 个（电梯工程技术、电气自动化技术、机电一体化技术、电子信息工程技术、数控技术、工业分析技术、精细化工技术、模具设计与制造、焊接技术与自动化、机械设计与制造、工业机器人技术），在校生 2179 人，占比 29.49%；面向服务业的专业点 24 个（其他各专业），在校生 5211 人，占比 70.51%。

（二）专业影响及市场前景

专业影响力及市场前景可以通过专业报到率、就业率、用人单位满意度，以及毕业生平均薪酬和升迁率进行观测。前三者又称之为社会认可度，后二者或称之为职业发展

情况。从社会认可度看，社会工作专业和商务管理专业的报到率和就业率均在前十，电梯工程技术专业和动漫制作技术专业的报到率和用人单位满意度均在前十，精细化工技术专业和工业分析技术专业的就业率和用人单位满意度均在前十位。

（三）优势专业建设

目前，学院拥有省级及以上重点建设专业 16 个（央财支持重点专业 2 个，省示范校重点专业 4 个、省级重点专业 5 个、省一类品牌专业 1 个、省二类品牌专业 5 个、省一流校重点专业 6 个），在校生人数 3936 人，分别占全部专业数及规模的 45.7% 和 53.3%。其中，面向服务业的专业点 10 个，在校生 2416 人（占比 61.38%）；面向制造业的专业点 6 个，在校生 1520 人（占比 38.62%）。

三、生态参数：粤港澳大湾区同类院校专业设置比较研究

（一）同类院校的专业布点及规模

以各院校官方网站及广东省教育考试院出版的《2017 年高校招生专业目录》作为基础数据进行统计分析，结果显示，2017 年 10 所高职院校共有招生专业点 395 个，平均每校设置约 40 个专业点，分属于 88 个院系部，其中学院 40 个、系 47 个、部 1 个。10 所高职院校有在校生人数约 12.81 万人，平均每校 1.28 万人；平均每专业点有学生数 340 余人。

（二）同类院校的专业面向

对 10 所同类院校 2017 年招生数位居前十的专业进行分析，多数院校与当地主要产业形成对接态势，有的甚至相当紧密，比如珠海城市职业技术学院、江门职业技术学院、番禺职业技术学院等；一些院校专业面向较广，比如东莞职业技术学院、广东理工职业学院；一些院校既有对接当地产业的专业，也有面向广阔的专业，比如顺德职业技术学院。

（三）与学院专业建设的比较

其一，共同坚持了特色发展和错位发展。不仅多数院校有特色优势专业或品牌专业，比如学院的电梯工程技术专业，珠海城市职业技术学院的空中乘务、港口与航运管理专业，东莞职业技术学院的出版与电脑编辑技术专业，顺德职业技术学院的食品质量与安全，佛山职业技术学院的光伏发电技术与应用专业，番禺职业技术学院的宝玉石鉴定与加工专业，江门职业技术学院的高分子材料工程技术、染整技术专业等，而且在 2017 年的招生专业中，学院有 4 个专业与 10 所同类院校零重复，8 个专业出现较低重复率。

其二，专业点规模及学校规模相差悬殊。调研的 10 所同类院校目前的在校生人数最高的有 2.3 万余人，每专业点学生数最多的有 460 余人，而学院的专业规模和学校规模不到 10 所同类院校平均数的七成，学校规模只有深圳职业技术学院的 1/3，顺德职业技术学院的 1/2。

四、优化建议：中山职业技术学院新一轮发展的专业建设

（一）树立以完善和提升课程教学为专业提质基本策略的专业优化理念

1．改革提升传统专业的课程教学体系

专业的实质是将学生相对固定在不同的课程教学体系框架中，成为具有不同职业专门素养的专业人才。因而，应将改革提升课程教学作为专业提质的基本策略，针对约 75% 的传统专业特别是较高重复率的 19 个专业，根据未来中山及粤港澳大湾区人才需求，按照产业的信息化、智能化、高端化、非常态化趋势，调整和丰富课程体系及教学内容。

2．创新完善院系之间课程教学关联方式

高职院校的课程教学通常由专业技术课程、专业基础课程和文化基础课程三个板块组成，但当前和未来，不仅许多传统的专业基础课程变成了所有从业者的公共基础课程，而且一些专业技术课程也将纳入从业者的基础素养培育之中，成为公共技术素养课程。这就需要提高各院系各专业之间课程教学的关联度，按照复合型跨界专业群建设要求，推行公共技术课程全校渗透制度。

（二）确立以推进专业现代性不断丰富为总体目标的专业调整优化路径

1．强化特色优势专业群建设

如何将学院相对独立或分散的省级及以上重点专业加以集成，并捆绑或带动其他专业一起，形成若干个特色优势专业群，将是当前和未来学院专业优化的牛鼻子工程。因而，在学院新一轮发展中，应按照每个院系 1 个至几个特色优势专业群安排师资、实践教学场馆等资源配置，并在强化产教融合、政校企社合作的基础上，建立健全柔性引才引智制度，集全校之力引进国家、省市及企业科技研发中心等重大项目，提升专业实力、业内和社会影响力。

2．扩大专业规模和学校规模

一是着力推进中高职衔接。适应中山中职改革要求，从长线专业及人才规格层次要求较高的专业开始，全面推行五年一贯制或"3+2"与"2+3"分段培养，逐步实现中职专业全覆盖。二是着力推进办学模式创新。在巩固提升产业学院办学模式的同时，

依托国家级示范中职学校和产业园区，建设中高职衔接五年贯通培养基地。三是提升高职教育层次与水平。在全力创建一流高职院校的同时，进一步探索本科及以上层次职业教育人才培养，加强专业建设宣传、拓展专业发展空间或领域、重视支持制度和保障条件建设。

（三）构建集全校之力持续支持与诊断施治管理相统一的专业优化机制

1. 建立专业建设发展台账

按照学校构建专业诊断与改进及动态调整机制的要求，以专业建设历史沿革、社会需求、发展前景、招生录取率、报到率、就业率、社会满意度、评估认证结果、第三方机构评价等为主要内容，建立各专业建设发展台账和全校专业建设资源信息库。

2. 优化专业诊断和施治模式

一是确定专业设置优化的评价模型。根据 CIPP 评价、专业生命周期、系统论等相关理论，以及"两维四向"关系模型 等的研究结论，本项目建构了一个高职院校的专业点评价指标体系。

二是健全专业设置调整优化的工作机制。在已经规定的工作程序和相应职能分工基础上，建立专业化的第三方评估机制。以校内非管理部门、非教学部门为主，设立专业建设发展质量测评中心。

（四）形成服务地方发展与对接较大区域人才市场相结合的专业设置格局

从现有专业设置出发，围绕传统优势产业、新兴产业及湾区急需发展的专业发展组建专业集群。如以工业机器人技术、数控技术、机电一体化技术、电气自动化技术、焊接技术与自动化、模具设计与制造、机械设计与制造为基础，打造智能制造类专业子群。

关于高职院校开展素质教育的几点刍议

笑 虓[1] 李 宁[2]

摘　要：随着我国高等教育改革的不断推进，素质教育越来越受到重视。在改革的过程中，我们应该狠抓师德教育，加强学生的传统文化学习，提高学生的沟通技巧，拓

① 笑虓（1969–），男，陕西，广东省外语艺术职业学院副教授，硕士，古代文学。
② 李宁（1980–），黑龙江，广东省外语艺术职业学院讲师，硕士，音乐教育。

展学生的专业学习方法。为学生顺利走上工作岗位，奠定坚实的基础。

关键词：师德教育　重视传统文化　提高沟通技巧　拓展专业学习

一、师德教育应该常抓不懈

教师作为学生人生道路上的引路人，起着"人生导师"的作用。在教育战线上有一大批优秀的教师常年默默在耕耘着，他们是我们教师队伍里杰出的代表。但也应该看到，在科技高度发达的今天，一个人每天都能接收到大量的信息，心态的浮躁、信仰的缺失、各类人炫富的行为、人们急功近利的思想都会对教师们形成一定的冲击。在这种社会大环境下，很容易导致一些教师，面对贪污腐败、贫富分化、孩子教育、住房、养老等等社会问题，在工作和生活双重压力下，产生人生挫败感和失落感，进而出现理想信念模糊、职业道德素养下降、育人意识淡薄等情绪，并把这种负面情绪传递给学生。2014 年 11 月 14 日，《辽宁日报》转载了一篇文章《老师请不要这样讲中国》，文章引述学生的观点，对老师在课堂上缺乏"中国认同感"的种种现象进行了批评。必须承认，目前在我们教师队伍中，的确存在着一种上课喜欢"发牢骚"的现象。少数教师认为抨击时事，甚至有意迎合学生口味就是一种时髦。说一些激愤的话，可能会让学生一时兴奋，但真正能让学生一生记取的，能够赢得尊重的，还是深刻的洞察和独到的见解，是经岁月检验后沉淀下来的思想和智慧。针对这种"发牢骚"的现象，我们不能不警惕。因为一个教师，其思想观点在学生中的传播作用是无法估量的，因为学生的人生观正处于形成时期。应该把加强教师的思想教育工作作为我们的头等大事来抓，引导教师们树立远大的理想和信念。

作为教师，我们应该正确看待这些社会现象，相信在我国新一届领导班子的带领下，一些不合理的社会问题一定会得到很好的解决。实际上，通过中央政府的一系列举措，贪污腐败、违法乱纪的行为已经得到了很好的遏制，教师这一职业越来越受尊重，教师的待遇也在不断提高。因此，我们在课堂上应该向学生多传递一些正能量的信息，而不是把课堂当作个人情绪宣泄的场地。

在十八届中共中央政治局第一次集体学习中，习近平同志就强调："理想信念就是共产党人精神上的'钙'，没有理想信念，理想信念不坚定，精神上就会'缺钙'，就会得'软骨病'。"作为教师，如果理想信念出了问题，那又怎么能教育好自己的学生呢？因此，在高校中，应该针对思想政治工作常抓不懈，时时警惕一些不健康的思想观念对我们教师队伍的侵蚀。另外，应该大力表彰教师中的优秀分子，为普通教师树立一批先进的榜样。让大家清楚，在我们的身边，就有那样一批道德情操高尚、富于人格魅力的教师在勤勤恳恳地工作着。针对教师中出现的情绪波动、精神疲劳等职业病，我们可以面向教师开设一些心理咨询讲座和辅导课程，舒缓教师的工作压力。

"其身正，不令而行；其身不正，虽令不从。"教师只有提高自己的言谈举止、知识涵养、道德品质，以身作则、身体力行，才能更好地引导和教育好学生。

二、加强传统文化学习，拓宽学生视野

改革开放 30 多年来，西方文化在中国的传播，对中国民众思想上的渗透已经是不争的事实。部分国人在西方文化的冲击下，逐渐忘记了中国人的本色，盲目跟从，对中国传统文化的价值熟视无睹。这种风气的蔓延，对国家的发展有着致命的影响。我们千万不要忘记苏联解体的历史教训，忘记过去就意味着背叛。因此，我们必须在创新的基础上，重视中国传统文化的教育。费孝通先生曾说："创造不能没有传统，没有传统就没有了生命的基础；同样，传统也不能没有创造，因为传统失去了创造是要死的，只有不断的创造才能赋予传统以生命。"

因此，我们需要在课程安排上大胆创新，除了把学生的培养教育工作与社会的需求紧密结合起来外，我们还要坚守传统，在通识课程中，进一步加强文史学科的教学，提高学生的人文素养，特别是古文的教学。在古文学习中，我们可以近距离接触到古人的思想精华，充分认识到古人平和进取、在大是大非面前不卑不亢的人生态度。但我们的很多学生，历史知识贫乏，对中国朝代划分一知半解，历史上一些大事要事张冠李戴。俗话说："灭人之国必先去其史"，割裂甚至否定历史，就会严重损害对民族文化传统的自信心。正如习近平同志所说："优秀传统文化是一个国家、一个民族传承和发展的根本，如果丢掉了，就割断了精神命脉。"因此，在通识课程中，我们应该开设一些中文、史地等必修课。比如《文学精品选读》，所选篇目可与《大学语文》交叉，以补"遗珠之憾"。开设《中国传统文化》这门课，可以让学生感受中国传统文化的博大精深，树立民族自信心，增强民族自豪感。高职院校的学生很少有人通读过"四大名著"，提起里面的人物，难免底气不足。但是"四大名著"给予世世代代的中国人无穷的精神力量，潜移默化地对中国人的情感起到了滋补作用。毛泽东同志曾号召大家要多读《红楼梦》；而许多日本公司也把《三国演义》列为"领导者必读"，并将孔明兵法作为管理原则。而我们不少老师却认为那些名著只是中文系学生的自学作品。因此多年来，我们一直面对这一现象，都听之任之甚至熟视无睹。在学生思想情感上最需要"营养"的时候，我们却错失了最好的时机。这是非常令人痛心的！因此，建议让"四大名著"走进高职院校，长期开设"四大名著"赏析课，让文学经典常驻学生心中。

针对学生对中国各地的地理位置、自然物产缺乏了解，对中国历史上朝代划分、各个朝代的特点不甚了了的现象。我们可以开设《中国各地概况》《中国历朝历代大事记》等等课程，进一步加强学生对中国国情和中国历史的了解，拓宽学生的知识面。

三、提高学生沟通技巧

现在的学生，基本上都是小学、中学、大学一条线走上来的。他们一直待在学校的象牙塔里，虽然掌握了不少课本知识，但一出校门，面对纷繁复杂的社会，在与他人交际的过程中，没有了老师的指导，同学的帮助，就发觉自己无所适从。其根本原因就是因为他们普遍在学校就缺乏相关的沟通技巧方面的训练，接触的对象也比较单一，除了老师，一般就是本专业的同学，缺少与不同类别的人打交道的机会。因而欠缺最基本的沟通技能就不奇怪了。每年的实习季，老师们都会带毕业生到各地实习。经过调查，笔者发现实习中的学生表现出的一些行为，和学校里的他们不太一样。在学校里，虽然老师经常和学生们见面，但深入的接触并不多，总体感觉学生们表现还是比较有礼貌的。但一走出校门，有些学生的做法就暴露出他们行为处事上的欠缺之处。实习中，每周老师们都会乘长途车去各地探望实习的学生。可以看出，学生们对老师的到来也是比较欢迎的，他们纷纷给指导老师汇报在实习中出现的各种问题。但每次老师要离开时，除了个别学生把老师送到办公室门口，其余的人竟然没有什么反应，甚至有人还是坐在原位，一动不动，连一句"再见"都没有。笔者也曾就了解到的情况和学生们谈过这个问题。有些学生说，当时自己也觉得做得不对，但是想着老师不是陌生人，就没必要那么多礼了。还有些学生说，想送送老师，但是觉得不好意思，加上手头事又比较多，看其他人不动，自己也就没有出声。

"一带一路"视角下广东省高职院校中外合作办学项目发展特征研究[①]

杨　心[②]

摘　要：广东高职院校中外合作办学项目发展特征有：项目数量稳步增长，各院校参与程度不高；示范院校表现突出，区域分布不平衡；以公办学校为主，与"一带一路"沿线国家合作少；与合作对象产业相匹配，合作专业分布不够广泛；以学历教育为主，学习模式较为单一；以本国生源为主，受益学生覆盖率低。对于这些发展特征，要更好地发展中外合作办学项目：第一，从自上而下的政策入手，提高中外合作办学参与程度；第二，从本省中外企业合作入手，加强与"一带一路"沿线国家的交流；第三，从产业发展规划入手，广泛选择"一带一路"建设重点合作专业；第四，从"本土国际化"入手，探索多种形式的共赢合作方式。

关键词：中外合作办学　"一带一路"　广东高职院校

广东省是"一带一路"战略中 21 世纪海上丝绸之路的重要区域，为促进本省与"一带一路"沿线国家或地区的合作共赢，高等职业教育领域凭借其面向区域或地方经济发展培养人才的直接性，是这一共同发展之路的重要窗口之一。近年来，在《广东省参与建设"一带一路"的实施方案》《广东省中长期教育改革和发展规划纲要（2010-2020 年）》及《广东省教育发展"十三五"规划（2016-2020 年）》等政策指导与支持下，广东高职院校积极响应"坚持开放发展，提升国际影响力和竞争力"的口号，主动参与双边、多边和区域性、全球性教育交流与合作，中外合作办学项目蓬勃发展，为服务"一带一路"国家战略做好"民心相通"这一重要环节作出了一定的贡献。

一、广东省高职院校中外合作办学项目发展概况

根据《中华人民共和国中外合作办学条例实施办法》，"中外合作办学项目是指中国

---

①项目基金：2016 年广东省高等职业技术教育研究会课题"'一带一路'背景下粤东西北高职院校本土国际化策略研究"（GDGZ16Y044）。
②杨心（1984-），女，广东阳春人，阳江职业技术学院科研处，讲师，研究方向：高等职业教育国际化。

教育机构与外国教育机构以不设立教育机构的方式，在学科、专业、课程等方面，合作开展的以中国公民为主要招生对象的教育教学活动。"据教育部中外合作办学监管工作信息平台公布的数据，截至 2018 年 4 月，广东省经地方审批报教育部备案的高职院校中外合作办学项目共 31 个，其数量在全国省市中排名第七。这些项目分别由 17 所高职院校与国外 / 境外的 8 个国家或地区合作举办，办学层次为高等专科教育，学制均为三年制，涉及 26 个专业，招生方式均纳入国家普通高等教育招生计划，学生按要求完成相关课程达到毕业要求，可以获得由中外双方颁发学历或职业资格证书。

二、广东省高职院校中外合作办学项目发展特征分析

（一）项目数量稳步增长，各院校参与程度不高

广东省高职院校最早于 2000 年在教育部备案中外合作办学项目，经过 17 年的发展，合作项目数量不断增加，年均增长 1.5 个项目。项目数量增长最快的是 2012 年。这是各高职院校在广东省在《国家中长期教育改革和发展规划纲要（2010-2020 年）》发布后，对"鼓励各级各类学校开展多种形式的国际交流与合作，办好若干所示范性中外合作学校和一批中外合作办学项目"的要求作出的积极响应。随着"一带一路"政策在教育领域的大力展开，相信广东省高职院校中外合作办学项目将持续、更快地增长。

（二）示范性院校表现突出，院校所在区域分布不平衡

广东高职院校中外合作办学项目主办院校有 17 所，占全省高职院校总数的20.48%。其中有 4 所国家示范性高职院校，3 所国家示范（骨干）高职院校，9 所省级一流高职院校及 4 所省级示范高职院校。这些示范性院校，处于欠发达地区的清远职业技术学院作为省级示范高职院校，其中外合作办学项目的开展也为粤东西北欠发达地区的高职院校树立了榜样。由此可见，一方面，中外合作办学有助于提高高职院校办学质量；另一方面，国家、省级示范性高职院校及省级一流高职院校建设项目计划在中外合作办学中起着重要的示范作用。

（三）合作对象以公办学校为主，与"一带一路"沿线国家合作少

从合作对象的办学性质来看，此 31 个项目与 19 所国外 / 地区院校进行合作。其除与韩国的合作院校是私立院校外，其余均选择了比较著名的公立院校进行合作。由于广东省举办合作办学项目的院校也以公立院校为主，其办学性质使其在选择合作对象过程中更加倾向于公立性质的院校，以适应办学性质的相同性及就读学生的经济状

况。另一方面，广东省参与中外合作办学项目的高职院校中仅 2 所为民办院校，占举办中外合作项目高职院校数的 11.8%。民办院校比公办院校在发展方式上更具有灵活性，进行中外合作办学的方式也更加灵活，而从其参与中外合作办学的程度来说并未体现这一优势。

三、发展广东高职院校中外合作办学项目的建议——基于"一带一路"建设的视角

（一）从自上而下的政策入手，提高中外合作办学参与程度

广东省高职院校中外合作办学参与程度不高的一个重要原因在于还没有一个较为完整的规划和实施方案，教育管理部门对于高职院校的办学质量评价也没有涉及教育国际化这一方面上。从政策上说，第一，教育管理部门应制定适应高职院校的中外合作办学规划及实施方案，自上而下敦促高职院校全面武装本校的国际化发展程度。第二，把高职院校国际化发展程度纳入年度考核体系，将中外合作办学项目发展情况与"创新强校工程"、地方"一带一路"建设方案紧密联系，作为高职院校办学质量及地方经济社会发展的重要指标。

（二）从本省中外企业合作入手，加强与"一带一路"沿线国家的交流

高职院校如果仅从教育目标出发寻找合作对象，与普通高校或与发达地区进行的教育合作而言，并没有明显的优势。高职院校应抓住其人才培养目标的特殊性，那就是高职院校的人才培养目标要符合经济生产第一线的人才需求，因而应从中外企业合作入手，探索技术合作、人才交流、国际标准等多种形式的资源共享。广东省是海上丝绸之路发源地，具有优厚的地缘优势。而根据《"一带一路"大数据报告（2016）》相关数据显示，广东省在省市参与度方面位列全国第一。广东是中国大陆与"一带一路"沿线国家经贸合作量最大、人文交流最密切的省份，是中国大陆与沿线国家双向投资最多的省份。因而广东省高职院校应充分利用这一优势，积极主动联系中外企业，以为"一带一路"沿线合作企业提供人才为切入点，增加高职教育与各国的交流合作机会与平台，推动高职院校自身紧跟经济社会发展的步伐。

（三）从产业发展规划入手，广泛选择"一带一路"建设重点合作专业

既然高职院校的人才培养必须为当地或区域经济作出较为直接的贡献，那么高职院校不应仅关注重点或优势专业进行中外合作，还应关注专业建设中的薄弱专业，才能更

广泛地达到取长补短的目的。各区域高职院校应结合《广东省区域产业布局规划》《广东省战略性新兴产业发展"十三五"规划》及《广东省参与丝绸之路经济带与21世纪海上丝绸之路建设实施方案》进行专业布局，并以此为支点，客观评估本院校的优势与薄弱专业。对于优势专业争取"走出去"，与"一带一路"沿线国家教育机构、企业交流合作；对于薄弱专业争取"纳进来"，争取得到具有此产业优势的国家或企业的帮助，使一批专业达到能与外方技术实力媲美的目标，提升高职院校整体办学水平。

（四）从"本土国际化"入手，探索多种形式的共赢合作方式

由于广东高职院校中外合作办学项目惠及的学生范围较小，各高职院校应探索更多在"本土"就能实现培养国际化人才的中外合作形式，以使更多师生得到更多的机会来发展自身的国际素质。第一，借助中外合作办学的机会培养本土教师的国际化素质，邀请国外优秀教师到本校培训教育，与外教合作共同备课、讲授专业课程，共同研究专业相关知识。第二，以中外合作办学项目为基础，增加以技术应用为主的职业资格证书或技能证书方面的合作项目，进一步推进学分互认、学位互授的合作形式。第三，引进"国际通用职业资格证书"的考核机制，推动高职院校课程、教学方式、评价机制等方面的全面改革。第四，探索覆盖面更广的社会服务形式，利用中外合作的共享教学、技术资源，面向社会培训专业技术人才；向有需要的本省企业提供先进技术与服务支持，增强中外合作办学项目的影响力。

从外生型激励到内生型创新

——广东高职院校创新评价体系构建及发展路径研究

杨　伟[①]

摘　要：在资源和能力有限的条件下，单纯依靠规模扩张、需求拉动、优惠政策等外部因素已经不能实现高职院校的可持续发展，只有拥有核心竞争力和创新精神的院校才能实现高质量和可持续的成长。本课题试图将视角深入高职院校内部，从内生创新的角度研究广东高职院校的创新发展路径，以期能够给正处于发展困境或发展转型中的高

---

① 杨伟（1984- ），男，籍贯山西省晋中市，阳江职业技术学院财经系教师，经济学讲师，华中师范大学区域经济学硕士研究生，区域发展与城乡规划方向。

职院校一些帮助和建议。

关键词：高职院校　创新评价体系

在现代高等教育体系中，院校的创新能力广泛地被认为是形成院校竞争优势的根本支撑，是院校竞争力的核心所在和院校发展的原动力。因此只有客观、科学、定量、有效地评价创新能力，把握创新能力的主要影响因素，才能有效地开展创新型院校的培育工作。鉴于此，本文从构建高职院校创新评价体系入手，对高职院校各方面的创新能力进行量化评价，并在此基础上探析高职院校由外生激励到内生创新的路径。

一、从外生性激励到内生性创新的内涵及特点

"内生型"和"外生型"是相对于某个系统而言。任何系统都同时受到内、外部因素程度不同的影响。一般来说，如果该系统主要受系统内部自身因素的影响，就称系统具有内生型，主要表现在其产生的力量来自内部组织；如果该系统主要受系统外部因素影响，就称系统具有外生型，主要表现在其产生的力量来自外部组织。因此，可以定义"内生性"创新是通过对院校所有制、经营管理体制、组织结构、产品技术、观念文化等内部因素调整和优化来实现的一种创新模式。作为内生性创新的对应概念，外生型激励是以院校的外部因素作为动力和资源的创新模式，发展依赖的是优惠政策、院校规模扩大，主要是适应外部的需求表现出的发展扩张。

外生性激励和内生性创新的特点可以归纳概括为以下几个方面：一是动力来源方向。内生性创新依赖于院校内部因素，而外生性激励来自院校外部环境和因素。二是时间持久性。内生性创新一般实现后，能够稳定地存续较长时间，如某项环节突破或是组织形态的优化重组，而外生性激励则具有时间不确定性，如某项优惠政策可能在短时间内改变，某些专业需求可能在短期内饱和等。三是投入资源程度。内生性创新通常需要投入较多资源才能够实现，如技术研发和引进人才，通常都需要投入大量资源才能实现。四是排他性。内生性创新具有特殊性，是紧密依附于院校的，难以简单复制和参考。如院校文化及院校创新意识及观念、品牌特色专业等。而外生性激励相比较为容易复制和参考，如某项优惠政策或是某些专业人才需求的爆发，院校排他性较弱。

二、广东高职院校创新能力评价体系的构建

（一）广东高职院校创新能力评价体系的构建思路

1. 问卷设计和样本选择

本研究的问卷设计共分为三个阶段进行：第一阶段，在进行问卷设计之前，本文对广东高职院校创新的影响因素、动力模式、演化机制、创新过程等相关研究成果进行了较为深入研究，根据文献研究结果，设计出调查问卷的初稿；第二阶段，通过讨论，并对调查问卷初稿的测量条款和语义表述进行了修正，并形成了调查问卷的修改稿；第三阶段，对广东省内部分高职院校高层管理人员进行了调查。根据调查反映出的问题，笔者对调查问卷进行最后一次修正并最终定稿，形成了本研究的正式调查问卷。为了全面考察广东高职院校的创新能力及其影响因素，本文选择省内 30 所高职院校（包括民办和公办）作为研究样本的主要来源。

2. 变量测量

由于高职院校创新能力的影响因素很多，可分为定量数据和定性数据。对于定量数据，调查时只需要被调查者如实填写；对于定性数据。

3. 统计方法

依据本研究的实证目的及数据获取情况，用到的统计方法。

（二）广东高职院校创新能力评价体系指标设置

依据院校创新能力的内涵，参考某些院校在创新实践中的经验，在院校创新能力评价指标体系设计原则的指导下，从研究开发能力、研发要素投入能力、观念创新能力、管理创新能力和制度创新能力五方面系统地建立院校创新能力评价的指标体系。

（三）广东高职院校创新能力评价体系的量化

广东高职院校创新能力评价指标体系比较集中地反映了院校创新能力的主要方面，但各指标的重要程度不一样。因此，本文应用模糊理论方法初步对各指标的重要性排序，并按重要性分别分配权重，从而确定指标权重集。A1 比其他四项都重要，记 5 分；A2 不及 A1 重要，但比其他三项都重要，记 4 分；以此类推，A4 记 3 分，A3 记 2 分，A5 记 1 分。

（四）广东高职院校创新能力评价体系的检验

1．数据处理

本文以广东高职院校为实证研究对象，对具有代表性的院校通过发放问卷的形式进行调查，共回收了 50 份问卷，其中有效问卷 30 份。本节根据问卷所反映出的各项数据，利用 SPSS16.0 社会科学统计软件包进行统计分析。

2．总体评价

通过以上数据处理，可以计算出 30 所高职院校的创新能力得分。整体来看，广东省高职院校的创新能力不高，总得分在 70 分以上的样本院校仅有 3 家，占样本总量的 10%；大部分样本院校的整体创新能力得分集中在 40～60 分之间，占样本总量的76%。也就是说，广东高职院校的整体创新能力只处于中等水平。

3．院校分类

为深入认识广东高职院校的创新特点，本文采用 K- 均值聚类法（K-Means Cluster）对 30 个样本院校进行分类，并逐类分析其特点，为研究院校创新动力机制和营造创新环境提供支撑。根据研究需要，本文反复尝试把数据分成不同的类别数，并进行比较分析，最终确定把样本院校分成 3 类是最优的方案。运行 SPSS16.0，可以得出以下重要分析结果。

三、广东高职院校由外生性到内生激励创新发展的路径

（一）战略发展观念创新：明确院校发展方向

院校创新的核心是创新意识。广东高职院校必须以长远眼光和创新理念，树立战略意识，突破观念障碍。因此，高职院校必须突破旧习惯、旧观念的束缚，培育发展新动力、寻找新需求、创造新供给、拓展发展新空间。面对这个问题，高职院校需要重点关注"互联网 +"、分享经济、国家大数据战略、"粤港澳大湾区""一带一路"等战略计划，高职院校需要解放思想，探索新路径和之相呼应。发挥主观能动性，选准自己的目标、找出适合自己的切入点、探索出适合自身发展实际的发展道路。

（二）院校发展模式创新：提升院校内生效率

当前，高职院校依靠原有的追求规模扩张的发展模式已经难以为继，由粗放型向精细化管理转型成为广东高职院校转型升级的必然选择。这就要求高职院校加快推进院校发展模式转变，改变以规模论成败的学校办学模式，形成以品牌和专业及创新能力为内

涵的新发展模式。其次，要转变创新发展要素投入模式。很多高职院校自身实力不足，过度依赖地方政府和上级教育部门投入，很大程度导致创新要素投入不足。因此，要积极拓展创新发展的要素投入机制，通过产学研、合作办学、合作创新等多种模式，吸收各方面的资源参与到院校创新发展的工作中，形成创新发展合力。必须加大对各类创新行为的扶持和奖励，将创新行为和成果同职称评定、年度考核等相挂钩，提升院校内在创新动力。

（三）院校管理制度创新：完善现代院校制度

要实现其粗放分散发展向集约集聚发展转型升级的战略目标，就要打破传统院校管理模式的局限性，不断提高职业院校管理规范化、精细化、科学化水平。一是加强重点领域管理，针对学籍、教学、实习、安全、财务等重点领域，要常抓不懈，并建立管理长效机制。二是推进学校管理制度标准化。推进学校治理结构和决策机制制度化，完善院校的日常管理制度，理顺和完善教学、实训、学生、后勤、安全、科研和人事、财务、资产等方面的管理制度、标准，建立健全相应的工作规程，形成规范、科学的内部管理制度体系。三是提升管理信息化水平。强化信息化整体设计，制订和完善数字校园建设规划，做好管理信息系统整体设计。健全信息化运行机制，建立基于信息化的管理制度，成立专门机构，确定专职人员，建立健全管理信息系统应用和技术支持服务体系。

广东省高职高专层次中外合作办学现状分析及对策研究

黄水平[①]　张　泰[②]

摘　要：近年来，我国高职高专层次中外合作办学的类型和规模进一步扩大，已成为我国教育事业的重要组成部分。文章通过对广东省高职高专层次中外合作办学进行全面调研，对其办学性质、外方高校、专业门类、办学地域、专业产业契合度等进行比较分析，总结其现状及存在的问题，并探索性提出一些可行性发展对策，以期能促进其实现提质增效、服务大局、增强能力的转型升级。

---

① 黄水平（1986–），男，江西吉安，广东科技学院国际教育学院副院长，讲师，主要研究方向为高等教育国际化、高等教育管理。

② 张泰（1986–），男，湖北石首，广东科技学院国际教育学院办公室副主任，讲师，主要研究方向为高等教育国际化。

关键词: 高职高专　中外合作办学　现状　对策

一、广东省高职高专层次中外合作办学存在的问题

经对广东省高职高专层次中外合作办学之办学层次、性质、区域，学科门类，国别分布，专业产业契合度等进行调查分析，可发现其存在的如下现实问题。

(一) 办学布局不合理

1. 地域分布不合理

广东省高职高专层次中外合作办学的地域分布，呈"一家独大"的局面，珠三角地区(尤其广深中)的合作项目占了绝大多数，粤西、粤东和粤北地区合作办学项目较少，甚至粤东地区项目为零。如此布局，将十分不利于粤西、粤东和粤北地区引进优质职业教育资源，以促进其经济发展及产业转型升级。

外方合作高校之国别分布方面，澳大利亚高校有 17 个项目，占比 47%，加拿大高校有 10 个项目，占比 28%，其余英国、新西兰、美国、韩国、芬兰及香港地区高校共有 9 个项目，仅占比 25%。英国"三明治"、德国"双元制"，均为高职教育的典范模式，但广东高职院校却罕有与德国高校开展的合作办学项目，"一窝蜂"集中于澳大利亚及加拿大高校，这将不利于合理引进多元化优质职业教育资源。

2. 学科、产业分布不合理

广东省高职高专层次中外合作办学的办学门类中，财经商贸大类依然是最主要的门类，占比 38.9%，其后分别是电子信息大类 13.9%，旅游大类 11.1%，交通运输大类 11.1%，土木建筑大类 8.3%，教育与体育大类 5.6%，装备制造大类、食品药品与粮食大类、公共管理与服务大类、公安与司法大类各占 2.8%。上述门类中，产业比例分别为，第一产业占比 3%，第二产业占比 11%，第三产业占比 86%。

从国民经济结构发展来看，广东省高职高专层次中外合作办学中的财经商贸和电子信息类专业过多，第三产业超出了地方经济发展的实际需求，第一产业和第二产业专业则少于实际需求。此外，工业和信息化领域的生产服务型行业，包括工业设计、供应链管理、现代物流、节能环保服务、质量品牌建设、服务外包、金融服务等专业开设较少，这十分不利于广东产业结构转型升级及实现发展方式根本转变的成功推进。

(二) 公民办发展不平衡

广东省开办高职高专层次中外合作办学项目的院校中，公办高校和民办高校存在明

显的办学差距。

其一，在项目数量上有明显差距，公办高校的数量远多于民办院校，公办院校举办项目 31 个，占比 86%，民办院校举办项目 5 个，占比 24%。这反映出公办高校凭借其经济实力和学科优势，在中外合作办学方面优势明显。

其二，专业产业契合度上有差距，民办院校主要是以市场营销、会计、国际商务、酒店管理等投入较低、市场回报较快的"热门"专业为主，主要集中在第三产业；公办院校除涉及上述学科专业外，还有食品营养与检测、建筑工程技术与设计、飞机结构维修、物流管理等横跨第一、二、三产业的学科专业。

（三）专业、产业契合度低

广东省高职高专层次中外合作办学项目，整体存在专业、产业契合度低的问题，办学专业设置与区域产业发展需求衔接不到位。以广东省经济发展的核心区域 -- 珠三角地区为例，广深中三地一共有 24 个中外合作办学项目，其中以财经商贸（9 个）、旅游（4 个）、电子信息（3 个）和交通运输（4 个）四大类为主，除去广州民航职业技术学院一家独自开办的 4 个交通运输大类的项目外，其余三大类大多涉及国际商务、金融、市场营销等商科专业，以及旅游管理和软件应用类专业。

广东经济目前正处于结构转型和产业升级阶段，在技术领域和劳动力结构方面，需要诸多技术型工人，这为高职院校开展中外合作办学提出了迫切的人才需求，但当前广东高职高专层次中外合作办学普遍热衷于开办"商科"类专业，与广东产业结构不衔接，目前尚无法真正满足广东经济及产业发展的现实需求。

（四）办学可持续发展艰难

开展中外合作办学，本质上需要持续不断的资金、智力支持，直接的体现就是办学资金和师资队伍的建设，如办学环境能不能投入建成，四个三分之一能不能满足，专业学科建设等，这些都需要高职院校以学校资源作为支撑来实现。

然而，大部分民办高职院校的办学实力难以与公办院校比较。办学资金来源单一、师资建设滞后，是造成民办高职院校办学实力薄弱的根本原因，也是民办高校中外合作办学发展不足的根本原因。

民办高职院校在开展中外合作办学时，一般以办学者的一次性投入为主，并且选择那些易招生、办学难度不大的工商管理、市场营销、计算机技术等专业，后期往往以规模扩张的方式实现滚动发展，靠学生学费作为办学资金。

但是在中外合作办学专业没有竞争力的情况下，一旦招生受限，则办学规模打不开，资金断裂，办学项目势必难以维持，更遑论合作办学的可持续发展！

二、广东省高职高专层次中外合作办学的发展对策

基于对广东省高职高专层次中外合作办学之发展现状的调查分析，针对其存在的布局不合理、分布不均衡、专业产业契合度低、可持续发展艰难等主要问题，亟须进一步做好顶层设计，加强政策支持，优化合作格局，增强服务能力，以促进广东省高职高专层次中外合作办学的健康可持续发展。

（一）统筹发展规划，强化合作办学顶层设计

从广东省层面而言，政府应该从省内高校开展中外合作办学的实际情况出发，结合中外合作办学的目的和要求，对省内高职院校开展中外合作办学，进行有效的政策引导和宏观调控。

在项目审批时，应对合作办学的学校和专业进行重点审核，要避免"一窝蜂"跟风现象和以创收为目的办学项目；充分鼓励高新科技和区域特色专业的中外合作办学，以顺应国家"一带一路"战略和粤港澳大湾区建设；鼓励与"一带一路"辐射国家或者地区，合作开展"小语种＋专业"形式的合作办学，依托开设"一带一路"地区影响较大的西班牙语、葡萄牙语、俄语等特色小语种专业，发展人工智能、工业机器人、电子信息、装备制造、石油化工、轻纺制造、生物医药等生产性服务业项目。

（二）加大政策支持，鼓励民办高职合作办学

据统计可知，广东省民办高校在中外合作办学项目数量和专业优势上，均与省内公办院校存在巨大差距，其所办项目在学科建设、师资水平和教学质量上，均与公办院校所办项目差距明显，迫切需要地方政府在政策、资金上给予更大的支持。

地方政府应认识到，民办高校发展中外合作办学，同样是在为各省市地区培养人才，也是在为国家和地方经济社会发展作贡献。地方政府要"清理并纠正对民办学校的各类歧视政策"，消除对民办高校申报中外合作办学项目或机构的担忧，应给予民办高校发展中外合作办学平等的支持，并给予更多的政策、资金扶持，如申报指导、税收减免、资金补贴、师资培训等，积极引导省内民办高职院校参与开展中外合作办学。

（三）扩大合作范围，引进多元优质教育资源

针对广东省高职高专层次中外合作办学之外方高校"一窝蜂"集中于澳大利亚、加

拿大的现实问题，急需进一步优化合作格局，甄选合作院校，一方面主动与"一带一路"沿线国家探索开展多元化合作办学项目，服务广东经济社会发展及粤港澳大湾区建设；另一方面，应多元化引进国外优质职业教育资源，促进广东高职高专层次中外合作办学的特色化可持续发展。世界优秀职教模式很多，且各有优势，如德国"双元制"、英国"三明治"、美国"社区学院"、加拿大"CBE"、澳大利亚"TAFE"等。广东高职院校应立足广东发展需求，结合自身办学实际，甄选外方高校，引进优秀高职教育模式，错位发展，多元并存，以切实实现广东高职高专层次中外合作办学的提质增效。

（四）优化专业布局，促进专业产业无缝对接

"优优合作，创设品牌"，是高职高专层次中外合作办学的首要原则，广东省高职院校应结合自身办学的实际情况，主动对接区域产业发展的现实需求，针对性选择国外高校的品牌特色专业和示范优势专业来开展合作办学，如人工智能、新材料技术、工业设计、供应链管理、现代物流、节能环保服务、质量品牌建设、服务外包等，才能切实引进优质职业教育资源，有效服务区域经济社会发展及产业的转型升级。

粤港澳大湾区应用型高等职业教育发展建设探索

赵　杨①

摘　要：推动粤港澳大湾区发展，建设粤港澳大湾区世界级城市群，是党和国家充分把握国内国际两个大局作出的重大战略决策。本文在粤港澳大湾区应用型高等职业教育发展的战略背景下，思考了粤港澳大湾区应用型高等职业教育的发展路径，将发展战略重点着眼于系统性变革与共建共治共享上，并提出了粤港澳大湾区应用型高等职业教育发展的战略保障，系统谋划湾区应用型高等职业教育发展建设构想。

关键词：粤港澳大湾区　应用型高等职业教育　发展路径　发展战略　共建共治共享

一、粤港澳大湾区高等教育现状

目前，湾区高等教育类型丰富、层次多样、互补性强，现代产业发展潜力巨大；粤

---

① 赵杨（1978-），男，吉林长春人，博士，副教授。

港澳高校数量分别达到 153 所、20 所和 10 所，合计达 180 余所，各类高等教育学生超过 300 万人，其中全日制在校生达 200 多万人。这为在湾区发展中国特色世界一流应用型高等职业教育奠定了良好的基础。

然而，与世界著名的旧金山湾区、纽约湾区、东京湾区相比，粤港澳大湾区的高等教育结构布局需要调整优化；学术型、应用型高等教育标准体系需要建立完善，产教融合、校企合作需要强化；优质应用型高等教育资源共建共享、学分学历互认互转体系需要构建。

二、粤港澳大湾区应用型高等职业教育发展的战略背景与定位

国家战略需求与创新驱动湾区发展是粤港澳大湾区应用型高等职业教育发展的战略背景。国家重大战略决策和粤港澳大湾区发展规划纲要的出台和实施，要求立足国家及湾区，放眼全球，加快发展中国特色世界一流应用型高等教育。

（一）国家发展战略对湾区应用型高等职业教育发展提出新要求

具有划时代意义的党的十九大，作出了中国特色社会主义进入了新时代的重大战略判断。进入新时代，党和国家围绕实现中华民族伟大复兴宏伟蓝图，坚定实施科教兴国战略、人才强国战略、创新驱动发展战略、乡村振兴战略、区域协调发展战略、可持续发展战略、军民融合发展战略，支持香港、澳门融入国家发展大局。习近平总书记要求广东在"构建推动经济高质量发展体制机制""建设现代化经济体系""形成全面开放格局""营造共建共治共享社会治理格局"上"走在全国前列"。

（二）创新驱动湾区发展对应用型高等职业教育发展提出新期盼

当今世界，区域间经济社会相互依存、相互渗透程度不断加深，新一轮科技革命和产业变革正在孕育兴起，全球及区域人才、知识、科技等要素必定高度集聚和深度融合以期创造发展新优势。目前，湾区拥有密集的产业集群和广州、深圳国家经济中心城市，以及香港世界级城市，地理和生态环境优势明显，已形成先进制造业和现代服务业双轮驱动的产业体系。这必然要求建立与之相匹配并具引领作用的应用型高等职业教育新格局。但不可否认，不同制度、不同法律、不同关税等因素制约和束缚着粤港澳应用型高等职业教育协同创新发展，因而需要针对相关制约因素并结合湾区经济社会转型发展要求，深入实施创新驱动发展战略，以更大格局、更多智慧、更强决心加快推进湾区应用型高等职业教育发展，助推湾区在世界竞争舞台上充分展现中国力量。

中国特色与世界一流是粤港澳大湾区应用型高等职业教育发展的战略定位。国内国

际的发展形势要求必须长远谋划、整体布局，重点突破、分步推进，发展富有特色、国内领先、世界一流的湾区应用型高等职业教育。

湾区应用型高等职业教育发展要突出中国特色。习近平总书记强调："我国有独特的历史、独特的文化、独特的国情，决定了我国必须走自己的高等教育发展之路"。从世界经验看，任何国家或地区的应用型高等职业教育发展都要从本国本地区历史传统与经济社会发展土壤中汲取丰富营养，具有深刻传统性、文化性和时代性。在湾区发展中国特色世界一流应用型高等职业教育，要以新时代新理念新方略为指引，学习借鉴世界先进国家发展高水平应用型高等职业教育的定位、理念、标准、方法，将国际化与本土化有机结合起来，更好助推湾区经济发展质量变革、效率变革、动力变革和社会繁荣稳定。新世界以来，广东持续深化教育领域综合改革，高等职业教育发展水平快速提升；香港和澳门依靠祖国强大后盾、凭借中西交汇优势，构建了与本地经济形态、产业结构、人口规模等相适应且颇具水平的高等职业教育体系。

三、粤港澳大湾区应用型高等职业教育的发展路径思考

无论如何发展，高等职业教育服务社会的宗旨不容动摇。不断探索以学校为基础制度性创新模式，将开放和交流作为创新之源。粤港澳大湾区应用型高等职业教育应紧紧围绕教学、科研、服务和创业四个方面，以跨学科中心为新生长点，兼顾环境与校园文化建设，建设拥有创意文化的创意大学。由于粤港澳大湾区职业教育具有多样性，变动性和复杂性，因而需要选择适合自身发展的教育思想，即选择通识教育还是专业教育，选择职业教育还是专业教育，选择科学教育还是技术教育。

以不变应万变务实架构粤港澳大湾区高等职业教育模式。《高等教育法》中指出"高等教育的任务是培养具有创新精神和实践能力的高级专门人才"党的十八大报告提出"培养学生社会责任感、创新精神、实践能力"。素质的养成依赖校园环境熏陶，知识、技能和思维的培养依赖专业学习，真正的能力来源于实践活动。因此，粤港澳大湾区高等职业教育的发展模式是教学模式、办学模式和管理模式的有效关联。最后，选择教学、科研、服务职能在自己学校的搭配，即使命和办学目标。

四、粤港澳大湾区应用型高等职业教育的发展战略重点：系统性变革与共建共治共享

推动湾区应用型高等职业教育结构系统性变革
一要切实科学设计湾区中职——高职专科相衔接的完整的应用型教育链条。在应用

型高等职业教育发展中注重上下、前后、内外衔接贯通，助推建设多元高效、开放包容、协同创新、互联互通的中国特色世界一流现代职业教育体系。与此同时，突出建立有效的组织、规划和协调机制，全面深化应用型高等职业教育教学、科研、管理改革，推进湾区应用型高校之间开放人才交流、引进和培养，注重智慧泛在技术在湾区应用型高等职业教育发展中发挥作用，推动建立以"学分银行"为载体的学分学历互认互转体系，构建湾区应用型高等职业教育融合贯通"立交桥"，更好推进高素质应用型人才培养和技术创新成果孵化与转化。

二要调整优化应用型高等职业教育布局结构，促进湾区内的广州、深圳、香港等核心城市应用型高等职业教育争创世界一流，澳门、珠海、中山、江门、佛山、肇庆、东莞、惠州等中心城市应用型高等职业教育实现国内一流。鼓励广东各地市尤其是尚无高职院校的地市围绕支柱产业、战略性新兴产业和未来产业发展需求，整合先进制造业龙头企业、高新科技企业和有关高职院校资源，按需、量力、多形式、多主体重组或新设规模较小、富有特色、与区域主体产业群关联紧密的特色应用型高职院校，同时加快推动民办应用型高职院校的建立。

（一）构建湾区应用型高等职业教育共建共治共享新格局

一是共同打造湾区高素质应用型人才培养培训基地。粤港澳要共同研制既符合国际行业标准又适应湾区发展需要的应用型高等职业教育专业教学标准、课程标准并以此为依据开发专业教材，推行现代学徒制，实施职业资格互评互认制度。突破粤港澳创新创业政策障碍和制度瓶颈，搭建湾区一流创新创业平台和生态系统，推动产教融合，深化校企合作，为培养高素质应用型人才并充分发挥他们的作用提供良好条件。

二是推动优质应用型高等职业教育资源共建共享。深化湾区应用型高校向社会开放、向产业开放、向行业企业开放，使课堂内外、学校内外和产学研之间保持协同一致，人才培养链与产业链、创新链有效衔接。做到湾区应用型高等职业教育与经济社会转型发展关联更加紧密、与人民群众需求关切更加呼应、与国家发展大局更加契合、与国际职业教育改革发展潮流更加相融。

（二）抓住湾区应用型高等职业教育发展关键要素持续发力

一要着力推进应用型高职院校学科专业建设。鼓励相关高校面向湾区产业转型升级需求，立足长远，着重围绕珠三角地区产业转型升级和巩固香港作为国际金融、贸易、航运、物流、高增值服务中心，以及澳门作为世界旅游休闲中心的战略需要，适应建设国际科技创新中心和发展区域重点产业、特色产业需要。重点布局建设与城市规划、土木工程、信息网络、大健康、大数据、智能制造、新能源、新材料、节能环保、金融税收、法律、国际财会、旅游休闲等相关的学科专业，打造一批产教深度融合、与国际接轨、在世界相同领域有影响力和竞争力的国家级高水平学科专业，推进应用型人才精准培养、精准供给。

二要切实形成高素质应用型人才培养模式。充分体现以人为本的发展理念，树立国际视野，对标国际一流，集聚优势资源，造就一支推动应用型高等职业教育教学改革发展的高素质专业化国际化创新型师资队伍。革新应用型高等职业教育教学理念、内容、方法和手段，实现产教深度融合、校企紧密合作，把职业素养融入应用型人才培养过程，不断丰富学生的学习体验，着重提升学生发展的核心素养和关键能力，锻造"大国工匠"，铸就世界一流应用型人才。

粤港澳大湾区背景下广州高职院校发展战略研究[①]

李　宾[②]　张　莉[③]

摘　要：粤港澳大湾区建设已经上升到国家战略层面，同时为广州经济和高职教育发展带来了新的契机。广州高职院校应厘清机遇与挑战，发挥优势弥补不足，为此，运用 SWOT 分析法和 IE 组合战略分析法，将定性方法与定量方法综合运用，精准制定发展战略，才能为地方经济发展培养更多优秀人才。

关键词：SWOT　EFE 矩阵　IFE 矩阵　战略管理　粤港澳大湾区

一、前言

2017 年政府工作报告中强调"研究制定粤港澳大湾区城市群发展规划"，并将粤港澳大湾区建设列入 2018 年政府重点工作。粤港澳大湾区是由广州、深圳等 9 市和香港、澳门两区形成的城市群。研究已经形成的纽约湾区、旧金山湾区和东京湾区对粤港澳大湾区建设有重要意义。这三大湾区主要特征有：一是具有"拥海抱湾"的独特地理条件。

① 广州市哲学社会科学"十三五"规划 2018 年度课题（2018GZGJ121）。
② 李宾(1974–)，男(汉族)，陕西宝鸡人，讲师、人力资源经济师，研究方向为人力资源开发与管理。
③ 张莉，广东南华工商职业学院。

三大湾区是处在大陆与海洋接壤的边缘地区，由面临同一海域的多个港口和城市组成。旧金山湾区地处加州北部，陆地面积 1.8 万平方公里，包含 12 个城市，分为北湾、东湾、南湾和半岛几个区域。二是经济发展速度快，形成产业集群且分工明确。纽约湾区 2016 年 GDP 达 1.5 万亿美元，GDP 增速为 3.5%。曼哈顿以金融商务服务业为主导，康州地区为工业重镇，新泽西州制药业发展迅速。三是科技创新能力强，教育与研发机构多。旧金山湾区总人口约 760 万，聚集了众多高等学校和研究机构，如斯坦福大学等 4 所国际知名大学、5 个国家级实验室。

二、广州高职院校内外部环境定性分析

（一）广州高职教育面临的机会

1．教育政策给予大力支持

粤港澳大湾区的发展依赖于教育优先发展。《国家教育事业发展"十三五"规划》提出，推行产教融合的职业教育模式；推动区域内职业学校科学定位，使每一所职业学校集中力量办好当地经济社会发展需要的特色优势专业。《国务院关于加快发展现代职业教育的决定》提出，加快发展现代职业教育，是党中央、国务院作出的重大战略部署，对于深入实施创新驱动发展战略，创造更大人才红利，加快转方式、调结构、促升级具有十分重要的意义。《广州市教育事业发展第十三个五年规划》指出，到 2020 年广州将率先实现教育现代化，建成学习型社会和人力资源强市，为广州经济社会发展提供强大的人才支撑、智力服务和创新动力源。

2．经济发展产生现实需求

2015 年粤港澳大湾区这一概念在"一带一路"规划中被正式提出，2016 年被写入国家"十三五"规划。2017 年，广州地区 GDP 超过了新加坡，迈过 2 万亿元大关。在实施湾区经济战略过程中，广州侧重于区域金融中心、交通枢纽、科技创新、自由贸易港等方面发展，为此，广州经济持续增长和产业结构不断优化对高职教育产生了现实需求

3．技术变革有力推动

第四次工业革命是以人工智能，清洁能源，机器人技术，量子信息技术，虚拟现实以及生物技术为主的全新技术革命，带来的新的产业布局趋势，如强调生命科学和生物技术、信息技术和人工智能等的发展，这些变化蕴含着粤港澳大湾区抢占产业制高点的新机遇，同时为广州高职教育的发展指明了方向。

（二）广州高职教育面临的威胁

1. 管理体制不顺政出多门

广州地区各个高职院校的主管部门不尽相同，直属于广州市、教育部门、企业集团管理或其他部门。由此在实际工作中出现多头管理、政出多门、资源分散及效率下降等问题，同时造成了政策方面的差异，如院校级别、拨付经费标准、教师工资待遇和职称评定标准都不尽相同。

2. 社会对职业教育提出更高更多样化的要求

职业教育固守传统模式越来越不适应经济发展需要，正在以规模扩张的发展模式向以内涵建设的发展模式转变，这对院校管理和教育质量提出新的要求。基于广州在粤港澳大湾区中的战略定位，产生了新的职业教育需求，为各个院校在不同层面上的专业化、差别化提供了空间，同时带来了挑战。

3. 院校间竞争加剧

在生源没有明显增加的情况下，院校数量却在增加。教育部统计2016年高职（专科）院校1359所，比上年增加18所。同时，普通本科高等学校向应用技术类型高等学校转型给高职院校带来挤压效应。教师资源短缺。杨素梅（2014）研究表明，珠三角地区对人才吸引力下降，人才流动从珠三角转向长三角和京津地区趋势明显。据社保查询网数据，2017年全国城市平均工资排名中广州排第四名为7409元/月，与排名第一北京的平均工资9240元/月差距大，而与排名第五的杭州7330元/月差距小。广州高校教师的工资情况与社保网公开的信息基本一致。由于吸引力下降，优秀教师资源流失严重。

4. 人口增加放缓

广州市2016年末户籍总人口数8704901人，但总体上人口增长速度放缓。与此同时，广州人口老龄化以每年5%速度快速增长。2016年户籍人口18岁以下的人口占广州总人口约为18%，60岁以上占比约为18%。广州以外的生源地同样出现老龄化、人口增长速度放缓的情况。

（三）广州高职教育的优势

1. 高职教育发展水平较高

2017年专科院校总数为1346所，在专科院校排名中，前10名中有3个是广东高职院校，其中广州一所。通过校校合作、校企合作、校社合作、订单培养、学徒制等模式和途径，积极创新和实践新的育人模式提高人才培养水平。

2.国际化教育受到重视

高职院校开展了国际化教育，请进来、走出去，接收境外留学生、国际认证、中外合作等方面做出了有益探索，粤澳与粤港教育合作紧密，国际化水平在不断提升。2017年7月公布的《深化粤港澳合作推进大湾区建设框架协议》提出，要强化广东作为全国改革开放先行区、经济发展重要引擎的作用，构建科技、产业创新中心和先进制造业、现代服务业基地。

3.民办高职院校力量较强

据教育部统计，2017年广州地区的高职院校共有47所，其中公办32所，占比为68%；民办15所，占比为32%。2017年广州的高等学校数量为82所，高职院校占比过半。

（四）广州高职教育的劣势

1.高职教育质量参差不齐

高职院校基本上是由以前的高等专科学校、成人高校以及中专学校转制或升格而形成，教学内容、教学模式较难满足企业发展需要，质量不高。广州地区市属公办高职院校有六所，其中广州番禺职业技术学院是广州市属第一所公办全日制普通高等职业院校，其余五所都是由成人高校合并、转制或中专学校合并升格而成。由于高职院校起点低、起步晚、学生素质偏低，所以办学质量难以让人满意。

2.各高职院科研水平差异大

高职教育主要是培养技能型人才，资源配置侧重于教学，对于科研方面的要求相对本科院校较弱。同时教师教学时间长尤其是实践教学比重大，花费较多精力和时间，在科研上时间、精力或能力不足。科研水平各院校不均衡，科研项目级别低，国家级、省市级项目少，教师科研项目存在功利化倾向。另外，科研成果产出各校不均衡，质量不高。

3.高职院校专业结构不尽合理

2018年广州提出，一是要"争取一批重大项目纳入国家粤港澳大湾区规划年度计划，加快推进一批跨区域交通基础设施建设"；二是建设粤港产业深度合作园等重大产业合作平台。依据政府规划，广州侧重于在金融、研发、电子信息、生物医药、贸易、航运、港口、交通、先进制造业、法律服务、互联网服务及新媒体、量子通信、电子商务、新兴金融、人工智能等领域的发展。据统计专业设置基本上与湾区经济发展相适应，2017年广州第三产业对经济增长的贡献率达79.3%，2016年信息、财经、旅游、文化、教育等专业大类与第三产业相关，其高职毕业生比例约为70%。但存在专业结构不合理，重复设置，专业发展不均衡等问题。如财经商贸大类专业各院校重复设置情况较严重，学生规模一枝独大。

三、广州高职院校内外部环境定量分析

运用内外部矩阵法（Internal-External Matrix）进行量化分析，它首先通过构造外部因素评价矩阵（external factor valuation matrix，EFE）和内部因素评价矩阵（internal factor valuation matrix，IFE），再由专家打分评价进行量化处理，最后从诸多 IE 战略组合中找出对应的组织战略。

（一）构造 EFE 矩阵

通过 SWOT 分析已经明确了外部因素，运用 EFE 矩阵罗列政治与法律、经济、社会文化、技术、行业等外部关键因素；再邀请专家通过集体讨论筛选外部关键因素并确定权重，权重按要素发生对高职教育的影响程度确定；最后，专家按照广州高职院校对各外部关键因素的有效反应程度进行评分，即按广州高职院校对机会利用和威胁应对程度打分。2 分代表重大机会，1 分代表一般机会；0 分代表既是机会也是威胁，机会与威胁的临界值；–1 分代表一般威胁，–2 分代表严重威胁。

（二）构造 IFE 矩阵

通过 SWOT 分析明确了内部环境因素，运用 IFE 矩阵罗列高职院校内部各职能领域的优劣势因素，邀请专家通过集体讨论筛选内部关键因素并确定权重，权重按要素发生对高职教育的影响程度确定；再按照广州高职院校对各内部关键因素的有效反应程度进行评分，即按优劣势程度打分。2 分代表重要优势，1 分代表次要优势；0 分代表既是优势也是劣势，优势与劣势的临界值；–1 分代表次要劣势，–2 分代表重要劣势。最终的得分反映院校的综合实力和竞争能力。

虚拟现实技术在全景校园中的表现与应用

罗　静①

摘　要：云物大智（云计算、物联网、大数据、人工智能）的快速发展，尤其是虚拟现实技术的创新发展，对学校的招生和就业宣传工作产生了十分深远的影响。基于此，简要介绍了虚拟现实技术的内容，分析了虚拟现实技术在全景校园中的应用优势，重点阐述了虚拟现实技术在全景校园中的具体表现，并针对这项技术在应用中存在的问题及其相应的解决策略等进行了探究，希望能为该领域关注者提供有益的参考。

关键词：虚拟现实技术　全景校园　虚拟漫游　知名度

一、虚拟现实技术的本质

虚拟现实技术是一种沉浸在虚拟世界、创建虚拟世界，并且能够体验虚拟世界的计算机仿真系统，它是计算机生成的一种模拟环境，能够融合多种信息，同时能够受到人为交互的虚拟多维动态场景，还能够融入个人行为的仿真系统，使受众者融入该环境中。

虚拟现实技术是仿真技术的一个重要方向，是仿真技术与计算机图形学、人机接口技术、多媒体技术、传感技术、网络技术等多种技术的集合。是一门富有挑战性的交叉技术前沿学科和研究领域。虚拟现实技术（VR）主要包括模拟环境、感知、自然技能和传感设备等方面。模拟环境是由计算机生成的、实时动态的三维立体逼真图像。感知是指理想的 VR 应该具有一切人所具有的感知。除计算机图形技术所生成的视觉感知外，还有听觉、触觉、力觉、运动等感知，甚至还包括嗅觉和味觉等，也称为多感知。自然技能是指人的头部转动，眼睛、手势或其他人体行为动作，由计算机来处理与参与者的动作相适应的数据，并对用户的输入作出实时响应，并分别反馈到用户的五官。传感设备是指三维交互设备。

二、全景校园中使用虚拟现实技术的优势

① 罗静（1981–），女，湖北荆门人，广州南洋理工职业学院，教师，讲师，计算机科学与技术，研究生硕士学位，主要从事人工智能的研究工作。

（一）节约成本

全景校园，是一个院校的亮点，更是让学生认识了解学校的较好途径，与传统的网页介绍相比，学生可以不用出门，了解学校的情况、特征以及专业的情况，能够更好地判断和填写志愿。传统的网页介绍局限于图片、文字，只能从文字、图片上面了解，由于个人理解的原因，会出现错误率，而虚拟现实技术可以将文字和图片具体化，打破空间界限，让需要的学生身临其境的在校园中畅游，可以查看专业设计和专业企业、专业成果、产品。节约学生实地勘察费用，同时能加深对学校的了解。比如，学生需要深度了解学校，可以自行前往，财力等，需要投入资金、花费时间，而借助虚拟现实技术了解校园，不需要花费任何精力，只需要准备虚拟现实设备就可以在官网了解校园和专业。学校也可以在招生点设置虚拟现实体验，让学生身临其境了解学校，提高学校的知名度和认可率。

（二）媒介与人的融合

随着云物大智（云计算、物联网、大数据、人工智能）的快速发展，人们能够更加自由地选择自己心仪的事物，使人们创造智能新事物的乐趣越来越多。在智能这块的应用更加明显，从机械化到智能化。从以前手动式的设备发展到人性化的设备，人们感觉到，现在面对的不再是呆板的设备，而是能够设置时间、状态、结果的、能够语音交流的智能化器件。虚拟现实技术就是现阶段小康生活水平的产物，也是现阶段发展的必要方向。

我们同新科技打交道，就像和熟悉的人打交道一样，亲切、熟悉、方便。对于大众来说，虚拟现实技术不再是无法想象的，惊奇的，不可研究的事物。而是能够利用这项技术在我们生活周围，能够为我们服务，能够帮助我们的数字媒介。

借助于虚拟现实技术，将计算机和人们的神经网络连在一起，由人机界面无感觉的交流到感知、嗅知、触知多方面的发展，最终将纳入人的本体。虚拟现实技术的人性化，最终将体现达到"天人合一"的完美境界。

（三）丰富的形式

在传统的招生设计方案中，家长和学生的了解比较单一，通常通过网站了解学校信息。采用这种方式获得的信息相对而言较为片面，不具备完整性，消费者无法分析和判断信息源，难以全面了解信息源的全部内容。在虚拟现实技术的支持下，家长可以突破传统视觉的限制，感官体验从原本的听觉和视觉延伸到触觉甚至是嗅觉方面。通过多种感官系统的反馈和整理，可以得到对校园的全面认知。

三、虚拟现实技术在全景校园中的应用表现

（一）虚拟现实技术的应用问题

1. 虚拟与现实的矛盾问题

虚拟技术与现实产生了社会矛盾，我们要遵循事物的本质，描述事物的现实场景，但我们又使用虚拟技术，这个问题是现阶段常见的问题。

虚拟现实技术对现实世界来说是一种补充，这种补充的作用是对现实世界的功能强化和边界拓展。就功能强化而言，其表现在于能够触发各种感觉，使人们贴近于现实的沉浸体验。就拓展边界而言，是基于信息技术自身成长起来的人工智能，它是对现实世界的拓展，这种拓展现在还处于发展的早期阶段。但是虚拟现实技术会受人员的影响，带有个人主观情绪，产生不同判断，不合理利用会导致虚假宣传，给学校带来不好的负面影响。

随着虚拟现实技术应用到各个方面，使之虚拟和现实之间的界限逐渐模糊，受众者带有个人主观感情，导致判断出错，觉得自己有被欺骗的可能。所以，在这些情况下，需要建立监管部门，监管和控制，防止引发信任危机。

2. 全景内容与虚拟现实技术的结合

通过航拍以全景技术与虚拟现实（VR）技术相结合，并衔接全景校园的 3D 智能云平台，将学校需要展示的校园风貌（如学生生活区，商业区、食堂、休闲娱乐区和特色教学区等）以全景拍摄、3D 多维展示以及搭建虚拟展厅等方式原样照搬在互联网上。实现线上 720° 旋转实景展示，场景 720° 无视觉死角进行虚拟漫游，同时个性化小行星开场方式及自定义导航按钮可提高视觉感受效果。全方位立体化展现校园环境风貌，提高学校曝光度和知名度。

在校师生可以利用互动说说功能参与学校校区绿化建设，漫游学校美景的同时可在线互动提出改进或创新性意见，在特定区域添加标注点留言试栽种绿植名称，共建绿色校园，进而增进广大师生与学校的互动性和凝聚力。

学校可利用智能地图系统，规划校园建设，还可帮助新生和参观者随时查找校内所在位置，方便快捷，节省时间。利用移动端通过重力方向的感知，全景展示随重力的改变而自动旋转，体验重力给全景带来的新奇改变。在招生季，使有意向报考学校的学生和家长更能随心所欲了解校园环境，学校文化，教学理念，师资团队跟就业情况。

旨在推动招生宣传，多校区或者远程参观校园的解决方案，从而提高新生报名率。

（二）虚拟现实技术应用问题的解决方案

1. 专有平台展示

现阶段信息技术和科技的更新，校园宣传各式各样，层出不穷，为了更好地将虚拟

现实技术应用到招生宣传工作中，校园介绍中，需要正规的平台展示，需要制定合理的共享平台，进行规范管理。一般来说，虚拟现实平台主要由 3 个互动性比较强的系统组成，即个体社交、虚拟现实设备和虚拟现实环境。通过对 3 个系统和系统内部的数据进行协调管理，有利于提高虚拟现实技术在预设场景设计、信息数据传输方面的应用效果。

2. 内容不断提升

对高校来说，学校宣传是所有工作中重要的工作，对于招生和就业部门来说，学校的宣传时所有工作中的重中之重，虚拟开发团队要明确招生的特点，学校的优势，制作合理、科学、准确的全景校园，有效真实的宣传。因此，不仅在全景校园中的制作过程需要创新和提升，重点需要关注学生、家长想关注的内容，将重点场景细化，在细节上彰显特色，可以让受众者在虚拟现实场景中感受到亲临现场的感觉，通过捕捉各种类型的细节，以高效的呈现方式增强全景校园的吸引力。

粤港澳大湾区高职教育专业建设规范化探究
——以社会工作专业为例

谈华丽[①]

摘　要：随着粤港澳大湾区建设的稳步推进，湾区内的高职教育专业建设规范化的呼声越来越高，本文以社会工作专业为例，围绕专业建设规范化的意义、目前发展的现状、面临的困境展开论述，分析探讨新时代的专业规范化的构建路径，以期能为政策制定者和高职院校管理者进行教学改革提供建设性的对策。

关键词：粤港澳大湾区　高职教育　专业建设　规范化

一、社会工作专业建设规范化的重要意义

（一）构建现代化产业体系的新要求

2018 年 3 月，习总书记在十三届全国人大一次会议上，参加广东代表团审议并发表重要讲话，提出"四个走在全国前列"的指示要求，其中就包括"加快构建现代化产

---

① 谈华丽（1978-），女，湖北黄石人，广东行政职业学院公共管理系讲师，研究方向社会工作、社区管理。

业体系"的要求。

高职院校顺应这一要求,就要转变发展模式,即从"调结构、转方向"转化升级为"全方位提升职业教育现代化水平",具体落实在社会工作专业的内涵发展、教师队伍质量、人才培养质量、教学管理质量等各方面,以培育更多具有专业技能与工匠精神的高素质劳动者和技术技能"蓝金领"为目的。

（二）粤港澳大湾区新形势的新需求

2017 年李克强总理在第十二届全国人大五次会议的政府工作报告中首次提出："研究制定粤港澳大湾区城市群发展规划。"2018 年,李克强总理在政府工作报告中再次强调,"出台实施粤港澳大湾区发展规划,全面推进内地同香港、澳门互利合作。"这是"粤港澳大湾区"连续两次写进政府工作报告。由此可见,中央已明确地将科学规划粤港澳大湾区建设,推动形成全面开放新格局列为重点工作。

面对新时代国家发展的新形势、新目标,社会工作专业建设力求新发展,既要突破体质障碍和观念束缚,建构粤港澳大湾区教育集群发展共同体,又要打破各自为政、缺少协作、专业设置跟风一面倒,缺乏高职院校特有标准的局面,充分利用粤港澳大湾区的独特优势,加强交流与合作、博采众长、为我所用,加快社会工作专业建设标准化的步伐。

（三）是深化十九大高职教育愿景的必由之路

党的十九大提出"完善职业教育和培训体系,深化产教融合、校企合作""建设知识型、技能型、创新型劳动者大军,弘扬劳模精神和工匠精神,营造劳动光荣的社会风尚和精益求精的敬业风气""加强师德师风建设,培养高素质教师队伍",这一系列要求为高职教育的发展指明了方向,规划了前景。

二、粤港澳大湾区高职教育社会工作专业建设规范化的现状与困境分析

（一）目前高职社会工作专业建设的现状分析

由于社会工作专业以实践为导向,这一点与高职教育"注重实务操作"的特点十分契合,因此高职院校大力开展社会工作专业教育是大有可为的,也越来越受到关注。据不完全统计,我国开设社会工作专业的高职院校已达 170 多所,其数量仍在不断增加。

从社会工作专业教育和实务发展的历程来看，广东省与北京、上海相比较启动是较晚的，然而凭借毗邻港澳这一独特的地理优势，后者鲜活的社会工作影响力对广东社会工作的发展起到了自然地滋润和催化作用，因此广东的社会工作"后生快发"（史柏年，2004），其中的珠三角城市带已跃居国内社会工作专业发展的典型。来自广东省教育研究院的统计数据，珠三角高职院校和学生数量分别占粤港澳三地 84.8% 和 70.4%，表明作为高职教育的大省，广东大有可为。近年来，在三地教育部门的共同努力下，粤港澳教育合作稳步发展，"粤港姊妹学校""粤澳姊妹学校"项目不断推进，粤港澳高校创新创业联盟、粤港澳高校联盟相继成立，三地师生的互访与交流日益增加。

（二）专业建设规范化面临的困境

湾区内的高职社会工作专业凭借毗邻港澳和自身的"后生快发"，积极借鉴其他国家和地区同等院校发展历程的经验和教训，的确取得了瞩目的成绩，但这种发展模式不利之处在于，在尽可能短的时间内走完其他国家和地区可能要上百年才能走完的道路，这就可能让那些长期发展逐渐显现的问题集中在短时间内突显，让人匆忙应对、手足无措，造成的困境严重掣肘大湾区高职教育专业规范化发展。

三、粤港澳大湾区高职教育社会工作专业建设规范化构建

（一）明确人才培养的目标定位，与"专业一线"无缝对接

通过多种方式（包括市场调研、行业参与、专家咨询等）分析论证社会工作专业对应的职业岗位群。基本可以分社会工作管理岗位和社会工作服务岗位两大类。管理岗位是以民政、妇联、团委等部门和 NGO 为代表；服务岗位是以福利机构、救助机构、学校、社区、企业等为代表。再依据上述岗位的不同特点，明确各自所需的不同的专业知识、工作技能的要求，才能进一步构建行业发展所需的岗位能力、关键能力。将社会工作专业人才培养目标定位于围绕隶属民政、妇联、团委等的职能部门、福利机构、救助机构、学校、社区、企业及其他 NGO 组织，培养技能型社会工作管理和服务高素质专门人才，这样人才培养目标和"专业一线"的需求才能无缝对接。

（二）课程体系设置突显实务能力

建设体现高职教育特色的课程体系，就是要把提高实务能力作为课程设置最重要的地位。一门以实务为取向的专业，如果在课程设置过程中忽视锻炼学生的实务能力，那将无法让社会工作的学生在就业竞争中拥有自己的优势。所谓实务能力主要指的是职业

能力，即完成一定职业任务所需的专业态度、知识及技能。高职社会工作专业课程体系的设置必须确保各项能力目标都有相应的课程或课程模块支撑，把侧重点放在能力结构的组成上，让理论知识结构为职业应用能力结构服务，突出课程体系的应用性。传统理论内容本着"必需、够用"的原则进行调整，实践教学时数占教学总时数不低于50%，保证学生有充分的实习、实践、实训的机会。

（三）以"双师型"为导向，丰富教师实务经验

培养具有高职院校自身特色的高素质社会工作人才，就必须建设一支"双师型"的专业教师队伍。"双师型"教师主要从两方面要求教师的素质能力，一是从教师队伍整体而言，应该是既有专注于理论教学的，也有深谙实务技能的。专任教师队伍要大力引进社会机构的骨干力量，可以作为兼职的形式，但绝不能一味地追求教学形式简单化，过分依赖于课本讲授，必须加大实务技能教师的比重，这样才能让人才培养目标和课程设置体系得到全面、立体的智力支持。二是从教师个体而言，应该"理论和实践统一"，既有扎实的理论功底，又具备较丰富的实务能力。一方面建立长效机制，有计划地安排青年教师到社工机构挂职锻炼或兼职工作，强化专业教师的社会工作经历和实践能力；另一方面鼓励专任教师"持证上岗"。我国已推出了社会工作者职业资格认证制度，社会工作专业教师应该取得这一资格证书，使教师具备从事社会工作的职业素质，让社工专业教师真正成为"双师型"教师。

（四）建立规范化的实习教育体系

规范化的实习教育体系的建立，当务之急就是加强实训室和实习基地建设。首先，校内实训室建设要眼光长远，而不是应付当前的行政性检查、评估。实训室建设不是简单模仿，而是结合院校实际能力，听取专任教师的意见诉求，有针对性的建设，要有严格的仿真环境，详细的指导说明，并且要保障其对初步提升学生的实务能力有效果；其次，寻找专业对口的校外实训基地，通过订立合同约束以及与基地管理人员的良性沟通，尽可能地保证学生能真正体会"学以致用"。有条件的院校应当大力鼓励和支持专业教师开办校内社会工作服务机构，这样一来既解决了学生日常实践教育的平台问题，又能为专任教师进行科研研究、项目跟进提供现实依据。

教师与学生

组织管理视域下高职院校专业教师实践能力的提升研究

叶穗冰①

摘　要：在组织管理视域下，培育学习型组织是提升高职院校专业教师实践能力的现实选择。所谓"学"，即组建专业教师团队，进行团队学习；所谓"习"，即进行问题导向的学习，工作学习化，学习工作化；所谓"型"，即建立科学的管理制度，推动有效学习和持久学习。通过建立学习型组织，完善高职院校专业教师的组织管理，来达到提升专业教师实践能力的目的。

关键词：组织　管理　教师　实践　能力

一、专业教师实践能力现状

从教师来源看，高职院校的教师主要有三大来源：一是普通高校毕业的本科生、研究生。这部分教师约占高职院校教师人数的70%以上。普通高校实行学科教育，注重培养学生的理论素质，实训也主要以课程设计为主。这些教师在入职前并没有真正投入工作实践，因而缺乏实践经验。二是中职学校升级成高职院校，原中职学校的教师转型为高职院校的教师。这部分教师主要也来自于普通高校，普遍存在着实践经验不足的问题。三是从企业一线调动到高职院校的教师。他们具备丰富的实践经验，但由于未经过教师职业的专门训练，往往实践教学能力不强。

从高职院校的教师管理来看，专业教师提升实践能力的内在动力不足。当前国家没有明确规定高职院校专业教师应达到的技能标准，高职院校与普通高校专业教师的职称评定条件并无区别，主要的依据是教师的论著，而没有考核与评价实践能力的机制，造成高职院校专业教师实践能力的提升缺乏原动力。在职称评定的指挥棒下，高职院校专业教师如果想获得更高的地位、更多的收益，唯一的办法就是埋头写论著。同时，多数高职院校沿用普通高校的教学体系，在课程设计上片面追求学科体系的完整性，缺少根据市场不断更新的灵活性，很难造就真正的"双师型"教师——即在教室是教师，理论说得透；在车间是师傅，动手实践为一流。

---

① 叶穗冰（1971– ），女，汉族，广州人，广东司法警官职业学院马克思主义与思想政治教育副教授、硕士研究生；研究方向：高校思想政治教育。

二、学——团队学习

专业教师的实践能力归根结底是"学"来的。上海明德学习型组织研究所所长张声雄说:"今天世界上的学习有两种。第一种学习是有效性学习,它能产生创造力,即'生产力'。第二种学习是无效性学习。我们可能都参加过这种学习,甚至组织过这种学习。这种学习从一开始就知道对企业发展没有什么用的,仅仅是应付而已。还存在着第三种学习。这种学习通常是脱离实际地念表面文章,然后发牢骚。原来大家兴高采烈来上班,一场学习下来,大家心灰意冷。这种学习属于破坏性学习,削弱人的斗志。"可见,产生创造力的"有效性学习"才能提高专业教师的实践能力。针对高职院校的实际情况,团队学习是提升专业教师的实践能力的"有效性学习"。

团队学习是指专业教师为实现提升实践能力的共同愿景而形成具有较强学习力、知识技能互补的平等和谐的团队,以团队为单位开展学习。团队学习并不排斥个人学习。个人学习是专业教师提升理论水平的有效途径,而团队学习是专业教师提升实践能力的重要途径。团队学习的关键是深度汇谈。希腊文中"深度汇谈"(dialogs)是指在群体中让想法自由交流,以发现远较个人深入的见解。团队学习中的"深度汇谈"是指专业教师在一起交流自己的实践经历,既有对问题情境的描述,也有解决问题的尝试,还有遇到的困难与产生的困惑,然后教师们在自由平等的氛围中讨论解决方案。它包括三个步骤:第一步,专业教师对个人的实践经历进行汇总、筛选和陈述;第二步,每名教师挖掘自身的知识与经验,尝试解决共同面对的难题;第三步,将沟通过程中获得的经验提炼成自己的实践经验,并与今后的实践活动联系起来。

团队学习能够增加专业教师实践经验的"量"。实践经验属于思想领域的东西。一个思想和一个思想交换,每个人都有了两个思想。专业教师受高职院校实际条件的限制,实践经历十分有限,如果各专业教师都能毫无保留地与同行分享实践经历,通过细致的描述和共同的分析、探讨,每名教师都身临其境地感悟别人的实践经历,将会大大地补充自身实践经历的不足,快速地积累实践经验,从而有效地提升自身的实践能力。

团队学习能够提高专业教师实践能力的"质"。进行团队学习可以让专业教师深入地思考实践过程中遇到的问题,借鉴和吸收他人的观点和方法,拓展自己的知识面和专业领域,促进自身对实践经历的反思。这一过程是知识的传播者和接受者之间互相倾听、理解、悦纳的过程,也是专业教师的态度、经验、能力不断解构与重构的过程。实践经验如果不经过反思和重构就很难成为真正的实践能力,团队学习正是促进实践经验转化为实践能力的有效途径。

三、习——行动学习

"行动学习法"实施起来有三个环节。一是以问题为导向。以问题为导向包括发现问题、归纳问题、提炼问题。专业教师在实践教学的过程中出现问题是在所难免的，可能是按照书本理论进行实践操作无法达到预期效果，可能是条件所限无法顺利实践，也可能是在实践操作中发现了新问题。无论这些问题是否得到解决，教师都应该把典型问题进行分门别类的汇总和提炼，作为工作交流的要点，定期与所在团队进行交流，以总结经验，解决问题。心理学的研究表明：在学习者感到需要时，在学习与工作相关度较高或者有直接利害关系的情况下，学习更为有效。坚持进行问题导向式的学习，教师的学习积极性会不断提高，学习的效果会大大加强，教师的实践能力也会迅速提升。二是工作学习化，学习工作化。工作学习化即把实践过程看成是学习的过程，在工作中通过不断反思、交流和总结来提升自身的实践能力；学习工作化即把学习当作工作来安排，有计划、有落实、有评价，在学习中增强工作的竞争力。三是以实践能力提升为本位。"行动学习法"本质上是一种生成性学习，即以提升实践能力为目标，把学习与工作紧密地结合在一起，确保专业教师拥有持久的学习能力、学习毅力和学习动力，并不断把学习力转化为实践能力。

四、型——长效机制

专业教师实践能力的提升要用制度来巩固。习近平总书记指出："抓实抓好学习型党组织建设工作，关键是要建立健全一套科学完备、符合实际、行之有效的学习制度。"这套制度应当建立在高职院校共同愿景的基础上，是被认可、被结构化和被共同执行的相对稳定的行为规范和取向。它不一定是成文制度，可能只是一种约定俗成，但它在专业教师心目中的认可度较高，能起到制约专业教师行为的作用。

网络化的组织制度。传统的高职院校从行政机关衍生而来，有科层制的组织结构，特点是组织设计以物为本，线性思维占主导，信息单向流动，追求效率和控制，强调分工。这种组织结构有利于政令的贯彻执行，但不利于各层之间、同层之间信息的交换，也不利于成员工作主动性的发挥。学习型组织倡导网络化的组织制度。网络的特点是"无边界"，网络化的特点是"无边界行为"，即每一名专业教师都是高职院校网络组织的一个节点，具有平等的地位，专业教师之间的信息传递没有管理者的截流，每个节点在畅快的沟通中实现自我调整和更新。这种网络化的组织使得高职院校就像生物有机体一样。生物有机体存在着各种隔膜因而具有一定的层次，但是并不妨碍食物、血液、氧气等物质畅通无阻地穿过隔膜。同样道理，高职院校网络化的组织虽然也存在着不同的部门和分工，但是并不影响专业教师之间资源、信息的流动，各专业教师能够不断地从别的教师身上汲取新思想和提升实践能力。根据当前管理实际，高职院校可以建立"行政组织+教师团队"的"双型组织"，行政组织和教师团队在各自的领域具有绝对的权威。专业教师一方面在规范化的行政组织中，必须成为服从政令的一员；另一方面又是教师团队的一员，可以在教学实践中自由交流，共同进取。

习近平道德教育思想对新时代高校教师队伍建设的启示

杨浩英[①]

摘　要：加强新时代高校教师队伍建设是我国新时代教育事业改革发展，高校育人成才、服务社会、完善发展的迫切需求。要破解当前高校教师队伍发展的挑战和困境需要对新时代背景下教师的角色功能进行重新审视，更需要科学的理论支持和指导思想进行明确引领。

关键词：习近平；教育思想；教师队伍；新时代

一、习近平道德教育思想核心要义剖析

（一）社会主义核心价值观教育

社会主义核心价值观是我国人民在意识形态上的共同准则，它从国家、社会、个人三个层面为我们提供基本遵循，为凝聚各民族力量提供了最大公约数，是引领我国人民发展与进步的思想支柱。习近平在十九大报告中强调："把社会主义核心价值观融入社会发展各方面，转化为人们的情感认同和行为习惯。"在新媒体技术大肆发展的时代，意识形态领域出现了很多新问题亟待解决，对社会主义核心价值观的认同教育、信仰教育、实践教育是当前社会各团体、组织、个人要致力解决的问题。对此，习近平特别强调了学校及教师在其中的重要角色和功能。习近平指出："教育引导是培育和弘扬社会主义核心价值观的基础性工作。"

（二）理想信念教育

理想信念是支持人们破解困境，历经磨炼，接受考验的坚强精神支柱，是人们生存发展的重要依靠力量，是推动社会进步的坚实堡垒。中国步入新时代，人民对美好生活

[①] 杨浩英，广东农工商职业技术学院。

的追求愿望愈发热烈，意味着人们要面临的困难、挑战、诱惑、考验也越来越多。在国家发展的重要转型时期，更离不开坚定的理想信念的支撑。正如习近平所说："一个国家，一个民族，要同心同德迈向前进，必须有共同的理想信念作支撑。"

（三）党员干部作风教育

习近平指出："思想纯洁是马克思主义政党保持纯洁性的根本，道德高尚是领导干部做到清正廉洁的基础。"他对党员干部提出了坚定理想信念、加强道德修养，积极做道德建设模范的新时代标准。面对复杂多变的社会价值观，五花八门的"糖衣炮弹"陷阱，生存环境的复杂化更加凸显了党员干部道德自律的重要性。增强道德定力，秉持道德原则，执行道德标准是新时代党员干部的核心要求。习近平要求广大党员："要充分发挥榜样的作用，领导干部、公众人物、先进模范都要为全社会做好表率、起好示范作用，引导和推动全体人民树立文明观念、争当文明公民、展示文明形象。"

（四）学校道德教育

对于未成年人思想道德教育，习近平强调的是培养方向和素质教育内容。他分析了当前未成年人生存环境的消极因素对于未成年人带来的恶劣影响，强调要"要从战略的高度深刻认识加强和改进未成年人思想道德建设工作的重要性，把未成年人的培养方向和素质教育的内涵搞清楚，着力提高未成年人品质修养"。父母的言传身教、教师的以德育人都扮演着非常重要的角色。

（五）家庭道德教育

家庭是社会的细胞，是国家组成的基本单位。家庭美德是家庭和谐稳定的重要保障，它不仅关乎个人的幸福，也与社会的稳定及和谐息息相关。习近平看到了中国梦实现的根本力量是家庭。国家的发展需要稳定的环境支持，社会的文明需要良好的群体道德素质支撑，在国家与社会面前，家庭是实现稳定、文明、进步的重要基石。因此，家庭美德建设是社会主义道德建设的重要内容。良好的家教家风是家庭美德形成的条件。

二 深刻把握新时代高校教师的角色功能

（一）教师是践行社会主义核心价值观的模范者，是先进思想文化的承继者和传播者

《中共中央国务院关于全面深化新时代教师队伍建设改革的意见》中指出，教师承担着传播知识、传播思想、传播真理的历史使命，肩负着塑造灵魂、塑造生命、塑造人格的时代重任，是教育发展的第一资源，是国家富强、民族振兴、人民幸福的重要基石。

教师不仅要传授知识，更要在知识传播中挖掘与传承先进思想文化，在学生心中种下精神成长的种子，作为精神文明与先进文化的播种者。

（二）教师是理想信念的启蒙者和守护者，是国家、民族进步兴旺的推动者，建设者

理想信念作为一种无形的精神力量会带来无穷的意义与价值。实现中华民族伟大复兴，走向社会主义现代化强国是新时代赋予每一个中国人民的时代责任。这就要求我们更要相信中国发展模式，牢固树立中国特色社会主义理想信念，坚定马克思主义信仰和中国共产党的领导。正如习近平所讲："我们要在全党全社会持续深入开展建设中国特色社会主义宣传教育，高扬主旋律，唱响正气歌，不断增强道路自信、理论自信、制度自信，让理想信念的明灯永远在全国各族人民心中闪亮。"教师与生俱来的职业功能决定了教师在人格塑造、灵魂成长、国家发展、社会进步中有着重要的影响。教师对中国特色社会主义事业的自信会传递给学生。教师对中国之道路的选择、理论的信仰、制度的坚持、文化的自信会影响学生理想信念的树立。他们在这方面对学生的影响比知识传授还要深远。教师是照亮学生理想信念之路的明灯，指引着他们走向正确的信仰之路、信念之道。因此，教师要忠诚于党的教育事业，自觉做党执政的坚定支持者、中国特色社会主义事业理想信念的信仰者、实践者和推动者，树立对中国特色社会主义事业的强大自信，对社会主义核心价值观的强烈认同，自觉增强立德树人、教书育人的荣誉感和责任感，学为人师，行为世范，发挥着教师职业社会功能最本质的特征：推动国家进步、社会文明发展。

（三）教师是道德人格的生成者和培育者，是美好生活的建设者和创造者

"教育的意义在于弘扬人的善性，遏止人的恶性，使人成为一个道德的存在。"人是道德存在意味着追求道德、养成道德是人的本质需求。教师不仅要教书育人，更要培养自己成为一个具有道德人格的人，才能真正发挥教育的根本意义：把学生培养成为一个有道德的人。因此，教师既是道德人格的生成者，也是学生道德人格的培育者。新时代背景下，教师面对的价值观抉择、工作环境考验、人生发展选择、教育价值取向都对教师提出了更高更严格的要求。道德人格是教师实现立德树人教育目标的基本前提，教师要成为学生健康成长的引路人首先要有道德情操，秉持正确的道德价值观，使学生在教师人格魅力的渲染下明确自身道德发展的目标和意义；其次教师要有道德实践，在德性实践中搭建学生走向生活与社会的桥梁，使学生准确把握时代使命，自觉践行道德伦理，积极发扬社会主义道德，注重培养自身的道德人格。

教师不仅是道德人格的生成者和培育者，作为社会和国家的一员，也是美好生活的

建设者和创造者。教师的素质决定着教育的前途，教育的前途决定着国家的未来。社会主义现代化强国需要大批笃志力行，矢志不渝、前仆后继，将青春力量贡献给社会主义事业的后备军。作为生活的成员，教师以高尚的个人品德、深厚的家国情怀、深刻的精神感悟在言行举止中对周围人传播着生活的正能量，创造了和谐友善的氛围。教师的职业道德、生活态度是学生成长的"教科书"，滋润着学生精神灵魂的健康成长，使社会主义事业接班人的素质得到充分的保障。从这个方面来讲，教师队伍既是构建和谐社会的骨干力量，也是创造美好生活的合格建设者，更是学生走向美好生活的守护者和引领者。教师的这些社会角色和功能充分展现了新时代教师的角色内涵之丰富、职业价值之巨大。

（二）习近平道德教育思想对高校教师队伍建设的启示

兴国必先强师，强师必先强能。新时代高等学校内涵建设与改革发展离不开一支道德高尚、业务精湛、结构合理、充满活力、德才兼备的高素质专业化教师队伍。全力建设符合新时代发展要求的教师队伍，需从牢固树立中国特色社会主义理想信念、牢固树立社会主义先进文化自信、牢固抓好师德师风建设、牢固培养高素质专业化创新型教师队伍"四个牢固"方面创新实践路径。

五位一体：高职旅游专业"双师型"教学团队运行机制研究①

伍百军②

摘　要：高职院校旅游管理专业实践性较强，建设"双师型"教学团队具有可行性和必要性，教学团队组建后，它的有效运行以运行机制为基础。构建"五位一体"的运行模式，以旅游管理专业人才培养方案为立足点，通过协同机制、激励机制、评价机制、保障机制、共享机制等五种机制进行，将促进高职旅游管理专业高质素技能型人才的培养。

关键词：高职院校　旅游管理　教学团队　五位一体　运行机制

① 基金项目：国家旅游局2017年度万名旅游英才计划"双师型"培养项目：校企合作背景下高职旅游专业"双师型"教学团队建设研究（项目编号：WMYC201730070）。
② 伍百军（1974–），安徽无为人，罗定职业技术学院副教授，研究方面：文化旅游与旅游教育。

一、旅游行业发展对高职旅游管理专业教师队伍建设提出新诉求

我国旅游业发展迅猛,在区域经济发展中的地位和作用日益凸显,成为新常态下国民经济的增长点。2018 年在全国旅游工作会议上,李金早《以习近平新时代中国特色社会主义思想为指导 奋力迈向我国优质旅游发展新时代》在指出,2017 年旅游业综合贡献 8.77 万亿元,对国民经济的综合贡献达 11.04%,旅游直接就业 2825 万人,旅游直接和间接就业 8000 万人,对社会就业综合贡献达 10.28%。

2018 年初,WTCF(世界旅游城市联合会)在北京发布了《世界旅游经济趋势报告(2018)》,该报告显示我国旅游业人力资源缺口较大,尤其需要具有高技能、新思维的高端管理和技术人才。由于旅客对旅游服务的需求日益呈现多样化和定制化,因此未来的旅游业的高端管理人员需要有更广泛的管理能力和业务能力。另一方面,由于新技术的出现和在旅游行业中渗透,旅游行业对高端技术人才的需求将出现井喷,这部分人才的缺口较大。根据广东省近几年高职院校旅游管理专业毕业生的就业情况看,专业对口就业率低、以传统旅游业的岗位为主、转岗率高,远远不能满足旅游人力资源市场的需求。从高职院校内部环境看,其原因是旅游管理专业缺乏对旅游业前沿信息的探究,其人才培养目标定位不准确,并且课程设置过窄、缺乏系统性,不能与旅游业的工作岗位内容相衔接,其从教老师多数没有旅游业的从业经验。

二、高职旅游管理专业构建"双师型"教学团队的必要性和可行性

(一)必要性分析

1. 适应旅游业纷繁发展环境的需要

旅游业是一个综合性的服务行业,因而也极易受其他行业发展状况的影响,以至于"纷繁复杂"成了旅游业的发展常态。我国政治、经济等大环境健康、稳定,这对旅游业的发展环境十分有利,然而在全球一体化的发展趋势下,网络信息和科学技术是影响我国旅游业战术层面发展最重要的两个因素。高职旅游管理专业可以通过教学团队中的兼职教师获取更多有效的外在信息,将前沿技术整合到传统旅游知识的教学中,并与专任教师一起培养适应外在旅游环境的高素质、高技能型人才。

2. 提升高职院校核心竞争力的需要

高职院校间的竞争关键在于专业建设,即外在的评价、高考志愿的选择、社会力量的投资等都会将目光聚焦在专业实力上,而专业实力主要体现在硬件和软件上。相对于科技类、工程制造类专业而言,旅游管理专业对硬件的要求不高,它更强调师资队伍、外在资源、往届毕业生的发展状况等软实力。因此构建"双师型"教学团队通过不断补

充外在行业的资讯其实质上增强了旅游管理专业的软实力，为专业的发展和壮大奠定了基础。

3. 培育优秀师资队伍的需要

高职院校的师资来源单一，专任教师的知识结构欠缺合理，很难胜任目前的人才培养任务。"双师型"教学团队可以成为优秀教师的成长平台，弥补单个专任教师在知识、能力、经验等方面的不足。同时理论功底深厚的教师通过这个平台可以增长更多专业领域里的实践知识，以便拓宽其知识面，为学术研究奠定基础；实践经验丰富的教师可以在这个平台上补充理论基础，为今后实践工作的创新提供技术支持；不同年龄段、不同性别的教师也能发挥其特长，使整体师资队伍越来越优化。

（二）可行性分析

1. 政策、法律上的指引和支持

从 2004 年开始，教育部、国务院等高层行政管理部门下发了各类关于"双师型""高职师资队伍建设"方面的文件，文件总的精神是鼓励企事业单位中高技能、高素质的人员到高职院校兼职，同时指导高职院校进行人事改革，做好"双师型"教学团队的建设工作。除了各类政策指引外，《中华人民共和国职业教育法》（1996 年）、《职业学校兼职教师管理办法》（2010 年）等有法律效力的文件也对技能型人才到职业院校进行兼职活动做了具体细节上的法律保障与支持。

2. 行业资源的配置与活动性质为其提供了便利

我国旅游资源丰富、分布广泛，任何一所高职院校所在的地区都有开发比较成熟或有待进一步开发的旅游资源，也有参与旅游经营活动的各类组织，更有四通八达的网络系统与交通系统。这些资源及分布状况为高职院校旅游管理专业构建"双师型"教学团队提供了各类信息和资源，同时也为其有效运行提供了很好平台。另外，旅游活动的开展具有较强的季节性，所以旅游管理专业可以充分利用淡季时企业的兼职师资源，而旅游企业可以在旺季借用校内师生资源。

三、高职旅游专业构建"双师型"教学团队"五位一体"机制

"双师型"教学团队的有效运行必须紧紧围绕专业的人才培养方案，在协同机制、激励机制、评价机制、保障机制、共享机制等五大机制的共同运行中得以实施，简称"五位一体"。

（一）旅游管理专业的人才培养方案

1. 人才培养方案与"双师型"教学团队有效运行间的关系

有学者将人才培养比作建筑一栋房子，人才培养方案就是施工的图纸，这个比方很形象。可见，人才培养方案是专业人才培养的蓝图，是专业建设的核心要素，它能保证教学质量和人才培养规格，是教学管理的核心与主题；对教学型的高职院校而言，它也是办学特色的集中体现。"双师型"教学团队则是实施这项工程的能工巧匠，是专业人才培养方案的实施主体。

2. 旅游管理专业人才培养方案的形成思路

旅游业主要涉及三大行业，即旅行社、酒店业和交通业，为此，多数高职院校旅游管理专业的人才培养主要面向旅行社、酒店业以及新兴行业（如会展业）。随着信息技术的迅速发展，传统的旅行社（包括会展业）和酒店业已经不能满足市场需求，继而产生了一些与网络技术相结合的新型旅游业。因此，人才培养方案形成的第一阶段（调研）必须囊括传统和新型两大类的行业、企业，通过对其不同岗位工作人员，尤其是往届毕业校友的问卷调查，或者进行结构性访谈，收集相关信息。

3. 旅游管理专业人才培养方案的特点

与其他专业相比，它的特点既有共性，也有独特性。一是人才培养方案具有实践性和可行性，即其培养目标要与旅游业热门岗位的基本要求相对应；二是人才培养任务应具体，而且不同任务应紧紧围绕培养目标，具有逻辑上的关联性；三是人才培养方案必须具有时代性和战略性，即传统旅游业要与现代信息技术相结合；四是人才培养方案的实施能体现旅游业的特色，如实习、实训的时间安排能与旅游业的淡旺季结合；五是可以通过整合专业课程的方式为学生提供多元的专业背景和跨领域的思维，提升高职旅游管理专业学生创新能力。

（二）五项机制的落实与创新

旅游管理专业人才培养方案在经过专家（以旅游企业中经验丰富的员工为主体）反复论证后，必须依靠实施主体，即师资队伍具体落实。从上述层层分析可以看出，"双师型"教学团队是有效落实人才培养方案的最佳主体，为了配合、督促"双师型"教学团队的有效运行。

1. 协同机制

协同机制是指组织中的各方利益主体能和平共处，最大限度地发挥各主体的积极性与主动性，最终能达成共同的目标。"双师型"教学团队的协同机制主要涉及专任教师和兼职教师，以及各类教师所在集体的利益，其中专任教师主要受高校组织文化熏陶，而兼职教师一般来自企业，其组织文化截然不同，因而在团队运作过程中，双方容易产生矛盾。

2. 激励机制

激励机制是驱动教学团队成员以更大的热情投入到专业教学中，尊重每一个团队成员的人格和能力差异，尊重他们的个体价值与社会价值，引导团队成员实现自身价值最大化。从现代激励理论看，人的需求有多样性，而且变化多端，加之外在环境的复杂性，因而激励机制必须具有动态性和创新性。

新时代广东职业院校教师队伍建设理论与实践研究①

邱云兰②

摘　要：振兴民族的希望在教育，振兴教育的希望在教师。教师肩负着实现中华民族伟大复兴"中国梦"、教育的梦的重任。职业院校的教师要立足教育新时代，强化教育新担当，展现教育新未来，实现教育新跨越。努力提升自身的道德素养、文化素养和专业理论素养，提升教学实践能力和育人水平。

关键词：新时代　职业院校　教师队伍　学识能力　道德人格

一、问题提出

教育部在《教育规划纲要》中强调，提高教学质量是教育改革的关键，是高等教育发展的中心任务，是建设高等教育强国的基本要求。提高教学质量，强化责任担当，离不开教师的埋头苦干，学识、能力，更离不开教师的为人处事、于国于民，于公于私所持的价值观。职业院校的教师，以下简称教师，教师要追求卓越的创造精神、精益求精的品质精神、用户至上的服务精神。支撑力量除了教师自身专业发展需求的内驱力以外，研究的领域、方法、内容等方面需要不断丰富和完善。树立教学的质量观是学校立根之基、是教师立身之本。不断雕琢自身的理论知识、能力、学识，使自身的理论知识、能力、学识、道德素养和专业水平达到应有的高度。

---

① 基金项目：教育部人文社会科学研究规划基金项目——少教多学模式研究（IIYJA8800035）。
② 邱云兰（1956–），男，广东乐昌人，教授；研究方向：数学教育教学的实践与研究。

二、新时代教师价值思维类型及状况

教师有两种当法，一是事业型，事业是精神追求与社会性劳动的统一，精神性追求是其内涵和灵魂。事业型即教书育人型。其行为表现：一是热爱教育，孜孜不倦。对教育工作，有高度的职业责任心和职业自豪感。二是热爱学生，严格要求学生。三是学而不厌，积极进取。努力学习政治和业务专业理论知识，努力提升教科研水平。四是诲人不倦，脚踏实地。注重细节，不断地追求完美，不断提升自身的思想素养、专业理论素养和能力素养，不惜花费时间和精力，孜孜不倦的提高教育质量和育人水平。五是为人师表，身体力行。六是献身教育，甘为人梯，严谨治学，一丝不苟。

二是"和尚撞钟"型。即教书就业、教书谋私、教书谋官、教书谋名。教书就业其主要表现：把教书看作获得安身立命、养家糊口的职业。他们虽然能守住教师职业道德的底线，但达不到事业型的高度。把自己看作"打工仔"，不追求教书育人的境界。教书谋私。包括：谋钱、谋官、谋名。教书谋钱。把金钱看作最高价值，一切价值都服从金钱的多少。认为金钱是万能的，是人生追求的唯一目标。利用教学之余广开第二职业：学校挂个号，教书报个到，广开生财路，另辟谋钱道。于是进入赌场、商场，寻找一切发财机会，如炒股票、炒房地产、开商店、开餐馆、开娱乐场馆、开私学等。教书谋官。以官为本，一切为了做官。认为有了官职，就有权力，就有地位，就有金钱。因此，以教书为跳板，谋一官半职走上政治舞台。有的走上政治舞台以后，不善于学习，放松对自己的严格要求，甚至以权谋私，等等。教书谋名。有了名气，不遵循教学规律，只顾自己，而不着眼于学生的全面发展。

三、教师要立足新时代，强化新担当，展现新未来

（一）努力提升自身的专业理论水平

教育为本，教育大计，教师为本，推进教育事业的改革与发展关键在教师。提升教育教学的质量与水平，关键也在教师。提高教师队伍自身的专业理论水平和整体素质，是当前和今后一段时间教育事业发展的紧迫任务和基本要求。抓好抓实这一任务，守住师者底线。自觉学习专业理论知识和《教育法》《教师法》等，领会其精神实质，才能促进教育教学改革的不断深入和健康发展，才能更好地培养社会主义建设者和接班人。

1. 树立终身学习的理念

要立足教育新时代，强化教育新担当。教师要有坚实的专业理论水平，不满足于已学的知识和已取得的学历。特别是中青年教师，不能满足于硕士学历，而应该主动的提高自身的学历和理论水平，攻读博士学位。从目前广东高职院校教师队伍的学历结构、

年龄结构、职称结构来看，与新时代的要求有一定的距离。就从当前广东民办本科院校的教师的学历来说，与教育部普通本科课程标准教师的学历要求有一定的距离。当前具有博士学位的教师人数不多。

2. 有系统的专业理论知识和丰富的教育教学经验

教师是先进教育思想的传播者，教学艺术的示范者，教育教学科研的力行者，学生学习的引导者。教师要有坚实的、系统的专业理论知识和丰富的教育教学经验，才能忌"轻狂浮躁、怕苦畏难、自我满足"。"学生的学习需求"是课堂教学形式选择的基本要求，要求教师要掌握丰富的教育教学方法和创新的教育思维。才能预测学生可能提出的问题与面对的挑战。有挑战才有需求，教学才有动力，学习才有活力，带着挑战去探究、去观察、去寻求对问题的有效解决。教学才不会失去学生的参与度、投入度、生成度、效能度。

（二）要不断总结和完善教育教学方法

同一个教师用同一种教学方法教授相同的教学内容，学生获得发展是不同的，以统一的目标来衡量会导致对学生差异性和个性发展的忽视。怎样消除差异？这就要求教师要不断总结和完善教育教学方法，做到：

1. 以生为本，以学定教，以情优教

陶行知说："教的法子就要根据学的法子"。时代对教师提出了越来越严、越来越多样化的教学要求，要求在实践教学中以学的法子来设计教的内容和学的方法。维持学生的注意力，提高学生的参与度，保持教学活动的紧凑性、基础性、层次性、针对性、时代性、综合性、应用性、节奏性、流畅性和实效性。根据学情、学生的年龄特征、学习兴趣和学习方法设计教学内容，内容要体现阶段小结和提炼概括，做到开宗明义。梳理知识体系，让学生真正掌握知识，获得本领。教师不仅是培养科技人才、技能性专业人才的指导者，也是落实以德治国，培养学生实现中华民族伟大复兴"中国梦"的引路人。

2. 在实践中总结和完善新教法与新学法

教师要灵活运用多种教学方法和现代化教育技术手段。在信息化社会、学习化社会，学生获取知识的方式已经呈现出多元化、全方位特征。如果上课只顾自己滔滔不绝而忽视学生主体地位的发挥和感受，仅仅把知识的传授看作是教育的全部，就会失去学生有效自主学习的时间、开放的社会背景、社会生活和社会实践中发展的教育机会，导致学生解决问题的能力和独立思考能力低下，并引发起学生厌倦、疲惫、孤独、忧郁等心理问题，而且极大地阻碍学生生动活泼、全面而有个性的发展。

四、结语

要提升教师的理论水平和实践能力，必须立足教育新时代，强化教育新担当，展现教育新未来，实现教育新跨越。这个新时代每一个人对教育都拥有机会和平台，机会从不等待一切犹豫者，观望者，懈怠者，软弱者，只有与历史同步伐，与时代共命运的人，才能赢得光明的未来！不忘初心，抓住机遇，牢记使命，勤奋好学；努力进取；勇于拼搏。把渊博的专业理论知识贯彻穿到科学的教学方法与科学的学习方法中去，并与知情交融的操作方法结合起来。才智是人的力量，德行是人的灵魂，没有好的德行，就无法追求教师崇高的职业理想。教师的职业，事关学生生命和心灵健康成长的职业，事关中华民族振兴与繁荣的职业。事关实现中华民族伟大复兴"中国梦"、教育的梦。教师要有扎实的理论专业知识，有责任担当，有目标追求，有争做教育"名家"、教学"专家"、管理"行家"的智者。坚持用文明的言行引导学生，用严谨的教风影响学生，用美好的心灵熏陶学生，用敬业的精神激发学生，用高尚的情操塑造学生，用渊博的知识引领学生。真正树立正确的学习观、人生观、价值观、道德观、奋斗观。切实做到为生不谋一己之私，立身不忘做人之根，教书不忘育人之本，育人不移公仆之心，成功不忘"积功"之魂，发展不忘科研之兴。

新时代广东职业院校青年教师师德发展性评价模式探究

陈晓燕①

摘　要：青年教师师德发展性评价是一种以自我效能感为理论基础的符合青年教师自身成长和发展心理规律的管理模式。文章分析了现阶段广东职业院校青年教师师德评价体系存在的问题，揭示了青年教师师德发展性评价模式的理论基础，探索了广东职业院校青年教师师德发展性评价的具体操作模式。

关键词：新时代　广东职业院校　青年教师　自我效能感　师德发展性评价模式

一、问题提出

习近平总书记在全国高校思想政治工作会议中强调，高校教师要加强师德师风建设，坚持教书和育人相统一，坚持言传和身教相统一，坚持潜心问道和关注社会相统一，坚持学术自由和学术规范相统一，引导广大教师以德立身、以德立学、以德施教。

---

①陈晓燕(1972-)，女，广东揭阳人，揭阳职业技术学院，心理学副教授，硕士，研究方向：管理心理、教与学心理。

目前，由于各种各样的原因，广东职业院校的师德评价均不同程度存在以下问题：其一，评价观念落后。部分职业院校，只重视对教师教学、科研等方面的评价，忽视师德评价，往往只简单地将师德评价与年终考核等工作合并在一起，而年终考核更多关注的是"绩"，对教师的业务水平和工作实效等看得见、摸得着的硬指标很注重，而对教师的政治思想、工作态度等则轻描淡写，一笔带过，有时即使在政治思想的考核中，也往往是在一些大是大非问题上比较注重，对教师品德的细节视而不见，避而不谈。没有发挥师德评价的作用，难以真正触及师德师风建设本身。其二，评价标准模糊。有的职业院校认为，制定师德量化评价体系是一项难题。因而，沿用国家教委颁发的《高等学校教师职业道德规范》制定的有关师德评价标准，但没有在细化方面下功夫，可操作性差，评价结果缺乏说服力和可信度；有的职业院校有关师德方面的评价只是提出政治、思想、品德、法纪、心理健康等方面的定性要求；有的职业院校甚至没有评价指标，只让相关领导、同行等评价主体凭印象、凭借没有出教学事故、言谈举止不至于太损形象给个分数，这种评价标准粗糙、主观性强，因而失去评价的意义，还有可能使青年教师产生抵触情绪。其三，评价主体单一。

二、理论基础

在人类的心理活动中，自我意识是很重要的组成部分。自我效能感是美国行为主义心理学家 A·班杜拉在《自我效能——控制的实施》一书中提出的概念。在本文中自我效能感是指个体对自己具有获得特定的心理活动水平的能力的信念。个体自我效能感水平的高低控制着自身的思想或行动，并且控制着个体所出的环境，因而，自我效能感是自我系统中的核心动力因素。一种青年教师师德的评价模式能否深入人心，最大程度的发挥它的效力，与它是否能够提升青年教师的自我效能感水平密切相关。发展性评价是20世纪80年代才发展起来的，青年教师师德发展性评价是一种过程性评价、形成性评价和绝对性评价，是一种以评价对象为主体、以促进评价对象师德的发展为目的的评价模式。青年教师师德发展性评价是一种建设性的互动过程，它不仅仅关注青年教师当前的师德表现，更为注重青年教师师德的长期成长和发展。对青年教师师德采用发展性评价，更符合教师师德自我效能感的形成和发展规律。

青年教师师德发展性评价使被评价者处在一个宽松的心理环境里，整个过程青年教师对自己师德的点滴成长都了然于胸，这很容易形成自我效能感中最具有影响力的效能信息——动作掌握经验。对青年教师师德采用发展性评价，为了提高教师的工作热情和兴趣，激励教师认识自我，树立自信，反思和调控自己教育过程的师德表现，自我完善和自我教育，职业院校采用提供师德楷模的方式，宣讲道德榜样的事迹，报道师德优秀的教师，让青年教师目睹或想象相似的他人的成功行为表现，可以形成以榜样成就为中介的替代经验。发展性师德评价目的不是为了比较教师中师德的优劣，而是为了促进青年教师师德的发展，班杜拉的研究表明，被人口头劝说有能力掌握特定任务的个体，会比出现困难时对自己心怀疑虑，心理定式于自己不足的个体，更可能调动和保持较大的努力并坚持不懈。

（一）评价标准的动态性

职业院校教师师德评价标准，是评判、衡量教师师德的规范性文件，是评价教师教书育人，为人师表等道德行为的尺度和准绳。教师是一种古老的职业，中华民族在几千年的教育实践中，形成了一系列优良的师德要求，比如，有教无类，学而不厌，诲人不倦、循循善诱、知行统一、热爱学生，为人师表等道德规范。在社会价值观多元化、青年教师思想活跃追求自我完善的今天，确立有时代精神的师德评价标准，所设计的评价指标既要继承前人的优秀成果，又要倡导人文精神，倡导法治精神，倡导科学精神，倡导协作精神。在关注教师的自律、敬业、公正等个性品质的同时，也要关注教师的自我成长，关注教师对先进的教育理念和教育伦理的需求，关注教师从知识的传递者转换为学生学习的指导者、组织者等教学行为的变化，关注教师对自己德行成长的反思、体验和领悟。通过拓宽视野，挖掘新的道德资源，赋予师德以新的时代内容，努力构建可操作性强的、评价指标全面科学合理的师德评价体系。这种与时俱进的师德评价体系能使思想前沿的青年教师口服心服，心旷神怡，心态平和，乐观向上，有利于自我效能感的维持与发展。

（二）评价主体的多元性

加强职业院校青年教师师德建设，必须坚持全面性原则，多渠道，全方位建设职业院校青年教师师德建设体系。不同评价主体的观测点不同，设计评价标准不同，赋予不同的评价指标及其权重。比如对于领导，可侧重于政治素质、思想觉悟、品德状况、法制观念等评价指标；对于学生，可侧重于爱岗敬业、热爱学生、教书育人、为人师表等评价指标；对于同事，可侧重于严谨治学、服务社会、团队精神、合作精神等评价指标。教师自评尤为重要，教师的劳动大多是独立进行，有时有些不道德行为可能不为人知，社会评价无从谈起，自我评价能深入教师内心最隐秘的领域，并调节教师的行为。

（三）评价过程的发展性

教师劳动的个体性决定了其行为是以内稳的方式表现，青年教师师德成长也有其自身的规律，运用教师师德发展性评价，可以一个学年为单位，学年初期学院主管部门可通过问卷调查、座谈等方式在学生、教师中广泛开展调查活动，掌握教师师德状况，然后根据每位教师的实际情况对不同教师提出有侧重点的要求，比如有的青年教师稚气未脱，可让他们争取做学生的榜样，要求学生做到的，自己先做到；有的青年教师不能控制自己的情绪，可要求他们尽量做到对学生以礼相待、学做控制情绪的表率；有的青年教师业务不熟，可采用传帮带的方式让他们深入钻研教育规律，规范操作育人工作，提高教书育人水平；有的青年教师对开展品德教育工作不熟悉，可要求他们闲暇之余多接触教育教学理论，加强对自己教育工作的反思，深入思考问题，及时积累资料，增强业务能力。

（四）评价结果的教育性

职业院校对教师师德进行评价的目的，不是为了证明某些教育行政主管部门的业绩，也不在于对教师的品性进行裁定，惩罚教师，而是为了褒扬先进，树立典型，教育引导师德尚有不足的教师，帮助教师不断完善。因而，要重视评价后结果的科学的、客观的反馈，让每一位受评教师，把自己的表现和行为与师德标准作对比，发扬自己的优点，找出自己的差距和努力方向，以调整自己的行为。反馈评价结果时，可让青年教师关注师德楷模的故事，让他们明白优秀教师也是与自己一样是个有血有肉的平凡人，优秀师德的形成是一个曲折的、长期的建构过程，学校对青年教师的自我成长充分信任，并且对教师提出适当的期望，或对受评教师的整改提出合理的建议，使每位教师深刻地体会到组织的体谅、关心，也体会到组织对自己师德提升的信任，期待，促进教师的自我教育。

广东省高职学院外聘兼职教师资源共享思考
——以A职业技术学院为例

杨伟权①

摘　要：广东省高职学院有专任教师 33916 人，兼职教师约 17000 人。但教师队伍发展不平衡，有的学院 107 名正教授因超编而不能聘任，有的学院则教师资源匮乏，学院的生师比，教师学历和职称等数据不达标，又无法选聘到优秀兼职教师。建立全省高职学院教师资源共享机制，探索实行教师资源的省级统筹，区域调剂，弱化校籍管理等方法，可以提升广东省高职学院教师素质，提高教育教学质量。

关键词：高职学院　兼职教师　共享

---

① 杨伟权（1963-），辽宁辽中人，本科，副教授，从事中国传统文化和高等职业教育研究。

一、引言

教师是教育发展的第一资源，是国家富强、民族振兴、人民幸福的重要基石。要实现高职学院的内涵式发展，培养高素质技能型人才，就要选聘大量优秀的兼职教师，全面提高教师质量，建设一支高素质创新型的教师队伍。

截至 2017 年 12 月，广东省 87 所高职学院有专任教师 33916 人，兼职教师约 17000 人，占专职教师的 50%。教育部规定，示范性高职院校专兼职教师比例要达到 1∶1 的师资建设要求。兼职教师已成为高职学院教师队伍的重要组成部分，在培养学生职业能力，凸显高职学院职业特色方面发挥着关键作用。但各学院教师队伍发展极不平衡，有的学院因地处珠三角的地域优势，经济发达，人才集聚，有 107 名正教授因编制超标，导致无法聘任，出现高级人才过剩的现象；而有的粤东西北地区高职学院，因经济欠发达，规模企业少，优秀人才匮乏，常常难以成教师招聘任务，无法选聘到优质的兼职教师。学校的生师比、学历、职称等数据都低于全省平均数据。

中共中央国务院在 2018 年 1 月 20 日发布了《关于全面深化新时代教师队伍建设改革的意见》，意见指出，要加大教职工编制统筹配置和跨区域调整力度，省级统筹、市域调剂，动态调配。一面是人才过剩，一面是教师短缺，应用"共享"理念，建立全省高职学院教师资源共享机制。广东省应积极探索教师资源的省级统筹，区域调剂，弱化校籍管理等改革。它可以拓展高职院校外聘兼职教师途径，提升广东省高职学院教师素质，提高教育教学质量，是解决教师资源发展不平衡问题的有效方法。

二、A 职业技术学院外聘兼职教师实践中存在的问题

外聘兼职教师是指受职业院校聘请，兼职担任特定专业课或者实习指导课教学任务的专业技术人员、高技能人才。教育部在《关于全面提高高等职业教育教学质量的若干意见》中规定，各职业院校要"大量聘请行业企业的专业人才和能工巧匠到学校担任兼职教师，逐步加大兼职教师的比例，逐步形成实践技能课程主要由具有相应高技能水平的兼职教师讲授的机制"。

职业院校聘任兼职教师的目的是为了改善学校师资结构，强化实践教学环节，努力实现培养生产、建设、管理和服务第一线的"毕业就能上岗，上岗就能上手"的高等应用型、技能型人才目标。A 职业技术学院，地处粤东地区，他们在兼职教师聘任实践中，遇到的低职称多、高职称少；来自学校多，工厂一线少；讲授理论多，传授技能少等问题，在粤东西北地区高职学院中比较有代表性。发现问题，分析原因，寻找解决矛盾和问题的方法非常必要。

三、基于"共享"理念，试行兼职教师资源省级统筹，区域调剂，弱化校籍管理办法探讨

国家中长期教育改革和发展规划纲要（2010–2020 年）指出，要加强优质教育资源开发与应用。要建立开放灵活的教育资源公共服务平台，促进优质教育资源普及共享。这为教师资源的共享，提供了政策保证。

"共享"即分享，就是将物品、信息的使用权或知情权与其他人共同拥有。兼职教师资源的共享就是指校际间教师资源的分享利用过程和方式。它是将原本封闭、独立学校系统和社会系统有机融合，使彼此独立的子系统或小系统相关联，实现教师资源利用效益的最大化。

（一）广东省高职学院兼职教师资源共享的可行性

1．高职学院相通性

广东省 87 所高职学院，虽然所处地域不同、办学性质不同，但同属高职学院，在专业、课程、教学标准、管理模式、发展方向等方面都有许多相通之处。学校又同属广东省教育厅管辖，都是省内高校，是"一家人"。所以，省内高职学院教师资源的共享，不存在行政壁垒，可以顺理成章，顺畅施行。教师资源的输出方与输入方的相通性，使得共享的兼职教师不再需要磨合过程，可以直接融入对方的教育教学之中。

2．高职学院有共享的基础

在广东省高职学院发展过程中，省教育厅曾指导在校际间建立帮助、扶持机制，实行教育资源共享。如深圳职业技术学院曾定点帮扶河源职业技术学院、揭阳职业技术学院。向帮扶学院派出管理干部，传授管理经验；派出教师，送教上门，输出先进教育方式、方法；培训教师，树立先进教育理念。现在，河源职业技术学院已成长为广东省示范性高等职业院校立项建设单位。

3．高职学院开放发展的需要

伴随着时代的发展，高职教育已融入全国乃至世界职业教育发展的大格局，成为职业教育发展共同体。大学的封闭必然导致精神的封闭，以及独立和自由的欠缺。因此，高职学院之间以及高校与其他社会组织之间协同创新非常必要。大力推进高职学院教师资源共享，创新教师资源共享的机制成为各学院的必然选择。

教师资源输出方输出兼职教师，既可以避免教育资源的浪费，又可以输出本校特有的校园文化、传播先进的教育理念和教学方法，扩大学校的知名度和影响力，做到锦上添花。教师资源输入方，既可以解决兼职教师资源短缺的弊端，又可以学习到先进的教育理念和教学方法，取他人之长，补自己之短，协同发展，共同进步。

（二）广东省高职学院兼职教师资源共享的途径、方法

解决广东省部分高职学院兼职教师资源问题，应努力做到内外结合，协调创新。在外部，探索省级统筹，区域调剂，弱化校籍管理改革。在学校内部，充分挖掘潜力，试行教师培养的"学徒制"，帮助关心兼职教师，增强质量意识，建立差异化考核制度。

1. 探索实行高职学院兼职教师资源的区域调剂

广东省高职学院除相对集中分布在珠三角地区外，基本是一个地级市一所高职学院。建议按粤东、粤西、粤北和珠三角四个区域将所属高职学院分类，兼职教师资源以区域内调剂为主。将广东省一流高职学院建设单位和示范校建设单位，划分为对粤东西北兼职教师短缺学校的对口共享帮扶单位。

2. 探索弱化高职学院兼职教师校籍管理改革

在部分省市的中小学，曾试行了教师的无校籍管理改革，教师由"单位人"向"系统人"转变。教师不再仅属于某一学校，而是区域共享资源。由教育行政主管部门在编制内统筹管理，由学校根据需要按期聘用，动态调整，合理流动，促进教师资源均衡配置。

建议广东省试行弱化高职学院兼职教师的校籍管理，教师以原隶属学院的专任教师身份为主，以受聘任学校的兼职教师身份为辅。可以享受隶属学校的岗位工资、薪级工资、绩效工资等工资待遇，同时享受受聘任学校的课时工资及优秀人才补贴等。

3. 加强教师资源短缺学校的兼职教师管理与服务

一是成立专门的外聘兼职教师管理机构。专门管理机构职责首先是依据学院发展规划，结合教师实际情况等，进行分析、研判，制定切合实际的外聘兼职教师队伍建设规划，使兼职教师聘任工作按计划有序进行。其次，制定、完善外聘兼职教师聘任管理制度，对外聘兼职教师的聘任条件、方法、程序、监督、管理等做出具体规定，使聘任工作制度化、规范化。第三，统筹负责外聘兼职教师的聘任、监督、管理等工作。根据兼职教师招聘计划，坚持招聘标准，严格执行聘任程序，发布兼职教师招聘公告，实行公开招聘。

二是充分挖掘校内教师资源潜力，突出教学中心，树立教师是第一资源的理念，在学院的职务晋升、职称评聘、绩效奖励等方面向教师倾斜。引导教职工乐于从教，以作教师，从事一线教学工作为荣。

三是加强院系教研室等学习共同体建设，建立完善传帮带机制。试行教师培养的"学徒制"，推动新老教师帮扶带，要求新教师积极参与专业和课程建设、教学改革，尽快融入教学团队，提升专业教学能力。

四、结束语

百年大计，教育为本；教育大计，教师为本。加强高职学院兼职教师队伍建设，解

决广东省高职学院兼职教师队伍发展不平衡问题，探索建立全省高职学院兼职教师资源省级统筹，区域调剂，弱化校籍管理是一项长期而艰巨的任务。

教师专业化视角下高职院校教师职教能力构成研究

朱蓝辉[①]　叶红卫[②]　张春柳[③]

摘　要：教师职教能力发展是提升高职院校竞争力关键因素之一。基于教师专业化理论，根据高职教育特殊性，提出高职教师职教能力由课程执行能力、社会实践能力、学生指导能力构成。

关键词：教师专业化　职教能力　构成

一、理论基础：教师专业化理论

1966年联合国教科文组织就提出了"教师专业化"的相关理念，教师专业化是指一个人在接受专业教师教育之后，具备作为一名教师的基本素质，并在整个职业生涯中，通过终身专业训练，获得教育专业知识技能，实施专业自主，表现专业道德，并逐步提高自身从教素质，成为一个良好的教育专业工作者的专业成长过程，也就是一个人从"普通人"变成"教育者"的专业发展过程。培养高水准、全方位的教师职业素养和能力，是教师专业化的主要目标和核心内涵；建立一种基于职业需要的教师素质结构体系，则是实现教师专业化的前提与关键。

美国早在20世纪90年代初就开始以"如何有效地成为一名称职教师"为核心问题探索和开发教师的专业化标准，并于1993年成立专门的机构——国际培训、绩效、教学标准委员会（The International Board of Standards for Training，Performance and Instruction）来制定教师的能力标准模型。目前他们制定的教师能力标准不仅在美国当地作为教师遴选、聘用、能力的认证以及师资评价的重要参考，而且已经翻译为多种语言，成为国际教师认证的基础。

如何理解教师职业的基本属性与特征，作为一名合格的教师究竟需要哪些基本的职

---

① 朱蓝辉（1982-），女，湖北随州人，河源职业技术学院英语讲师，教育学硕士，研究方向：研究方向为英语教学，职业教育。

② 叶红卫，河源职业技术学院。

③ 张春柳，河源职业技术学院。

业素养，应当形成怎样的职业素养结构，则成为教师专业化的目标和方向的根本问题。

所谓高职教师专业化，是指高职教师在整个职业生涯中，依托各种专业的教育组织，通过长期乃至终身的专业训练，熟练掌握某一领域的专业知识和专业技能，以丰富的实践经验及实际动手能力为基础，以先进的职业教育理论和方法为依托，教师专业化主要由专业情意、专业知识和专业能力构成，专业能力对于强调"能力本位"的高职教育而言显得格外重要。为此，本文从教师专业化的视角出发，对高职教师所应具备的能力结构进行了探析，以期促进我国高职教师能力结构的完善。

二、高职院校教师职教能力的内涵

早期的心理学家认为：能力是指顺利地完成某种活动所具备的稳定的个性心理特征，形成的基础是生来具有的脑和感官的解剖结构。1983年，美国心理学家霍华德·加德纳教授提出了多元智能理论，能力是顺利、有效地完成某种活动所必须具备的心理特征。由此定义进行推理，在高职院校教师教学活动中，"职教能力"就是一个个性心理特征。从"能力"的产出结果考虑，"能力"具有一定的效率和质量取向。因此，"职教能力"可以进一步阐述为高职院校教师顺利完成教学活动所必需的、并直接影响教学活动质量和效率的普遍的个性心理特征。

目前国内对高职院校教师职教能力概念内涵的研究尚未达成一致，亦无全面系统的研究，但共同的认识是，这是一种不同于普通教育教师的专业能力。较早提出了"职教能力"这一概念的研究者吴泽认为，这是一种将劳动、职业技术、教育等相关的方面的常识和知识相结合形成教师的职业基础能力；通过实践活动整合各种知识，形成以基本教学能力、职业技术教学能力、自我发展教学能力和技术创新教学能力为核心的职业技术教育能力。李耀麟、陶宇、任聪敏和张秋垫提出：高职院校教师的职教能力着重传授职业技能，以学生为主体和以工作过程或职业实践为导向，结合实际教学情境和学生特点来设计和执行相关教育教学过程的能力。

职教能力是一种能力综合体，综合了高职院校教师在专业教学实践中两个特性。一个是专业特性，一个是实践特性。同时又在教师的认知领域、教师的情感领域以及意志和行为领域发挥着作用，是教师个体在教学过程中形成的一种职业认知积累、职业素养与教育教学智慧，是教师专业成长、教学质量提升、学生实践指导方面的核心专业能力。

三、关于高职院校教师职教能力构成的研究现状

高职院校教师职教能力的构成已逐渐成为学者们研究的重点，戴士弘认为，要成为一名合格的职业教育的教师，职业教师要具备：（1）专业水平，掌握专业知识和理

论，同时掌握本专业的实践能力；（2）职业水平，了解行业需求、职业需求和岗位需求；（3）教学水平，懂得学习者的基本的认知规律、课程评价能力、以学生为主题、以能力为中心的一体化课程教学；（4）整体素质，特别是社会活动能力等。吴全全、李耀麟、李畅、王国庆和徐国庆等学者认为高职教师必须具备专业理论知识的能力、职业教育教学论与方法论知识的能力和职业的实际操作能力。梁丹基于 CBE（Competence Based Education）理论，提出职教能力，即教师的职业教育教学能力，是教师以职业能力培养为重点，在教育教学活动中完成教学任务应具备的各项能力的总和，包括专业理论知识、教育教学能力、科研能力、一线岗位实践能力以及创新能力，是衡量高职教师的基本标准，是高职教育质量提升的关键因素。

关于职教能力的构成要素上，研究者普遍认为，高等职业院校教师应当不仅掌握基本的教育教学能力，还要具有较强的实践及实际动手能力等。虽然研究者们提出的能力构成要素不尽相同，但是都强调以下三个要素：专业理论知识、岗位实践操作技能以及教育教学和科研能力，于是，倡导高职教师要下企业实践，学校要积极开展校企合作等发展策略，这些不同研究之间正在形成一个系统的逻辑链条，有助于未来相关研究体系的形成。

四、高职院校教师职教能力构成的现实依据：高职教育的特殊性

在教学要求方面，高职教育与普通高等教育的要求相差甚远，高职教育的受教育者除了要接受基础教育（文化修养、个人素质等）外，更要在某一专业领域，拥有专业实践经验。注重实践动手能力，且具有丰富的专业领域知识。高等职业教育是高等教育系统类型中的一种，属于职业教育体系的最高层次，是在中等教育水平以上实施的"职业型"的高等教育，其特性表现为：

（一）"高等"与"职业"

高等职业教育建立在中等教育基础上，与初、中等职业教育相比，其培养的人才具有知识含量高、成熟度高、适应社会能力强等特点。普通高等教育培养的是学术性人才，追求的是获得职业所需要的基本理论知识和能力。而高等职业教育有很强的职业岗位针对性，培养的是技能型人才，追求的是高水平的职业技能和职业素养，能适应未来职业技术变化。

（二）"实践性"与"开放性"

高职教育的实践性体现在制定教学计划时以能力为中心，选择教学内容侧重实践培养，实践、实训教学占整个教学的 1/3 以上。为满足社会多方位的需求，高职院校一般

都会有实习、实训基地，办学形式比较灵活多样。

（三）"地方性""行业性"与"市场导向性"

高职教育主要的培养目标是培养合格人才服务于当地的社会发展和行业发展。地方劳动市场人才需求的数量、类别、层次、岗位技能决定了高等职业教育的办学规模、发展速度、专业设置、教学内容等。高等职业教育以市场为导向进行办学，时刻获取地方社会、经济发展动向，以此把握学校的办学方向，为了获得更好的发展动力，专业计划和课程调整与当地的发展方向相一致，才能获得发展的持续动力。

高职教师不仅要有扎实的理论知识，而且要求具有一定专业实践能力和很强的动手能力，即具有"双师素质"。2003年教育部《关于开展高职高专院校人才培养工作的意见（讨论稿）》提出"双师素质"的概念，并做出具体界定："（1）具有两年以上基层生产、服务、管理本专业工作经历，能指导本专业实践教学，并具有讲师或中级以上的教师职称；（2）既有讲师及以上的教师职称，又有本专业中级及以上职称；（3）主持或主要参与两项及以上应用性项目研究，研究成果已被社会企事业单位应用，具有良好的社会效益或经济基础"。

关于加强民办高职教师资格认证的探讨

张德荣[①]

提　要：民办高职虽然是我国高等教育的一个重要组成部分，但一直以来都是一个弱势群体。民办高职教师对社会没有什么吸引力，再加上没有科学严格的教师资格制度，造成民办高职吸收教师时门槛较低，很多教师能力素质不高，同时也没有更新能力和知识的动力，造成教学能力、教学水平普遍偏低，教学质量令人担忧。本文从加强民办高职教师资格认证的必要性、程序、指标、保障措施等方面进行了探讨，以便能提出建设性意见。

关键词：民办高职　教师资格　认证分类　认证指标

① 张德荣（1967-），男，湖南岳阳，广州华商职业学院工商系专业负责人，兼任学院督导，曾任教务处副处长，讲师，经济师，高级人力资源管理师，硕士，研究方向为管理科学与工程。

一、民办高职在我国高等教育中的地位举足轻重

走进民办高职的教室，可能会让你触目惊心：大部分的学生在玩手机，尤其是大二和大三的学生，睡觉的学生也比比皆是，就是听课的学生少。某校在一次期中教学检查中，对教师的教学质量进行学生代表和学生干部座谈。从座谈记录统计结果来看，69%的学生认为老师讲的内容没什么价值，对其不感兴趣；92%的学生认为老师讲解空洞，希望能多增加一些实践课程，让学生多实操；76%的学生认为教师应该多一些企业实践经验；86%的学生认为教师只顾自导自演，完全无视学生，应该增加互动，多与学生沟通；83%的学生认为老师上课的PPT文字太多，应该多一些图片和视频，让学生有身临其境的感受。民办高职老师上课比较典型的问题有：教、学脱节，忽视学生的主体地位，仍习惯以老师为主体；教学方式单一，基本都是讲授法教学；教师视野狭窄，没有实践经验；忽视学生特点，教学缺乏针对性；师生互动很少，学生目光呆滞等。

之所以出现这些现象，原因是多方面的，其中重要的原因如下：1. 民办高职教师入口门槛低。民办高职招聘的教师，或是刚从大学毕业，没有多少社会经验；或是来自企业，没有什么教学经验。很多既不是毕业于师范，也没有经过师资培训就走上了讲台，课堂变成了教师的试错场，没有教学能力的教师把无辜的学生变成了自己的实验品。2. 即便有教师岗前培训也缺乏完整性，很多学校的岗前培训就花几个小时时间，简单地介绍一下学校情况和教学设备的使用后就直接让新教师去忽悠学生了。3. 许多教师实践经验少，讲起课来基本照本宣科。4. 许多老教师知识更新缓慢，不了解新的教学方式方法，不了解企业的新工艺、新技术，不了解民办高职学生的特点等。

上述原因归结起来就是一点，缺乏一个行之有效的民办高职院校的教师准入和更新制度，也就是没有一个科学有效的民办高职教师资格制度。没有经过认证合格的教师就走上讲台，就像没有驾照的人开车上路、没有医师执照的人给人开刀一样，后果可想而知。所以是否有完备的教师资格证制度是衡量教育制度是否科学的重要指标。我国现行的教师资格证制度尽管有了一定的框架，但是不够完备，也缺乏科学性。主要表现为以下几个方面：

（一）没有独立的高职教师资格系列

《教师资格条例》把教师资格分为幼儿园、小学、初中、高中、中职、中职实习指导、高等学校等七个系列。连中职都单独列出了一个实习指导教师资格，而高校却只有一个统一的教师资格系列，高职教师没有单列。高职与普通高校的培养目标有差别，决定了从事高职教育的教师与从事普通高等教育的教师能力素质要求也不同。高职教育培养的人才更倾向高技能型，要求其教师在技术应用能力、联系实际能力、服务社会的能力更

加突出。不将高职教师资格认证标准从普通高校教师资格标准中区分出来，就难以区分两种类型高等教育教师的能力素质要求。

（二）缺乏科学完备的高职教师资格认证指标

申请高校教师资格，除了几门考试课，最关键的教育教学能力测试却没有明确的规范标准。通行的做法是由各高职院校组织新教师讲授 30 到 40 分钟的课，评价其教学能力。有时甚至仅仅是一个总体印象，连起码的教学设计、方法、效果都没有进行仔细评价。由于测评简单，也没有对普通高校教师都要求的专业知识、特别是针对高职教师的实践实操能力及工学结合能力的考评，对于高职院校来说，这些指标根本无法准确全面评价申请者能否胜任高职教育教学工作。

（三）没有严格的高职教师的准入和更新机制

现行的高等学校教师资格采取的是先上岗后认定的方式，范围只限于高校已经在编在岗的专任教师。这纯粹是一种先上车后补票的做法，即使有教师资格制度也是一个摆设，不能对教师的能力素质进行很好的评价过滤，进口把关不严。同时也缺乏促进教师自觉更新专业理论知识、自觉学习新技术、新工艺的机制。

（四）即便是按现行的高等学校教师资格标准对高等职业学院的教师进行准入考试，也存在着要求不严、流于形式的现象

教师资格认证基本是走过场，在教师资格认证过程中，除普通话外，所有参加教师几乎都是毫无例外的顺利拿证了。考前短短的两三周培训、自己水平都一般的培训老师、划定范围的考试，是很难培养出合格的高职院校教师的。

二、民办高职除了有一般高职的共同点外还有自己不同的地方

（一）教师的特点

民办高职院校的教师主要来源于三部分，一是公办高校的退休教师，二是刚毕业不久的高校学生，三是在企业做得不如意的转岗人员。后两类人员进入民办高职绝大多数都是先上车后补票的，甚至有人干了多年也没有拿到教师资格证。教师工作的性质决定了其不允许拿学生做实验品，但不幸的是，我们民办高职的很多学生都是这种实验品。而退休教师虽然大多有高校教师资格证，但也有很多只擅长理论教学，不擅长实操教学，或者知识僵化、不思更新，很多也是不适应高职学院教学的，起不到榜样示范作用。同时，民办高职的教师与公办高校相比，在待遇上有很大差别。由于没有编制，在身份上只属于私有企业的员工，社保有些甚至是按照私企工人的身份来缴的。他们的工资水平、

福利待遇，特别是退休和医疗保障等都远差于有编制的公办高校的教师，所以更难吸引合格教师。

（二）学生的特点

民办高职的学生是高考录取的最后一批，大部分基础较差，学习积极性不高；没有好的学习方法，不能主动、独立地去学习；厌学情绪较普遍，看书就头疼；独生子女较多，被长辈过分宠溺，习惯于我行我素、自私任性。这样的学生对民办高职教师的能力提出了特殊的要求，能否对他们因材施教，是判断一个民办高职教师是否合格的重要标准。

（三）财力上的特点

由于民办高职大部分资金紧张，迫使其重效益、轻投入。许多民办高职只做面子工程，看得见的校舍、硬件等就投入，而看不见的软件、内涵建设的需要就不愿投入，造成许多硬件是废铁一堆，教学设施设备比较少且差。如此的教学条件，对民办高职教师的能力也会有特殊的要求。

（四）体制机制比较灵活的特点

许多民办高职在加强校企合作、进行订单式培养等方面，就是充分利用这一优势。教学中重视动手和实操能力，注重生产实习、实训，努力培养市场需要的技能型、实用型人才，从而达到与市场需求的有效衔接。民办高职的教师要能满足这些要求。

综上所述，建立一套科学合理、标准明确的教师资格认证制度和更新机制并严格执行是提高高职院校教学质量的当务之急。特别是民办高职，教育部门要能清醒地认识到它与普通高校和公办高职的区别。

总之，民办高职作为我国高等教育的重要组成部分，国家应该给予足够的重视。并充分认识到民办高职与公办高校、高职院校和普通高校的区别，尽快出台并严格执行包括民办高职在内的高职教师资格认证制度，同时要尽快出台相应的配套保障措施，提高民办高职教师的地位和待遇水平，从而提高教师水平，提高教学质量。

高职院校思政课教师队伍建设的时代意蕴和实践路径①

郭巍巍②

摘　要：强国必先强师，强师必强思政。新时代对思政课和思政课教师提出更高要求。加强高职院校思政课教师队伍建设具有鲜明的时代意蕴，事关"三个培养"根本问题，事关"四个伟大"全面推进，事关"立德树人"根本任务深入落实。新时代思政课教师队伍建设存在顶层设计不突出、精准施策不突出、问题意识不突出、内涵建设不突出、地位待遇不突出等问题，必须抓好顶层设计、加强党的领导和师德建设、增强内涵素质培养、提高地位待遇、强化各方保障，多措并举建强思政课教师队伍，实现思政课教师队伍治理体系和治理能力现代化。

关键词：新时代　高职院校　思政课教师　教师队伍建设

一、问题的提出

国家大计、教育为本，教育大计、教师为本。党的十八大以来，以习近平同志为核心的党中央高瞻远瞩、审时度势，立足新时代作出新战略新部署，将高校思想政治工作、思政课建设工作和教师工作提到了前所未有的政治高度，具有重要的里程碑意义。习近平指出，教育是对中华民族伟大复兴具有决定性意义的事业，必须放在优先位置。教育优先，思政尤重。新时代对思政课和思政课教师提出了鲜明的时代要求。从"思政课程"到"课程思政"，从"思政教师"到"教师思政"，从培养"建设者和接班人"到培养"时代新人"、打造"梦之队"，思政观的转变是新时代要求使然。办好思政课，事关新时代意识形态工作大局，事关中国特色社会主义事业后继有人，事关实现中华民族伟大复兴的中国梦，必须始终摆在突出位置。办好思政课关键在打造一流的符合新时代要求的高

① 基金：2017 年度广州市哲学社会科学发展"十三五"规划马哲专项青年课题《习近平青年工作思想研究》（2016GZMZQN22），主持人：郭巍巍；广东省 2017 年省级学校德育项目高校思想政治教育课题《基于高职学生核心素养提升的思想政治教育"五位一体"育人机制研究》（2017GXSZ139），主持人：郭巍巍；广东省教育厅 2017 年科研项目青年创新人才类项目（人文社科）《用习近平新时代青年教育思想指导青年学生成长成才研究》（2017GWQNCX090），主持人：郭巍巍。
② 郭巍巍（1983– ），女，黑龙江人，广州城建职业学院讲师，硕士研究生，研究方向：马克思主义与思想政治教育。

素质专业化创新型思政课教师队伍。高职院校思政课教师队伍是高校教师队伍的重要组成部分，承担着党和国家重要崇高艰巨的教育使命，是一支历来听党指挥、素质过硬、勇于战斗的红色"筑梦人"之队，是一支始终坚持真理、传播真理、引领时代、引领未来的"引路人"之队。一代教师有一代教师的使命，一代教师有一代教师的担当。新时代思政课教师要做党和国家最忠诚最可靠最专业的灵魂工程师，落实好"立德树人"根本任务，培养好"强国一代"，做好"梦之队"的筑梦人。明确新时代新要求新使命，发掘新问题新思路新价值，打造党和人民满意的新时代"筑梦人之队"和"引路人之队"是当前重大政治任务。

二、新时代加强高职院校思政课教师队伍建设的时代意蕴

（一）新时代加强高职院校思政课教师队伍建设事关"三个培养"根本问题

思政课教师天生就是红色的，承担着党的先进思想文化的传播者、党执政的坚定支持者、学生健康成长的指引者的神圣使命，肩负着"培养什么人、怎样培养人、为谁培养人"的时代重任。当前，思政课教师培养的是"强国一代"，思政课教师培养学生的样子，就是中国未来的样子。思政课教师队伍建设的质量和水平，直接关系到高等职业教育人才培养的质量、关系到我国意识形态的安全，关系到国家的命运和前途，必须高度重视。

（二）新时代加强高职院校思政课教师队伍建设事关"四个伟大"全面推进

党的十九大报告提出，要统揽伟大斗争、伟大工程、伟大事业、伟大梦想。加强高职院校思政课教师队伍建设是统筹推进"四个伟大"的必然要求，事关主流意识形态的巩固、党的建设、中国特色社会主义事业的发展和中国梦的实现。新时代必须加强高职院校思政课教师队伍建设，为进行伟大斗争积聚力量，为建设伟大工程夯实基础，为推进伟大事业添砖加瓦，为实现伟大梦想铺路架桥。

（三）新时代加强高职院校思政课教师队伍建设事关"立德树人"根本任务的深入落实和思政课建设能力的全面提升

建设一流大学，培养一流人才，必需一流教师。2017年是高校思政课教学质量年，思政课建设局面喜人，成效卓越，成果显著，思政课质量和水平大大提升，可谓打了一场漂亮的攻坚战。2018年是全面贯彻落实党的十九大精神开局之年，也是高校思政课教师队伍建设年。

三、新时代高职院校思政课教师队伍建设瓶颈

党的十八大以来，以习近平同志为核心的党中央将高校思想政治工作和教师队伍建设工作摆在了更加突出的位置，作出了一系列重大决策部署，为新时代高职院校思政课建设和思政课教师队伍建设提供了根本遵循、指明了行动方向。在党中央高度重视下、在思政课教学质量年大力推动下、在各高职院校认真贯彻落实下、在广大思政课教师奋斗贡献下，思政课建设"奋进之笔"出成果见实效。思政课面貌改善了，教师素质能力提升了，立德树人成效明显了，课程吸引力增强了，学生获得感提高了，满意度上升了，思政课建设效果凸显了。

据 2017 年思政课教学质量年大调研对 2516 所普通高校（包括高职院校）3000 堂思政课统计分析，专家听课平均打分为 82.3 分，课程优良率达 83.2%；86.6% 的受访学生表示非常喜欢或比较喜欢上思政课，91.8% 的受访学生表示非常喜欢或比较喜欢自己的思政课老师，91.3% 的受访学生表示在思政课上很有收获或比较有收获。

四、新时代高职院校思政课教师队伍建设路径

基于新时代思政课建设新要求新问题，高职院校思政课教师队伍建设要以习近平新时代中国特色社会主义思想为指导，以思政课建设为主线，以培养新时代筑梦人为目标，以党的建设和师德师风建设为抓手，以素质能力提升为重点，以内涵发展、质量提升为核心。

（一）提高思想政治素质，加强师德师风建设

1. 摆正方向树标杆

方向永远是第一位的、决定性的。我们办的是社会主义大学，是党领导的大学，培养的是社会主义建设者和接班人。思政课教师队伍是政治性极强的队伍，必须摆正建设方向，与党和国家教育事业保持同向同行。第一，加强重视。中国特色社会主义最本质的特征和最大优势就是党的领导。

2. 夯实素质强内涵

习近平指出，走内涵式发展道路是我国高等教育的必由之路。师者，传道授业解惑也。思政课教师更在传道。要想为大学生扣扣子、引路子，思政课教师首先要扣好为人师表的扣子、补好精神之钙、点亮智慧之光；思政课教师要当仁不让亮身份、受教育、提素质；要当仁不让重垂范、夯素养、补短板；要当仁不让强内涵、争先进、做表率；始终做到心中有爱、手中有笔、身上有能、脚下有力。

3．强化师德铸师魂

先生之风，山高水长。育有德之人，需有德之师。师德师风建设应作为思政课教师队伍建设的第一评价标准。加强思政课教师的师德师风建设，必须突出师德养成，铺好品行底色。

（二）提升专业素质能力　建设一流思政团队

1．打造高素质中青年思政课骨干教师队伍，培养中坚力量

一流的教师团队，必须有一流的教师。优秀的思政课老师都有一些共同点：好的研究者、好的管理者、好的教学能手、好的学生导师。抓好中青年骨干教师队伍建设是青苗工程。

2．打造高水平专业化思政课教师队伍，提高教科研水平

思政课地位高、要求高、责任高，涵盖领域众多、学科广泛、内容丰富，体现了理论性、系统性、专业性，是一门高精尖课程。这就要求思政课老师必须要有坚定的政治立场、扎实的理论功底、专业的学术水平，能对党的理论系统化、学理化、学科化研究阐释，能讲好中国故事，传播好中国声音，讲出中国特色、中国风格、中国气派。

3．打造高能力学习型研究型创新型思政课教师队伍，提升综合能力

学高为师。学习是思政课教师立德树人的永恒主题，也是教书育人的重要基础。理论的生命力在于创新，创新是哲学社会科学发展的永恒主题，也是社会发展、民族进步的必然要求。好老师一定要善于学习、善于创新、善于思考、善于研究。

（三）切实提高思政课教师地位待遇和职业吸引力

只有不断提高思政课教师的地位待遇，增强获得感幸福感安全感，教师们才会有更多的荣誉感责任感使命感，高职院校思政课教师这份职业才能真正成为受人尊重、令人羡慕、有吸引力的职业，才能真正留住人才、留住希望、留住未来。

新时代高职院校教师教学中的情感教学研究[①]

罗桂城[②]

摘　要：本文采取类比方式对高职院校教师情感教学开展跨学科交叉研究，运用跨学科交叉研究模式能够有效保障高职院校开展情感教学的系统性、完整性。受到情感教学抽象性影响，教学难以掌控，本文尝试从理论角度将物理模型引入情感教学，构建了三种情感教学理论：导情教学、情感对流教学、情感辐射教学，向教师提供一种较为感性的指导。

关键词：情感传导教学　情感对流教学　情感辐射教学

一、前言

新时期对人才素质提出了崭新的要求，教学过程中，理论知识与情感素质是能够相互促进的。职业院校作为应用性人才培养基地，学生的情感素质的培养在现阶段广受关注。作为培养职业院校学生情感素质、健全学生人格的重要方式，广大职业院校教师尽管普遍接受了情感教学，然而在教学实践过程中，情感缺失的现象仍然普遍存在，无法真正有效地将其落实到具体教学操作层面。学科交叉大大开阔了教学方法的研究视野，使教学模式在理论与实践层面均获得了跨越性发展。在这种情况下，情感教学应当进行改革。

传统的理论与实践研究存在如下问题：没有较为成熟的从动态角度开展的课堂教学情感研究，造成情感教学无法贯穿课堂教学全过程，教学系统性和连贯性受到影响，对情感教学的有效性造成消极影响；传统的情感教学实践性不甚理想，导致教学实施困难；研究架构单一，策略重复，缺乏检验其有效性的坚实的实证依据，理论还需要丰富与拓展。针对传统研究中存在的问题，本文借鉴传热学相关理论，在情感教学中开展学科交叉研究，寻找情感教学研究的新思路。

---

①基金项目：本文系 2015 年度广东省高等职业教育质量工程教育教学改革项目"高职院校教学管理人员执行力研究"（项目编号：GDJG2015134）的研究成果之一。

②罗桂城（1983– ），男，广东韶关人，广东水利电力职业技术学院科研部、创强一流办，讲师，教育学硕士，研究方向为职业教育管理。

二、传热学基本概念和理论

传热学主要研究热量在不同区域的传递规律，主要传递方式有三种：导热、热对流以及热辐射。传热的三种方式。

举例来讲，天气寒冷的冬天室内外墙壁散热过程可划分为三个阶段：

第 1 阶段：室内空气通过对流换热以及墙面与室内物体间的辐射两种形式传递热量。

第 2 阶段：将热量传递到墙外表面。

第 3 阶段：墙体外表面将热传导至室外环境。

在其余条件不变的情况下，室内外温度差与传热量在数值上呈正相关关系。以上述三种热量传递模式为基础，传热学构筑了三种概念：导热、热对流、热辐射，下面将展开分析。

（一）导热理论

导热即热传导，指"不同温度的各物体的各部分未发生相对位移，或不同温度的各个物体依靠微粒子热运动进行直接接触过程中产生的热量传递现象。"从微观层面来看，热是一种与微观粒子移动、转动和振动密切相关的能量。而导热理论是从宏观层面出发，将物质视为连续介质，微观结构并不在其考虑范畴之内，而把物质看作是连续介质。导热理论的目标是找出任一时间点物体各个部分的温度。

（二）热对流理论

热对流即"通过运动的流体将热量在不同区域之间相互传递的过程。在传热工程上关涉的问题不止热对流，还包括流体与固体壁发生直接接触的过程中产生的换热过程，传热学中称之为'对流换热'。由于温度差的存在，热对流输送过程中伴随着热传导，因此，存在于对流换热过程中的换热机制兼具热对流与导热的功能。"

（三）热辐射理论

物体表面通过向外界发射各种（可见、不可见）射线电磁波与光子来完成热量传递，热辐射过程伴随着两次能量不同形式的转化，是一种热量的传导方式。通过热辐射进行的物体间的热量传递即辐射换热，热辐射过程的突出特点是不依赖任何物体的接触即可完成热量传递。

三、情感传导教学原理阐释

（一）内涵

"情感传导教学"指的是教师在课堂教学过程中对课堂情感的动态特性给予充分考

虑，对学生的课堂情感充分调动，构筑一张网罗师生双方情感对流的网络，全面调动课堂情感，保证教学情感活跃、顺畅、全程运行。

情感传导教学是由三个环节构成。首先须调动与提高学生的情感热度，为课堂教学奠定情绪基础，这一环节的主要任务是清除课堂情感死角。在清除课堂情感死角的基础上形成课堂教学情感对流网络，使情感信息在教师以及学生之间顺畅、充分流动，最后一步是建立"情感场"，在情感场中教师占据主导地位，是辐射源，这一环节旨在确保上一环节的顺畅运行。

（二）理论逻辑线路

在建构理论时，以学科交叉为基础，旨在构建一个情感充沛、运行顺畅的教学环境。情感传导教学在考察了教学情感和与热量运动类似之处的基础上，提出教学过程中情感运行的三个密切联系、相互协作的情感信息传递环节：导情、情感对流、情感辐射，三者共同构成了情感传导理论的架构。

上述三个环节中情感对流居于核心地位，而导情与情感辐射环节为其提供有力保障。导情是情感对流环节的前提条件，而情感辐射环节是各种教学情感信息进行对流的保障。上述三个环节是相互交融的。导情的顺畅进行有助于教学情感场在最短时间之内架构起来，情感场的构筑对情感充分对流非常有利，与此同时能够促进情感在广度与深度上向教学情感的薄弱区域扩展。在对流环节师生接收情感信息之后，加以过滤与吸收处理，反过来会促进情感场的产生。三者的交融有利于课堂成为一个兼具动态情感与静态情感的教学环境。

四、导情教学（ACT）理论

导情教学是教师在对每个学生的情感特征与其表达方式进行了解的前提下，对于教学情感密度在课堂各个区域的分布特征进行全面把握，在教学热度整体提升的前提下，运用具有针对性的策略使课堂情感密度均匀分配，对教学活动的开展奠定情绪基础。传热学中的热传导指的是物体未发生相对位移，或者异质物体凭借微粒（分子、原子或者微观粒子）的热运动而传导热量的现象。

从微观层面来讲，热是一种与微观粒子的位移、转动、震动密切关联的能量，所以，导热在本质上必定与物质微粒紧密相连。在教学中如果将每个学生视为一个微粒，他们的情感互动共同引起教学情感传导，学生的情感如果发生微小的变化都会影响与改变教学过程中的情感运动路径，进而影响整个课堂的教学情感顺畅地进行传导。教学过程中学生的情感互动在形式上可以与物质微粒进行的热运用进行类比。情感在作为"微粒"的学生间运动的过程也即情感的浸润与弥散的过程，也是个体之间互相影响的过程，可以将这种相互影响的模式纳入"情感导热"类别。导热理论是从宏观层面出发来分析问题，不关涉物质的微观层面，将物质视为一种媒介。从这个宏观层面来讲，可以将教学中整个学生群体视为一种媒介，这种媒介承担着情感传导功能，教师的角色为热源，发出情感能量，这种情感能量在学生群体之间传播并影响着学他们。这种模式就需要作为热源的教师在教学过程中需清晰把握每一个学生的情感特质，具有针对性地对情感教学的方式、力度以及侧重点进行适时调整。

尽管在研究热传现象过程中，是从导热理论的宏观层面出发的，但在教学过程中，运用导情教学模式须以宏观与微观相结合的方式。每个学生作为能量个体，他们之间情感的相互感染是教学情感传导方式之一。导情教学模式的关键理论与策略是教师运用各种方法激发与传导每个学生个体的情感，只有将每个学生的情感充分激发起来，才能实现情感在学生之间的顺畅传导与运行。

导热现象发生的基础是温度差的存在，教学中也存在一个情感差，类似于温度差。在宏观层面上这种情感差表现为情感浓度在教学过程中的不均匀分布，在微观层面上表现为情感强度在学生之间以及师生之间的差异，教师须将这种温度差化为有利于教学情感传导的条件，通过学生内部的情感能量来对教学中的情感状况加以改善与提升，使情感温度整体升高，实现教学中情感的均匀分布。

五、情感对流教学（ACT）理论

情感对流教学即教学过程中师生运用面部表情、身体姿态、言语等方式在彼此之间输送情感，与此同时对接收到的情感进行过滤、吸收处理后对信息发出者进行及时的反馈，使情感信息子在教师与学生之间不间断循环的教学过程。

传热学中，"将热量凭借流体的运动在不同部位传递现象叫作热对流。"在传热实际过程中，需要探讨问题不只是热对流，还包括固体壁与流体发生直接接触过程中所产生的热量传递，这个过程即"对流换热"，也被称为"放热"。通过上述概念能够看出，热量为了实现传递目标，需要一个载体，流体承担了这种载体功能，它将附着于自身的热量在不同部位之间进行传递，确保后续的导热过程的顺畅进行，有效延续传热整个过程。

热量在空间中的传播用热对流理论进行描述，对应于教学就是课堂情感于空间中的传播。如果将情感与热量、师生与空间物体进行类比，传热学中的载体（流体）与教学相对应指全部能够使情感附着的要素。师、生、教材作为教学三大情感源，均可作为载体，承担连接除自身之外任何两个要素的任务。举例来讲，教师需要深入挖掘蕴含于教材中的情感信息，从而与学生建立更加有效的联系。换一个角度来讲，教师的面部表情、身体姿态、语言、在教学中与学生的交流模式均为教学情感传递的载体，学生的各类举止，如面部表情、身体姿态及语言等，也是情感传递的载体。上述载体将师生通过一个情感传输网络联系在一起。

情感对流教学理论由师、生、情感载体与情感反馈四大要素共同构成。教师的角色为情感源，在发动教学情感过程中承担主导作用。教师凭借身体动作、面部表情等诸多情感载体向学生传递教学情感，通过这些情感刺激，学生会产生一定的情感体验，并将这些情感体验及时向教师反馈，这样就形成了师生之间的情感往返过程。除此之外，通过情感载体以及情感体验的反馈学生之间也会产生情感对流。上述全部过程共同构成了教学情感整体运行模式。情感对流核心教学理论及策略是围绕着促进情感在师生之间及学生之间的对流而展开的，构建一个"全通道师生情感对流网络"，有助于教学情感充分地在空间中传递与运行，在知情交融过程中达到理想的教学效果。

"互联网+"时代高职院校青年教师核心素养发展研究

邹火英①

摘　要：随着现代信息技术的快速发展，混合式教学模式悄然盛行，它要求改变教学理念，重构教学环节、转变教师角色、对教学能力提出了更新。而这取决于高职院校的中坚力量青年教师，高职院校青年教师的核心素养是制约教学质量和高职院校可持续发展的关键。可见研究"互联网＋"时代高职院校青年教师核心素养发展，有利于形成青年教师的发展质量保障体系与职教师资发展体系。

关键字：信息技术　高职院校青年教师　核心素养

在《国务院关于积极推进"互联网＋"行动的指导意见》(国发〔2015〕40号)、《教育部关于深化职业教育教学改革全面提高人才培养质量的若干意见》(教职成〔2015〕6号) 和《教育信息化十年发展规划（2011-2020年）》（教技 [2012]5号）等文件中指出新技术与高职教育相碰撞，我们需要高度重视并推动信息技术与高等教育深度融合，以新的视角审视高职院校青年教师的核心素养，改变教育方式才能开启高职教育新局面。

---

①邹火英(1985–)，女，江西省，广州华立科技职业学院，继续教育副科长，人力资源管理讲师，硕士，从事高职院校教师发展研究。

一、"互联网+"时代对高职院校青年教师提出的新要求

在"互联网+教育"的模式下，强调尊重学生，重塑教学模式，提出构建数字化、个性化、终身化的教育体系，这对高职院校青青年教师提出了更高的要求，具体如下：

（一）树立现代信息化职业教育理念

"互联网+"时代，教师与学生都可以便捷地获得大量的信息，教师更应跟上时代的步伐，快速更新自身知识。因此，高职院校青年教师需要掌握全面的信息搜索、分辨、处理和传授信息的能力。教师要学习并应用信息技术，借助互联网成为一个终身学习者，并努力树立现代信息化职业教育理念，培养信息化意识，明确高职教育的职业性和教学目的，它培养的是高技能应用型、创新型人才，了解新时代的学生学习特性，并以此来指导教育实践。

（二）信息技术与教学的深度融合

信息技术作为改变社会的工具，教师作为培养下一代的主体，在教学中应将信息技术融入课程，促进教育变革。互联网时代，学生的学习方式、学习渠道已发生变化，可通过网络公开课等资源进行碎片化学习，学生喜欢讨论、体验、分享新鲜事物，期待教师将信息技术和教学有机融合，从而更好地参与课堂，真正理解所学的知识和技能。我们应该去学习信息技术，研究它的工作方式，让信息技术与教学的深度融合是未来高职教育发展的必然。

（三）教师角色呈现多元化趋势

传统教学模式中，教师在教学中起主导作用，传授专业知识和技能。在"互联网+教育"的背景下，教师的角色开始向多元化转变，是课程的开发者、组织者、引导者、评价者等，需创设基于真实情景的学习情境，在线教学的有效交互，从而激发学生的积极情感体验、学会有效提问和建构知识体系。在高职院校，学生更愿意和青年教师交流，青年教师为了更好地培育人才，需用互联网思维来更新教育观念，尊重学生个性化的学习体验感，真正做到学生是课堂的主体，课堂教学转变为"应用—探究型"，从而提升学生的自主学习能力、专业实践能力和创新能力。

（四）重构教学环节，重设教学内容

随着网络技术引入教育领域，教学模式随之变化，对教师的教学也提出了新的要求，教师应利用网络技术，重构教学环节。教师通过启发式、激励式教学方法，引导学生课前利用平台上的学习资源掌握相关知识点；课中教师创设基于工作项目的情境，学生进行讨论，或者解答学生网络学习存在的疑点，加深对知识点的消化与把握；课后通过在

线互动对问题进行深层次的讨论。至于线上线下分别需要传授哪些教学内容，需要教师根据企业岗位职责和对人才的需求，学生的学习特性，课程的性质等重新设计。与此同时，考核方式也从注重学生考试成绩到学生学习过程的表现、自主学习能力、团队合作能力、学习成果等方面。

二、"互联网＋"时代高职院校青年教师核心素养的现状分析

（一）教学理念存在偏差，信息化教学能力有待提升

高职院校青年教师大部分来源综合性院校，高学历，没有经过专业的培养，直接从学生过渡到教师，虽然很多教师参加岗前培训，但目前的岗前培训只是理论培训，流于形式。导致很多青年教师职业教育意识淡薄，不熟悉职业教育的培养目标和人才培养模式，很难培养出高素质技能创新性人才。因此要让青年教师树立以学生为中心、以能力为本位，以行业需求为导向的教学理念。

在互联网的背景下，要求教师具备信息化教学的能力，但很多青年教师并不具备；原因主要体现在：

第一、信息化教学是建立在传统教学模式上，很多青年教师因不熟悉教育学和心理学的相关知识、缺少企业实践经验，不具备基本的教学能力，很难实施信息化教学。

第二、青年教师信息化教学意识薄弱。青年教师教学、行政工作量大，面临评职称、晋升、生活的压力，很多青年教师忙于应付，没有时间和精力去接受、研究、应用现代化教学技术。

第三、青年教师很少接受专业的培训与指导，不能有效吸收新信息化教学模式，教学手段，往往盲目跟风，在具体教学实践中碰到问题也无法解决，打击教学热情。

第四、信息化教学要求教师能熟悉仿真软件的操作，能够制作微课，掌握短视频的拍摄、剪辑、配音、PPT、Flash 动画制作等技巧。高职青年教师虽然很多是高学历，高素质，但不能完全掌握软件的使用及功能，这削弱了信息化教学的效果。

（二）教学、学习资源选择的困境

如今媒介和信息呈现阶梯式增长的态势，给教师带来丰富的信息资源同时让教师产生了选择的困境。因互联网上的教育、学习资源，种类繁多、参差不齐，教师不仅在选择资源上浪费大量的时间，还有可能因经验不足，辨别力不够，选择了失真的信息；因处理信息能力不强，导致信息混乱，不成体系。

（三）信息技术与教学融合不够

很多高职院校青年教师在教学中应用信息技术普遍只停留在了 PPT 展示和投影使用

等浅层面，至于先进理念的实施和对技术的深层次应用偶尔出现于信息化教学设计大赛或教学比赛中，甚至参加比赛的相关 PPT、动画等请专业公司来做。有些青年教师对于层出不穷的信息化教学模式不能有效地吸收，往往盲目跟风，也因没有接受专业的培训与指导，使得在具体教学实践中碰到的一些问题没法解决。深层次方面如怎样利用信息技术促进学生思维，实现师生有效互动，形成正确的交流与评价，培养学生的学习能力、信息处理与加工能力、创新应用能力等更没有真正开展。青年教师的信息技术理论素养及应用技术偏低，很难利用信息技术推动教学改革。

（四）信息化的环境条件尚未形成

高职院校信息技术的硬件设施是培养青年教师核心素养的物质基础，教育部门的政策支持引起院校领导的高度重视，为信息化环境创造有力的保障。然而，在实际中很多高职院校特别是民办高职院校，因缺乏资金或者意识不够，在信息化建设及应用方面仍然还有一定的差距。

三、构建"互联网＋"时代高职院校青年教师核心素养结构模型

（一）高职院校青年教师核心素养内涵

高职院校具有高等教育和职业教育的双重属性，培养的是面向生产、建设、管理、服务第一线的高素质高技能人才。结合有关青年教师申报科研项目的政策和公务员报考的规定，本文把青年教师的年龄限定在 35 周岁以下。核心素养是胜任某一职业所必须具备的素质和修养。

高职院校青年教师核心素养的内涵是青年教师完成教学任务、实现教学目标应具备的综合素质和素养，即青年教师运用现代化的教学理念、专业知识、教学技能，运用恰当的教学方法，借助信息化教学工具，将知识、技能等传授给学生所应该具备的素养。

（二）高职院校青年教师核心素养结构模型

依据美国著名心理学家麦克利兰提出的冰山模型，"互联网＋"时代高职院校青年教师核心素养包含职业道德素养、知识素养、能力素养、信息化教学素养四个维度。

知识素养、能力素养、信息化教学素养相当于冰山以上部分，这部分容易被观察和测量。职业道德素养包括社会角色、自我概念、动机及个性等因素，处于冰山下面，是人内在的、难以测量的部分，在一定程度上决定青年教师的行为。

从职业道德素养的维度看，主要指职业理想、职业规范和职业精神，是对学生和教育、教学的信念和态度。

从知识素养的维度看，包括教育知识、专业知识、文化知识、实践性知识和信息网

络知识等方面。

从能力素养的维度看，分为教学技能、专业实践能力、沟通能力、学习和科研能力和创新能力素养三个层次。

"协同创新"视域下的高职院校师资多元化建设研究[①]

陈醒芬[②]

摘　要："协同创新"和"师资队伍建设"作为当今高职院校办校重点致力的两个重要内容，可以结合起来开展。在"协同创新"的视角下进行师资队伍的多元化建设，有利于培养创新型高能人才，有利于建设高素质师资队伍，有利于促进校企、科研机构合作，有利于提高高职院校的办学质量。广东高职院校师资队伍多元协同创新可以从建设"双师型"教师队伍、创新人才培养模式、融入行业和区域经济社会发展等路径进行大胆尝试。

关键词："协同创新"　师资建设　多元化　必要性　路径

一、"协同创新"的内涵解读

"协同"一词，中国古代汉语中原来并没有，它来自古希腊语，大意是"同步、协调、合作"；《说文解字》记道："协，众之同和也；同，合会也"；《汉书·律历志上》记载："咸得其实，靡不协同"，这里"协同"大意指协调一致、和合共同；毛泽东在《给中国人民志愿军的命令》一文中说："协同朝鲜同志向侵略者作战并争取光荣的胜利"，"协同"大概是协助、会同的意思；等等。由此可见，"协同"是指各方团结统一、协调一致，互相配合地做某件事的意思。查阅《新华汉语词典》，"创新"，是指人类为了满足自身需要，不断拓展对客观实际及其自身的认知与行为的过程和结果的活动，包括"更新""创造新的东西"和"改变"三层意思。"协同创新"，顾名思义，则是"协同"加"创新"的行为，大概是指各方互相配合、协调一致的创新行为。

① 基金项目：《基于"协同创新"视域下的职业院校师资多元化建设研究》，课题编号：2018QZJ127。

② 陈醒芬（1981–），女，广东汕尾，汕尾职业技术学院人文社科系专任教师，广东省中国文学学会会员，广东省国学教育专业委员会会员，讲师。华南师范大学文学院硕士研究生，研究方向：文艺美学、古代文学、地方文化。

"协同创新"的总体特征是统一性。具体特征来看：一是团队性，它是一个团队在合作探究中，融合各方面力量，集体完成并共同实现的工作，这其中，各方力量缺一不可；二是协调性，团队中的合作各方，都是在统一协调的环境中施展各自力量的，它不是其中某一方面的蛮干精神，而是各方力量之间的相互配合、协调合作，终极目的是实现利益的最大化；三是同一性，合作各方在同一个目标驱动下，通过各种渠道开展沟通交流来达到组织的目的，他们具有一体性；四是创新性，这也是最重要的一个目的，"协同"的目的是"创新"，创新才是硬道理，协同创新就是在这种团队各方想方设法发挥自身优势进行深度合作的旨在创新的创造活动。

二、高职院校师资队伍多元协同创新的必要性

高职院校作为国家重要的技术型人才的培养基地，担负着服务地方经济、服务行业产业等发展的重要任务。协同创新所具有的团队性、协调性、同一性和创新性等特征，给高职院校师资建设注入新鲜血液，是师资多元化队伍建设的动力与活力。协同创新高职院校走协同创新路径，多元化建设师资队伍，开展实用技术、生产和服务的一线创新，想方设法为国家培养专业优秀高能的技术人员，这是时代的需要，更是高职院校自身发展的需要，重要性和必要性立竿见影。

（一）有利于培养创新型高能人才

高职教育既是我国高等教育的重要组成部分，也是我国职业教育的重要组成部分，这种高教性和职教性的教学任务，使高职院校担负着培养国家高能创新型人才的光荣使命。当前正处于重视创新型人才关键时期，培养高能高效专业技术型人才口号铺天盖地的当下，高职院校在人才培养方案中，应重视培养学生的动手能力、实操能力和一丝不苟的工匠精神，使培养出来的人才在行业竞争中处于不败之地。可见，培养拔尖创新型人才，是一切教育的光荣使命，职业教育更是义不容辞。这种拔尖人才的培养，需要一种高效率、综合性的学习环境，协同创新就是这样一种"人才、资本、信息、技术"的深度融合的创新环境，有利于打造专业化和一体化的新型高能人才。

（二）有利于建设高素质师资队伍

师资队伍建设是高职院校人才资源的重要部分，高职院校建设一个完整的高素质的师资队伍体现，需要一套科学的运行机制，便于协调各方面的力量和资源。协同创新正是这样的一种机制，在高职院校师资队伍建设中，走协同创新之路，有利于整合资源、扬长避短、各取所需、统筹全局，从理念、目标、内容、过程和方式上全方位提升师资队伍建设的效果，建设高素质的师资队伍。

（三）有利于促进校企、科研机构合作

高职院校通过校企等多方面合作这个平台，以"走出去、请进来"的方法完善校企合作机制。协同创新致力于突破高职院校内部和外部体制机制的界限，改变传统的"单一、分散、低效"型的办学制度，注重院校与企业、科研机构的沟通交流，信息共享，充分发挥校企双方比较优势，解决企业发展中存在的人才培养等问题的协调创新工作，既满足企业经营本身利益的诉求，又发挥高职院校培育人才的主动性和积极性，从而推动校企多方面的深度合作工作。

三、高职院校师资队伍多元协同创新的路径

（一）建设"双师型"教师队伍

"双师型"教师队伍建设是当前高校师资队伍建设的一个重要组成部分，也是协同创新的必经路径。"双师型"这一概念，在我国首先由王义澄提出，他提出"双师型"是教师素质的要求，参与学生实习过程，选派教师到工厂实习，参与重大教学科研工作，多承担技术项目。此后，对"双师型"教师概念的理解和"双师型"教师队伍的建设工作，成为我国教育行政部门指导职业教育学校建设、师资队伍建设和教育教学改革的主题与目标。社会和教育界都在共同呼喊"大力加强'双师型'教师队伍建设"，这引起了众多学者的重视与研究，对"双师型"内涵的理解，目前虽然还没有一个权威性的科学解释，但总体来说，"双师型"所指向的"同时具备教师资格和职业资格，从事职业教育工作"这样的理解却是得到普遍认可的。

（二）创新人才培养模式

《国家中长期教育改革和发展规划纲要（2010-2020）》指出：中华民族的伟大复兴，关键靠人才，基础在教育。高等学校……在协同创新中大有可为……培养大批创新人才则是关键。可见当下对创新人才培养的重视。而培养拔尖创新型人才，需要学校和社会的多种资源的共同协作。这就需要一套科学合理的创新型人才培养模式。一般而言，高职院校作为协同创新主体，可以参与协同创新的对象主要是：同类院校、地方政府和中小学校等，这是一个资源整合的学术"共同体"，高职院校应把握和强化这种人才培养模式。

一是跨部门合作，整合优势教育资源。高职院校创新型人才培养，可跨部门合作，促进科学研究与教育教学、实践能力的有机结合，打破不同部门、不同专业之间的壁垒，整合不同院校的办学优势和不同机构的共享资源，抓住教学资源配置的互补特点，在科研实践中培养创新人才。

二是建立人才智库，培养行业尖端人才。现代智库提供咨询、反馈信息、筛查诊断和预测未来等功能，为高职院校培养高端人才献计献策、判断运筹，提出各种设计和建议，对人才培养实施方案追踪调查研究，并进行诊断，根据现状研究产生问题的原因，寻找解决问题的办法，在高职院校建立现代人才智库，可以预测未来，提出各种预测方案，为培养创新型人才服务，是一所学校的软实力和国际话语权的重要标志。

三是建设共享平台，拓宽信息输送渠道。普通高职院校对于资源的获得多有分散重复、封闭落后、效率不高、与社会发展脱节等难题。建设共享平台，促进机构之间的相互合作，实行资源共享，实施"开发、高效、先进"的协同创新机制，不失为一条可尝试的途径。完善高职院校与企业、科研机构等相关部门之间的深度合作和资源共享机制，实现高效人才培养效益的最大化。

（三）融入行业和区域经济社会发展

地方高校是地方经济发展到一定阶段的产物。区域经济发展和市场需求是高职院校学科建设与专业设置的支撑点，满足区域经济发展的重大需求是体现地方高校办学价值的重要所在。高职院校只有将自身根植于区域经济社会和行业发展之中，并找准自身功能定位，才能处理好人才培养、科学研究、社会服务和文化传承之间的关系，在发展中处于不败之地。服务社会是当代高职院校教育教学的重要宗旨，融入并服务于行业和区域经济社会发展，实行产学研相结合，推行行业和区域经济快速发展，是高职院校师资队伍多元协同创新的重要路径。

现代学徒制下粤北高职院校"双师型"教师队伍建设路径探究[①]

夏　颖[②]

摘　要：高职院校采用现代学徒制旨在完善校企合作联合育人机制，创新技术技能人才培养模式，有利于促进产教融合，校企合作。粤北是广东省技工人才的重要培养基地。适应粤北区域经济发展的专职型、实用型、技能型高职"双师型"教师是服务于生产、加工、管理等流程的理实一体化高技能应用型人才的关键。

关键词：现代学徒制　粤北高职　"双师型"教师　建设路径

---

①基金项目：广东省普通高校省级重大科研项目：乡村振兴战略下粤东西北地区职业教育发展路径选择（项目主持人：陶红；项目编号：2017WZDXM026）。
②夏颖（1997—），女，湖南株洲人，广东技术师范学院2018级硕士研究生。专业方向：职业教育管理。

现代学徒制背景下，要求学校和企业深度合作，教师、师傅联合培养，对学生实行以技能训练为主的现代人才培养模式，打造一支"双师型"教师队伍。人才培养是广东省产业转型战略目标的首要任务，而"双师型"教师的培养则是实现这一任务的前提。《广东宏观经济发展报告》指出，珠三角地区在经济新常态下率先进行转型和调整，获得更多的发展机遇，而粤北山区因受传统发展模式影响，职业教育发展缓慢，经济发展活力不足，面临较大的经济下行压力。

一、现代学徒制下"双师型"教师队伍建设的意义

（一）从社会产业发展的角度

从对社会产业发展的影响角度看，现代学徒制下建设"双师型"教师队伍既是对《教育部关于开展现代学徒制试点工作的意见》的进一步落实，适应新形势下我国职业教育发展的需要，也是加快社会产业结构转型升级的重要推手。"双师型"教师是"双证书"和"双素质"的融合，也就是教师既获得教师资格证又取得相关职业资格证书，既具备理论知识教学的素质又具备实践教学的素质。不同专业对教师素质要求不同，按专业方向可以分为社科类和应用技术类，"双师型"教师的建设将教师与社会产业紧密结合在一起，对于社会产业发展的新常态及产业人才培养的新需要提供了更大发展空间，使我国高职教育更好地服务于社会相关产业的发展。

（二）从高职教育的整体发展角度

从对高职教育整体发展的影响角度看，现代学徒制下建设"双师型"教师是对我国高职教育的深化和升华，是推动我国高职教育创新发展的首要资源；有利于提升高职教育科研师资质量，提升教学研究水平和科研能力，打造一批专兼结合的骨干师资队伍，进而有利于培养高职院校高技术技能人才；既有利于完善我国高职教育的整体规划，加快实现创新技术技能型人才的培养模式，又有利于促进高职教育的市场性、社会性和实践性地发展。加快完善高职教育的学科体系和专业设置，推动校、行、企深度合作；既有利于教师积极参与顶岗实习及挂职锻炼，加强教师实践教学能力，又有利于高职院校拓宽应用技术技能型人才成长通道，促进我国高职教育迈向新台阶。

（三）从高职院校自身发展的角度

从对我国高职院校自身发展的影响角度看，在现代学徒制背景下建设"双师型"教师队伍，对于发展地方高职院校的专业特色，专业成长，提高高职院校办学灵活性以及培养高技能型教研师资和应用创新型人才都有十分重要的意义。因高职院校本身的根本

任务和总体目标是面向生产、面向基层、面向管理、服务一线，培养出实用型、技术技能型、劳动型人才，故现代学徒制下"双师型"教师的建设就为高职院校以应用能力为主线设计学生的知识、能力、素质结构和培养方案提供了保障，企业师傅和学校教师双主体教学，为高职院校自身打造理实一体化的新型教学模式。

二、粤北地区高职"双师型"教师队伍建设的现状与困境

粤北按照行政区域划分包括韶关市、清远市、梅州市、河源市和云浮市。粤北地区以五所高职院校为代表，分别是广东碧桂园职业学院、清远职业技术学院、河源职业技术学院、广东松山职业技术学院以及罗定职业技术学院。五所高职院校的"双师型"教师建设队伍的现状和困惑如下：

（一）"双师型"教师队伍结构不完善

目前粤北地区高职院校的"双师型"教师结构可以划分为年龄结构、职称结构以、学历结构及专兼教师结构等。据数据统计，目前粤北高职院校"双师型"教师队伍的年龄段分布较为合理，但职称结构方面"双师型"教师的高级职称比例较少，尤其是正高级教师比例严重偏低，这就意味着粤北高职正面临缺乏骨干教师及学科带头人的严峻局面。"双师型"教师的学历结构大致分布在本科及研究生学历，但专科及以下学历的"双师型"教师比例仍然较多，"双师型"教师的学历层次普遍需要提高。专兼教师结构也存在严重不合理的现象，合理的结构比例应为学校专任教师和企业优秀师傅1：1，且保持地位同等。但是由于目前企业更多的是从谋求利益出发，加之政府未出台相关政策鼓励企业积极参与到高职教育的教学任务中去，学校缺乏实践性教学的企业师傅指导，导致粤北高职发展迟缓。

（二）"双师型"教师建设经费不到位

粤北属于山区，经济实力总体偏弱，财政力量不足，与珠三角的发展差距较大。同时产业结构依然不合理，各市之间主导产业具有高度同构性，未能形成错位发展的产业布局，产业独特的核心竞争力也不明显，导致"双师型"教师中企业的精英人才不愿在学校担任教学工作；另一方面，广东省示范性高职院校与地级市高职院校和广东省教育厅直属院校之间的经费投入有较大的差距，造成粤北高职院校中，仅有罗定职业技术学院对于"双师型"教师队伍建设的经费超过 200 万，其余均在 150–200 万之间。每位教师的人均可支配经费较低，教师劳动力和回报不成比例，削弱了教师的积极性。这也反映出粤北高职院校在"双师型"教师建设方面的不完善，政府没有引起足够的重视，对"双师型"教师培养力度不够。

（三）"双师型"教师保障机制薄弱

"双师型"教师的建设离不开政府出台的相关政策，更离不开地方区域高职院校自身建设完善的师资保障机制。据数据统计，在高等职业教育人才培养质量年度报告中，粤北五所高职院校中均未设置"双师型"教师建设专门制度，甚至仅有罗定职业技术学院设置了专门的教师队伍建设文件，归结于广东省教育部对于高职院校培养专兼结合教师的落实和监督不到位；另一方面政府对于粤北高职的扶持力度不够，加之缺乏对于行业企业参与高职院校师资建设的引导，粤北高职院校与行业企业的黏性较差，师资队伍建设缺乏多元性，及多渠道的投入保障机制，不利于扩大粤北高职教育的办学规模及发展专业学科的办学特色。

三、现代学徒制下粤北高职院校"双师型"教师队伍建设路径

（一）政府层面

政府对于现代学徒制下建设"双师型"教师有着导向性和统一性，政府可以通过对"双师型"教师的选聘、职称、专业水平等方面制定相关的政策，使学校的"双师型"教师培养目标有针对性和可操作性。粤北各个高职院校还可以通过学校自身师资建设的需要，对相关政策进行调整和修订，执行期间也要加强对于政策的落实和监控；其次，政府还可以搭建校企合作平台，随着现代学徒制项目的推行试点工作逐渐展开，高职院校可以通过校企合作平台，加强校企融合，双方利益共享、责任共担，同时也提高企业参与高职院校师资建设的积极性；另一方面，政府应该加大对粤北山区高职院校"双师型"教师队伍建设的资金投入，提高"双师型"教师的薪资待遇，设立专项资金，做到专项专用，以提升粤北高职院校的整体办学质量。

（二）学校层面

一是建设"双师型"教师培训基地，联合粤北大中型企业建设专业化的"双师型"教师培训基地，根据粤北产业转型升级以及粤北高职院校优势办学特色，不断更新培训基地的设备以及引入高端前沿的生产技术；二是大力推进高职学校导师和企业师傅共同参与课程设计与教学改革，学校教师全面分析行业领域领先型企业，为高职院校专业课程设计提供可行的依据；三是注重校企双方共同商讨制定双向培训，构建合理考核制度以及考核激励机制。粤北高职院校可根据区域经济发展规划以及产业转型升级的需要开展具有粤北发展特色的校企双向培训机制，明确专兼教师的工作职责、待遇以及考核奖惩机制。

（三）制度层面

改革"双师型"教师的选聘制度，通过年龄、职称及学历三方面对"双师型"教师进行严格选聘，选聘具有实践经验丰富的企业技术人员的专任教师和素质可靠，品行端正的兼职教师，制定现代学徒制学校和企业双导师建设标准。完善"双师型"培训制度，通过校企合作平台，定期组织专任教师到企业顶岗实习，挂职锻炼，参与企业的生产技术革新、高兴科技应用、企业模式管理，掌握行业的最新动态，为企业解决问题的同时提高教师自身的科研能力，实现校企双赢。健全"双师型"教师队伍建设的保障机制，制定完善的"双师型"教师培养目标，校企双方签订相关协议，明确双方的权利和义务，同时制定"双师型"教师的选拔管理制度和企业师傅工作职责制度，健全校企互聘共用管理机制，制度层面保障"双师型"教师队伍建设。

四、结语

现代学徒制作为政府引导下学校和企业深度融合的具有中国特色的双主体育人模式，对"双师型"教师队伍的建设起到促进作用。粤北山区作为广东省产业转型升级的重点区域，肩负着培养全国示范性"双师型"教师队伍的任务。通过政府、学校及制度三方面的积极配合，确保"双师型"教师队伍建设有效进行。

粤西地区高职院校"双师型"教师队伍建设现状研究[①]

单丽娜[②]

摘　要：选取粤西地区的 3 所高职院校作为研究对象，研究粤西地区高职院校"双师型"教师队伍建设情况。目前，粤西地区高职院校"双师型"教师队伍建设存在的主要问题有"双师型"教师队伍结构不合理，经费落实不到位、制度缺乏保障，并从政策、制度及具体实践等三个方面提出改善建议。

关键词：粤西地区　"双师型"教师　师资队伍建设

粤西三市包括湛江、茂名、阳江三市，行政区域总面积 3.11 万平方公里，总人口

---

①基金项目：广东省教育厅基础研究重大项目：乡村振兴战略下粤东西北地区职业教育发展路径选择（项目编号：2017WZDXM026）阶段性成果。

②单丽娜（1994-）女，湖南郴州人，广东技术师范学院 研究方向：职业教育管理。

1718.13 万人。粤西地区自然资源优势明显，尽管在农业、矿产开发与海洋业经济发展具有独特优势，但与珠三角地区经济发展速度相比还是存在一定差距。粤西地区作为广东省经济欠发达地区，发展职业教育有利于提高劳动力资源配置的效率、提高劳动生产率，对于相对落后的粤西地区尤为重要。而高职院校"双师型"教师队伍建设是培养学生能力，促进教学改革，提高教学质量的关键。

一、研究内容与方法

本研究选取粤西地区三个地级市中的各一所高职院校作为研究对象，研究对象的范围较宽泛。从经济发展角度来划分，粤西地区包括湛江、茂名、阳江三个地级市，粤西地区有阳江职业技术学院、广东文理职业技术学院、茂名职业技术学院三所高职院校。

调查研究主要采用资料查阅方法为主，内容主要包括为粤西地区高职院校"双师型"数量、结构情况、培训情况、经费投入、"双师型"教师认定标准等方面，对粤西地区三所职业院校"双师型"建设情况进行分析。

二、结果与分析

（一）粤西3所高职院校"双师型"教师的基本情况

根据年度质量报告查阅结果，见表1，粤西地区3所高职院校"双师型"教师队伍建设已有一定成效。但离国家50%的合格标准，70%的优秀之间仍存在一定的差距。在粤西地区3所高职院校中，作为广东省教育厅直属院校的广东文理职业技术学院的"双师型"教师比例最高，为62.2%。其次是阳江职业技术学院，两所学校的"双师型"教师比例差距为19.89%，茂名职业技术学院仅为34.20%，与拥有"双师型"比例最高的学校相差了28%。

表1　2016年粤西地区3所高职院校"双师型"教师的基本情况

学校	教师数/人	双师教师数/人	双师比/%
阳江职业技术学院（地州市高职院校）	468	198	42.31%
茂名职业技术学院（地州市高职院校）	307	105	34.20%
广东文理职业技术学院（广东省教育厅直属院校）	587	365	62.2%

（二）结构情况

1. 职称结构

表2　粤西地区3所高职院校"双师型"教师职称结构

学　校	总数	高级职称		中级职称	
		人数	比例	人数	比例
阳江职业技术学院（地州市高职院校）		107	22.86%	247	52.78%
茂名职业技术学院（地州市高职院校）		51	16.61%	129	42.01%
广东文理职业技术学院（广东省教育厅直属院校）		232	39.52%	234	39.86%

　　职称结构是师资队伍各级职称比例的构成，合理的职称结构对师资队伍素质的稳步提高、促进人力资源的有效利用，发挥着重要的作用。粤西地区3所高职院校"双师型"教师仍以中级职称为主要比例，高级职称比例偏低。其中，高级职称占据首位的是广东文理职业技术学院，其次是阳江职业技术学院，这在一定程度上表明粤西地区高职院校骨干教师人才资源匮乏，缺少学科带头人的引导。

2. 学历结构

　　学历结构是人才群体中具有不同学历层次人员的比例构成。因获取数据的条件有限，因此只列举了"研究生"学历层次占比情况。根据资料查阅结果见表4，粤西地区3所高职院校"双师型"教师学历结构层次分布以研究生为主，本科也占有一定比例，专科及其他占有少量比例。"双师型"教师学历分布在高学历优势不明显,学历层次有待提高。

表3　粤西地区3所高职院校"双师型"教师研究生学历层次比例

学　校	研究生人数	比例
阳江职业技术学院（地州市高职院校）	208	44.44%
茂名职业技术学院（地州市高职院校）	125	40.72%
广东文理职业技术学院（广东省教育厅直属院校）	286	48.7%

（三）经费投入

表4　粤西地区3所高职院校师资队伍建设的经费投入

学　校	2016年经费投入/万元	教师数/人	人均投入/元
阳江职业技术学院	309.31	527	5869.26
茂名职业技术学院	112.8	561	2010.69
广东文理职业技术学院	422.03	653	6462.94

粤西地区 3 所高职院校在师资队伍建设中经费投入存在一定的差距，在人均投入上差距愈为明显。其中广东省直属院校的广东文理职业技术学院与地州市高职院校的茂名职业技术学院的人均经费投入差 4452.25 元，这在一定程度上说明，地州市高职院校的经费力度未及广东省直属院校的投入多，而教师人数与经费投入不成正比，落实到人均教师经费投入差距较大。

（四）制度建设情况

表5　粤西地区3所高职院校师资队伍建设情况

学　　校	师资队伍制度建设情况
阳江职业技术学院（地州市高职院校）	均无提及
茂名职业技术学院（地州市高职院校）	均无提及
广东文理职业技术学院（广东省教育厅直属院校）	均无提及

根据资料查阅结果见表5，粤西地区 3 所高职院校师资队伍建设制度情况在高等职业教育人才培养质量报告中均无提及，都没有针对"双师型"教师队伍建设专门制度。这表明粤西地区 3 所高职院校对双师型制度建设情况还未引起重视，

三、粤西地区"双师型"教师建设存在的问题

（一）"双师型"教师比例相对偏低

2004 年，教育部颁布的《高职高专院校人才培养水平评估指标等级标准及内涵》文件指出，双师素质教师比例分别达到 50% 为合格，达到 70% 以上为优秀。以上文件体现了国家对"双师型"教师建设的重视程度，而"双师型"教师建设则更是高职院校师资队伍建设的"重中之重"。根据粤西地区 3 所高职院校的调查数据情况反映，广东文理职业技术学院符合国家双师素质教师比例标准，而阳江职业技术学院与茂名职业技术学院双师型比例均未达到国家双师素质的合格标准。其中，茂名职业技术最低仅为 34.20%，与拥有比例最高的广东文理职业技术学院双师型比例相差了 28%，双师型教师比例离国家标准还存在一定差距。

（二）"双师型"结构有待优化

"双师型"结构有待优化表现在职称结构与学历结构两方面。粤西地区 3 所高职院校仅提供"双师型"教师高级职称与中级职称的人数，可见粤西地区正高职称教师资源十分紧缺稀缺。除广东文理职业技术学院外，粤西地区其余 3 所高级职称教师比例明显偏低，而中级职称比例高于高级职称。这说明粤西地区高职院校"双师型"教师需要进

一步提高高级职称比例,尤其是正高职称的"双师型"教师比例。而夯实正高职称"双师型"教师队伍建设,有利于引导高职专业和课程建设方面的发展,加强粤西地区高职院校的整体发展。

学历结构方面,粤西地区 3 所高职院校"双师型"教师的学历以研究生和本科学历为主,其中研究生学历占比不到 50%,专科生学历的教师仍占有一些比例,粤西地区 3 所高职院校"双师型"教师本科及以下的"双师型"教师学历有待提高。

(三)"双师型"教师建设经费尚未到位

充足的经费投入是师资队伍建设的重要保障。"双师型"教师培养也离不开教师建设经费的支持。根据数据收集与调查中发现,粤西地区 3 所高职院校之间的经费投入存在明显差距,高等教育年度质量报告显示均未设定"双师型"教师专项经费。在经费具体落实情况中表明,广东文理职业技术学院在"教师师资队伍建设"经费投入超过 400 万元,茂名职业技术学院教师人均投入经费最少,广东文理职业技术学院经费投入最多,两者相差近 4452.25 元,相差金额不足茂名职业技术学院人均投入金额。这反映了经费投入的严重不足,教师人数与经费投入也不成正比。经费投入的不足及"双师型"教师专项经费的缺少,一定程度上反映粤西地区高职院校在建设经费的缺失,在行动上对"双师型"教师的培养支持力度还有待提高。

(四)"双师型"教师建设体系不健全

调研过程中发现,粤西地区 3 所高职院校均没有单独的"双师型"教师队伍培养的制度文件。由此可见,在粤西地区职业教育发展中对师资队伍的制度建设方面还是存在漏缺,而"双师型"教师队伍的制度保障更是一项长久的工作。广东省教育厅在《关于组织申报 2010 年度省级示范性高等职业院校建设项目的通知》(粤教高 [2010] 号)的教师队伍建设项目指标中,对专任教师生师比、校外兼职教师承担课程教学工作量占比等有详细要求,但未对"双师型"教师的要求进行过多的阐述需要执行并落实。

四、粤西地区"双师型"教师建设的建议

《国家中长期教育改革和发展规划纲要》(2010-2020 年)指出:"以'双师型'教师为重点,加强职业院校教师队伍建设。"纲要表明国家对"双师型"教师队伍建设的重视,要求从政策、制度、实践三个层面对"双师型"教师建设提出要求。对于粤西地区"双师型"教师队伍建设发展,也可以借鉴参考纲要中三个层面去建设粤西地区"双师型"教师队伍。

（一）政策层面

从政府角度出发，"双师型"教师队伍建设的政策建设主要强调步调一致与引导性政策，从而有利于引导与推动地方高职院校相关政策的制定。新时代乡村振兴战略的提出，也为农村职业教育的发展提供了新的引导方向。政府做好顶层设计，从"双师型"教师的认证聘用、待遇、职称评定、培训与专业发展等具体方面进行政策的完善，形成符合粤西地方发展的"双师型"教师队伍建设政策体系。从学校层面出发，对于"双师型"教师队伍建设的政策主要着重情况针对性和实践可操作性。"双型"教师队伍的政策制定是根据学校的实际情况进行的，在学校实施过程中，应加强政策的实施和监督，并根据学校自身情况调整和修订政策。

（二）制度层面

首先，"双师型"教师资格认证制度是高职教师队伍建设的关键。目前，学术界对"双师型"教师的界定仍存在不同观点，但随着研究与实践的深入，"双师型"教师的定义对于各高职院校都有自己的标准。教育管理部门可出台"双师型"教师认证标准，严格规范地方高职院校"双师型"教师评定准则。对于"双师型"教师的认证，不仅要考量到不同的行业与企业及不同岗位的要求，而且在认定程序及标准上都应有所区别。

其次，完善"双师型"教师聘用制度。纲要中提出："聘请（聘用）具有高级技能和高技能人才的专业技术人员担任专职和兼职教师，增加教师持有专业技术资格证书和职业资格证书的比例。"学校应加强招聘高技能和高技能人才，作为"双师型"教师制度，以改善学校专业人士的待遇。鼓励行业和企业一线员工上学，聘请具有丰富经验和较强操作技能的技术人员作为实际教师；鼓励高职院校选择工业企业的有经验的员工作为企业和企业的专业领导者，开辟行业，企业和高职院校引进"双师型"教师的渠道。

最后，在"双师型"教师职称评定制度需不断完善。粤西高职院校要根据当地社会经济发展需要，自身学校发展的情况、教师教育教学工作的特点。通过完善"双师型"教师职称评定制度，制定适合本校发展的"双师型"评定制度。评定制度可以选择专业实践作为考核，也可以通过考量教师工作的时间与任务作为标准。学校为了鼓励"双师型"教师发展，在待遇保障上可对"双师型"教师进行政策上适当的倾斜，以吸引与激励教师的工作积极性。

（三）实践层面

其一，学校增加对"双师型"教师的资金投入。学校可以通过调整整体运行资金来增加教学人员的资金投入。通过设立"双师型"教师队伍专项资金，有必要解决三所高职院校"双师型"教师队伍建设专项资金的困境，并监督"双师型"教师队伍的专项资金使用情况。

其二，开展具有粤西特色的校企合作。新时代农村振兴战略的提出，加速了珠江三角洲地区向欠发达地区的产业转移过程。粤西地区作为产业转移的基础之一，在自然资源方面具有明显优势，具有发展农业，矿产开发和海洋产业的独特条件。粤西高职院校可根据区域和发展规划优先安排和协调目标产业，开展具有粤西地方特色的校企合作。在支持地方产业发展的同时，发展具有地方特色的粤西校企合作模式更有利于学校本土化和"双技术"教师的发展。

其三，建设专门的"双师型"教师培训基地。选择大中型企业，建立"双师型"教师专业教师培训基地。在确保"双师型"教师培训基地质量的基础上，地方政府和学校也需要引入基地建设标准，以满足教师和地方经济发展的需要。同时，要不断更新培训基地的设备和设施，以引进高端尖端技术知识。

试论新时代广东职业教育教师队伍建设

邓雪萍①

摘　要：职业教育（含技工教育）肩负着培养高素质劳动者的重要任务，是经济社会发展的重要基础。习近平总书记在十九大报告中强调要优先发展教育事业，完善职业教育体系，深化产教融合，加强校企合作，提高毕业生就业质量。我国越来越重视职业教育的发展，职业教育及职业院校发展是整个教育体系的重要组成部分。职业教育的发展好坏主要取决于职业院校的师资队伍建设。广东高职教育要促进本省经济发展，职业人才服务本省企业。本文主要从广东职业教育现状出发，分析本省高职师资队伍的建设中的问题，提出相应的对策。

关键字：职业教育　教师队伍　建设

一、我省职业教育发展现状

（一）立足本地实际需求，培养服务基层人才

我省各市的职业教育的做法：一是根据本市的实际情况，增设与本市实际情况相结

---

① 邓雪萍（1983–）女，江西广昌人，广东行政职业学院法律系讲师，执业律师，法学硕士，主要研究方向：企业法律制度研究、职业教育法律制度。

合的专业。根据珠三角地区电子工业发达，外向型企业集中，第三产业发展迅速的地方经济特色及行业发展状况，适时优化专业结构，实现了由传统单一的专业学科向以多项专业为背景综合学校的转型。二是根据产业转型升级的实际需要，紧密对接市场需求，及时调整学科专业设置。产业转型升级的实际需要，重点要求我们职业教育需符合产业结构，学校在办学应考虑到行业、产业等因素，从而调整学科专业设置。惠州高校根据广东经济发展趋势，增设现代服务业和现代制造业专业，实现了由传统单一的经济学科向以工科专业为背景综合学校的转型。从而形成了职业教育与经济发展相互促进、人才培养与产业转型协调推动的良好局面。部分地市职业院校根据自身特色承担所市的在职村干部的培养培训工作。

（二）校企相合，促进学生学以致用

江门的雅图仕职业技术学校的主办方鹤山雅图仕印刷有限公司隶属于利奥纸品印刷集团（香港）有限公司。校企相结合的做法，一方面依靠企业的资金扶助力度为职业学校提供了相应设施设备，保证了职业教育的办学条件。另一方面，为职业教育的学生提供了实训机会，工学结合，使课堂与岗位零距离对接。通过基础的在校理论学习，使学生掌握专业基础知识，然后通过技能强化训练，最后通过顶岗实习，检查学生学习成果，提高学生适应职业岗位的综合能力。学生实习导师由企业高级技师和资深工程师担任，学校教材也由企业与学校共同编制。从而确保教学与实践的紧密对接，职校将学校的理论教学与企业的岗位知识技能有机结合，实现理论与实践相统一。

（三）职业教育的发展与新时代对市场经济发展的要求不相适应

我省的职业教育发展与产业转型升级不适应。目前我省生产一线的高素质劳动者比较缺乏，技能型专门人才紧缺，不能适应走新兴工业化道路的迫切需要。产业转型升级的技能型人才需求与职业教育的人才供给脱节。我省职业教育培养的一般为当时的成熟技能，各职业院校由于教学设施、师资等因素的制约，经常出现培养学生的技能体系还不够完整，而此时企业要根据市场需要在不断更新生产技术，这就出现了我们培养了大量的技能型人才与企业需求的人才不足的矛盾。

二、当前我省职业院校教师队伍建设中存在的问题

（一）规划不合理，编制不充足

纵观我省近几年来的职业院校的教师队伍建设，其规模不断扩大、教师素质整体提升、结构不断优化、职业教师教育和管理制度不断创新、职教师资国际交流与合作的规模和层次达到新的水平，为职业教育事业做出了较大的贡献。尽管这样，我省职教师资

队伍的建设基本上是应急发展、应需发展，是被动的发展，并非是系统设计的结果。仍然存在很多问题，在教师队伍规划上，没有系统的整体的规划，导致很多院校在编教师较少，编制不足，或者编制未满，因各种原因也不招在编人员。

（二）引进及留住高素质人才难

基于前面所述的职业院校教师队伍在总体规划上存在很多不合理的问题，加之职业院校的待遇普遍较低，所以很难引进高素质的人才。近几年职业院校招聘开始流行招聘博士学历高素质人才，一般意义上，一流博士招不到，二流博士愿意去普通二本院校，三流博士偶尔能招到。在留住优秀的教师方面，也是一个字——难。尽管在编的教师相对稳定，辞职率低。一旦职业院校有离开的那么几个少数，都是较为优秀的教师。通常有通过考取博士离开职业院校队伍的，有通过考取国家公务员离开的。职业院校有个怪现象，本校的教师课酬较低，对外聘教师的课酬高出几倍于本校教师。

（三）教师队伍的管理不够

因职业院校的教师队伍结构不合理，对教师队伍的管理上就提出挑战。对在编教师相对容易管理，对于外聘教师，因为流动太频繁，所以管理难。职业院校很少建立优秀师资队伍，对于在编教师激励措施不够，有一种干多干少一个样，评优评先进很少有具体可量化可操作的方案，就算有，也不一定真正拿来用。所以，很多教育者在工作岗位上尽心尽责，呕心沥血研究出好的教学方法，编写出好的教材，但激励不够，教师慢慢就没有激情去做。对于培养教师方面，对于双师教师的培养机制不够，偶尔有双师培训讲座，骨干教师培训，但没有很好的长效机制。

三、建设高水平的高职教师队伍的对策

（一）整体规划、科学合理引进教师

教师队伍建设要统筹兼顾，突出重点。制定师资队伍建设规划要充分考虑整体效应，并与职业院校的发展规划相适应，服务于学校发展的总体规划，既要强调教师的个体素质，还要重视教师的综合能力及其团队合作能力。师资队伍建设规划必须从自身师资队伍的实际情况出发，对其中涉及的指标和量化进行综合考虑，既要有现实的指导性，又要有理论的前瞻性，并在此基础上，分近期、中期、远期三个层次进行规划的编制。建立在对师资队伍现状和发展趋势的分析研究的基础上，提出明确的长、中、近期的整体与局部的数量、结构、质量等建设目标。同时要体现出教育的先导性和人才培养周期较长的特殊性。

（二）加强对师资队伍管理，建立长效激励机制。

对于教师队伍的管理要有明确而清晰的定位，不能一听到教师管理，就采用坐班，把老师给看着，就是管理。加强鼓励和激励机制建设。要通过各种方式来改变这种不利于教师队伍建设的状况，要给职业院校教师一个自由平等的人文环境、轻松愉快的工作环境，公平合理的待遇环境，充分调动他们的积极性和创造性，从制度建设入手，不断完善机制，优化体制，着重于体系建设，形成引入、聘用、奖励和评价的科学程序，鼓励那些德才兼备的教师充实到职业教育中来，培养出更多的合格人才和劳动者，为国家的经济建设和社会发展做出自己应有的贡献。

（三）重视"双师型""骨干"教师资的培养

"双师型"教师建设是目前职业教育进程中的一项较为成功的举措，已经被各个层面所接受和认可，从事职业教育的教师也同样要具备理论和实际操作两种能力。目前很多职业院校所谓的"双师型"，仅仅是填张表，交份资格证书，就称有多少双师教师。对双师型教师就没有再进一步了，很显然，这样并没有真正意义上的双师型教师。很多学校很多专业，有很多老师原来就具有"双师"的潜能、"双师"的基础。

广东民族地区初中英语教师专业发展调查研究[①]

罗春华[②]

摘　要：通过对连南民族初级中学、连山县民族中学、乳源县民族中学三所少数民族中学初中英语老师基本状况、专业知识现状、专业能力现状的调查发现，目前影响其专业发展的因素主要集中于职称评聘政策导向、教学压力和自主发展意识不强，针对以上问题提出相应的对策建议，以期促进广东民族地区初中英语教师的专业发展。

关键词：民族地区　初中英语教师　专业发展

我国各民族在长时间的接触碰撞过程中，逐渐形成了多元一体的民族文化格局，而语言在地域、民族间交流中扮演着重要的角色。《国家中长期教育改革和发展规划纲要

① 基金项目：广东技术师范学院2018年研究生创新课题"广东少数民族地区基础教育英语教师专业发展现状调查研究"（项目编号：GSY201824，主持人：罗春华）阶段性成果。

② 罗春华（1993–），男，四川乐山人，广东技术师范学院外国语学院2017级硕士研究生，研究方向：学科教学（英语）。

(2010-2020 年)》明确指出要"大力推进双语教育，尊重和保障少数民族使用本民族语言文字接受教育的权利"。同时还表示"国家将对双语教学的师资培养培训、教学研究、教材开发和出版给予支持。"英语作为我国基础教育的重要内容之一，英语教师作为一线教育实践者，是提高少数民族基础教育教学质量的关键要素，是解决民族问题、实现各民族和谐稳定及共同发展的重要方式之一，大力推进民族地区英语教师专业发展有助于民族文化的继承、发扬、开发与利用及社会资源的整合与发展。但是由于受本地区民族特殊性、文化差异、教育资源以及英语学科特征等因素的影响，民族地区初中英语教师表现出一定的特殊性和复杂性。因此，对少数民族地区初中英语教师专业发展现状进行调查研究具有深远意义。

一、广东民族地区初中英语教师专业发展现状

连南瑶族自治县、连山壮族瑶族自治县、乳源瑶族自治县是广东省的 3 个民族自治县，本调查以连南民族初级中学、连山县民族中学、乳源县民族中学三所少数民族中学的初中英语老师为研究对象，旨在了解广东民族地区初中英语教师的专业发展状况。本次调查共发放问卷 60 份，回收有效问卷 57 份，有效回收率为 95%。

（一）教师的基本状况

首先是教师的民族比例情况。根据抽样调查显示，该地区初中英语老师中有 22.8% 为汉族，77.2% 为少数民族，并且少数民族教师大多为该地区或者附近民族地区的居民；其次是教师的职称情况。该地区初中英语老师中初级、中级职称较多，具有高级职称的英语老师只有 1 人，占总数的 1.8%；具有中级职称有 18 人，占 31.5%；具有初级职称的 38 人，占 66.7%。再者是教师的学历情况，有 87.7% 的教师是英语师范类专业本科毕业，12.3% 是英语师范类专科毕业，没有研究生学历及以上的初中英语教师。

（二）教师的专业知识现状

首先是英语水平等级方面，43.8% 的教师具有专业八级资格证书，56.2% 的教师具有专业四级或者公共六级、公共四级资格证书，基本上满足对英语教师的最低水平要求，但总的来说，英语专业水平还有待加强；其次是语言教学基础知识方面，82.5% 的教师认为自己的知识储备符合初中英语教师的基本要求，还有 17.5% 的教师认为自己在听力、口语方面的水平还有所欠缺，对于语言运用能力还有待加强，陷入了应试教育的固有模式；再者是对跨学科知识的掌握情况，78.2% 的教师对其他学科的知识了解较少，虽然大部分教师是来自于少数民族，但是对于民族教育理论的了解几乎处于空白阶段。民族地区初中英语教育中通常涉及双语教育甚至三语教育，需要对民族语言、民族文化等民

族特色融入英语教育教学中去。

（三）教师的专业能力现状

经过调查发现，在英语教师的专业能力现状中存在以下几个方面的问题。第一，科研能力相对较低。只有极少数的教师撰写并发表了相关论文，几乎没有教师承担相应教研课题，可见广东民族地区初中英语老师的科研意识和能力都有待提升。第二，教学模式与教学方法落后。大部分教师采用以教师为中心的传统课堂教学模式，教学内容以应试教育为主，教学手段单一，对多媒体的使用率低，教育观念落后，在教育教学活动中缺乏自主意识。第三，职业倦怠现象比较普遍。经了解，许多初中英语教师长期工作在教学一线，认为自己一直在进行无意义的重复工作，缺乏职业认同和教学热情，加上对自身职业生涯缺乏合理规划，主观能动性大大降低，不利于自身的专业发展。

二、广东民族地区初中英语教师专业发展的影响因素

通过对调查结果的分析，可以发现目前广东民族地区初中英语教师专业发展的影响因素主要集中在以下方面。首先，政府及相关教育行政部门对教师专业发展的政策导向问题。近几年来，有关基础教育英语教师的职称评聘问题严重制约着广东少数民族地区英语教师的专业发展，严重打击了广东少数民族地区基础教育英语教师的积极性。一个地区的初中英语教学缺乏能够起到正面积极作用的带领者是导致该地区初中英语教师专业发展缓慢的原因之一。并且，该地区初中英语教师的职称晋级缓慢也会导致教师失去职业期待和职业发展欲望，又谈何专业发展和专业成长呢？其次，民族地区初中英语教师教学工作繁重，心理负担重。在学校教学工作中，教师的压力来源于多个方面，比如升学、教学、课时量、和同事相处等，更重要的是来自于对学生跨文化能力的培养方面。由于教师自身跨文化教育能力不足，很难转变教育观念，突破传统教育模式，在克服少数民族学生英语学习障碍方面也是心有余而力不足。最后也是最重要的一点，广东少数民族地区基础教育英语教师的自主发展意识不强。教师专业发展其主要内驱力来源于教师自身，依靠外力推动的教师专业化可能会使教师职业获得一定的地位，但并不必然地促使教师的专业成长。部分教师欠缺教师的专业发展理念，缺乏自主性。

三、广东民族地区初中英语老师专业发展对策建议

（一）改革广东民族地区初中英语教师职称评聘制度

在现行中小学教师职称评聘制度上，教师的评聘是按岗位设置的，评聘是分离的，很大程度上加剧了学校与教师之间、教师与教师之间的矛盾，不利于学校教师专业发展

与追求。因此当务之急是建立一种符合广东民族地区基础教育英语教师的职称评聘制度，促进教师的内部交流，推动教育均衡。在最大程度上弥补职称评聘制度"指标到校"的缺陷，让职称评聘制度成为促进教师专业发展的动力源泉，为广东少数民族地区基础教育英语教师的专业发展提供制度保障。此外，在进行教师职称评聘制度改革的同时也要加强优秀人才的引进力度，提升广东民族地区初中英语教师的师资队伍建设水平，进一步帮助初中英语教师在专业知识和专业能力上有所成长。

（二）关注广东民族地区初中英语教师的心理健康

广东民族地区初中英语教师拥有健康的心理状态不但有助于提高广东民族地区初中的教育教学质量而且对于提高英语教师自身的生活质量也有重要影响。影响广东民族地区初中英语教师心理健康的消极因素主要来自学校、社会、家庭和个人的压力。积极对广东民族地区初中英语教师心理问题进行预警、疏导、干预，完善相应体制机制，加大专项经费的投入，有助于英语教师心理健康教育。再者，广东民族地区初中英语教师应以终身学习为己任，形成正确的民族地区英语教师教育理念，将跨文化教育融于民族地区初中英语教学中，为少数民族地区的英语学习者也营造一个良好的英语学习环境和范围。

（三）开展广东民族地区基础教育英语教育教学研究

随着新课改的不断深入，开展教育教学研究助力教师专业成长，是从经验型教师转向研究型、学者型教师的标志之一，它既是教师自身专业发展的需要，也是促进学校教育教学质量提升的有效手段之一。开展探究型、研培型、竞赛型、观摩型、指导型和自修型教育教学研究活动，特别是加强具有民族特色的校本课程研发。教师参与校本课程研发本身就是促进教师专业发展的重要途径之一，能够加深教师自身对于教育、学科知识、民族教育理论的理解和掌握。民族地区英语校本课程既能反映出该民族的历史文化、民风民俗，又能提升少数民族学生的英语应用能力，还能在研发过程中提升民族地区初中英语教师教育科学研究的意识和研究能力，大力促进民族地区英语教师的专业发展。

四、小结

通过以上对策，希望能够促使广东民族地区初中英语教师形成专业发展意识，进行自我反思，从而激发他们专业发展的主观能动性，逐渐走上专业化道路，进而提升广东民族地区初中英语教师的专业素质，提升广东民族地区基础教育英语课堂的教学质量，进而为广东民族地区中学生的全面发展奠定坚实基础。

职业教育实践研究

粤港澳大湾区职业教育探索与实践研究

游晴英[①]

摘　要：粤港澳大湾区建设一直备受瞩目，尤为令人关注的是，大湾区的建设重点之一是将该地区打造成为全球科技创新中心，而其建设基础来源于大湾区活跃的产业群和为此提供创新人才的高等教育集群。粤港澳三地拥有众多高水平大学，香港多所大学位列世界大学排名前100强，广州的中山大学、华南理工大学入选国家"双一流"建设计划，深圳近年来在大学建设方面颇多大手笔，澳门的大学亦发展迅速。粤港澳大湾区高等教育集群的基础和势头让人看到比肩三大世界级湾区的希望，对此问题的研究和探讨也具有非常重要的价值。

关键词：粤港澳大湾区　职业教育　高等教育集群

粤港澳大湾区打造成世界级的湾区。香港、澳门特别行政区和珠三角的9个市的经济总量接近纽约湾区，拥有16家世界500强企业，粤港澳大湾区发展潜力巨大，实力丰厚，前景无限。科技创新是粤港澳大湾区未来主攻方向，香港和澳门有一大批科学家，有很好的原始创新的能力，在特有的条件下配置全球创新资源的能力也是在大湾区里最强的，而珠三角地区在把科技成果转化成生产力上，是世界几大湾区中优势较大的。要把香港、澳门、广州、深圳打造成一个综合的、世界级的科技创新中心。澳门经济财政司司长梁维特提出，要发挥澳门旅游休闲中心的优势与大湾区共同打造世界旅游休闲目的地。同时，澳门可利用自身优势在科技、文化等方面促进粤港澳大湾区参与国际合作。

高等教育发展水平与经济发展水平不相称，一直是广东这个经济大省长期的痛。任何领域的合作或协同，都面临着解决利益问题。利益首先是共同利益，目前粤港澳大湾区的宏观战略设想获得各方的高度支持，粤港澳三地无论政府还是民间大都认为大湾区是很好的发展机遇，这表明在宏观层面的共同利益已经具备了很好的民意基础。其次是各自利益问题，亟须三地的高校之间展开充分的对话和磋商。比如香港已经拥有多所世界级的研究型大学，可以为大湾区培养科技、工程与医疗人才并提供研发服务，但是也要问香港高校将得到什么？珠三角巨大的腹地和产业可否能为香港高校的师生提供更大的科研试验场。另外，珠三角高校若和港澳高校合作，又将得到什么？提升国际化程度

[①] 游晴英，广州华南商贸职业学院。

还是科研实力？这大都是涉及具体层面的问题，不适宜用战略规划的思维来推进，而需要通过对话、讨论和协商来解决。尤其需要各城市和各高校展开广泛的对话和协商，厘清各自的优势和需求，为接下来制度层面的对接建立基础。下面提出几点建议供大家思考。

一、职业教育应该做强创新要素

粤港澳大湾区的发展正面临着效益与成本的"双向挤压"，"在创新能力、生产效率方面，拼不过欧美发达国家；就劳动力成本方面，又拼不过越南、印尼等周边发展中国家；与美国对比，中国的人工成本优势也在逐渐趋弱"。

广东在创新发展上也面临着显著短板：在装备制造产业，关键零部件90%以上都要依赖进口；电子信息产业，90%以上的芯片都依赖进口；国产工业机器人的关键零部件中，伺服电机、减速圈和驱动器80%以上都依赖于进口。除此以外，还存在着智能制造领域人才匮乏的问题。

粤港澳大湾区设想是打造全球创新高地，合作打造全球科技创新平台，构建开放型创新体系，完善创新合作体制机制，建设粤港澳大湾区创新共同体，逐步发展成为全球重要科技产业创新中心。

针对以上问题，教育应该做强创新要素，通过构筑高水平理工科大学、高职院校、特色学院链条集群和学科集群等方式，塑造教育集成创新融合发展生态。除此以外，还应该全面打造"互联网+"智能化创新型教育，推进信息与人工智能技术与教育的深度融合，并推动地区、学校之间的优质资源共享。

二、高职院校专业布局与大湾区的发展不匹配

粤港澳大湾区内高职院校数量为69所，占全省高职院校的81%，每年大湾区内有达数十万人次的高职毕业生。在为大湾区建设输送了大量高级技能人才的同时，这些高职院校亦有挑战。

目前大部分的高职院校专业布局与大湾区的发展不匹配，具体表现在：高职院校热衷于设立如会计等与传统服务业相关的专业的在现代服务业、先进制造业、战略新兴产业等方面，专业设置目前相对还比较少。这与大湾区的产业结构转变的步调不一致。目前，大湾区的第二产业正由传统制造业逐渐向高新制造业转变，与此同时，第三产业占比也有所上升。

三、当前高职院校更加关注学历培训，却忽略了技能培训

香港学徒训练计划即在职培训＋修读专业课程，就业进修相辅相成。学徒制度在香港历史悠久，与当地工业背景、经济发展密不可分。1976 年，香港将学徒条例立法。针对部分有较高技术要求成分且人才紧缺的行业，香港政府 2013 年推出"职学创前路"计划，并以规定薪酬、给予补贴和职学金的形式，帮助行业吸引人才。为满足更多年轻人的需要，VTC 在 2017 年与业界携手创办了"双轨学徒训练"计划，实现学费由雇主承担、学徒课程量身设计和先聘用后培训的创新学徒制模式。学徒训练计划和职学计划有效地解决了学生的实训、学历提升、企业的用工、校企衔接等问题。

对广东省立项建设的 18 所一流高等职业院校的继续教育学院网站进行访问时，仅有两所高职院校曾进行过在职人员的技能培训教育，而最新时间定格在 2013 年和 2014 年。高职教育不应只盯着全日制这一块，应该加快建立与企业转型相匹配的培训体系，并利用资源多开展一些非学历培训。

"如果光把职业教育当作一种学校教育，当成一种学历教育的时候，我们就把自己封闭在了一个圈子里头。高职院校要用职业教育和培训这'两条腿'来走路。其实职业教育跟培训，历来就跟咖啡和咖啡伴侣一样分不开的，加上以后口味更好。但是，谁是咖啡，谁是咖啡伴侣，还真说不清楚。"广东省教育研究院副院长李海东如是说。

四、职业教育结合粤港澳三地特色，取长补短，打造中国自己特色的大湾区

那么，粤港澳大湾区教育融合，所受阻力会否是"一国两制"带来的制度差异、意识形态及法律规定上的差别？实际性难题在于粤港澳三地教育体系的差异、教育模式的暂难通融以及其在国际声誉、本地产业支撑、生源与就业市场的不平衡性。与其他教育相比，职业教育受地域因素的影响更大。

香港的职业教育非常有特色，在国际视野、管理机制、专业认证的理念上都比广东要办得好一些，但是广东在规模、结构、就业市场上则要更胜一筹。

香港职业教育特色：

1.近年来设计思维在香港职业教育中运用广泛，具体应用的五个步骤为同理心、需求定义、创意动脑、制作原型、测试。针对每门不同专业、课程，使用不同的思维方法和工具来构思想新的想法并探索解决问题的方法，如何将设计思维作为一门课程或融入其他课程教学当中，提升教学的趣味性和学生的学习兴趣及效果，值得借鉴。

2.情景式教学及现代教育技术的运用，香港职业训练局力推 AR/MR/VR 等虚拟现实技术。使学生沉浸到该环境中，可有效解决学生实训难和实训安全的问题。

3.学生学业能力评核机制。香港职业训练局推行成效为本的学与教的评核机制。

评核方法与教学配合，检验学生的专业技能、分析能力、创意思维、国际视野、工作态度、团队精神及终身学习的能力。

4. 全人发展课程。香港职业训练局从 2007 年开始推行全人发展课程，由学生发展处负责，香港职业训练局辖下所有学院的全日制课程学生必须修读此课程，修读不同文凭的学生将修读不同程度的课程。课程通过课堂、学生活动、体验式学习活动进行，采用探索式学习法作为教学手段，课程包含自我引导、做决定、适应性、责任心、与时俱进，旨在培养学生正确的人生观、价值观以及社会责任感。

职业教育内在体系规划的宏观层面[①]

贾剑方[②]　刘生平[③]

摘　要：职业教育与普通教育分别植根于不同的哲学土壤。以德国古典哲学为代表的欧洲大陆哲学，产生了教学论和教学大纲，其教学目的指向于相对恒定不变的"完美的人"，侧重于"人之所以为人""达到人性的""人本"性质的教育，并衍生出了"学生中心论"。以美国实证主义、实用主义为代表的英语国家哲学，产生的是课程论和课程标准，其教学的目标指向的是各异且变化着的社会岗位和"完美的生活"，是偏向于"社本"性质的教育，强调"社会中心"。

关键词：职业教育　规划　定位　目标　标准

以往我们谈及职业教育的规划，往往从外在层面如规模、布局、培养能力等方面考虑较多，而从职业教育内在体系方面即职业教育本身角度，则很少上升到规划视角来思考。几十年来，人们在职业教育某一纵深领域的研究成果，可以说是硕果累累，但尚未从整个教育的分类分工以及比较中进行辨析，并在比较中认识各自的特质、任务和实施特色，各司其职地实施教育教学。所拟定规模、布局、培养能力之下的职业教育，从宏观到微观，其内在的发展应是一个什么样子，与其他教育类型的关系与调理又当如何等，

①基金项目：2013 年广东省高等职业教育校长联席会议重大课题：职业教育教学督导新工具的开发及工具体系研究（项目编号：GDXLHZDA003，项目主持人：贾剑方）；2014 年度广东省高等职业教育教学改革项目：职业教育教学督导的过程研究与实践（项目编号：201401152，项目主持：贾剑方）。

②贾剑方（1959– ），男，河北石家庄人，副教授，副所长，研究方向：职业教育，教学督导。

③刘生平，广东农工商职业技术学院 职业教育研究所。

是上述所涉的外在层面各项规划得以实现的根本保障。笔者设想分别从宏观、中观、微观三个层面，从其内在角度予以论述。本文仅从职业教育所依据的哲学基础、教育学的归属和需求的应然等宏观视角，展开分析。

一、哲学视角

哲学是全部科学之母，"没有哲学的科学是瞎子"。作为标榜自己统领一切科学地位的哲学，职业教育自然也离不开它的指导。实际上，任何一种教育理论，也都反映着一种哲学思想。思考职业教育问题，便也就离不开对其所宗哲学的思考。再进而言之，任何一种哲学思想，又都反映着一种社会存在。探讨职业教育的深层问题，也就又离不开对其产生的哲学土壤和社会现实的思考。

世上的哲学派系林林总总，但站在东方的视角看世界，与人们息息相关的，大致有三大主要派别：以德国为代表的欧洲大陆哲学；以美国为代表的英语国家哲学；以中国为代表的东方哲学。虽然欧美哲学、东西方哲学正在逐步走向融合，其血统越来越不那么纯正，但仍然存留着各自鲜明的特征，并在各个领域传承着各自的血脉。特别是，在不同的哲学之下，衍生出的各自不同的教育理论和教育思想，都明显带有着所宗的哲学遗迹。由此，理清不同的教育所沿袭的哲学脉络，也就成了必要。

二、教育学视角

（一）美国哲学下的课程论

德国的教学论很少与经验科学相联系，也基本不采用实证主义和科学主义范式，而更多地采用解释学等质性范式。这种理论传到美国，就表现出了"水土不服"。因为，德国教学论这种"高大上"的东西，天生就无法与美国实证主义、实用主义和科学主义的固有观念相接榫。

不仅文化上显示出了与美国固有观念的格格不入，而且在时间上也可谓"生不逢时"。时值美国南北战争已经结束后的 19 世纪末 20 世纪初，美国进入了经济恢复和腾飞的和平发展时期。而美国当时的状况是：一方面随着战后经济的发展，工业化和城市化的进程加快，大量技术型、操作型人才成为了急需。教育理论领域本来就是一片空白的新兴美国，虽曾一度被引进的德国教学论制造了"为人格完善而学习""为修养而学习""为学习而学习""为提高而学习""以升学为目的"的教育，但工业化在导致初等教育的普及和中等教育在校人数的成倍增长的同时，并未实现人人都能升入大学的结果。大部分中学生毕业后所面临的，就是上岗就业。这就造成了学生既难以升入大学又缺乏就业能力、为就业所困扰的境况。在这种状况下，学生对难偏繁的、空洞而抽象的"大道理"，并不感兴趣，也不喜欢书本上"固定的和现成的"个人"经验之外的"系统性理论。他们所关心的，是能够就业得到一份工作。另一方面，工业化和城市化也导致了工业与农业的"剪刀差"加剧，"农民工"大量涌入城市寻求就业。就业，成了人们最为关心的问题。

（二）东方哲学下教育理论的缺失

中国哲学下没有产生系统化的教育理论，而历史上出现过的多是结论性的教育思想、观点、主张。我国古代的教育，其教育思想的主体是为学而学、为知而学，倾向于无功利之"修身""养性"的。它与德国教学论之理论的"结论"，有着相近之处。现在通常所说的教学论也罢，课程论也罢，教学大纲也罢，教学标准也罢，都是舶来之品而非我国之自创。在我国所呈现出来的教育理论，主要是近代从日本借鉴来的日本由德国引进并经日本改造过的教学论、20 世纪 50 年代从苏联借鉴来的苏联由德国引进并经苏联改造过的教学论、20 世纪 80 年代末从美国直接借鉴来的课程论——表现为教学论与课程论的一种杂合状态。这种教学论与课程论并行的状况，在其他国家是不多见的。这也使得我国的职业教育总是受着两种教育理论的干扰。值得注意的是，无论是我国的普通教育还是职业教育，特别是职业教育在这种教育思想杂合的背景下，并未认真思考并按照自身的教育类型所本应依据的哲学和教育理论来指导自身的发展，甚至职业教育错选了自己理应依宗的理论而不自知。最为值得注意的是，职业教育工作者在其所发表的论著中，常常是直接拿来普通教育的理论而仅仅在用语之前冠之以"职业教育"或"高等职业教育"，便作为了自身的指导思想。

三、社会学视角

职业教育，是个古老的话题。亚里士多德时期已经包含了职业教育的意味。他将人分为：过着"闲暇""自由"生活的人和过着"劳作""非自由"生活的人。前者反映着贵族的身份并有条件接受以"深思"和"自由发展"为目的的教育；后者则是工匠、奴役"鄙俗"的生活，只能接受以实用和谋生为目的的教育。前者的教育其突出特征是追求知识和人的发展，是以"人的完善"为最高目的的一种"无功利学术"教育，学习的是不以实用为目的的"自由知识"，一种形而上的知识，一种"为了摆脱愚昧而进行自由探索的知识"；后者的教育则是以"工匠贱业的种种技艺"为主要内容，以获得酬金为目的，并以专门性的、狭窄的手工技艺为内容的教育。亚里士多德的"自由教育"和"工匠教育"，便是今天普通教育和职业教育的前身。

四、余论

通过哲学视角的分析可知,以德国为代表的欧洲大陆哲学,它是"不直面现实"的,而注重的是"内在体验"和思辨,形成的是不需要实践验证的体系完美的理论,是关起门来进行理论逻辑上的推演能够成立的东西。具体而言,他们实际关注的更在于两个方面。其一,更倾向于从"道"理上的使然角度来思考问题;如果道理上讲不通,即便出现某些事实或个案,他们也认为存在着某种偶然成分,而不能作为抽象的、形而上的、具有普遍意义的东西。也因此,他们重视真理、规律和事物的本质。其二,他们更倾向于从目的、应然角度来思考。一切的一切,总是要追问欲达到什么目的,以及为什么要达到这种目的,应该达到什么目的等等。总之,他们要做明白人,在深思的基础上形成对"目的"的认识,并在道理上有着严密的逻辑,也就是理论上能够成立。再换句话说,他们首先要做"完人",要做对目的有清醒地认识并在道理上能够讲得通的人。这也就决定了他们的教育所要培养的,也应是这样的人,也就是追求"人"的成长、"人"的发展,实施"达到人性"的教育。而教育的这个目的,又是高度概括的,集中指向于"人之所以为人"的;这一目的又是永恒的,固定不变的。这也就决定了这种教育不对教学的内容、方式方法等做出具体的规定,而只要目的。也因而,它只能制定笼统的教学大纲。显而易见,这是一种"人本"意义上的教育。

帮欠发达农村中职一年级学生从英语泛读受益

蔡旻涛[①]

摘　要:为探索广东欠发达地区农村中职学校一年级学生是否能够以及如何从英语泛读中受益,笔者开展了一项导泛读活动。活动通过帮助学生克服在理解英语生词方面的问题,激发学生广泛阅读英语书籍的兴趣,从而提高了他们的英语整体水平。本文介绍了导泛读活动的目的和特点,分析了学生接受该活动的表现、进步的迹象和教师对活动的感受,强调了学生在理解英语上下文方面所面临的问题,提出农村中职学校一年级成功实施导泛读活动的一些建议。

关键词:农村中职学校一年级学生　导泛读　英语泛读兴趣

---

① 蔡旻涛(1969–),男,广东澄海人,广东农工商职业技术学院,副教授,教育硕士,研究英语教学。

一、农村中职学校一年级学生导泛读活动的设计

（一）目的：探索农村中职学校一年级学生是否能够以及如何从英语泛读中受益

大部分农村中职学校一年级的学生英语水平普遍不高。他们很难理解英语语篇，很少人能在简单的对话中使用英语，这主要是因为他们日常生活中缺乏英语语境。

这项导泛读活动的目的在于探索农村中职学校一年级学生是否能够以及如何从英语泛读中受益，并探讨广泛阅读的可能性。

我们只有了解学生对这项再教育的态度，才能认识到他们从广泛阅读中获得的潜在好处。通过了解学生对这个活动的态度和反应，结合参与教师对活动效果的评价，以及综合笔者在该活动的亲身体验及对学生和教师表现的观察，探索出一些通过英语泛读从而提高农村中职学生英语水平的切实可行的方法。

（二）活动的主要特点

这项活动的主要特点是：教师收集对学生有吸引力的、在学生的能力范围内的书籍和泛读材料；泛读在轻松、非正式的课堂气氛中进行，教师的注意力集中在帮助学生泛读以获得乐趣；学生有机会选择他们想读的书；鼓励学生在活动中复述他们读过的故事；监控（督促）和加强学生的泛读进度并给予鼓励。

活动内容没有将回答阅读理解问题作为必要的一部分，不需要具备像学习学术文本或报纸那样多的背景知识。同时，鼓励和要求教师积极主动地参与泛读，成为泛读者的榜样，从而带动学生们进行泛读，这是最有利的开展泛读的前提。

虽然这个项目的目的是让学生尽可能多地阅读，但只能在一定程度和一定的空间范围内实现，因为学生的词汇量非常有限，需要有老师或辅助教具的及时帮助。所以，我集中精力鼓励他们在活动课堂上完成泛读，这样他们就可以随时得到教师的指导和帮助。

二、数据的收集

（一）从指导泛读课程的深度课堂观察中收集数据

在课堂上，我注意观察教师如何指导学生以及学生对这些活动的反应，将这些课录像然后分析。在每节课结束时，我与每一位教师讨论所遇到的问题及如何在以后的课堂上克服这些问题的方法。每一节课的活动计划也是在这些讨论过程中完成的。

我和他们的教师担任了参与者和观察者。我们会一起帮助有困难的学生，并观察学生产生问题的原因、各种解决问题的方法及其效果，这些操作过程及观察结果都记录在

我的实地记录中。

（二）收集教师日记中的数据

要求教师写日记。在日记中记录他们的想法、他们对课程效果的思考、他们对学生表现的看法。写日记帮助教师思考泛读是否对学生产生影响，并将这些思考记录下来，从而提高观察的可靠性。

（三）进行开放式的深度访谈以收集数据

进行开放式的深度访谈以获取意见，从而提高调查结果的可信度，并使我能够对学生和教师的感知进行较厚实的描述。作为研究人员，我检查并暂时搁置了自己的主观倾向，排除那些可能影响对数据分析和解释的偏见。

三、活动的方式

（一）教师们充分了解导泛读的目的和理由

在实施前，我向教师们详细介绍该方案的宗旨和目标以及实施该方案的理由，使他们充分了解导泛读的目的和理由。然后我重点介绍了与该方案实施有关的若干重要问题，包括组织项目、建立常规和期望、实施相关活动、监测学生的阅读进度等。在此期间，教师们可以随时提出他们所关心的任何问题以便对活动做适当的调整和补充。

（二）无声阅读和复述

学生在活动中的主要任务是进行无声阅读，以及他们对故事的复述（即口头对全班其他同学复述所读过的故事）。故事复述是一个重要部分，因为它的目的是培养有目的地阅读习惯，培养归纳总结能力及英语口头表达能力，同时使学生有机会与同学分享故事。

学生在刚开始面对大家进行故事复述时，会面临心理方面巨大的困难和挑战，但随着活动的不断进行，会逐渐适应这种做法并克服心理障碍。通过一次次的复述成功，会激发他们的积极性，去阅读更多的书，在一个又一个的阅读中获得成就感。

所以，我们把课堂活动时间分为两个部分，第一部分是无声阅读，占较大比例；剩下第二部分时间是让学生用英文复述故事。

（三）记录监控

教师通过帮助学生理解生词或通过在笔记本上写他们读过的故事来监控泛读，教师们还记录了他们对学生的导读的进展。

（四）使用的书

使用的书是选择图文并茂的、写得好且插图又多又好的，包括与学生自身文化相关的故事，是适合这些农村中职一年级学生的。我参考他们的教师的意见，因为教师知道他们的学生的能力和兴趣。

四、学生在活动中表现的分析

（一）无声阅读的表现

1. 起初没兴趣阅读英语书

教师扮演了观察员和参与者的角色，在课堂上帮学生克服课文上的困难，观察了学生课堂上的反应和阅读中遇到的困难。起初，学生们没兴趣阅读英语书。第一次向学生介绍活动时间："你们喜欢阅读吗？"学生回答："是"。但问："你喜欢读英语书吗？"回答是一致强烈的"不"。当进一步提示时，学生说英语书很难理解，而且有太多单词不知道。再进一步询问时，他们说喜欢阅读中文书，特别是卡通图书，因为满是图片。

2. 词汇层面阅读缓慢

我们还密切观察了学生阅读英语课文时的细节表现。学生在阅读指定给他们的故事书时会花大量时间查阅英汉词典，找出无法理解的单词含义，平均一个句子都会遇到至少两个生词，他们会旁注单词的意思。在词汇层面阅读非常缓慢。两节课（90分钟）中教师所分配阅读和复述的任务，大多数学生只能完成一半。只有两三名学生能读完全部（经了解，这两三名学生平时会经常找英文书看）。

3. 逐渐享受更多的阅读

第一周，鼓励学生采用通过上下文猜测生词，他们普遍感觉难度太大，因为学生没有足够的词汇量。我鼓励他们在猜词的同时可向教师提问，以减少查阅时间。经过对学生们的不断打气鼓励，渐渐地有越来越多学生热情地提问了。我用了各种策略向他们解释单词的含义。

（二）复述故事的表现

复述故事最初也是非常困难的。一开始大多数学生只是用笔记记录并背诵故事部分内容，采用背诵部分故事内容的原因是他们很难用英语表达自己。

在随后的课程中，我要求用自己的话复述这个故事，不用笔记；我也向教师建议，当学生发现困难时，他们应帮学生找到合适的词来讲述故事。我建议学生偶尔使用方言也没问题，重要的是他们理解了这个故事，并与同学们分享故事，因为这次活动主要目的是让学生学会英语泛读而不是精读的方法。鼓励他们绕过生词继续阅读，让他们有机会和同学分享读过的东西，这样也可判断学生是否能够从整体上理解故事。这次活动旨在激励学生们习惯阅读，只要让学生从阅读中学到一些东西，这次活动的目的已经达到了。

（三）活动的气氛

最初有位教师的活动气氛相当正式和僵硬，学生通常只用一个字来回答问题，一些学生需要通过诱导才肯回答，男学生觉得用英语回答更困难，这种僵硬的气氛与教师的严厉语气有关，例如，纠正学生的错误或发音方面，偶尔进行温和的纠正是可以的，但要尽量少。第二周，经过提醒，这位教师采用更舒缓、更轻松的语气，活动气氛就变得很轻松，学生就显然更有动力，对这门课开始感兴趣，更积极主动地参与活动。他们毫不拘束地提问，乐意让教师知道他们的问题，并越来越积极地表达自己。

"走出去"的广垦橡胶集团外汇风险管理的实践探索

廖旗平①

摘　要：外汇风险是中国企业"走出去"面临诸多风险中最基本的系统风险，提高外汇风险管理水平是中国企业"走出去"取得成功的必由之路。我们尝试通过总结广垦橡胶集团外汇管理经验和教训的研究为中国企业成功"走出去"提供借鉴，提出了中国企业"走出去"统分结合的外汇风险管理模式。

关键词：中国企业　外汇风险　汇率

一、广垦橡胶集团外汇风险管理历程和现状

（一）广垦橡胶集团外汇风险管理的历程

伴随着广垦橡胶集团海外"走出去"，其外汇风险管理也经历了一段漫长而又曲折的路，从管理部门角度看，经历了三个阶段：集团海外子公司自管阶段、集团公司财务部门统筹管理阶段、集团公司资金部门专业管理阶段。

---

① 廖旗平，广东农工商职业技术学院。

1. 集团海外子公司自管阶段（2004-2008年）

海外子公司面对海外复杂的政治经济环境，一方面要学习和适应当地语言、法律等环境，另一方面还要适应本国经济制度和集团公司管理要求，在外汇管理上能做到积极、及时结售汇工作，不做投机外汇交易；自觉接受集团公司的财务管理制度，明确外汇资金的管理授权在集团公司，外汇资金安全保值工作得到有序开展，在人民币汇率单向波动时期，汇率风险较小，实现了一定的汇兑收益。

2. 集团公司财务部门统筹管理阶段（2009-2013年）

随着投资海外公司增多，资金投资增大，人民币汇率波动增大，集团公司加强外汇风险的管理，实行集团财务部统一管理外汇风险和指导外汇交易操作。集中收集外汇信息，培养外汇管理人才，加强与金融机构的联系，建立内部外汇信息例会制度，与金融机构合作做好外汇保值和利用好远期交易进行创汇。

3. 集团公司资金部门专业管理阶段（2014年至今）

外汇管理是一项技术很强的工作，2014年集团公司为加强外汇风险管理实行由集团公司资金部管理外汇，外汇敞口和外汇交易由专门小组集中管理。集团公司制定了外汇管理制度，实行了外汇交易专业管理模式，开展外汇行情研判每周例会制度，重大外汇交易实行外汇交易员集体研判，由集团管理层决策。建立了由国内外金融机构技术人员、行业专家和公司高层组成的外汇风险管理专家咨询委员会，开展了每年定时和不定时专家咨询会，为集团外汇风险管理决策提供了强有力的支撑。

（二）广垦橡胶集团外汇管理风险的主要表现

1. 外汇资金来源广泛

企业集团外汇资金按性质可以分为两部分：一是对外销售商品、采购设备或原材料产生的经常项目资金，二是对外投、融资产生的资本项目资金。经常项目下，由于产品可以销往任意的国家和地区，因此外汇收入来源也非常广泛。

2. 外汇账户纷繁复杂

由于成员单位众多，外汇业务较为分散，因此各成员单位为了开展对外业务，纷纷开立种类繁多的外汇账户，有按币种开立的，比如美元户、新加坡元户；有按资金性质开立的，比如经常项目户、资本项目户；还有按资金用途开立的，比如保证金户、收入户，造成在集团范围内存在众多的外汇账户。

（三）广垦橡胶集团外汇汇率风险的主要表现

市场汇率变化对企业的经营风险主要表现在以下三个方面：一是会计折算风险。在母公司合并子公司财务报表时，不同货币折算因外汇汇率变动导致母公司可能出现不确定性的账面损失；二是交易风险。企业在以外币计价的交易中，由于交易日和结算日的汇率不同，汇率变化可能导致实际结算时出现本币不确定性的交易损失；三是经济风险。汇率变化通过对企业生产成本、销售价格，以及产销数量等的影响，导致企业最终收益发生不确定性的损失。

二、广垦橡胶集团外汇风险管理存在问题的分析

（一）缺乏主动的外汇风险管理意识

和大多数国有企业一样，由于人民币对美元汇率的过去长期稳定和前些年的单边升值，而集团公司的进出口业务量还不大且多以美元为结算货币，有些年出现了不少汇兑盈利，导致风险积极管理意识不足。即使是对非美元货币而言，由于国际外汇市场上的汇率变动趋势很难预测，在很多情况之下做远期结售汇可能反而使企业失去了一些额外的利润，加之业务成本也比较高，导致企业缺乏对远期外汇交易科学的认识，常常抱着宁可"以不变应万变"态度，担心万一做反了交易方向，承担的责任较大，不做或少做远期业务。另外对于国企来说，更容易将汇率风险归咎于政策性因素，缺乏主动避险意识。

（二）缺乏专业的风险管理机构和技术手段

目前集团公司外汇风险防范操作主要由集团资金部负责组织协调和海外相关企业财务人员执行，集团公司内部没有设置独立的专门外汇风险管理机构，缺乏专职和专业的外汇风险管理人才，没有将外汇风险管理列入日常工作，致使海外业务与外汇风险防范不能有效的配合。另外企业计量外汇风险方法和手段很多，例如计量交易风险方法主要有：净额现金流量法和方差计算法、情景分析以及VaR方法等，计量经济风险方法主要有：回归分析法和敏感性分析法等，计量会计折算风险方法主要有：现行汇率法等。广垦橡胶采用传统定性和定量结合方法对外汇风险进行计量，还没有采用科学适用的方法系统计量集团公司整体承担的外汇敞口风险，很难及时对外汇风险做出反应和调整。

（三）缺乏完备的外汇风险管理评价体系

与国外成熟企业相比，集团在外汇交易流程、财务授权决策等方面未建立标准化体系。由于集团公司在外汇风险管控体系运作时，经常会遇到跨层级、跨地域、跨产业的风险管理问题。唯有开展集团管控分析，将集团管控融入外汇风险管控体系，才能使体系运转流畅，风险管理职能才能得以有效发挥。良好的风险监控体系是进行外汇风险管控的前提，同时一个完备的风险监控体系对于企业经营中所面临的各项外汇风险都设定了风险限额，因而发挥着风险警报的作用，避免企业暴露于过大的外汇风险之中，使企业对于面临的外汇风险具有可控性。外汇风险管理的评估是衡量风险管理的收益和成本，

总结以往风险防范的经验与教训，进而提高企业外汇风险管理水平的重要环节，也是整个风险管理体系的重要组成部分。

三、对加强广垦橡胶集团外汇风险管理的建议

（一）建立统分结合的集团公司外汇风险管理模式

广垦橡胶集团在开展外汇风险管控体系建设前，应开展集团战略定位和管控分析，从战略高度和全局的角度考虑外汇风险管控体系的建设。从集团公司管控战略定位看，广垦橡胶集团公司属于财务战略型的管控模式，应该与此相适应考虑实行统分结合的集团公司外汇风险管理模式。

（二）建立以内、外部交易对冲相协调的外汇风险防控手段

防控外汇风险最有效的办法是对冲，就是利用在同一风险要素影响下金额相当而损益变化方向相反的交易，抵消已有外汇风险。内部交易对冲具有成本低的优势，但有受业务限制的缺陷，外部交易对冲具有对冲效果好的优势，但有成本高的缺陷。因此，集团公司应针对两种对冲方法特点，制定以内部交易对冲和外部交易对冲相协调的外汇风险防控策略。

（三）建立预警与应急相协调的外汇风险防控机制

应建立外汇风险评估的预警体系，包括先进技术的评价体系、各项财务指标、可能出现的重大政策风险环节等，可以及时发现和评价所出现的风险。集团公司财务部门建立月度汇率风险分析体系，按月收集各子公司汇率风险敞口信息，分析各企业及集团公司整体面临的汇率风险。其次，应健全外汇风险控制的运行体系。集团公司收到预警信号后应及时采取措施，对于外汇风险敞口限额以下的情况，由集团公司提示企业采取措施规避风险；对于外汇风险敞口限额以上的情况，集团公司统一由财务部门采取措施规避风险。第三，建立重大外汇风险处理的快速反应机制。重大外汇风险处理能力的快慢体现企业应对紧急情况的处理能力，当重大外汇风险事件发生后，应当启动应急机制，相关部门及时进行处理，以免风险的扩大和蔓延。

依托体育冠军文化，培育学生职业精神[1]

——广州体育职业技术学院学生职业精神培养的探索与实践

丁宁涛[2]　彭　凡[3]　刘友存[4]

摘　要：培养高职学生树立牢固的职业精神，对提高人才培养质量、满足社会用人需求有重要的意义。针对高职学生职业精神培养现状，该文从发挥校园文化育人功能的角度，从理论上厘清职业精神和校园体育冠军文化的内在统一性和可迁移性，探讨依托冠军文化培育学生职业精神的科学性；并以一个学校的具体实践和取得的效果为例，探讨其可行性和有效性。

关键词：职业精神　冠军精神　校园文化　人才培养

一、培养学生职业精神的重要意义

教育界普遍认为，高职毕业生的综合素质主要体现在专业知识技能水平和以职业精神为核心的人文素质。因此，培养学生职业精神，对提高人才培养质量有着重要的意义。

许多研究者都注意到员工的职业精神对于员工胜任工作岗位和职业发展至关重要。赛尼.M.斯潘塞与莱尔.M.斯潘赛在1993年依据弗洛伊德的"冰山原理"提出了职业胜任素质冰山模型。他们认为，一个人的综合素质是物质因素和精神因素的结合体，物质因素占1/8，浮在水面之上，是显性的；精神因素占7/8，隐藏在水面之下，是隐性的。显性素质包含资质、知识与能力等，通过不同的学历证书、职业资格证书或是通过考试可以证明这些职业能力。隐性素质则主要是指职业精神，包括职业道德、服务意识、工作态度等。以此不难推断，职业精神的水平，是决定毕业生的就业能力和职业发展空间

① 基金项目：2016 年度广州市哲学社会科学"十三五"规划课题（课题编号：2016MZXY45）。
② 丁宁涛（1975– ），男，四川广安人，广州体育职业技术学院教务处处长（广东广州），硕士，研究方向：高职教育研究、应用文写作教学研究。
③ 彭凡（1981– ），男，广东梅州人，广州体育职业技术学院思政教师（广东广州），法学学士，研究方向：学生思想政治教育。
④ 刘友存（1984– ）男，湖南娄底人，广州体育职业技术学院运动系辅导员（广东广州），硕士研究生，研究方向：高职思政教育研究。

的关键。是良好的职业精神是职业人成就事业的重要保证。

对高职毕业生就业单位的访谈调查也证实了这样的观点。一项调查表明，用人单位重视毕业生的"德"和"才"，但重"德"大于重"才"，高达 93.6% 的用人单位最在乎应聘者的职业道德，只有不到 10% 的单位认为首先是知识和学历。用人单位认为，当前学校不仅要着力提升学生的专业知识技能，还要提升精神层面的职业素养。

二、高职院校培养学生职业精神的现状

从教育部近几年发布的教育白皮书和麦可思等第三方研究结果来看，高职院校在培养学生职业精神方面存在以下三方面的问题：

一是部分学校没有认识到培养学生职业精神的重要性。这主要表现在，在人才培养方案中，学生职业精神培养方面所占比重较小甚至可以忽略不计；在教学组织过程中，学校重视采用何种手段、何种措施、何种教学资源来提高学生的知识水平和技能水平；重视学生技能大赛获奖和考证通过率等情况。

二是部分学校认同职业精神对于学生就业和职业发展的重要性，但不认为那是学校的责任。他们认为，职业精神在学校环境中无法培养，应由学生毕业后在职业生涯中自主养成，或由用人单位通过岗前培训、制度环境和激励约束机制去培养。

三是部分学校认识到职业精神的重要性，通过课堂教学、实践教学、学生社团活动等方式，有意识、有计划的培养学生的职业精神并取得了可喜的成效。但许多工作尚在起步阶段，还需进一步深化。我们认为，利用学校特色校园文化资源培养学生职业精神，也是一种有效的途径，值得探索和实践。

三、依托体育冠军文化培养职业精神的理论探索

学校在形成和发展过程中，逐渐形成了独特的校园文化。校园文化既是教学活动产生的结果，又是教学活动实施开展的资源。体育类的高职院校，体育冠军文化浓厚，我们对依托校园体育冠军文化培养学生职业精神进行了理论探索和具体实践，取得了明显成效。

（一）职业精神的内涵

职业精神是和人的职业活动紧密联系、具有自身职业特点的精神，一般指人们在职业活动中应当具备的职业观念、态度、纪律、作风等要求的总称。是职业人职业素质的基本表现，也是其做好本职工作的最直接的精神动力。具体而言，是指从业人员以对价

值取向的追求为目标，通过对自身职业角色和职业道德的不断认同，并最终付诸热情，用坚定的信念来完成职业义务的一种崇高精神。职业精神包括职业认识、职业情感和职业意志。

职业认识又包括从业人员的职业理念和职业态度。职业理念是职业精神的灵魂，是从业人员在进行职业活动时期望实现的最终目标；职业态度是从业人员在从事职业时对职业价值观的直接体现，是职业精神的最基本体现。

职业情感是在职业认识的基础上，从业人员所体现出的对该类职业的一种热爱和向往，并付之以孜孜不倦的职业活动，从而期望获得成功。职业情感主要包括职业热情和职业荣誉感。

职业意志主要包括三个方面，分别为职业良心、职业责任感和职业作风。其中，职业良心是从业人员自身所具有的对职业使命的一种自觉意识，是从业人员工作的重要精神支柱。职业良心能够对从业人员的职业行为进行良好的评价，具有对职业行为的良好监督作用。职业责任感是从业人员所具有的对岗位、职业道德的责任，且职业道德的责任具有核心地位作用。

在职业精神的这三个基本要素中，职业认识占有核心地位，是旗帜作用；职业情感是职业精神的动力；职业意志是职业精神的保障。这三个要素相互影响、相互融合，共同促进职业精神的有效形成。

（二）校园体育冠军文化的内涵

校园体育冠军文化是指体育院校为达到育人目的，围绕弘扬体育精神，凸显体育冠军影响力，通过环境塑造、制度建设、活动组织等形式，营造出的软硬件环境及组织过程和结果。体育冠军文化是学校校园文化的重要组成部分，其价值是为了强化冠军文化的核心精神，提高学生的思想认识和精神品质，达到提高学生综合素质的目的。体育冠军文化的核心是冠军精神。

体育冠军文化的核心是体育冠军精神。冠军精神是指运动员在其运动生涯中所展现出的有价值的思想作风和意识，它超出了体育运动本身，内化为运动员心中的一种信念和追求，具体来说包含顽强拼搏、团结协作、追求卓越、公平竞争等内容。冠军精神是体育精神的重要组成部分。

四、依托校园体育冠军文化培养学生职业精神的具体实践

（一）采取的主要措施

1. 强化新生入学教育，传承冠军文化

近年来，该校新生入学教育已逐渐形成较为完善的体系，通过组织学生参观校史馆、冠军林、校园冠军文化长廊等校园文化设施，让学生近距离接受冠军文化的熏陶，理解冠军精神的内涵和意义，树立积极向上的世界观、人生观和价值观，为培养职业精神播下种子、打好基础。

2. 设立"冠军讲坛"，展现冠军风采

2013年起，学院常年开展"冠军讲坛"活动，每期邀请一位或多位世界冠军与学生一起分享奋斗历程与人生感悟，展示冠军们乐观积极，勇于拼搏、永不言败的体育精神，鼓舞学生热爱祖国、积极上进、追求卓越、顽强拼搏、团结合作，教育学生将"冠军精神"转化为学习和工作的动力，逐渐形成良好的职业精神。"冠军讲坛"创办4年来，共邀请了20多名冠军来校交流。围绕该项活动，组织学生参加征文比赛、演讲比赛、摄影比赛等，进一步挖掘"冠军讲坛"的教育价值。

（二）所取得的成效

该校通过上述措施，学生的职业精神素养得到了明显提升。一方面，从委托第三方对学生就业追踪调查反映，用人单位普遍反映该校毕业生心态积极、能吃苦，善于与人合作，抗挫折能力强。为了更加深入地了解采取上述措施后学生职业精神养成情况，课题组从职业精神所包含的职业认识、职业情感和职业意志内容上着手，分析其所包含的各种抽象因素，然后对其操作定义，把各种抽象因素变换成具体的一组测验，设计出调查问卷，问卷共46个问题。抽样调查了广州体育职业技术学院2015级、2016级、2017级社会体育、运动训练、高尔夫专业、体育运营与管理、市场营销等专业的学生，采用当场发放问卷并当场回收的方式，共发放问卷826份，回收826份，其中803份有效。调查结果显示，广州体育职业技术学院大部分学生具有较好职业精神，不同年级的学生职业精神综合得分具有显著性差异，年级越高职业精神综合得分越高，说明在校时间长短对学生的职业精神培养有一定的差异性，反映出该校通过体育冠军文化的长期熏陶，对学生的职业精神培养产生了显著性效果。

粤港澳大湾区高职院校扶贫协作育人价值与路径研究

——以深圳信息职业技术学院与百色职业学院对口帮扶为例

高　军[①]　王瑞春[②]

摘　要："精准扶贫、精准脱贫"是我国开展扶贫攻坚工作的基本方略，作为"打造粤港澳大湾区，建设世界级城市群"区域的高等职业院校，在获得更多发展机遇与进步空间的同时，更应该肩负起扶贫攻坚的重大使命，通过教育扶贫从根本上改变贫困问题，帮扶对口高等职业院校，力争在帮扶建设中实现共建共赢共同发展。

关键词：精准扶贫　对口帮扶　协作育人　人才培养　内涵建设

一、粤港澳大湾区高职院校扶贫协作育人的背景分析

2013 年 11 月，习近平总书记在湖南湘西考察时，首次提出了"精准扶贫"的重要思想，并做出"实事求是、因地制宜、分类指导、精准扶贫"的重要指示。2015 年 11 月，中共中央、国务院发布的《关于打赢脱贫攻坚战的决定》首次将"精准扶贫、精准脱贫"上升为我国开展扶贫攻坚工作的基本方略。目前，在全国开展精准扶贫、打赢脱贫攻坚战的决胜阶段，作为经济发达地区的高职院校，作为"打造粤港澳大湾区，建设世界级城市群"区域的高职院校，在获得更多发展机遇与进步空间的同时，更应该肩负起扶贫攻坚的重大使命，利用自身优势，帮扶贫困地区高职院校建设，在人才培养、专业建设、课程建设、师资培训、产教融合等多方面对口帮扶，帮助对口院校加强内涵建设，提高学校治理水平，满足当地对高素质技术技能人才培养的需求。在众多精准扶贫策略中，教育扶贫是能从根本上改变贫困问题的良策，"扶贫先扶智"，通过对口帮扶贫困地区高等职业院校建设，进行"造血式扶贫"，提高当地高职院校的人才培养质量，有效阻断贫困的代际传递。

---

① 高军（1974–），女，汉族，黑龙江人，深圳信息职业技术学院教务处副处长，副教授，法律硕士，研究方向：高职教育。

② 王瑞春，（1963–），女，黑龙江人，深圳信息职业技术学院教务处处长，教授，工学硕士，研究方向：高职教育。

为贯彻落实中央东西部扶贫协作座谈会和广东广西扶贫协作联席会议精神，根据《深圳对口广西百色、河池扶贫协作工作方案》和《深圳——百色"十三五"教育对口帮扶框架协议》，深圳信息职业技术学院与百色职业学院签订了《深圳信息职业技术学院——百色职业学院"十三五"教育对口帮扶协议》。深圳信息职业技术学院发挥粤港澳大湾区高职院校的建设优势，发挥国家骨干高职院校的资源优势，多措并举，积极探索教育扶贫、协作育人的新机制、新理念、新路径，为精准扶贫工作提供了强大的资源及智力支持。

二、粤港澳大湾区高职院校扶贫协作育人的价值解析

精准扶贫，教育先行。在教育扶贫的诸多模式中，职业教育扶贫是重中之重。粤港澳大湾区高职院校不仅具有地缘优势，还具有发展优势与资源优势，与产业、行业、企业对接也更为紧密，在精准扶贫、对口帮扶工作中，可以发挥积极有效的重要作用。

（一）高职院校扶贫协作育人是促进职业教育高质量发展的重要途径

伴随新时代、新经济、新业态的发展，我国职业教育已经由规模扩张发展转向创新驱动、内涵发展和特色建设发展转变，已经从紧跟产业发展阶段进入到对接产业、服务产业发展阶段，并逐步向提升产业、引领产业发展阶段过渡，这也是职业教育高质量发展的必然要求。通过高职院校扶贫协作育人工作开展，帮扶贫困地区高职院校内涵建设，既能促进贫困地区职业教育加快发展，又能为贫困地区产业发展提供高质量技术技能人才供给；既能提升贫困地区高职院校办学水平，又能为高职院校自身发展锻炼队伍、拓展空间；既能发挥高职院校优势有效参与精准扶贫工作，又能积极探索进行扶贫理念和扶贫模式创新，是促进职业教育高质量发展的重要途径。

（二）高职院校扶贫协作育人促进贫困地区脱贫致富的重大举措

根据教育部公布的数据显示，我国贫困地区居民受教育程度远远低于全国平均水平，正因为贫困，所以受教育程度低，受教育程度低就更加不重视教育，不重视教育也就更加贫困，在这样一个恶性循环的过程中，教育扶贫就更凸显其重要性。通过教育精准扶贫改"输血式扶贫"为"造血式扶贫"，提高贫困地区教育发展水平，改善居民的受教育程度，从根本上解决贫困问题。

（三）高职院校扶贫协作育人是促进职业院校自身价值提升的有效渠道

职业教育要得到重视和认可，必须关注国家战略，履行社会责任。高职院校要得到

社会认可，也必须服务经济社会，担负起历史使命与责任。"坚决打赢脱贫攻坚战"是党的十九大对精准扶贫提出的总要求，是重大的国家战略，发达地区高职院校必须积极行动、主动作为，体现办学特色，突出自身优势，帮扶贫困地区高职院校共同发展共同进步，增强贫困地区高职院校服务当地经济社会的能力，增强贫困地区高职院校高素质技术技能人才培养的能力。

三、粤港澳大湾区高职院校扶贫协作育人的路径探析

（一）精准设计——做好顶层设计，建立对口帮扶长效机制

习近平总书记在十九大报告中明确指出："让贫困人口和贫困地区同全国一道进入全面小康社会是我们党的庄严承诺。"因此，帮助贫困人口脱贫，共同进入全面小康社会，共享改革开放成果，是我们党对人民做出的庄严承诺。特别是地处粤港澳大湾区，具备自身发展优势的高职院校，在精准扶贫攻坚战中，更是要根据国家、省、市扶贫工作安排，找准自身的定位和责任，找准精准扶贫的方式和方法，与对口帮扶院校签订帮扶协议，结合本校的特色和优势，结合扶贫重点和难点，做好院校精准扶贫工作顶层设计，通盘考虑、统筹安排、群策群力，成立专项工作组，制定专项工作政策，编制专项工作任务书，规划专项工作建设进度表，统筹各相关部门各司其职，形成对口帮扶长效机制，推动各项帮扶工作落地实施。

（二）精准规划——科学合理规划，深化产教融合服务地方发展

"完善职业教育和培训体系，深化产教融合、校企合作"是党的十九大报告对新形势下的职业教育提出的新要求。因此，在精准扶贫、对口帮扶工作中，高职院校不仅要在人才培养、专业建设等方面进行帮扶，更要发挥粤港澳大湾区高职院校在产教融合、校企精准对接、精准育人方面的优势，帮助对方院校提升深化产教融合、增强服务地方、服务区域经济的能力。因此，科学合理规划，在支持对口帮扶院校各方面工作建设，提高人才培养质量与院校综合办学水平的同时，发挥经济发达地区的优势产业、优势企业的作用，不仅通过合作帮助贫困地区进行协作育人，更能参与贫困地方经济社会建设，助力贫困地方发展，逐步帮助贫困地方特色亮起来，贫困地方特产走出来，贫困地方院校火起来，贫困地方人才热起来。

（三）精准育人——创新帮扶模式，实现联合培养协作育人

精准育人是精准扶贫、智力扶贫的重中之重，实践中深圳信息职业技术学院与百色

职业学院经多次沟通磋商，选取双方学校相同专业即电子商务、物流管理专业，进行对口帮扶。具体做法为：在百色职业学院的电子商务、物流管理专业各设一个深圳信息职业技术学院联合培养实验班，由深圳信息职业学院就人才培养、专业建设、课程建设、学生实训、技能大赛、校企合作等方面进行全方位对接，落实精准扶贫、精准育人。

（四）精准共享——积极整合资源，充分共享加强内涵建设

开展对口帮扶工作，不仅可以促进贫困地区职业教育、高职院校的发展，也可以使贫困地区学生真正实现受益。伴随信息化教学手段的推广应用，数字化教学资源的共享，缩短了对口帮扶院校在空间上的距离感，有利于对口帮扶院校实现对优质资源利用的最大化。双方院校不仅可以通过远程授课实现课程建设、授课过程等同步进行，还可以通过后续搭建共享资源平台、共享虚拟实训平台、共享专业教学资源库等项目建设，促进更深一步帮扶共享。精准扶贫、精准帮扶工作中的精准共享，不仅促进共享资源整合利用，促进人才培养、专业课程建设等工作开展，而且还能促进双方院校应用现代信息化技术水平和能力的提升，加强了院校的内涵建设，实现了院校间的共建共享。

（五）精准师培——开展师资培训，提升教学和管理水平

师资培养、人才支援，是对口帮扶工作中的重要举措。教师与管理干部资源，是高职院校发展建设的最根本的优势教育资源。深圳信息职业技术学院以帮助百色职业技术学院持续发展为目标，帮扶师资队伍及管理干部队伍建设。以促进教师专业及技能发展、管理干部业务发展为核心，通过师资培训、挂职锻炼、专家讲座、学习深造等方式提高专业教师与管理干部的业务素养，努力帮助其建立一支师德师风高尚，师资结构合理，具有先进教育教学理念、扎实业务基本功，具备一定教研科研能力和信息化教学水平的教师及管理干部队伍，不断促进教学及管理业务水平的提升。

（六）精准保障——健全保障制度，确保对口帮扶工作顺利进行

为保证精准扶贫、对口帮扶工作的深入落实，应成立由校领导为组长的专业帮扶工作组，统筹对口帮扶工作，并基于全面帮扶持续发展理念，结合实际，建立健全对口帮扶工作方案等相关保障制度，通过顺畅的沟通交流、有效的过程监管和及时的反馈改进，实现精准扶贫、对口帮扶工作的顺利开展和全面落实。

粤港澳大湾区语境下交通高职教育协同发展研究

高月勤[①]　胡昌送[②]

摘　要： 交通运输产业作为国民经济基础性产业，在粤港澳大湾区语境下有承担重塑区域时空发展格局和推动区域产业协同发展战略使命逻辑发展意义。目前，粤港澳大湾区建设下交通运输产业转型升级发展速度较快，而现有交通高职教育缺乏基于专业集群思想来体认以"变"制"变"的协同发展质量逻辑转向，区域专业结构布局散化，行业属性专业占比下滑，与交通产业转型升级及集群发展相脱节，专业人才供给能力不足，缺乏区域特色、标准理念，难以支撑粤港澳大湾区交通产业转型升级及区域经济一体化需求，亟须从专业结构布局优化、专业内涵发展及专业集群建设等方面加强区域交通高职教育协同发展，增强经济联动效应。

关键词： 粤港澳大湾区　交通高职教育　专业集群　协同发展　联动效应

一、粤港澳大湾区语境下交通高职教育协同发展应然逻辑

（一）外部驱动：服务粤港澳大湾区产业协同发展的社会需求

高职教育作为与社会经济发展密切联系的职业教育类型，天然与区域经济联动关系交错而复杂，同时也决定了专业本质属性的多维融合，从应用层面进行解读应呈现出围绕区域经济和专业教育的多元联动逻辑。粤港澳大湾区这一命题的提出标志着珠三角与港澳的合作已上升到国家战略层面，在国家经济发展和对外开放水平中占据重要地位，湾区交通基础设施建设、全球化的变化等因素正在重塑三角城市群的功能与形态，广泛的空间合作新阶段将有助于珠三角城市群多中心的缝合，破解空间属性的模糊带来空间实践的矛盾，推动城市群走向去等级化、有序发展格局。因此，要实现建设有国际竞争力的现代化大湾区总体目标，必须有区域一体化综合交通运输基础性产业来支撑，这将预示着粤港澳大湾区内以交通运输航运为主的制造业、服务业的快速增长与提质，充分

[①] 高月勤（1988–），女，广东交通职业技术学院高教研究所实习研究员，教育学硕士，研究方向为高职教学。

[②] 胡昌送（1981–），男，湖南隆回人，广东交通职业技术学院高教研究所副研究员，硕士，研究方向为高职教育管理。

发挥联动效应。

（二）内在需求：提升高职专业集群内生产发展水平质量诉求

高职教育作为与经济社会关系最为密切且对区域经济社会发展效力显著的职业教育类型，若其生命存在、质量生成只是经济社会"倒逼"作用的结果，再加教育发展本身滞后性，那么很大程度上其不但不能有效助推经济社会的发展，反而会对经济社会发展形成一定阻滞。粤港澳大湾区建设下交通产业转型升级发展速度较快，而现有交通高职教育专业结构、专业教育质量无法较好地适应和服务产业协同发展，与区域经济间在联动上存在着脱节与失措等问题表征，缺乏从职业教育质量本身出发，以更广的视野、更大的格局、更高的标准全面认清新形势下交通高职教育质量生成、变革及治理逻辑思路，以质量本身治理行为的"变"，有针对性地应对经济社会发展需求的外在"万变"，主动引领发展。

二、粤港澳大湾区语境下交通高职教育协同发展实然状态

（一）专业结构布局散化，难以支撑区域产业转型升级、联动发展需求

交通运输产业作为国民经济基础性产业，在我国现代化建设和国家"一带一路"战略中发挥着先导性作用，要实现建设有国际竞争力的现代化大湾区总体目标，必须有区域一体化综合交通运输体系来支撑。从粤港澳大湾区2016年交通发展状况来看，粤港澳大湾区已初步形成以广州、香港（深圳）、澳门（珠海）为枢纽，其他城市为节点的多核放射线与环线结合的现代综合交通网络，交通运输发展水平已达到较高水平，但与国家建设粤港澳大湾区要求相比，发展空间还很大。

（二）人才供给能力不足，难以满足区域产业转型及技术升级人才需求

交通运输业作为国民经济基础性行业，当前我国交通运输业正在向"综合、智慧、绿色、平安"的现代服务业转型，向集公路、水路、铁路、民航等为一体的现代综合交通运输体系发展，实现由"交通大国"向"交通强国"的历史性跨越，交通产业转型升级发展、行业技术进步对技术技能人才结构和质量提出了新要求。加之珠三角地区在粤港澳大湾区的"加持"下，传统产业体系的改造升级，新兴产业对技术技能人才的水平提出了更高要求，更强调对标国际水平、体现中国特色的技术产业和技能人才。因此，粤港澳大湾区语境赋予交通高职教育人才供给侧结构性改革新方向、新内涵及新要求，产业的整合分流、经济空间结构的重塑需要交通运输生产性服务业的快速发展和提质增效，增强产业间联动效应。

（三）专业集群力度不够，难以适应区域产业集群及经济一体化发展需求

粤港澳大湾区概念提出旨在推动粤港澳合作围绕区域经济协调发展主线从优势互补走向优势整合、从各施所能走向协同争取、从各有精彩走向共同缔造，充分利用产业结构互补性较强优势，形成差异化叠加效应，走向有序、联动、协同的产业经济发展格局，而这一目标恰恰须有区域一体化综合交通运输体系来支撑。因此，粤港澳大湾区语境下交通高职教育应转向基于专业集群思想来体认以"变"制"变"的协同发展质量逻辑，围绕区域交通产业链、技术链或价值链等系列增值链，创新区域专业集群发展模式，在专业结构布局、优化组合、规模质量等方面壮大自身，时空重塑、资源整合、规模竞争、集约管理，主动适应、引领区域产业转型升级多变需求，形成区域专业特色、优势，扩大产出、外溢效应。

三、粤港澳大湾区语境下交通高职教育协同发展路径探索

（一）精准对接区域产业转型升级需求，优化专业结构

职业教育虽历经外部经济环境和教育内部的各种变革，但其服务经济社会发展的基本功能没有改变，高职教育更好地服务于区域产业经济社会发展的关键在于专业结构优化，同时优化区域专业结构适应产业转型升级也是高职教育内涵式发展的重要支撑。因此，高职教育的本质属性规约了专业结构的内外部关系存在。产业是专业存在和发展的基础和前提，要提升学校对产业发展的贡献度，增强职业教育服务区域经济社会发展的能力，爬上"质量坡"，越过"结构坎"，关键在于优化专业结构。粤港澳大湾区作为国家层面战略部署，是在遵循我国经济社会发展一般规律基础上，适应复杂、多元国际形势和发展趋势的产物，区域交通高职教育应充分认识粤港澳大湾区语境下专业结构优化的本质内涵及其之间的必然联系，只有这样才符合职业教育发展一般规律，强化内外依存共生关系。

（二）协同推进高职专业内涵建设，提高人才供给能力

粤港澳大湾区语境下的粤港澳合作旨在围绕区域经济协调发展主线从优势互补走向优势整合、从各施所能走向协同争取、从各有精彩走向共同缔造，充分利用产业结构互补性较强优势，形成差异化叠加效应，而这恰恰需要交通运输产业的转型升级。交通运输产业转型升级发展、行业技术进步对技术技能人才的结构和质量提出了新要求，同时珠三角传统产业体系的改造升级，新兴产业对技术技能人才的水平提出了更高要求，更强调对标国际水平、体现中国特色的技术产业和技能人才。因此，契合产业转型升级需要进一步提升专业塑造人才价值的能力，推动专业链、人才链、产业链、价值链的同步

升级，才能促进自身专业结构与产业结构布局及社会发展需求相衔接与融合，与区域经济的协同发展才能更具有生命力。鉴于腹地资源、文化传统、经济政策等主客观因素影响，珠三角交通高职教育在粤港澳大湾区语境下承担着重塑湾区经济发展格局使命，规避专业设置无序膨胀下所隐藏的人才培养质量之患成为主动应对区域产业经济转型、协同发展题中之意，更是质量内涵发展时期以"变"制"变"内生产发展逻辑之诉。

（三）创新专业集群发展模式，引领区域经济协同发展

粤港澳大湾区语境下如何规避职业教育"小专业"与经济社会"大产业"的矛盾，职业教育专业建设改革需突破固有专业概念的局限，借鉴专业集群发展思想，寻求职业教育专业建设自身的逻辑，主动转向基于专业集群思想来体认以"变"制"变"的协同发展质量思路创新，在一个更广阔范围内实现资源组合、差异化合作竞争、集约管理专业集群发展模式创新。专业集群是在一个较为广阔的场域内跨组织、跨层次的资源组合，是以区域内一所或若干所重点建设中等和高等职业院校的品牌特色专业和专业群为核心，形成相关专业与专业群在空间上的集聚，突破原有专业群发展空间的限制，跨越单一院校组织的局限，在一个更大范围内开展合作型竞争，有效避免区域内不同院校的同类或相近专业的不良竞争，实现专业的优化组合，增强区域专业竞争的整体实力，提高区域凝聚力。

基于职业发展的职业技术教育课程体系探索[①]

摘　要：随着经济社会和科学技术的高速发展，产业转型升级加快，从业人员技术技能老化的周期不断缩短、人们变换职业岗位的频率变快。基于此，在分析我国现行职业技术教育课程体系及从技术技能人才职业发展角度看职业技术教育发展的基础上，探

①基金项目:(1)珠海城市职业技术学院2017年度精品在线开放课程"大学生创新创业技巧与实践"（批准号：20171254,主持人：邓佐明）阶段性成果。(2)广东省教育研究院教育研究2015年度课题"服务于区域产业发展能力的高职教育专业文化构建策略研究——以计算机应用技术专业为例"（批准号：GDJY2015Bb014,主持人：钱海军）阶段性成果。(3)广东省高职教育教学质量保证工作指导委员会2017年度教学改革项目"混沌理论视角下高职内部保障体系构建逻辑与创新管理研究"（批准号：JXZB13,主持人：钱海军）阶段性成果。

②邓佐明（1965–）,男,广东省丰顺人,珠海城市职业技术学院经济管理学院副教授、广东省社会科学院珠海分院特聘顾问,研究方向：人力资源管理、职业教育、区域经济。

讨构建基于职业发展的职业技术教育课程体系，阐明培养技术技能人才的职业迁移能力是职业技术教育肩负的社会责任，并指出职业技术教育要研究针对学生的职业发展，构建符合人力资源市场需求的课程体系，实现职业生涯可持续发展。

关键词：职业技术教育　职业发展　课程体系　工作过程　职业迁移能力

职业技术教育遵循工学结合、产教融合、知行合一的教育理念，为经济社会发展培养生产、管理、服务第一线具备岗位胜任能力、职业发展能力及职业创新能力的技术应用型人才，在经济转型、产业升级过程中的战略作用日益凸现，是我国人力资源极其重要的供给侧。职业技术教育作为重要的教育类型，其服务质量有二：一是为经济社会发展设置符合产业技术技能人才需求的专业结构；二是为能够成为优秀的技术技能人才提供可持续发展的课程体系。课程体系是职业技术教育人才培养活动的总体方案，是人才培养目标的具体化和依托，是根据人才培养目标要求制定的对培养对象实施培育的规划方案，具体包括课程的目标、内容、结构、评价和培育模式。在职业技术教育人才培养过程中，课程是核心，教师是关键，专业是框架，硬件是支撑。课程为王，是职业技术教育发展的核心竞争力。

一、回顾我国职业技术教育课程体系建设

（一）快速成长起来的我国职业技术教育课程体系

在我国经济 40 年高速发展背景下成长起来的职业技术教育，从无到有，经历了跳跃式的发展，正以崭新的姿态自立于世界职业技术教育之林。2016 年，中等职业技术教育在校生占高中阶段教育在校生总数的 40.28%，达到 1599.01 万人。高等职业技术教育校均规模 6528 人，高职院校 1359 所。我国职业技术教育课程体系建设，经历了从原来中专和本科课程体系中改造或压缩本（即"拿来主义"）到 20 世纪 80 年代相继引进德国双元制教育模式课程、北美 CBE/DACUM 和国际劳工组织 MES 课程等（即"本土化"）实践的过程，极大地推动了我国职业技术教育从规模扩张到内涵建设的根本性转变。

当前，我国职业技术教育课程设计基本上由各个学校专业建设委员会和教学指导委员会来确定，成员一般由学校专家、骨干教师和企业人力资源专家或部门主管组成。一直以来，我国企业在校企合作的过程中参与程度并不高，合作成为学校一厢情愿的事情。在实际操作过程中，即使邀请了企业专家参与制定，可是邀请的企业专家也未必了解多个企业或行业对应工作岗位的工作流程和工作设计。同时，学校专家、骨干教师又很少参加企业和行业的工作标准制定。因此，两者很难达成共性，不能全面地提出建设性意见，对课程体系建设的指导作用有限。基此，建议从国家层面关注此类问题，设立国家层面职业技术教育专业建设委员会，提升职业技术教育人才培养质量，以培养技术技能人才的职业发展能力、岗位胜任能力和工作再设计能力为目标，创新职业技术教育课程体系。

（二）以工作过程为导向的职业技术教育课程体系

德国学者潘伽罗斯认为工作过程是由工作行动、工具、工作人员、产品等四个基本要素在特定的工作环境下，按照一定时空顺序获得预期工作成果的工作程序。工作过程导向，是指为达成预期工作目标而运用的行为逻辑结构的管理技术、方法、思想。我国学者姜大源根据职业特征将工作过程细化为对象、内容、手段、组织、产品、环境六个基本要素，在工作需求与环境条件相适应的过程中，从业者完成具体工作过程依据完整思维的六个步骤分别为"资讯、决策、计划、实施、检查、评价"。按照职业成长和认知学习的规律，对实际工作过程进行系统化、教学化的科学处置，使其成为适合教学的工作过程。

（三）我国现行职业技术教育课程体系建设存在问题

随着科学技术飞速发展和全球竞争的加剧，今后的工作比以往任何时候需要更多的知识、更熟练的技能、更高综合素质的技术技能人才。生产力发展速度加快，行业间的界限逐步被打破，人们更换工作和岗位的频率就越高。同时，技术具有很强的文化功能和精神价值，是科学与社会需要相统一的结果。

二、从技术技能人才职业发展角度看我国职业技术教育

关于未来产业经济发展，有学者认为人类未来演进方向是：在爆发式生产方式时代，1/3 的人投入研发及技术革新，1/3 的人投入物质生产及流通，其余 1/3 的人投入社会服务。随着科技发展日新月异，物质生产效率飞速提高，少部分人即可满足多数人的物质需求，越来越多的人投入研发、技术革新以及其他领域。经济转型升级促进技术革命，技术革命推动技能提高，"中国制造 2025""互联网 +"意味着未来经济发展对技术技能人才的需求巨大。可见，未来经济发展对职业技术教育提出了新的要求和使命。

（一）新时代我国职业技术教育面临的挑战

职业技术教育不仅是社会公平的润滑剂、社会经济发展的助推器，也是产业从业者职业发展的动力源。职业技术教育是一种跨界的教育，是与社会经济发展紧密关联的教育类型。职业技术教育主体至少涉及学生、企业、学校三个层面。所以，要提升职业技术教育内涵，要跳出学校的围城，跨出教育科学的框框，关注学生的职业发展，研究产业从业者职业成长规律。

（二）职业迁移的内涵

职业迁移是指随着人类知识总量急剧增加和科技高速发展，职业岗位不断替换，一生只维系于相对稳定的职业岗位模式将被打破，在不同岗位、不同职业、不同行业之间进行职业转换。职业迁移能力是指实现职业迁移所具备的素质和能力，是职业从业者将所从事原先职业的技术知识和技能应用到新职业岗位，处理新问题、新情况时所体现出一种综合职业素质和胜任能力。

三、构建基于职业发展的职业技术教育课程体系

随着经济社会和技术的高速发展，职业岗位将呈现两极分化，一种是简单重复技术含量不高的体力劳动岗位，另一种是将高新技术不断渗透到不同的职业活动中，需要具备高素质高技能的应用型职业岗位。

（一）整合现行职业技术教育课程体系结构

一般将职业技术教育课程体系结构划分为三大类，即专业基础（包括专业文化基础课程）、专业技术技能和专业实践能力等类课程。专业基础类课程，是为完成专业学习、职业活动和职业发展夯实基础的课程，是学生掌握职业技术技能必修的基础课程。专业技术技能类课程是指胜任工作岗位能力并完成职业活动、不同于别的职业处理具体工作岗位能力的课程。专业实践能力类课程是职业素养学习与岗位胜任能力之间的桥梁，是培养学生职业技能的有效途径。实践内容旨在让学生整合、运用、夯实职业知识、素养和技能，要以职业活动问题为中心。

（二）基于职业发展的职业技术教育课程体系构建

为了更好地指导职业技术教育进行内涵建设，建议国家人力资源与社会保障部门及时、动态地发布我国技术技能人才市场供需信息、职业发展方向和路径，为产业从业者提供职业技术教育指导和职业生涯规划咨询。通常，职业技术教育是在有形的工作过程中，通过"做中学"获得技能与知识的整合、行动与思维的提升、"有形"与"无形"的转化，从而熟练掌握工作岗位胜任能力，学会创新，进而在职业发展中实现迁移。所以，建设科学的职业技术教育课程体系要以受教育者的职业可持续发展能力为目标，依据职业岗位工作任务和技术技能人才市场需求状况，提炼出支撑其胜任的职业技能、创新能力和迁移能力为主线，体现模块化应用性职业体系、课程体系和评价体系等内容。

珠澳合作　职教融合　促进珠澳两地共同繁荣

沈国辉[①]　潘沁红[②]

摘　要：于粤港澳大湾区建设而言，珠澳合作具有得天独厚的优势。文章分析澳门城市和职业教育情况，陈述珠海城市职业技术学院对于珠澳职教合作所做的思考和贡献，阐发珠澳职教进一步融合的思考。

关键词：粤港澳大湾区　珠澳职教融合

一、澳门城市及职业教育情况分析

（一）澳门特别行政特区概况

澳门，1999 年回归中国，特别行政区地域包括澳门半岛、氹仔岛和路环岛，2017 年人口密度高达 2.11 万人 /KM² 截至 2018 年 3 月底，澳门特区总人口为 656700 人，主要以旅游业、博彩业、商贸、服务业等第三产业为支柱产业。表现出经济结构单一，自我服务能力较弱，创新人才匮乏，就业方式单一的问题。

澳门是东西方文化的交汇点和中转站。400 多年来，东西方文化在此相遇、碰撞、并存、融合，形成了包括中国文化、葡国文化在内的多元文化融合共生景观。这种多元性文化及在此状态下形成的开放精神与和谐精神，既是澳门文化的独特价值所在，也为当今世界全球化趋势中各种文化和平共处提供了有益的经验。《中华人民共和国澳门特别行政区基本法》第九条规定："澳门特别行政区的行政机关、立法机关和司法机关，除使用中文外，还可使用葡文，葡文也是正式语文。"

（二）珠澳合作及珠澳合作会议

继珠澳合作专责小组会议之后，"珠澳合作会议"是珠澳合作的又一个重要平台。每年召开一次，珠海双方借此平台讨论合作问题。

---

① 沈国辉（1965-），男，广东广州人，珠海城市职业技术学院职业教育研究所讲师，硕士。研究方向：职业教育、文化、文学研究。

② 潘沁红（1965-），女，广东梅州人，珠海城市职业技术学院职业教育研究所所长，副教授，硕士。研究方向：职业教育、高职文化。

从 2013 年召开珠澳合作会议至今，珠澳双方都表达了明确的合作意向，合作范围广泛，研讨深入。几年来，论题涵盖体制机制、经济、社会、文化、教育各个方面。特别是在教育和文化合作方面更签署了多份协议，如《关于加强粤澳高等教育交流合作备忘录》《粤澳文化交流合作发展规划 2014-2018》《旅游合作框架协议》《文化合作框架协议》《关于共同推进横琴、澳门青年创业孵化的合作协议》《教育合作与交流协议》《文化交流合作协议》《澳门青年到珠海实习及就业项目合作框架协议》等，可以看出，合作从框架协议到正式文本，再到实施推进，珠澳合作已初见成效。

（三）澳门职业教育状况

澳门职业教育分职业技术教育和高等教育两种。

1. 职业技术教育（相当于中职教育）简况

1991 年 8 月 29 日，澳门政府颁布《澳门教育制度》，教育制度分幼儿教育、小学教育预备班、小学教育、中学教育、高等教育、特殊教育、成人教育、技术及职业教育几种。

"技术及职业教育"又有职业培训和职业技术教育两种形式。《澳门教育法》规定"职业技术教育在公立或私立的职业技术学校进行。""最少完成实践教育的青少年和成年人，才得进入职业技术教育"，可见，职业技术教育是正规教育内高中教育阶段的一种教育形式，属于非高等教育范畴。1996 年 8 月 29 日颁布的《非高等教育制度纲要法》规定：职业技术教育既满足中等程度技术人员的培养，又兼顾学生升学需要。学制规定为："为期最少两年，最多三年，第三年应主要是职业实习。"课程包括"社会文化""专业科技及实践""专业实习"。毕业后可获高中学历证书及专业技术资格证书。

2. 澳门高等教育情况

澳门高等教育起步于 20 世纪 90 年代，发展迅速。1990 年，澳门大学理工学院从东亚大学独立出来，成立澳门理工学院、澳门高等警官学校、旅游高等学校。澳门回归，澳门政府不断扩大高等教育规模，现有十所高等教育院校：澳门大学、澳门理工学院、澳门旅游学院、澳门保安部队高等学校、澳门城市大学、圣若瑟大学、澳门镜湖护理学院、澳门科技大学、澳门管理学院和中西创新学院。除澳门大学，其余均属应用型专业性学院，即"应用型职业高校"。形成了澳门综合型高校与应用型专业学院共存共荣的体系。

3. 高等职业教育的发展困局

（1）受制于经济环境，未能形成教育引导功能。

服务业是澳门经济的主力，澳门博彩业一家独大。据 2015 年统计数据，第三产业占比 92.2%，其中，博彩及博彩中介业占比 48%，其次为不动产业、建筑业、批发及零售业、金融业、租赁及酒店业。单一的经济形式直接影响了澳门高等教育的发展。毕业生无论所学专业，大多进入赌场工作，以获取高薪；同时，还未完全形成服务经济的职业教育发展机制，未能引导经济发展的功能。

（2）中长期职教发展规划缺失。

教育主体缺乏规划意识，高等职教发展存在随意性；教育法制建设落后于教育发展；教育咨询、评估、拨款等缺乏严谨、具有国际标准的条例加以规范，致使澳门高等职业教育水平不高。今年 8 月，澳门实施新的高教法，期待有较大的改进。

（3）高等教育类型和层次缺乏高端互动。

受澳门博彩业独大的经济状况影响，澳门高职教育在类型和层次上，都未形成强有力的高端发展态势，职教发展未能与产业形成良性互动。

二、珠海城市职业技术学院与澳门的教育融合实践

多年以来，珠海城职院与澳门的教育合作从未中断过。

（一）打造成国际教育和科技交流平台

为主动对接国家"一带一路"战略及配合横琴自贸区建设，2015 年 12 月，珠海城职院与澳门城市大学在澳门签署合作备忘录，开展国家"一带一路"战略下加强与葡语系国家合作及技术孵化、校校专业（学科）合作等合作项目，并建立珠澳两地青年创新创业园、城市与社会治理实验室等。

2016 年 11 月，珠海城职院与澳门城市大学签署"创建'珠澳国际教育创新园'合作备忘录"，联合筹建"珠澳国际教育创新园"，并争取纳入《粤澳合作框架》，将其打造成国际教育和科技交流平台、粤澳教育与科技创新合作的标杆项目、国际新兴产业技术的研发基地、国际交流平台和企业孵化器、高端人才培育基地。园区内包括国际教育中心、国际创意园、国际高新技术孵化园、研究生研习基地等。其中，"国际教育中心"有课程建设、师资发展、学生实训、专业培训项目。双方计划通过合作，逐步吸纳国内外高校、研发机构及企业等作为伙伴机构参与运作，以项目形式进入"珠澳国际教育创新园"，美国新墨西哥大学和葡萄牙米尼奥大学作为第一批国际伙伴机构加入并参与园区建设。

（二）积极推进珠澳职教行校企合作

澳门的文化创意实力强劲。珠海城职业设计学院与澳门的艺术设计界行业、企业专

家建立了长期稳定的合作关系。组织学生大量参与企业项目设计，特别与珠澳行业协会长期合作，包括澳门广告协会、澳门会展产业联合商会及珠海各类协会，并引进企业专家在校内建立"大师工作站"，其中大师就有澳门行业专家。每年召开"中国职业教育活动周"企业家讲座活动、艺术设计布展都邀请澳门行业、企业专家莅临指导。

（三）对口培养毕业生，服务港澳

以珠海城职业旅游管理学院为例，重视专业建设，人才培养定位主要服务于珠海，同时面向港澳。开设了"旅游管理""酒店管理""会展策划与管理"等专业，就与澳门大力发展旅游、会展业的休闲旅游特色相吻合。"酒店管理"专业就业方向为珠三角（含港澳）国际品牌和民族品牌的高星级酒店服务、与管理、销售人员和文员岗位。"会展策划与管理专业"就业方向为会展公司、旅行社、广告公司、机关企事业单位的高级会展服务人员及初中级会展策划与设计人员。学校为珠澳两地培养了大批专业服务人才。

（四）培训澳门社会服务人才

十年前，珠海城职业二级学院珠海电大针对澳门的士司机、博彩业从业人员和自由从业者开展了成人高中的学历培训，讲授"语文""数学""英语"课程。为方便上课，澳门学生下班之后在珠海拱北的教学点上课，两个班，约八九十人。学历得到澳门政府的承认。除此之外，还开设"应用文写作"等职业培训课程。

虽然珠海城职院与澳门高校、社会联系有所加强，但从目前情况来看，合作尚在较浅层次。尚需深入拓展合作内容，创新合作模式。

三、深入拓展珠澳职教合作空间

2012年粤澳签署《粤澳合作框架协议》，2014年签署《关于加强粤澳高等教育交流合作备忘录》，2015年珠澳签署《旅游合作框架协议》和《文化合作框架协议》。珠澳合作愈加密切，要发挥中葡商贸服务平台的功能，积极打造"三个中心"；重点加强旅游业、文化创意及会展等产业方面的合作。并持续加强高等教育、文化、环保、食品安全和能源等领域的合作。

新兴信息技术对广东职业教育的变革与影响研究[①]

——以财务会计专业为例

黄　璐[②]

摘　要：众所周知，随着大数据、云计算、移动互联网、物联网、人工智能等新兴信息技术的推广和运用，全球数据呈爆发式增长、海量集聚的特点，这对经济发展、社会治理、国家管理、职业教育都发生了翻天覆地的变化。广东职业教育作为全国的领航更应抓住时代的翅膀，构建智能风口飞起的能力。本文以财务会计专业为例，对新兴信息技术下广东职业教育的变革和影响分别进行阐述分析，以期能推进广东高职教育的发展与学术研究。

关键词：新兴信息技术　新时代　高职教育　财务会计

一、引言

新兴信息技术的到来在改变着世界，改变着生活，改变着教育。广东职业教育应根据自身的特点与区域经济发展的需求适时的进行调整，这样才能适应时代的变迁。财务会计作为经济发展的核心环节，将发生怎样的变化？新兴信息技术变革的趋势是不可抗拒的，尽管绝大多数的中小企业财务人员还未意识到时代变化将带来怎样的影响，但新兴信息技术确实已经到来，并在潜移默化地改变着财务人员的各项工作。这就给广东职业教育的人才培养指明了方向，新兴信息技术环境下，财务架构会发生怎样的变革？进而给财务组织带来怎样的模式改变？给财务人员带来怎样的认知升级？给财务信息化带来怎样的技术提升？给财务会计专业领域带来怎样的场景创新？这些都是值得职业教育者们深思、探讨研究的。

---

　　① 基金项目：2017 年广东高校青年创新人才类项目（人文社科）"数字化教学与会计学课程协同创新研究"（项目编码：2017WQNCX165）、2017 年广州工商学院校级质量工程项目"'互联网+'与《财经法规与会计职业道德》课程协同创新研究——以'微助教'智慧课堂为例"（项目编码：ZL20171118）。项目主持：黄璐。

　　② 黄璐（1986– ）女，河南省开封市，广州工商学院，专任教师，会计师/讲师，硕士，研究方向：会计实务与会计教学。

二、新兴信息技术下财务会计的变革

（一）新兴信息技术对财务组织模式的改变

财务组织本身一直在进化和演变中，与技术的发展相匹配，新兴信息技术下财务在组织层面从战略、专业、共享、业财四分离阶段进化到外延扩展阶段。在这个阶段，财务组织将具备更多与新兴信息技术特征相匹配的职能，如大数据分析、智能共享运营等。财务组织将从刚性运营向柔性运营改变，为业务提供更加丰富和灵活的支持。

新兴信息技术下，财务组织的核心特点是与云计算、大数据、机器学习、区块链等技术进行协同。一方面，新技术需要有配套的财务组织进行维护，如负责财务数据管理和维护的数据运营团队、具备学习算法能力的财务建模团队等；另一方面，财务需要拥有能够运用智能技术的团队，如基于大数据的智能风险控制团队，以及能够运用大数据进行资源配置预测的新型预算团队等。由于新兴信息技术的人才及相关资源还没有普及，财务组织的转变难以一蹴而就。在新兴信息技术下，合理路径应当是前瞻性的组织架构变革先行，职业教育人才培养和获取随后跟进，最终使企业建立起新型财务组织。这些需求上的变革，无疑给广东职业教育财务会计专业提出了转变的方向，面对加工制造业、外贸业众多的广东省，广东职业教育财务会计专业更应抓住时代的变迁，适时的对财务会计专业人才培养方案及课程体系规划进行深度改革，这样才能使学生走出校门后很快适应岗位的需求。

（二）新兴信息技术带来财务会计人员认知的升级

财务会计人员从纯手工作业转变为高度的网络化作业经历了不到二十年的时间，其间又经历了会计电算化向财务信息化的转变。未来将有三类财务会计人员收到巨大的冲击，因此必须要进行认知的升级。

第一类是财务高级管理人员，如 CFO 或财务经理。他们是整个财务组织和财务团队的灵魂，与业务的衔接也最为密切。在他们的认知框架里，数据和信息化的重要性比重必须显著增加。一方面，一个没有大数据思维和算法思维的管理者将不是合格的，财务将无法应用新技术工具帮助企业提升价值；另一方面，作为业务的伙伴，当整个公司的经营都已经被智能化渗透后，如果财务还没有这方面的知识储备，面对的必须是不换思想就换人的窘境。财务高级管理者需要深度理解公司战略在新兴信息技术下所做出的转变，并能够主动的经营分析、资源配置等领域给予业务更好的支持。

第二类是财务经营分析或预算管理人员。他们的传统价值在于驾驭数字，能够从中找到蛛丝马迹，不能提供经营分析支持，或者通过预算、考核等手段推动业务改进绩效。但在新兴信息技术下，更多经营改进的建议应当是通过人工智能进行大量数据分析后提出的，通过分析大量历史数据，从相关性中探索规律，给出很可能靠人无法发现的绩效改进线索。而在预算管理上，资源配置的基础将由智能分析提供。对这一类人员来说，其曾经引以为豪的数字加工能力、数字敏感性等不再重要。如果要成为有价值的顶尖人才，就必须重新构建自身能力，在大数据、机器学习等方面掌握业务建模的能力。

第三类是会计运营人员，包括财务共享服务中心的员工。财务共享服务实现了流程的标准化和作业的规模化，将曾经具有技术性的会计核算转变成流水线作业。这本身也是顺应新兴信息技术的需要而发生的重要改变。而在新兴信息技术发展的后期，这种变化会进一步加剧，共享服务中心会将现有的审核作业进一步规则化，甚至是计算机通过机器学习的模式，在学习海量案例后自己形成作业规则。这样，在整个流程运营中，对人员技能的需求会进一步下降，会计运营人员有可能退化为信息录入人员，甚至直接被淘汰。而在这个过程中保留下来的少许人员，将是有能力进行规划分析、流程设计和流程优化的少数人。

（三）新兴技术带来财务信息技术的晋升

新技术条件下给财务信息技术带来的转变最直接。在当前阶段，人工智能的核心是大数据和机器学习，而云计算又是支撑起大数据和机器学习的计算能力的基础，由此衍生出的区块链等也会对财务管理产生重要影响。

在大数据方面，首先要求信息系统提升自身的数据采集和存储能力。大数据需要建立在高度的业财信息系统对接的基础上，财务信息系统将能够获取端到端的、更加全面、完整的业务及财务数据，并且能够支持非结构化的数据处理。同时，需要引入新的数据存储技术，并最终形成应用。

在机器学习方面，需要找到合适的机器学习切入场景，从技术层面简化实现的难度，让未来的财务管理人员有能力参与到机器学习建模的过程中，并应及早规划并积累可用于机器学习的财务管理场景的数据。没有数据的机器学习使没有应用价值的。

在云计算方面，一是需要充分利用云计算所形成的强大的机器学习算力，以实现技术的可行性；而是让云计算在基础设施服务、软件服务、平台服务等方面给企业财务信息化带来多种价值，如更低的财务信息化建设成本、更为灵活和快速的应用部署、依托云服务获取市场管理最佳实践等。

此外，区块链等技术的出现，有可能在企业财务方面带来突破，并在跨境交易等领域解决现有财务技术模式下的一些难题。

三、新兴信息技术对财务会计的影响

新兴信息技术改变了财务组织、财务人员的认知以及财务信息技术，但更为重要的是影响了财务逻辑，新的逻辑层次的出现其影响才是深远的。

（一）财务组织与认知的新逻辑

财务组织与认知是财务主体的躯干与心智，在新兴信息技术条件下，首先要强身明智，认识到智能时代对财务组织与认知的影响，这是基础。笔者总结以下三点影响内容，广东职业教育财务会计专业教育者们可以据此根据自身学校的课时及办学特色进行整体课程体系的规划和调整。

（二）财务会计管理人员技术的新逻辑

管理技术是财务人员主体的脉络，好的管理技术能够让财务主体运转得更具活力，并焕发出青春的能量。财务会计管理技术的逻辑转变将让财务人员能够触及更为广阔的管理技术领域，获得更加先进和更有价值的管理技术工具。笔者将从数据、计算、记录、流程、互联五个方面来阐述财务会计管理人员的新逻辑。

论新时代创新创业教育与高职工商管理专业教育的融合

孙　警[①]　吴樱子[②]

摘　要：创新创业教育要面向全体学生、融入人才培养全过程是新时代高等职业教育发展的新要求，通过创新创业教育与专业教育的融合提高人才培养质量、输出高素质劳动者和技术技能人才是当前高职院校教学发展的迫切任务。创新创业教育与专业教育融合过程面临着诸多问题，以工商管理专业为例，在分析两者内在逻辑关系的基础上，探讨两者融合的具体途径具有重要的现实意义。

关键词：高职院校　创新创业教育　工商管理专业　专业教育　融合途径

---

① 孙警，揭阳职业技术学院经济管理系。
② 吴樱子，揭阳职业技术学院师范教育系。

一、问题的提出

新时代高等职业教育正逐步从工业化时期重视知识技能传授的传统学科主义教育向当前"互联网＋"时代重视思想、身体、科学和实践等综合素质培养的素质教育方式转型。《国务院关于加快发展现代职业教育的决定》文件指出：高职教育应以服务发展为宗旨，以促进就业为导向，通过产教融合、校企合作等办学方式，培养数以亿计的高素质劳动者和技术技能人才。"高素质劳动者、技术技能人才"意味着高职教育应重视素质能力和技能技巧两方面的培养，对高职教育提出了新的要求，即做好专业教育和素质教育融合工作。《关于大力推进高等学校创新创业教育和大学生自主创业工作的意见》提出：创新创业教育要面向全体学生，融入人才培养全过程。要在专业教育基础上，以转变教育思想、更新教育观念为先导，以提升学生的社会责任感、创新精神、创业意识和创业能力为核心，以改革人才培养模式和课程体系为重点，大力推进高等学校创新创业教育工作，不断提高人才培养质量。

二、创新创业教育融入工商管理专业教育的内在逻辑关系

（一）工商管理专业教育和创业创新教育的内在共通性

工商管理专业教育本质是企业运营管理领域的学科主义教育，创新创业教育则是一种素质教育，而专业教育和创新创业教育两者都是教育理论不断发展的产物，两者都是从其所处的时代背景出发，以时代赋予的特定社会价值观为指导思想，发挥其培养人的功能和作用来适应并解决社会发展问题和教育问题，它们都关注社会发展对人才需求的主要问题，并不断实践探索，以形成规范的教学模式、上升到理论层面，又进一步引导教育实践活动，从而满足社会人才需求和促进社会发展。

（二）工商管理专业教育是创新创业教育的基础

专业教育是细化专业、为学习者提供专门教育，以期让其掌握本专业的基本知识和技能，成为该专业领域的高级专门人才。工商管理的专业教育是关于企业经营管理基本知识和技能的教育，创新创业教育则是"生成性教育"，它需要在一定的历史、社会、人文和技术等其他学科的实践基础上生成自身的教育模式并不断进化，可以说工商管理专业教育是创新创业教育的立足点，学习者根据自身兴趣和爱好做出选择，以工商管理的专业教育为基础进行创新创业教育活动。如果没有专业教育基础，创新创业教育就如无根浮萍，学习者往往会重复选择低层次、低进入门槛的任务或项目作为创新

创业活动内容。

（三）创新创业教育是工商管理专业教育的拓展和深化

创新创业教育是关于学习者精神、知识能力和实践行为等层面的人才培养工程，面向社会培养具备创新精神、创业意识和创新创业能力的高素质劳动者和技术技能人才。它本质上是素质教育，是自由发展、全面发展和整体发展的社会教育，是一种贯穿在教育全过程中的教育观念、教育思想，而不是一种学科主义教育或课程教育。可以说，融入创新创业教育的工商管理专业教育内涵得到了拓展和深化，具备工商管理专业知识和技能的学习者可以获得创新精神、创业意识和创业实践的素质锻炼，具备创新精神、创业意识和创业实践素质的学习者可以获得专业知识和技能的专业教育，两者相辅相成，不断深化拓展。

三、创业创新教育与工商管理专业教育融合的途径探讨

（一）深化认识，准确定位人才培养目标

深化高职院校创新创业教育改革，是国家实施创新驱动发展战略、促进经济提质增效升级的迫切需要，是深度融入"大众创业、万众创新"实践中的迫切需要。工商管理专业教育和创业创新教育的融合是顺应新时代高等职业教育发展趋势的要求，在面向全体学生开展创业教育、融入人才培养全过程中的指导精神下，应充分认识到两者融合的重要意义，加强两者融合的领导工作。一方面，需要"专人做专事"，建立专业建设指导委员会和健全委员会的基本职能，特别突出指导工商管理专业教育和创业创新教育融合的职能；另一方面，围绕委员会的组织开展调研分析工作，以保证能够准确地认识工商管理专业进行创业创新教育的内涵。工商管理专业进行创业创新教育是素质教育，不是工商管理学科教育新的方向，不是企业家速成教育，它培养的是既具备一定工商管理专业知识技能，又具备创新精神、创新意识和创业能力的复合型创新人才，这类人才可以是创办自己企业的企业家，也可以是在本职岗位上不断创新工作的"内创业者"。

（二）加强教学师资队伍建设

创新创业教育融入工商管理专业教育的成效，关键要看教学师资队伍的建设情况。如今大多数高职院校创新创业教育工作开展得不太顺利的主要原因，就是教学师资力量不足。创新创业教育和工商管理专业教育融合要求教师具备"企业家型学者"或"学

者型企业家"的特点，既具备扎实的本专业知识技能和教育教学理论，又具备丰富的创新创业经历经验。从工商管理专业的角度来看，师资队伍建设需要保证数量和质量与教学需求相符：一是需要按照专业教研室、开课数量和师生比等标准配置足够的专任教师；二是对现有专业教师应加强培养创新创业实践培训，培养适合高职教育的高素质应用型师资队伍，可以从创造条件让教师直接开展创新创业或参与到企业运营过程中、通过实战来磨炼，还可以通过与走在创新创业教育前列的院校"结对子"来提升自身水平，发展双师型、双创型教师，组建跨学科、跨专业的优势互补型内部教学师资组；三是校外兼职教师队伍的建设，其往往伴随各种灵活的校企合作方式来开展，在合作过程中以产业或企业为主体、学校为主导的形式充分利用好校外的人力资源。

（三）教学内容和课程体系建设

创新创业教育和工商管理专业教育融合不是再建设一个学科教学课程体系，而是在本专业教学基础上作创新创业教育再设计，需要根据系统性、层次性和适应性等原则来设计。高职院校创新创业教育融合工商管理专业教学的课程体系可以围绕学生成长的轨迹来建设，由基本素质能力课程（包括人文素质能力课程和自然科技基础课程）、专业能力课程（包括专业基础能力课程和专业核心能力课程）、专业能力拓展课程（包括专业拓展课程和能力拓展课程）三大模块组成。这些课程设置根据年级和专业方向有所不同和侧重：大一学年以基本素质能力课程为主，其中人文素质能力课程有公共政治课、英语、创业教育、职业发展和就业指导等，自然科技基础课程有计算机基础和办公自动化等，面向全体学生作创新创业渗透式教育，培养学生创业思维、创业意识、创业品质等创新创业通识能力。大二学年则以专业能力课程为主，其中专业基础能力课程有中小企业管理、企业管理沟通、经济学基础等，专业核心能力课程有企业战略与决策、人力资源管理、市场营销、财务管理、商务应用写作等，这类专业课程本身具有经管大类通识课程的特性，与创新创业教育的性质非常吻合，所以这类课程与创新创业教育在作深度融合时需要结合区域支柱产业或特色行业，才能为教学提供大量的原始资料和经营案例、提供产教融合的机会，这个阶段主要面向部分专业方向学生培养其创新知识和技能技巧。大三学年则以专业能力拓展课程为主，其中专业拓展课程有电子商务实战、创业实践、物流与供应链管理等，能力拓展课程如潮商文化、商务礼仪、与人合作等，这类课程本身已经与创新创业教育高度融合，其中部分课程面向本专业特定方向具有创业潜力的少数学生，发挥其创新创业强烈的意愿和才能。

新信息时代背景下高职院校实习管理模式创新研究[①]

——基于粤东地区"散养式"实习状况的调研和管理实践

陈文涛[②]　　陈炳文[③]　　孙　警[④]

摘　要：高职院校学生在大三阶段的实习实践是学生实现技能掌握并与生产实际紧密契合的重要环节,是学生适应岗位需要顺利就业的关键一环。"散养式"实习具有"散、远、杂"等特点,给实习巡视和管理带来更多复杂性和困难度。要达到实习预期目的,实习管理至关重要。本文就实习管理方式方法如何适应新形势新变化,在改进和创新性上进行实践与探索,针对当前高职院校"散养式"实习在管理上存在的薄弱之处和矛盾问题,提出了具有创新性的管理理念,创新了管理模式,并据此完善管理制度。

关键词："散养式"实习　实习管理新模式　"互联网+"　云管理平台

一、前言

在国家实施"中国制定 2025"战略、快步追赶世界制造强国的今天,如何解决好高职教育学生专业与就业不对口、职业技能低下这一状况,这需要我国职业教育办学模式来一次彻底性的改革,包括校内和校外的教学模式改革,切实在"课堂与实践,理论与技能,学与做"上面做文章,要在技能训练、实习实训上下功夫,所有这些最后集中反映在办学模式、教学模式上的改革与创新。"产教融合,校企合作"办学模式,已在为切实解决我国职业教育长期存在的,教学不适应岗位要求的问题提供了根本方案。但目前部分高职院校教学模式依然陈旧、落后,不适应形势发展要求,必须进一步深化、改革和创新。

教学模式也包括校外教学模式。高职院校校外教学则多以见习、顶岗实习、社会实践为形式。而学生在大三的实习实践正是学生实现技能掌握并与生产实际紧密契合的重

---

① 基金项目:揭职院 2016 年度院级教研重点课题《对当前高职院校学生校外"散养式"实习管理机制创新的实践与研究》,(jyc2016jyz01)。

② 陈文涛（1961-）,男,物理学副教授,高级政工师,高职教育研究所所长,研究领域为高职教育教学与研究。

③ 陈炳文,揭阳职业技术学院。

④ 孙警,揭阳职业技术学院。

要阶段，是学生适应岗位需要顺利就业的重要一环。大三阶段的校外实习正是向三年教育培养目标冲刺的关键一步！要达到实习预期目的，实习管理至关重要。

在调查中我们发现"散养式"实习在相关因素上存在很大不确定性，给实习指导和管理上带来更多复杂性和困难度。

在新信息时代背景下，运用"互联网+"手段，引入全新管理机制新模式，是适应当前高职院校实习方式上的新变化，克服并解决"散养式"实习"散、远、杂"问题，取得更好实习效果的有效管理办法。下面从针对"散养式"实习特点及管理存在问题，如何运用"互联网+"手段，建立云实习管理平台、创新管理办法、完善管理制度等若干方面进行阐述。

一、运用信息手段，创新管理模式

对"散养式"实习巡视和管理，必须确立创新思想，运用新手段，采取新措施，从而建立一套创新机制，形成一种全新管理模式。该模式的核心在于"互联网+"，重心在于"跟踪"和"巡视"。这种新机制新模式可以从以下二个主要方面进行阐述。

（一）运用"互联网+"，建立云管理平台。

对"散养式"实习管理，必须动用现代信息化手段，运用云平台、大数据、互联网等技术，把"散、远、杂"通过信息平台进行有机链接，将分散各地的实习生们"聚集"到一个管理包上。它可以是在校园网基础上，建立一个以教学系部为管理中心的信息技术平台，借助微信建群方式对各个层级实行管理。

该管理平台图解是这样（如下图）：

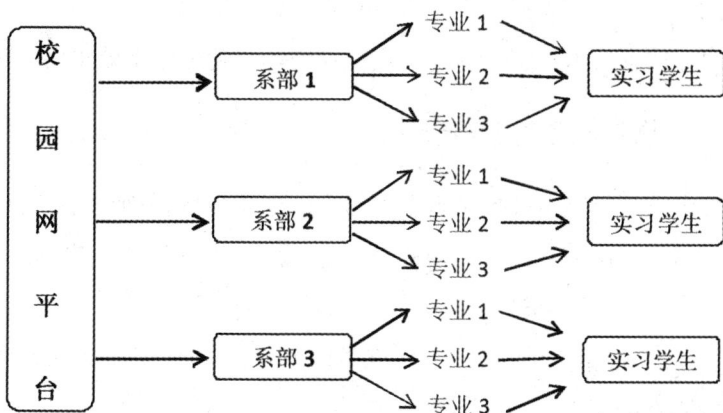

基于"互联网+"建立起来的平台管理结构及路线为：依托学校网络中心建立起实习管理专用平台，对各系部的实习管理工作实施监管，而系部对各个专业班、专业班对每个实习生的管理，则是在以互联网基础建立起来的微信群来进行的。这样，不仅每个

专业（班）的指导老师（巡视老师）可以随时联系每一个实习生，并且在校级层面上可以随时查询到每个系部的实习状况，形成一条由学校→系、（部）→专业（班）→实习生的管理链条。这条链条脉络层级清晰明朗，组织架构科学严谨。

（二）搭建平台，创新机制，变远为"近"，变散为"聚"。

在运用"互联网＋"建立起管理平台之后，学校（系部、老师）将借助微信作为桥梁，实现了对分散各地实习生远程的联系与管理。这一微访机制框架如下图（2）所示。

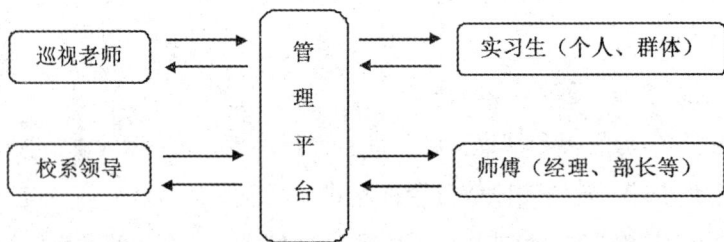

```
┌─────────┐         ┌───────┐         ┌──────────────────┐
│ 巡视老师 │ ◄────► │ 管     │ ◄────► │ 实习生（个人、群体）│
└─────────┘         │ 理     │         └──────────────────┘
                    │ 平     │
┌─────────┐         │        │         ┌──────────────────┐
│ 校系领导 │ ◄────► │ 台     │ ◄────► │ 师傅（经理、部长等）│
└─────────┘         └───────┘         └──────────────────┘
```

这样，通过"互联网＋"、微信建群手段，创新了管理方式和模式，把"远处"的拉近，把分散的聚集，信息实现共建共享，点与点、点与面、面与面实现互联互通。不仅突破了以往传统方法带来的局限，而且凸显出若干优势：1.指导（巡视）老师能够在第一时间对任一同学或某一实习点发出指令，也能够同时间对多个实习点众多实习生发布通知指令；2.能够随时实现老师与师傅、系部与企业（工厂、公司）联系对话，了解实习情况；3.对信息既能实时阅读，也能延时"翻阅"，解决了巡视老师忙而无法按计划下点巡视指导检查问题了；4.大大提升技术含量，提高管理效率。

这样，运用新信息技术，实习管理模式得以创新，管理效率效果将明显提高。

二、创新管理机制，完善管理制度

既往的实习巡视是指导老师要亲自下实习点与学生或师傅面对面交谈，这将使巡视工作受到了师生双方时间少、点分散、距离远等诸多因素的制约。这就是为什么实习生总反映学校老师少下去，甚至没有下去关心他们的原因。

引入新信息技术，运用"互联网＋"，建立微信云平台管理，将有效地解决了"散养式"实习的管理因传统方法而造成的局限制约。

（一）细化阶段管理，全程有机链接。

随着全新管理机制的引入，管理制度也随之进行必要的改革和完善。

在运用"互联网＋"建立管理平台手段基础上，可以将全程管理分为"实习前、实习中、实习后"三个阶段,也叫实习管理三环节。这是新模式管理的中心——"分段管理,全程链接"。这一模式的基本脉络是:动作抓早前移;重心下移"实习中";完善"前、中、后"台账。技术是核心,平台是支撑,重心在跟踪。

1. "实习前"工作

这一环节主要任务是:(1)对有意向自己寻找实习单位的学生(以下称为"散养实习生")进行摸查。可以在第五学期,系部发布通知,就该项工作做周详的布置,目的要求具体做法必须让学生明朗清楚,保证按时完成摸底工作。(2)根据全系部或全专业摸查上来的"散养实习生"数字及分布情况,编组编号,恰当选派指导(巡视)老师。(3)召开实习前思想教育动员会。在第五学期末或第六学期初离校实习前夕,系部应安排召开实习动员会,开展实习前教育,内容有:遵纪守法,遵守厂规厂纪,安全作业,服从管理等方面。同时发放"散养式"实习情况记录表(1),并明确回收时间。

2. "实习中"工作

学生处于实习状态中,学校要做的主要工作是:(1)指导老师有计划地下实习点巡视,了解实习情况,给予必要指导。这样,既能及时地掌握到实习动态,配合实习单位解决实习存在问题,也能让实习生感受到老师带来的温暖,给予学生无形的力量支撑和动力。(2)巡视要有计划地安排座谈、约谈,与车间(部门)负责人或师傅接触交流,协调处理好问题和困难,解开学生思想疙瘩,以求取得实习效果最大化。(3)不定时地随机通过管理平台微访实习生。根据实习岗位工种情况,制定微访计划。争取每天微访1人次以上。

无论是下点巡视,还是微信访谈,都要带着问题(目的)而去,设计好调查问卷发下去,规定时间收回来并将掌握到的信息记录到"散养式"实习情况记录表(2)中。

3. "实习后"工作

这一阶段要做的主要工作是:(1)配合实习单位完成学生实习鉴定。鉴定要求客观、真实,有优点、存在问题及改进方向(包括思想、考勤、技术等方面)。在完成鉴定工作的同时掌握实习效果。(2)了解跟踪实习生后续去向,往哪里就业,做好就业去向记录。这有利于帮助还未找到就业门路的学生,也利于本系部乃至全校的就业信息统计工作。这期间要完成"散养式"实习情况记录表(3)的登记工作。

(二)完善管理制度,建立跟踪台账

随着"互联网+"技术的引入,新模式的创立和管理机制的创新。实习管理手段、方法、措施也随之进行必要的改革和刷新。其中重点就在于变传统联系方式为微信访问这一现代技术方式,在管理记录表格中设置微信栏目。精心设计好科学合理的、能反映管理新模式的登记表格,如以下"散养式"实习情况记录表(1)、(2)、(3)。

"散养式"实习情况记录表（1）

姓名		系部		专业（班）	
学号		职务		手机	
				微信	
实习单位				单位性质	
实习岗位（工种、职位）					
所属部门（车间）				实习部门负责人（经理、主任、部长、组长）	
微信		手机		邮箱 QQ	
实习时间	年　月　日至 年　月　日		年　月　日至 年　月　日		
接收单位意见	负责人：（签名）　　　　单位公章：　年　月　日				
系部意见	负责人：（签名）　　　　单位公章：　年　月　日				
备注					

"散养式"实习情况记录表（2）

姓名		系部		专业（班）		
学生		职务		手 机		
				微 信		
实习单位						
实习岗位（工种、职位）			实习职务			
巡视（指导）老师	1.		2.	3.	4.	
手 机						
微 信						
微访巡视 第一次					微访（巡视）老师签名：	
微访巡视 第二次					微访（巡视）老师签名：	
微访巡视 第三次					微访（巡视）老师签名：	
备注						

"散养式"实习情况记录表（3）

姓名		系部		专业（班）	
学生		职务		手 机	
				微 信	
实习单位					
实习岗位（工种、职位）		实习日期	年 月 日至 年 月 日		

实习鉴定（从岗位技术熟练程度，任务完成情况，厂规厂纪遵守、尊师敬业、团队协作、创新进取、校企协同等方面进行评价）

评价等级

指导老师：＿＿＿＿＿　　师傅：＿＿＿＿＿＿＿＿　　日期：　年　月　日

实习单位意见： 签章：		系部意见： 签章：　年　月　日
备注		

注：评价等级分为：优秀、良好、合格、不合格。

对"实习前"阶段的摸底登记、"实习中"的巡视微访、"实习后"的评价及去向跟踪，都一一形成一套覆盖全程管理的台账材料。

三、结语

在调查中我们发现，"散养式"实习已成为当前市场经济新形势下高职教育学生实习的主流形式，它逐渐取代了既往的实习由学校集中统一安排的做法。

为更好取得大三阶段实习效果和质量，切实解决当前实习普遍存在的"散、远、杂"带来的、老师因时间及人员紧缺无法达到巡视全覆盖的问题。课题组花大力气投入研究，提出了借助"互联网＋"技术创新管理模式的做法。

这是高职教育教科研人员应该研究的一个迫切课题。近年来，我们在进行调研及试点实践基础上，大胆提出了借助"互联网＋"技术，把大数据、云平台等现代高科技引入到实习管理活动中，提出引入云平台管理监控、互联互通信息共享理念，改进管理方式方法，逐渐形成了一套全新模式的管理制度。这是有效解决"散养式"实习管理的一次理念的飞跃和提升。

课题组将在后续探索实践中不断完善这一模式。

对当前高职院校学生"散养式"实习状况的调研与思考①
——基于粤东地区高职院校学生实习状况的调查

陈文涛② 孙 警③ 吴樱子④

摘 要："散养式"实习已成为当前市场经济新形势下高职学生实习的主流形式，它已逐渐取代了既往的实习由学校集中统一安排的做法。"散养式"实习在相关因素上存在很大不确定性，在实习巡视和管理上存在着更多复杂性，给巡视指导带来更大的困难。文章在充分调研的基础上，揭示了"散养式"实习的成因，特点，以及实习管理上存在的薄弱之处和问题，初步提出了加强和改进实习管理的基本思路。

① 基金项目:揭职院 2016 年度院级教研重点课题《对当前高职院校学生校外"散养式"实习管理机制创新的实践与研究》，(jyc2016jyz01)。
② 陈文涛（1961- ），男，物理学副教授，高级政工师，高职教育研究所所长，研究领域为高职教育教学与研究。
③ 孙警，揭阳职业技术学院。
④ 吴樱子，揭阳职业技术学院。

关键词: "散养式"实习 调查问卷 巡视管理

一、前言

2000 年以后,特别是近十年,随着我国经济结构不断变化、社会不断变革发展以及各种各样原因,大学生实习已不再是由学校统一安排,而是学生希望从自身实际出发,自行解决实习出路,这就形成了高职院校大三阶段的"散养式"实习。

"散养式"实习在相关因素上存在很大不确定性,在实习巡视和管理上存在着更多复杂性,给巡视指导带来更大的困难。

为摸清当前高职学生实习状况,了解"散养式"实习存在哪些问题,研究并建立起与之相适应的全新管理模式,课题组对粤东地区部分院校部分实习单位进行了调研。

在对收回来的调查问卷进行抽样、筛选、分析中,找出了"散养式"实习方式的特点、优势和缺陷,以及院校在实习管理上存在的问题,提出了加强和改进管理的基本思路。

二、"散养式"实习状况的调研

课题组调研的方法和路径主要是:(1)下基层、访协会、走企业,到我校学生实习的公司工厂中直接面对面接触,访谈公司负责人、人力资源部负责人、业务经理、车间主任、生产(经营)一线技师和能工巧匠等各层次对象,召开实习座谈会发放调查问卷;(2)到兄弟院校取经学习,交流近年来大三学生实习常采用的方式并了解实习状况;(3)获取翔实的第一手资料,包括图表数据,并筛选抽样分析。

调研时间、调研地点、访谈对象分别是:

(1)2016 年 12 月,汕头万顺包装材料股份有限公司,董事长、化工系应用化工技术专业 2013 级部分学生。

(2)2016 年 12 月,汕头职业技术学院,科研处、高职所负责人、化工系专业老师。

(3)2017 年 1 月,汕尾职业技术学院,科研处、实训中心负责人。

(4)2017 年 4 月 26 日,广东比格莱科技有限公司,总经理、化工系精细化学品专业 2010 级学生。

(5)2017 年 11 月,广东伟兴科技有限公司,董事长、技术部经理、人力部经理。

(6)2018 年 4 月,广东光华科技股份有限公司,总经理、人力部经理、车间主任、化工系应用化工技术专业 2015 级、机电系电气自动化专业 2015 级学生。

(7)2018 年 4 月,广东一芙化妆品有限公司,人力资源部部长、化工系应用化工技术专业学生。

（8）2018 年 5 月，广东思迪嘉鞋业有限公司，生产厂长、技术部经理。

访谈了院校实习生 5 届 3 个专业 100 多人，管理一线人员 6 人，公司董事长企业经理厂长部长 11 人，学校领导 2 人，职能部门领导 2 人，实训中心领导老师 4 人，高教研究所负责人 1 人，系部主任老师 6 人。发放调查问卷 100 多份，问卷设计了 16 道当前实习中普遍存在和关心的问题。

三、"散养式"实习形成原因及特点

（一）"散养式"实习形成原因及特点

1."散养式"实习形成原因

在抽样的 20 份问卷中，几乎 100% 的学生答复是：愿意（希望、喜欢）自己解决（寻找、联系）实习出路（单位）。事实上，到了大二，相当部分学生已经在为自己联系实习单位或寻找就业出路。甚至，有个别学生在入学前选择专业时就已经充分考虑了就业去向。就是剩下少部分同学就业未明朗，他们也希望在实习过程中能受实习单位欢迎（或自己看中）而就地上岗解决就业问题。这就是为什么目前高职院校学生实习形式呈现"散养"的原因所在。

2."散养式"实习特点

"散养式"实习具有"散、远、杂"特点，即实习生分散，实习点分布广而路程远，实习单位不一、性质差异大等情况。粤东地区学生实习方向主要是二个：一个是回家乡，另一个是走向珠三角地区。

四、"散养式"实习管理存在的问题

在对问卷做了整理归纳、数据统计、抽样分析后我们发现，"散养式"实习大致存在以下九大方面情况和问题。

（一）学生不愿意由学校统一安排实习

在调查问卷中，几乎所有学生更愿意自己联系实习单位。这不仅仅是兴趣问题，而是专业对口问题，这样实习起来更主动自觉，能够积极配合师傅的指导或公司的管理，能学得更安心、学得更扎实、实习效果更好。这更有利于毕业后的就业与才能发挥。

（二）学校或指导老师与实习单位（企业、公司、工厂）联系不够紧密

学生校外实习期间，学校或指导老师与实习单位（企业、公司、工厂）联系不够紧密，甚至脱节，这对及时解决学生实习碰到的问题不利，实习生流动走失未被及时发现，出了生产事故也未能第一时间得知。这样不利于提高实习效果、巩固校企合作

关系。

（三）指导老师极少下来巡视指导实习

学校实习计划上有安排实习指导老师下点巡视，但事实上，指导老师极少下去巡视指导，有的根本就没有下去过。这样，不仅学生远离母校得不到关怀关心，而且，实习效果大受影响。

（四）学校实习实训见习课时偏少了

从问卷上看，学生在校期间学习到的东西对学生实习上岗操作有影响有作用的不完全是专业知识，更不是基础理论，而是见习与实习实训、科技活动与社会实践获取的知识和技能。但学生普遍认为学校技能训练量远远不够，甚至技师水平偏低、实训设备不足甚至陈旧过时。

（五）对企业生活条件、工作待遇比较满意

学生对企业在管理、工作环境、生活条件、工作待遇等方面上是满意或比较满意的。

（六）师带徒上是有计划的，相对比较固定的

企业（实习单位）在安排师带徒上有计划，相对比较固定，包括轮班、轮岗等在编排实习上比较合理。

（七）多数人反映企业管理很严格

多数人反映企业管理很严格，师傅带徒的态度是认真、严谨、尽心的。

（八）基本能胜任师傅（经理、厂长）给定的工作

多数学生能适应企业劳动、生活、管理环境；并且可以基本甚至很好胜任师傅给定的工种工作。

（九）实习鉴定并非从客观上来写，而是按学生意愿来写的

在给予实习鉴定上，可能是企业为了照顾学生，几乎过半人认为企业是按学生意愿来写的，或由学生自己写出样板后交由实习单位填写。这样不能反映学生实习的真实情况，院校难以掌握到实际实习收效。

五、新形势下加强"散养式"实习管理的基本思路

"散养式"实习在相关诸多因素上存在很大不确定性，虽然在形式上灵活自由，其"化整为零"给校方大大减轻了不少压力，但在实习指导和管理上却带来更多复杂性和困难度。2016 年度院级教研重点课题《对当前高职学生校外"散养式"实习管理机制创新的实践与研究》（jyc2016jyz01）就是针对这种实习方式在管理方法的改进与创新上进行探索研究的。

基于上述调查后发现的情况及分析结果。我们认为学校在以下九个方面应继续加强，把相关工作做好做实：（1）做好实习前的心理素质教育、角色调适教育、安全教育、实习意向摸底等；（2）加强在校期间技能训练与见习实践；（3）有计划地多开展社会实践活动，可以把科技节或技能比赛列入教学计划中去；（4）实习老师要与实习生保持沟通联系加强管理跟踪；（5）老师巡视实习时一定要安排与实习生见面座谈，听取他们的心声，得到有用反馈；（6）要将每次巡视情况记录下来，解决学生实习碰到困难，对典型个案要及时处置并反馈结果；（7）指导老师要协助把好实习鉴定关，对实习优或差要实际地评价。（8）引入微信联络方式创新管理模式，修订《高职院校"散养式"实习管理制度》。这个制度可以由学校统一制定，也可以各系（部、院）结合自身情况各自制定；（9）运用新信息技术，建立"互联网+"为支撑的云管理平台。借助微信建群方式实施远程管理。

乡村振兴战略下广东欠发达地区职业教育发展路径研究①

廖远兵②

摘　要：乡村振兴事关农民发展致富、事关农村脱贫奔康，是我国决胜全面建成小康社会的关键，是实现中华民族复兴伟大的中国梦的重大战略。广东欠发达地区乡村振兴战略实施意义重大但任重道远，乡村振兴战略下广东欠发达地区职业教育要大胆创新，要有新的作为和担当，要积极探索新时代背景下服务乡村振兴的新路径，通过改革创新为广东欠发达地区乡村振兴贡献职业教育力量。

关键词：欠发达地区　乡村振兴　职业教育振兴　发展路径

① 基金项目：本文为 2017 年中国成人教育协会"十三五"规划重点课题《高职服务地方成人继续教育机制体制研究》（编号：2017-107Z）、2017 年广东省高等职业技术教育研究会重点课题《高职院校继续教育创一流的机制体制研究》（编号：GDGZ17Z022）的拓展研究成果。
② 廖远兵（1979-），男，汉族，广东河源人，河源职业技术学院副教授，硕士，研究方向：市场竞争研究，教育市场竞争研究。

一、实施乡村振兴战略为广东欠发达地区职业教育发展带来的机遇

实施乡村振兴战略为广东欠发达地区职业教育带来了发展机遇，广东欠发达地区职业教育只要抓住机遇、扎实推进工作就能在乡村振兴这个领域开拓职业教育的新天地。

（一）广东欠发达地区职业教育概况

目前，广东省共有 21 个地级市，其中深圳、广州、珠海、佛山、中山、东莞、惠州等 7 个地级市属于较发达地级市，而茂名、湛江、江门、汕头、阳江、揭阳、肇庆、清远、韶关、梅州、潮州、河源、汕尾、云浮等 14 个地级市相对而言都是欠发达地区。

（二）广东乡村振兴带来的职业教育发展机遇

2018 年 1 月 2 日,《中共中央国务院关于实施乡村振兴战略的意见》(以下简称《意见》) 由中共中央、国务院发布。《意见》指出要坚持农业农村优先发展，提出了按照产业兴旺、生态宜居、乡风文明、治理有效、生活富裕的总要求，统筹推进农村经济建设、政治建设、文化建设、社会建设、生态文明建设和党的建设，走中国特色社会主义乡村振兴道路。《意见》强调要汇聚全社会力量，强化乡村振兴人才支撑。

为贯彻落实党的十九大精神和《意见》要求，广东高度重视并大力推进乡村振兴战略实施，全力推动农村基层党组织建设、精准脱贫攻坚战、生态宜居美丽乡村建设、平安镇村建设、法治镇村建设、文明村镇建设、"四好农村路" 建设，同时推动乡村振兴特色项目建设。

（三）乡村振兴战略下广东欠发达地区职业教育发展规划

乡村振兴战略实施对职业教育产生内在需求，而职业教育为乡村振兴战略实施提供人才供给和其他服务功能供给，两者是供求关系。职业教育办学必须加强对乡村振兴战略的解读和把握，加强深入调研、深化沟通、交流与合作，做好乡村振兴战略下广东欠发达地区职业教育发展规划，促进两者供求关系的平衡发展。

二、乡村振兴战略下广东欠发达地等职业教育发展路径

乡村振兴战略的实施，既为广东欠发达地区职业教育带来了良好的发展机遇，同时也带来了新的挑战。抢抓机遇，迎接挑战，创新服务乡村振兴的职业教育发展路径，这是新时代实施乡村振兴战略背景下广东欠发达地区职业教育发展的必由之路。广东欠发达地区职业教育必须根据新时代提出的新任务、新要求，顺应新常态和新形势，全面科学分析乡村振兴战略实施引发的职业教育需求，有针对性地调整职业教育服务

供给的类别和方向，使广东欠发达地区职业教育精准服务乡村振兴。

（一）高等职业教育发展路径

乡村振兴，广东的欠发达地区是重头戏。服务乡村振兴战略，广东欠发达地区高职院校应有更大作为。

1. 高职院校要重视服务乡村振兴

乡村振兴，是国家的一项重大工程，要汇聚全社会力量参与。当前，广东欠发达地区都设有高职院校，有些地级市还不止一所高职院校，服务当地乡村振兴战略实施是这些高职院校义不容辞的职责所在。广东欠发达地区的高职院校与区域社会经济发展联系紧密，与乡村振兴联系紧密，要积极和充分发挥高职院校在教科研、文化引领、人才培养等方面的责任和担当，助推乡村振兴战略的全面实施。

2. 重视和加强乡村振兴人才培养

广东欠发达地区的高职院校很多都是有中专、中技办学背景的，对培养乡村振兴所需的涉农人才队伍有丰富的办学经验，完全有能力做好乡村振兴人才培养这项工作。这些高职院校主要的生源来自农村，他们对乡村振兴更有激情，参与的积极性更高，把他们培养成乡村振兴所需人才是现实可行的。

3. 创新人才培养模式和办学项目

高职院校服务乡村振兴战略必须大胆创新改革，要通过办学项目的创新培养适用的人才，要将与乡村振兴关系密切的专业重点改革创新，把乡村振兴最新的内容、政策、形势融入教学，提升人才培养效果；要科学设置乡村振兴人才培养专业，培养专业化的人才，如乡村旅游、农村电子商务、乡村工匠、乡村文化传播、农村环境保护、农村资源开发等领域，都需要培养专业化的人才。

（二）中等职业教育发展路径

中等职业教育是职业教育的重要组成部分，而且从规模上而言中等职业教育的规模大，覆盖面更广（基本上是辐射到县区一级），中等职业教育同样肩负着服务乡村振兴的重任。

1. 科学统筹规划中等职业教育

广东欠发达地区中等职业教育发展要以十九大精神为指导，全面贯彻实施乡村振兴战略的精神，科学把握这个过程中中等职业教育发展的特征和使命，以提升服务乡村振兴人才培养为核心，做到统筹规划、科学发展。中等职业学校要发挥办学优势、创新服务模式、延伸服务功能，勇于担负起新时代乡村振兴发展人才培养的重担。

2．加强中等职业教育基础建设

当前，广东省欠发达地区中等职业教育水平还有待提高，尤其是县一级的中等职业学校还需要大力加强基础建设，完善办学的软硬件条件，只有如此才能提高欠发达地区中等职业教育服务乡村振兴的能力。从当前的实际来看，广东欠发达地区政府要加大中等职业教育的投入，实行中等职业教育政府购买公益服务制度，解决这些地区开展中等职业教育资金不足等问题，为它们服务乡村振兴提供有力的保障。

3．坚持发展中等农业职业特色教育

过去，广东欠发达地区很多都设有专门的农业学校，随着社会城镇化发展，加之轻农思想、就业等原因的影响，很多农业学校都变更名称，校名中不再体现农字，但这些中职学校的农业职业教育基础还在、实力还在，在乡村振兴中还可以发挥作用。当前，中等职业学校要顺应乡村振兴发展的需要，坚持发展中等农业职业特色教育，培养技术技能型涉农职业人才。

4．中等职业教育多融入"农味"教育

广东欠发达地区中等职业教育的生源大多是来自农村，培养过程中只要引导正确，可以使更多的中职毕业生毕业后从事涉农工作，服务乡村振兴。当前，中职学校除了要坚持农业职业特色教育外，应该在更大的范围内融入"农味"教育，既要在专业设置上更多地开设涉农专业或涉农方向的专业，又要在课程设置上更多地讲授涉农的理论知识，还要在实践上多让中职学了接触三农问题和三农工作。只要"农味"浓，中等职业教育就能更多地、更好地为乡村振兴培养人才。

（三）职业院校学历继续教育发展路径

职业教育服务乡村振兴除了全日制办学外，还需要大力开展职业院校学历继续教育，扩大人才培养服务的渠道和手段，扩大服务面，延伸服务功能。

1．乡村振兴离不开继续教育

实施乡村振兴战略已经成为新时代做好"三农"工作的总抓手。乡村振兴战略的实施离不开涉农工作队伍的继续教育，继续教育是乡村振兴人才培养的支撑力量；同样，乡村振兴战略实施也推动了继续教育的纵深发展，给继续教育发展带来了机遇和挑战。发展继续教育有利于为乡村振兴提供智力支持，有利于乡村精神文明建设，也有利于构建和谐乡村，乡村继续教育是乡村振兴的重要路径。

2．加快乡村振兴继续教育转型

乡村振兴战略下乡村继续教育发展有了新的任务和要求，职业院校要根据新时代背景下乡村振兴发展的需要和发展趋势，及时调整继续教育办学方向，加强乡村继续教育需求调研，创新乡村继续教育模式，通过继续教育转型发展适应乡村振兴战略发展的大势。在乡村振兴战略下，继续教育服务的对象发生了巨大的变化，过去以城市为主体的继续教育服务对象势必扩散到乡村，而且乡村继续教育的需求会日益增长，职业院校要通过内部改革创新满足需求的变化。

3. 加快镇级成人文化学校的设立

乡村继续教育需求的增长要求职业院校继续教育工作要纵深发展，学习借鉴发达地区镇级成人文化学校办学的经验，有利于延伸办学资源更好地开展好乡村继续教育工作。要加大各级各类继续教育办学的经费投入和队伍建设，使乡村继续教育工作落到实处。

粤北地区乡村职业技能培训体系建设研究

李晓娜①

摘　要：本文的研究工作分为三个部分：首先根据乡村职业培训对象的需求将乡村职业培训体系分为三大模块，再设计实施方案，由政府、行业协会、职业院校和培训机构共同执行，分工合作，最后落实职业培训的讲师和学习对象的选择模式，参与培训工作的奖励政策等。建设乡村振兴职业技能培训体系需要从以下五个方面入手：课程体系、组织体系、培训对象、鼓励政策和款项预算。

关键词：粤北地区　乡村职业技能培训

一、研究背景

（一）乡村振兴战略

2018 年 1 月 2 日 "中共中央国务院关于实施乡村振兴战略的意见" 出台，实施乡村振兴战略是党的十九大做出的重大决策部署，是决胜全面建成小康社会、全面建设社会主义现代化国家的重大历史任务，是新时代 "三农" 工作的总抓手。指导意见提出了实施乡村振兴战略必须破解人才瓶颈制约的重要思想，文件指出要把人力资本开发放在首要位置，畅通智力、技术、管理下乡通道，造就更多乡土人才，聚天下人才

---

①李晓娜（1984– ），女，籍贯河北石家庄，河源职业技术学院营销专业讲师，工商管理专业中级经济师，中山大学营销系硕士，研究方向为区域经济、职业教育。

而用之。大力培育新型职业农民，全面建立职业农民制度，完善配套政策体系。实施新型职业农民培育工程，支持新型职业农民通过弹性学制参加中高等农业职业教育。

（二）粤北地区乡村现状

在广东省统计年鉴设定的区域划分中，将全省分为四个经济区域，分别是珠三角、粤东、粤西和山区，其中"山区"即本文的粤北地区，粤北包括五个地市：韶关、河源、梅州、清远、云浮。统计年鉴中的"山区"与本文的"粤北"在意义上是等同的。

为了解释本文选择粤北地区作为研究对象的原因，特别从 2017 年广东省统计年鉴中整理了以下数据：各经济区域及粤北五市的乡镇数量、城镇人口占比、农林牧渔业法人数、第一产业占比、第一产业从业人数等五个指标。粤北地区的乡镇数量位列第一，乡镇数量在一定意义上可以代表非城市人口的数目，乡镇数量越高，意味着农村人口越多；与之相对应的是城镇人口占比，该数据越低，说明农村人口比例越高，农村人口越多，显而易见，粤北地区的城镇人口数量低于 50%，意味着粤北地区的人口更多的是农村人口。

第一产业指的是传统产业经济理论中对产业划分中的一个种类，指以利用自然力为主，生产不必经过深度加工就可消费的产品或工业原料的部门。中国国家统计局对三次产业的划分规定，第一产业指农业，包括林业、牧业、渔业等。根据经验，从事农林牧渔业，或者说第一产业从业者多是农民，因此，粤北地区第一产业单位数、第一产业产值占比和从业人数都是明显高于珠三角和粤东地区的，粤北地区人数不及珠三角的十分之一，但是第一产业从业人数却高于珠三角，可见，第一产业在粤北地区占比之高，从业人数之多。

二、研究目标

本文的研究目的是帮助农民扩展知识、提升素质、寻找到更好的谋生之道，从这个角度看，选取粤北地区作为研究对象是非常合适的，粤北地区实施乡村职业技能培训，可以实现最大的收益，使最有需求的人群获益，而这也是本文研究的出发点。期望能够通过制定乡村职业培训体系来实现粤北地区的乡村振兴这一伟大目标，乡村振兴战略是提高非城镇人口就业能力和幸福度的伟大人类工程，任重道远，需要多种角色多管齐下。通过设计自顶层到基层的乡村职业培训体系，由政府作为该项目的牵头人和设计者，行业、企业和高校密切配合，切实地提高乡村人口的就业能力，从根源上解决乡村人口文化程度低，知识面狭窄和职业能力欠缺等问题，缩小城镇和乡村在人员素养上的差距，使得乡村人民即使身在乡村，不耽误工作，不用远离家乡，也可以获取更多的学习机会从而提升自我。

三、研究方法

（一）文献研究法

文献研究法又称为室内研究法、资料研究法或文献调查法．是基于已有信息和资料进行检索、收集、整理、分析，以形成事实科学认识的方法。文献研究法不仅注重资料的收集，更注重对资料的分析，是具体研究工作的前提与基础，可以为研究工作提供思路、理论以及方法上的参考和借鉴。通过阅读或观看已有文献，可以把文献进行筛选过滤，留下最值得研究的部分，避免重复研究。

（二）实地调查法

实地调查是根据事先设计好的访谈问卷或调查问卷，按照某种抽样方法进行的实地调查。为保证数据信息的真实性、可靠性和有效性，首先文组成员需要进行预调查，通过小范围的试调查发现问题，以完善调查问卷，然后对所有参与调查的文组成员和进行集中培训之后再进行大范围的实地调查，最后召开调查总结大会，汇总收集到的数据并沟通调查过程中发现的其他问题。实地调查法收集到的数据是一手信息，既没有经过任何加工的信息，不是经过他人之后整理的信息，而是前所未有的全新资料。由于实地调查法是由文组人员亲自实施的，所以无论是从信息的质量还是对信息的理解上，都可以保证真实性和还原度。

（三）案例学习法

案例学习法是为了达到一定的学习目标，通过对典型事例的分析、讨论、学习、模仿，借以提高学习效率的学习方法。因学习材料是实际案例，故具有较强的实践性，能给学习提供理论联系实际的充足条件；实际事物是复杂的综合体，故学习分析解决这些由实际事物体现的问题时，须有全面的综合知识及能力；解决实际案例时，大多情况下不只局限于一种正确答案，故往往出现多种情况的判断与解决方案，显示出解决问题和分析答案开放性的特点。

本文研究了其他省份和地区的培训技能体系建设的研究案例，从中吸取了有益的做法，又根据粤北地区乡村的特点进行了深入和细致的针对性研究，可以说，案例学习法可以让我们的研究效率加倍，并且少走弯路。

四、乡村职业技能培训体系的建设

（一）课程体系

总体来说，课程体系的建立必须以乡村人员的需求为导向，在前期，通过实地走访的调查形式进行摸底，统计具有学习需求的人数以及其具体需求，注意，这里的需求既有主动需求也有被动需求。将需求进行分类，依照类别设计课程体系及具体主题，最后确定每个主题的学习时间、学习方式和考核方式等具体事项。

（二）组织体系

由于粤北地区县级以下行政区划多、面积大、人口多，因此乡村职业技能培训课程的组织实施是一个复杂的活动，需要不同政府部门和各类教育机构的支持协作，因此组织执行该项目的体系将是一个囊括了多个机构的组织系统。在这个组织系统里面有统领和监督的核心部门，也有提供服务和协调的各个辅助部门，还有负责课程开发和授课的教育机构。因此组织执行体系由核心部门、辅助部门和教学部门三个主体构成。

（三）资金支持

实现乡村振兴战略，政府是主要推手，社会各界团体为辅助。在经典经济理论中，普惠的技能培训属于公共产品，全社会共同受益，公共性使得以利益为经营目标的企业难以进行主动投入，因此需要制定政策使得企业为乡村振兴战略尽力尽责。同样地，高校等公共事业单位由于自身资金资源有限，因此可以根据社会团体的不同性质和财务实力分类制定资助扶持制度。例如，可以向规模以上企业征收乡村培训税，向教育部门争取乡村培训扶持费等，具体征收方法后期研究将详细说明。

五、结论

本文仅是对乡村职业技能培训体系做了一个初步的设计和规划，后期将拟定一份完整的"粤北地区乡村职业培训体系建设的研究报告"，该研究报告从设计到执行都将做出详细规划，为了将培训课程落实到位，需要从顶层督促实施方案，因此将主要由政府相关部门来监督执行，通过与行业、职业院校和培训机构合作来共同实施，完善分工，落实责任，各个执行者按照实施原则和方案将乡村职业培训课程落到实处。

广州市高职院校众创空间技术体系建设研究①

徐文梁②

摘　要： 从广州市高职院校众创空间的建设现状入手，结合众创空间本身的运行规律，综合分析物理空间设施的投入、师生情况、成果转化机制以及人才培养质量等相关因素，探索构建一个囊括知识性与工具性于一体的众创空间技术体系具有一定的现实意义。根据这一体系理论，基于众创空间的高职创新创业教育可从合理配置办学资源，提高科研水平以及优化专业结构等方面进一步优化。

关键词： 众创空间　技术体系　高职院校

一、众创空间技术体系的研究背景

（一）双创浪潮为众创空间技术体系提供政策支持

随着国家"大众创业，万众创新"政策的提出和不断完善，众创空间在促进社会经济发展和加速变革等方面发挥着重要作用。作为华南地区的经济中心之一，广州市市政府为加快创新驱动发展提出总体目标：到2020年努力建成具有国际影响力的国家创新中心城市；同时，《广州市科技创新第十三个五年规划（2016—2020年）》指出要建设众创空间，为创新创业者提供更加丰富的交流资源或者服务。良好的政策环境有利于充分调动创新要素，从而更好地配置财力、物力以及人才等各项资源，积极推动科技创新的持续健康发展。在这一政策引导下，高职院校众创空间可以结合职业技能型人才的培养目标，以科学技术作为支撑，为创客们提供良好的孵化环境。因此，建设和完善众创空间技术体系，是对时代潮流的正确回答。

（二）多学科理论为技术体系构建提供理论基础

在经济学领域，技术体系本身具有知识属性，经济学领域中的技术体系包含学科和业务知识、技术体系的范畴和技术分析的普遍状况。这三个方面的内容无一例外都

---

① 基金项目：广州市科技计划项目：高职院校大学生创客空间科普宣传与实践活动（项目编号201806020140）阶段性成果之一。

② 徐文梁（1994-），男，湖南衡阳人，广东技术师范学院硕士研究生。研究方向：职业教育管理。

具有理论价值，体现了较强的知识性。在历史哲学的观点上，马克思主义认为生产力一定能够推动自然社会发展。马克思的历史观强调了科学技术和生产力对于社会关系的进步和社会关系的改变的意义。这个观点表明技术体系作为一种思想工具具有指导社会生产的作用。在信息技术领域，彭宇等从大数据的采集技术等4个部分，通过描述数据的处理过程构建信息技术体系。综上理论，结合其他学科的思想方法，此处探讨的众创空间的技术体系包括高效技术服务和新型创新创业育人模式两个方面，实现科研成果产业化、技术创新与育人一体化。

（三）众创空间技术体系激发创新成果数量的增长

高职院校中的众创空间面向全体师生，相比其他类型的众创空间，具有鲜明的教育属性。同时，校内众创空间依托学校本身的教学资源和人才资源，技术支持的来源更加丰富。高职院校内众创空间虽然也强调成果转化，但在功能和定位上更倾向于将教育价值与经济价值进行结合。据统计数据显示，技术交易市场增长的速度很快，体现在同一年国内专利的获批数量和技术合同成交的经济量同时出现了两位数的增长。比如2016年一年的技术合同就签下了三十六万项，所成功交易的技术合同总额达到一万一千四百零七亿元，同期增长了百分之十六。

二、高职众创空间发展现状分析

（一）众创空间资源配置情况

众创空间是一种物理平台和创新概念的综合体，合理配置物质资源，加强师资建设有助于推进众创空间内涵式发展。

1. 学校教学实践用地面积扩大

生均教学和实践用地是高职院校办学的基本指标之一，是众创空间发展的基础，为众创空间的技术革新和发展提供物质保障。目前广州市共设有8所市属高职院校，其中广州市广播电视大学、广州卫生职业技术学院和广州体育职业技术学院三所院校具有行业特色等特殊属性，因此不纳入研究样本范围。从广州市属五个高职院校2014-2017四年内生均教学用地数据的变化来看，除广州工程技术职业学院受招生人数和专业调整影响外，其他学院生均教学行政用房面积大体呈现上升趋势。这说明，随着政府等多主体对职业教育的重视和参与，资源逐渐向学校职业教育尤其是高等职业教育倾斜，这不仅是产业转型升级的要求，更是教育与市场密切匹配的未来趋势。

2. 众创空间与双师型教师队伍持续发展

众创空间的发展除了需要物质条件保障，在人员构成上也需要更为合理的补充。

调查发现，目前创新项目的指导教师仍以普通教师和高校辅导员为主，缺少创新创业教育的专职教师。而双师型教师的培养更适合向众创空间的管理或者教学人员转变。双师型教师具备相应学科领域的实践和技术技能，又拥有扎实的学科底蕴，能够利用众创空间提升科技成果转化效率。近年来广州市高职学校重视技能型教师的引进和培养。双师型教师的数量和质量是决定职业教育质量的重要因素之一，也制约着众创空间的进一步成长。由此可见，广州市高职院校的发展态势为众创空间深化发展提供了较好的外部环境。

（二）众创空间科技成果转化水平亟待提高

知识产权是商业资本的重要表现形式之一，在高效变化的竞争市场当中，科技研发技术成果，思想成果，管理理论成果具有很大的市场增值空间。知识成果转化是众创空间的建设评价最重要的指标之一。专利申请和授权数量一定程度上反映了各职业院校的办学水平。

广州番禺职业技术学院在 2017 年的中国大学专利排行榜上名列全国 226 名，全国高职类院校第 10 名，在科技成果转化上有一定的经验优势。其中，以该校智能装备制造应用技术协同创新中心申请的专利成果为例，发明专利 4 件，实用新型专利 17 件，计算机软件著作授权 3 项。广州工程技术职业学院申报的专利中，发明专利占总数的五分之一，其他均为实用新型专利。高职院校申请的专利中，实用新型专利均占据申请总数的半数以上，而发明专利比例均处于较低水平。我国《专利法》规定的实用新型专利是指产品形状、构造或者其结合所提出的适于实用的新的技术方案。而发明专利是指对产品、方法或其改进所提出的新的技术方案，有较高的科技含量和技术水平。因此，基于众创空间的技术研发深度发展仍然处于较低水平，缺乏原创性，新颖性、突破性和持续性。高职院校的创新能力和水平仍有较大的发展空间。

（三）基于众创空间的高职人才培养现状

从广州市各高职院校来看，各学校开展了不同形式的创新教育，对自主创业学生的帮扶和指导政策各有不同。广州科技贸易职业学院通过开展创业沙龙、创业讲座、创业咨询、模拟市场、会展创业活动、动漫衍生品市集等特色活动，结合创新创业的相关竞赛形式，成功孵化一批科贸聚宝屋、清远连南竹鼠养殖、黑草科技有限公司等学生初创公司。广州铁路职业技术学院充分发挥行业优势，以创客名师与企业能人为基点，结合专业特色教育和创新创业教育，建立"学赛研培"双师工作室，打造生产性创新创业孵化空间，训练学生的双创综合能力和运营实战能力。

三、高职众创空间技术体系建设策略

（一）构建知识性和工具性技术体系

知识性技术体系是对有限教学资源的最优化配置。同时创业型导师作为高职院校这一特殊类型的众创空间的重要组成部分，担负着创新创业教育的重要使命和责任。而工具性体系则主要指的是众创空间所带来的教育和经济效益的各项评价指标，具体包含科技创新成果水平评价机制和人才培养范畴中的学生发展与就业质量评价。工具性体系，其实质就是通过不同的评价方式，不断改进众创空间技术体系的发展方式，实现经济价值与教育价值的双赢。

（二）合理配置办学资源，优化创客导师队伍结构

对于高职院校来说，合适的发展道路是将有限的办学资源如资金，师资等方面投入学校的优势学科或特色专业领域，充分利用众创空间最大限度提高教育质量。众创空间的顺利运行需要一批高素质的专业创客指导教师。首先，积极引导和重视教师专业发展，鼓励普通教师参与创新实践，向专业创客导师转变；其次，充分利用社会资源和学校的社会影响，大力引进双师型教师和兼职教师，充实教师队伍；最后，深化校企合作，从企业引入更具创新能力和了解市场的专业技术人员，丰富众创空间的构成要素，提高发展活力。

（三）提高科研水平，通过众创活动培养创新能力

广州市高职院校应当把握这一契机，将学校众创空间专业化作为重要的发展目标，明确和熟悉掌握成果转化的国家政策和法律规定，因地制宜地制定校级成果转化的激励机制，并有效纳入教师和学生的绩效考核之中，从而促进科研水平的提高。针对众创空间成果在深度上的不足，通过整合优势专业，形成特色专业产业集群，吸引优秀的工程师等技术人才。众创空间的创新创业活动除了开设相关培训课和组织创新类竞赛，也可以拓宽领域，倡导各专业合作，最大限度发挥高职院校教学资源优势。

创客运动下高职院校创客空间发展模式的探索①

唐　婷②

摘　要：随着社会经济和科学技术的不断发展，创新已经成为主导这个时代发展的关键因素。在全球创客运动的背景下，本文阐述了对创客与创客空间的认识，及叙述创客空间与创新创业教育的关系；分析了高职院校创建创客空间的重要性，并从我国创客空间运营模式中探索高职院校创客空间发展模式及获得启示。

关键词：高职院校　创客空间　发展模式

近年来，我国掀起了"大众创业，万众创新"的新浪潮。越来越多的高校为了适应这一变化，都在各自的领域创建了大学生"创客空间"，目的在于激发学生们的创新创业能力，让他们通过这个平台广泛接触到新的知识与技能。现阶段，高职院校的创客空间在各个方面的发展上尚未完善，仍然存在着许多问题。因此，在创客运动背景下，如何探索创客空间在高职院校的发展模式、培养当代大学生的创新创业精神、创新意识与创新能力尤为重要。

一、创客运动下相关概念的认识

（一）创客

创客（Maker）这一术语与播客（Podcaster）、博客（Blogger）等词语相似，没有一个很严格的概念界定，都特指一类具有特殊气质的社会群体。社会上有如下两种解释：内蒙古卫视播出的《创客中国》节目所说的"创客"就是"创业者"的意思；另外，在互联网和大数据背景下，有学者将创客界定为"利用开源硬件和互联网把更多的创意变为产品的人"。可以看出，人们对创客的理解具有共同的特征，主要表现在创客态度与行为上。在态度上，创客们大都喜欢自己动手，创造具有个性化的产品。在行为上，创客们都对新技术充满兴趣，产生技术实践行为大都在共享、合作的环境下进行。总而言之，创客的身份其实就是造物者、DIY（Do It Yourself）爱好者，是每一位有

---

① 基金项目：广州市科技计划项目"广州市众创空间发展现状及趋势研究"（201806030022）。
② 唐婷（1994–），女，广东湛江人，广东技术师范学院硕士研究生。研究方向：职业教育技术。

创意且为之付诸实践的人。

（二）创客空间

"创客空间"一词的英文是 Makerspace，是创客们聚集在一起分享彼此的想法、共同合作与创造新的东西的一个场所。简单地说，创客们在一个空间里进行实践活动的地方就是创客空间。在这里，有着共同兴趣的人们通过互联网技术等可以展开创作工作、思想交流与分享、社交聚会等活动。从形态上，创客空间分有实体创客空间和虚拟创客空间，有着实在的空间，能看得到摸得着的就是现实创客空间，它为创客们提供相关的学习设备、相关书籍资料和实验场所，甚至还有休息场所等，且在环境上营造了有利于创客们沟通交流的氛围。虚拟创客空间也称为在线创客空间，是通过互联网来进行创客活动，一般只含有实体创客空间的技术支持和创客之间的交流这一类服务。现在，一般的创客空间都包含有这两种形式。从创客空间经营主体看，大致可分为政府组织的孵化器类的创客空间、社会个体组建的创客空间和学校创建的创客空间这三大类。政府为主体的创客空间侧重于创客项目的产业转化；学校为主体的创客空间侧重于学生技能学习与创新思维与能力的培养；而社会个体经营的创客空间主要是向社会提供服务，具有一定的营利性质，如收取会费等。

（三）创客空间与创新创业教育的关系

创新创业教育作为教育现代化的重要组成部分，成为我国教育改革的重要方向与趋势，与创新型国家战略密切相关，旨在培养学生的创新精神、创新意识和创业能力。推进大学生创新创业教育改革，创客空间是实施创新创业教育的重要实践平台，凭借着创客空间有着先进的设备、开源式的特征，完备的场地等优势，这能满足高职院校展开双创教育的需求。因此，为提升大学生创新创业能力，创建"创客空间"是高职院校的一个重要的途径；同时，"创客空间"的建立也是高职院校实现创新创业教育的重要平台。

二、高职院校创建创客空间是实施创新创业教育的重要载体

（一）创客空间可使高职院校更加适应现代创新创业教育

目前，国家提倡的创新创业教育即双创教育进行得如火如荼，深化高职院校双创教育改革，要抓好实践育人这一环节。而当前高职院校在创新创业教育这方面改革不够深入，还是侧重于理论知识的传授，在学生创新精神与实践能力的培育上重视度不够强烈。再加上目前学校设备配置不完善、师资不够强大等原因，进行双创教育有着

大大的阻碍。因此，高职院校创建创客空间是为学生打造创新创业的一种必不可少的方式，是适应当前社会发展情况下，满足现代双创教育的需求，从而有助于培养学生的创新实践能力、创新意识与精神，为学生创业服务。

（二）创客空间可为大学生提供创业模拟平台

学生创业需要一个模拟企业空间，具有新技术、强设备、好氛围等，并去面对一个虚拟但充满竞争的市场，加强学生自身的创新创业素质与能力。为扎实推进双创教育与帮助学生创业，高职院校致力于打造创客空间也是一种明智的选择。创客空间其实就是强调"做中学"的教育理念，营造学生自由探索、敢于实践、用于创新的氛围，提升学生的创新精神、实践能力、社会责任感与就业能力。

（三）创客空间可为大学生培养创新与共享的精神

高职院校通过创立创客空间可以有效地根据学生们的学习发展条件来为学生们提供一系列的创新活动，努力为其寻求和利用创新机会。长此以往，在这一过程中有助于培养学生们善于抓住机遇、积极创新的意识与能力，进而提高学生们的综合素质和竞争力。在创客空间中，学生们之间参与分享自己独特新颖的想法，在无形中促成了学生们共享合作的精神。

三、我国创客空间运营模式对探索高职院校创客空间发展模式的启示

我国现阶段由社会个体或本科院校所创建的创客空间的模式比高职院校所创建的创客空间的更为完善，更有借鉴的价值，例如首个创客空间"新车间""深圳火柴"创客空间、北京创客空间、3W咖啡、清华大学i.Center创客空间等等，这些知名的创客空间都具有一定的产业规模及良好的管理模式。而创客空间在高职院校的创建数量尚少，发展规模不成熟，这可以从社会个体或高等院校所创建成功的创客空间中借鉴经验，结合各个高职院校的不同特点探索适合自身的创客空间。

（一）当前我国创客空间运营模式

1. 投资型

这类创客空间除了为创客们搭建创意思想碰撞交流的平台外，还与企业公司合作，有着自己的盈利模式，如顺利发布项目后，会对产品进一步地精细化设计、项目系统完善、执行项目，对其量产后进入市场。例如北京创客空间的收入来自三个渠道：一是会费、出租空间、设备出租费；二是DIY具有商业价值的产品出售；三是孵化空间中的对项目股权所获得的收益。

2．活动聚集型

创客空间还分为活动聚集型，这一类主要以活动交流为主，会定期举办交流会、有关创业活动、相关的创客大赛和发布项目会等等，如创客马拉松大赛等。同济大学 Fab Lab 就是以活动聚集型发展模式为主的。该空间致力于与企业和社区的公共平台链接起来，对接国内外优良资源、资本，会定期向公众和社区开放，举办工作坊和交流会等活动。

3．技能培训型

这类创客空间侧重于对创业者的创新创业教育和技能培训辅导，以提升感兴趣者的动手实践能力，促使了解、掌握一项或几项需动手操作的技术。邀请行业专家对理论或技术知识进行指导培训或创客之间相互分享交流是比较常见的技能培训的模式。例如柴火创客空间为创客提供自由开放的写作环境，鼓励跨界交流，对入门创客群体（Zero-to-Maker）的重视，他们对创客有着浓厚的兴趣并想要加入创客这个群体中来，深圳柴火空间为此创建了一个参与的平台。

4．综合型

综合型的创客空间提供综合型的创业服务体系，包括技能培训辅导、金融、社交、运营、政策申请、办公场所等一系列服务。如上海新车间，为创客们作品的创作与项目的实施提供了一个管理的平台，并给予相应的资金上鼓励与支持。

（二）探索高职院校创客空间发展模式与获得启示

当前创客空间发展模式中较优秀的案例大多为社会个体或政府共同创建或本科院校所创建的成功实践。而作为高等教育重要组成部分的高职院校，应当结合自身特色，在现有双创背景下，借鉴吸收优秀的创客空间的发展模式来探索适合自身发展的创客空间发展模式。为此，纵观优秀的创客空间，在探索高职院校创客空间的发展模式上，获得了如下的启示。

1．树立个性化，引导鼓励学生进行创新创业

高职院校应根据本校的历史发展、学校的突出优势以及历年的创新创业的成功案例，建立具有个性化、独特性的创客空间，在学校做好宣传讲座，邀请专业人士作主题演讲，激发学生对创新创业的兴趣与热情，并举办交流分享活动，让更多的教师与学生参与到活动中来。另外，学校应加强师资的培养，提升理论知识与实践能力的有效结合，更好地带领着学生发明创新。

2．在融合与跨界中寻求创新

在创客空间中的学习与实践，需要注重学科之间知识的融会贯通，变专业化为整体化。学校应积极响应国家创新战略，在跨学科专业中努力探索开设交叉课程，跨院系、

跨学科、跨专业的融合与建立也加以重视，这对创新创业人才的培养有着重要的价值。跨界融合不仅会有利于知识面的拓宽，更有利于不同学科学生之间的沟通与交流能力、团队合作意识的培养，促进学生对不同学科开放性与共享性的适应。

3．重视"互联网＋"模式，提升学生的信息素养

高职院校创客空间建设应当重视"互联网＋"模式，加快建设创新创业教育优质课程资源信息化的步伐，如在线课程、微课等，可以使学生在空余的时间进行观看与学习。此外，建设线上创客空间论坛，学生们可以在论坛上展示自己的奇思妙想，随时可以分享自己的创意作品。还可以建立微信公众号和打造 APP 等信息平台，定期在平台上有关创新创业最新资讯和创客空间所举办的活动等信息。善于利用线上模式，这在一定程度上提升学生的信息素养。

4．秉承开源的创客精神

创客空间是开源的，设备分享、资料分享、场地分享、创意思想分享等都是体现开源的特点。高职院校创客空间应立足于开源的创客精神，专家们、教师们与学生们的想法都能相互分享，促进思想碰撞，使得教育的资源得到了极大的丰富。

四、结语

高职院校创客空间的开展，不仅需要结合学生自身发展特征、学业与职业发展的特点，也需要顺应创客运动下全球化产业的增长趋势，在校园中开展创新创业教育，引导学生树立创新意识和实践意识，提供充分的发展空间，让学生全身心地投入到自己热爱的事情之中，并学会在分享中收获快乐。

粤港澳大湾区：广州高职教育资源整合研究[①]

何慧敏[②]

摘　要：2017 年 3 月，李克强总理在第十二届全国人大五次会议上提出建设粤港澳大湾区，加强大湾区间的交流、合作。广东高职是全国高职的代表，而广州高职是广

①基金项目：2018 年度教育部人文社会科学研究规划基金项目（粤港澳大湾区职业教育发展对策研究）阶段性成果（项目主持人：陶红，项目编号：18YJA880072）。

②何慧敏（1993－ ），女，广东深圳，广东技术师范学院教育科学与技术学院硕士研究生，研究方向：职业教育管理。

东高职的重要构成，广州作为大湾区的一员，应充分利用这一地区资源优势，加强广州高职教育资源内外部的整合，促进广州高职的进一步发展，促进广东职业教育的发展。

关键词：粤港澳大湾区　高职教育资源　整合

2017 年 3 月召开的第十二届全国人大五次会议上，国务院总理李克强在政府工作报告中指出，要推动内地与港澳深化合作，研究制定粤港澳大湾区城市群发展规划，发挥港澳独特优势，提升在国家经济发展和对外开放中的地位与功能。粤港澳大湾区指的是由广州、深圳、珠海、佛山、惠州、东莞、中山、江门、肇庆 9 市和香港、澳门两个特别行政区形成的城市群。

职业教育是现代教育的重要组成部分，是国民经济和社会发展的重要基础。近年来，随着经济社会转型和高素质技能型人才需求的日益旺盛，职业教育的地位和作用也更加凸显。国家把推进职业教育发展作为"十三五"规划教育发展中重要的一部分，显然，它在未来经济社会发展中起着不可替代的作用。当前，在粤港澳大湾区的建设发展下，广州高职也处在发展的关键时期，占据粤港澳有利地理位置，享受粤港澳带来的发展机遇，广州高职教育资源的整合面临前所未有的机遇。

一、广州高职教育资源整合的内涵

教育资源是职业教育体系中最基础和最重要的要素之一，《国家中长期教育改革和发展规划纲要（ 2010-2020 年）》明确指出，要"加强优质教育资源开发与应用，促进优质教育资源普及共享"。

教育资源指的是教育过程中所占用、使用和消耗人力、物力和财力资源的总和。职业教育资源，是指全社会投入职业教育领域所有有形资源和无形资源的总和，包括人力资源、物力资源、财力资源、管理资源和信息资源。其目的是要培养技能型、应用型人才，这个资源系统最终目的是为职业教育领域而服务的。广州高职教育资源是指政府和社会各界投入广州高职教育的一切人力、物力和财力的总和。

"整合"一词最早由英国哲学家赫伯特·斯宾赛（ Herbert Spencer ）于 1862 年在《第一项原则》一书中提出。他认为，"从哲学的意义上说，整合是指由系统整体性及系统核心的统摄、凝聚作用而导致的使若干相关部分或因素合成一个新的统一整体的建构、优化过程"。陈荣秋则认为，整合就是将尽可能多的不同资源有机地组织在一起。整合不是简单的结合，更不是"拼合"。整合是对现有资源进行合理的调整、有机的结合，追求资源整体结构的最佳化和整体效益的最大化。

广州高职教育资源整合就是将现有的职业教育资源视为一个系统，通过对系统各要素进行加工和重组，对其重新进行调整、协调、优化配置，使之相互联系、相互渗透，形成合理的结构，实现整体优化，协调发展。

二、广州高职教育发展存在的主要问题

（一）政府投入不足

尽管从发达国家发展经验来看，教育经费可以从多种渠道进行筹措，但是我国的办学模式主要是由国家（包括各级地方政府）直接出资办学，因此长期以来形成了投资渠道单一、教育投入严重不足的局面。近几年，尽管各级政府加大了对高等教育的投入，但由于我国是发展中国家，教育经费在国内生产总值中的比重一直处于比较低的水平。

广州作为我国比较发达的沿海中心城市，虽然政府在教育经费投入方面比内地一些城市要多，但由于对高等职业教育缺乏足够的重视，致使在原本就不多的教育投入中，对高等职业技术教育的投入远远低于对普通高等教育的经费投入。

（二）缺乏资源共享机制，造成重复投资、低水平建设

因为受到传统观念、管理体制等方面因素的制约，高职院校都是在一个相对封闭状态下独立发展，各自为政。由于缺乏资源共享机制，重复投资、分散投资、低水平建设比较普遍，使原本有限的办学资源利用效率降低。

（三）师资力量不能满足高职教育需求

教师是人才培养的关键，也是专业教学改革的可持续发展的决定性因素。由于高职院校的历史发展途径决定了目前师资力量的学历结构和职称结构都相对偏低。教师基本来源于高校毕业生，大多数教师都没有在企业工作的亲身体验，即便是现在"双师型"教师比重在不断提高，但也多半是"回炉型"或通过考试获得职业资格证书而已，真正具备职业技能的专业教师严重欠缺。我国高职院校教师选拔机制的先天不足以及现行偏重于学术水平和科研能力的职称评聘办法所引发的后天营养不良，严重影响了高职院校师资队伍的实践水平和能力的提高，同时也成为高职院校毕业生难以形成核心竞争力的重要制约因素。

三、广州高职教育资源整合的必要性

（一）高职教育资源整合是产业转型升级提出的新要求

广州作为国际化城市，落实"优先发展教育"的长期战略选择不仅是规模性的发展，

更是结构性的发展和职业教育与普通教育和谐发展的重心转移。目前，广州职业教育发展中仍面临一些突出问题，如：中、高职层级结构失衡，职业教育体系重心明显偏低；职业学校同质化发展、学科设置重叠过多，专业设置与战略性新兴产业结合不够；市属中、高职大部分学校占地面积狭小，校区分散，校园重复建设，办学资源分散，行政管理成本偏高；职业教育办学与管理体制多头管理、权责不清；等等。这些问题直接制约了广州职业教育发展的规模效益，影响到职业教育整体办学质量。粤港澳大湾区建设下，广州高职进行教育资源整合是时代发展的要求，也是产业转型升级的新要求。

（二）广州高职教育资源整合有利于全面加快发展现代职业教育

高等职业教育是现代职业教育的关键单元，职业教育资源是发展高等职业教育的基础，整合广州高等职业教育资源有利于广东职业教育的均衡和全面发展。

广东高等职业教育资源整合有利于缓解当前职教资源短缺问题，创造出规模效益。

高等职业教育资源整合有利于广东职业教育的校际协同发展。

（三）高职教育资源整合是广州市职业教育持续有序发展的必要保障

在目前经济全球化发展的大气候下，经济新常态既为职业教育发展提供了新机遇，也提出了新需求。发展方式转变、经济增速调整、保障改善民生、提升人才素质、资源配置方式转变和推进依法治国，都要求职业教育应准确认识新常态、主动适应新常态、全面服务新常态，为科学技术进步和生产方式变革培养更多技术技能人才。经济社会转型是目前广东省和广州市经济发展的重要任务，在经济增长速度放缓、经济结构调整艰难等因素共同作用的情况下，必须摒弃不平衡、不协调、不可持续的粗放增长模式，不断寻求新的经济增长点和驱动力，这需要职业教育培养更多的高素质技能型人才。为此，职业教育应不断提升系统培养人才的能力，打通从中职到研究生的上升通道，培养多层次和多类型的应用型人才。

四、整合广州高职教育资源，推进现代职业教育发展

（一）解放思想，树立现代职业教育资源整合理念

十七大报告提出"大力发展职业教育"，十八大报告提出"加快发展现代职业教育"，要求各级职业教育工作者树立起与时俱进的职教理念。粤港澳大湾区建设背景下，广州更应与时俱进，树立广州高职教育资源整合的理念，把握粤港澳发展的机遇，整合大湾区职教资源，促进广州高职发展。

（二）探索创新符合实际的职教资源整合途径

首先，我们要认真开展调查研究，做好高职教育资源整合的宏观布局与调控工作。调查广州高职资源目前的设置、使用状况，调查大湾区的职教资源情况，充分利用大湾区的资源建设广州的高职，对广州高职资源建设情况进行整改，取长补短、因势利导建设整合广州高职资源。

第二，要建立健全职教资源管理体制。现代职业教育的发展离不开管理体制的规范与引导，健全的职教资源管理体制有助于从制度上保证工作的有序性和规范性，有助于从宏观上审视职教资源发展过程中面临的全局性问题，有助于职教资源整合中的短期、中期和长期目标的顺利实现。

第三，合理规划学校、企业和产业空间布局。现代职业教育的一个突出特点就是"工学结合"与"校企合作"，学校、企业和产业的合理布局不但能够充分整合利用学校、企业、产业的各类资源，实现资源的高效共享，同时还有利于学校、企业和产业形成紧密联动，实现三方共赢。广州处于一个十分有利的地位，高职间的校企合作也很具特色，更应利用好这一优势，处理好学校、企业和产业的关系，充分利用这三者的资源，实现资源整合、共享，从而促进广州高职建设。

第四，要努力提高师资队伍的整体素质。教师资源是现代职业教育发展中的核心资源，师资队伍的整体素质直接关系到现代职业教育的发展水平和发展趋势。要加快现代职业教育发展，就必须加快现代职业教育的师资队伍发展，努力提升教师的立德树人能力、开拓创新能力、专业素质能力和科学研究能力。广州各高职院校也应重视和利用好高职师资的力量，提升高职教师的素质，促进资源的共享，促进高职的发展。

（三）加强宏观调控，构建适应广州经济发展需要的开放性的高等职业教育体系

由于高等职业教育具有周期长、效益滞后等特点，因此完全依靠市场供求机制调节资源配置无法保证高职教育长期稳定发展，地方行政部门必须加强宏观调控，切实将职业技术教育纳入本地区经济建设和社会发展的整体规划之中，依托广州地区主导产业和支柱行业，打破院校、行业之间的界限，实现资源共享，高标准建设规模适度、结构合理、特色鲜明、与广州地方经济和社会协调发展的高等职业教育体系。

针对当前相对封闭的职业教育体系，高职教发展应突破传统的办学模式，树立"大职业教育"的观念，把高职教育融入终身教育体系，建构大职教体系和网络，形成开放式办学体系。

（四）增加政府投入，努力改善高等职业教育的办学条件

高等职业教育具有高投入、高成本的特殊性，要加快发展职业教育，必须确保必要的投入。因此，地方政府应顺应大力发展高等职业教育的形势需要，增加对高职教育经费的投入，改善高等职业院校的办学条件。针对不同高职专业在办学成本上存在的巨大差异性，教育行政主管部门在经费投入上要注重政策引导，应着力扶持与广州地区主导产业和支柱行业紧密联系的相关专业建设，在资源分配上应在依托主导产业和支柱行业前提下各有侧重，既确保重点扶持专业的建设经费充裕，从而有利于迅速建立起一批设施先进的高规格的专业建设基地，形成广州高职教育强势专业，打造广州地区高职教育品牌，为广州经济发展不断输送大批的高素质技能型人才；同时在配套建立政府投入公共资源共享机制情况下，又有利于消除不同院校争抢政府资源的恶性竞争局面，从而有效避免重复投资、低水平建设。

（五）组建高职教育集团，实现高职教育资源整合的制度创新

职教集团是职业教育资源共享，促进院校和企业优势互补的职业教育发展的新模式，也是适应社会主义市场经济体制、与市场需求和劳动就业密切结合的现代化职业教育体系的重要举措。《国家中长期教育改革和发展规划纲要（2010–2020 年）》提出"支持一批示范性职业教育集团学校建设，促进优质资源开放共享"。

广州高等职业教育要想获得快速发展，对当地经济构成有力支撑，最终改变职业教育的内涵和外延，使高职教育以集约化、综合化的方式有效运作，就必须激活社会各类职业教育资源，实现高职教育资源整合的制度创新，以一所或几所高职院校为主导，以地方支柱产业的骨干企业为主体，以促进高职教育资源优化配置为原则，由政府、企业、学院等多方单位按照"共建、共享、共赢"的原则组建高职教育集团，在董事会领导下形成一个责权明晰的利益共同体，通过这种组织形式和制度设计上的创新推动高等职业教育与企业、高职教育与学生就业的良性互动发展。

（六）加大对高职教育教学资源的整合力度

伴随着计算机网络和多媒体技术的迅猛发展，现代信息技术不断地被运用于教学改革当中，同时也为高职教育资源整合创造了有利条件。计算机网络技术有效突破了传统学府的封闭型学校教育的空间限制，借助于网络、录像、录音、计算机等教育媒体，将传播知识和信息的空间突破教室、学校、地区之间的界限，凡是有价值的资源都不再只是为某个教师、某所学校或某个地区所独自占有，它们可以很快被传播，被其他学院、其他地区的师生所共享，因此，应当建立广州地区高职教育资源总库，系

统采集区域内人力资源、专业设置和课程开发等信息，形成公共信息平台，通过院校、企业以及社会等多方面通力合作，实现广州地区高职教育人力资源、课程资源的全面整合，进一步提升广州地区高职教育的整体办学水平。

基于竞合视角的粤港澳大湾区高职教育发展的探索[①]

刘小平[②]

摘　要：竞争与合作是粤港澳大湾区内高职院校发展的重要途径。文章基于粤港澳大湾区内高职院校发展存在的问题，将产业中"竞合"发展的理念应用于高职教育层面，探讨了三种不同形式的竞合关系，为高职院校积极参与粤港澳大湾区的发展提供了理论指导。

关键词：粤港澳大湾区　竞合　高职教育　引领

一、文献综述

（一）高职教育与区域经济存在的关系

高职教育与区域经济有着密不可分的关系：区域经济为职业教育提供物质保障与经费支持促进职业教育发展，职业教育通过培养劳动力、提高劳动力的生产效率间接推进经济增长，职业教育与区域经济存在复杂的双向交互关系。赵晶晶认为区域发展战略的资源布局受区位条件的约束。空间差异使得国家内部区域呈现出不同形态的发展模式，职业教育与区域发展联系紧密，其布局模式主要受制于区域发展模式，通过价值选择与取舍，在不同发展战略及价值取向影响下最终得以实现。孙峰指出高职教育与所在区域的产业经济结构及特色产业经济之间存在高度密切的协同联动关系。从经济发展的角度来看，不同经济区域往往具有不同的经济基础，处于不同的产业发展阶段和生产力发展水平；从经济结构角度来看，不同经济区域也往往具有不同的先天资源禀赋、产业经济结构和开发战略方向。区域经济的结构与发展状况直接决定了当地所需人才的数量和质

---

① 基金项目：广东行政职业学院"数字校园建设"（GDXZZYS1702）。

② 刘小平（1979–），女，江苏泰兴人，广东行政职业学院，投资与理财教研室主任，中级，经济学硕士，投资，广东省广州市花都区迎宾大道西。

量，甚至是人才的知识能力结构。因此，直接面向人才市场、服务于区域经济的高职教育应该根据当地区域产业经济的特点来设置和调整专业。

湾区作为特殊的经济区域，对高职教育提出更高的要求。欧小军以纽约、旧金山、东京三大湾区为例，说明世界一流湾区均以天然的地理区位优势作为空间载体，通过一大批大学集群的强力支撑，打造成世界级的科技创新基地。而我国粤港澳大湾区与世界一流湾区的最大差距就是高等教育水平的差距。因此，新的社会经济背景与政策环境正在改变着高职院校与区域的关系：高职院校由对区域的资源依附走向资源独立，由组织行为的政策性为主转向组织行为的自主性为主。因此，在高职院校与区域融合的"引领"阶段，高职院校需要通过其服务能力与服务质量的提升，寻找其存在的价值。高职院校机制创新应重点服务于从依附发展走向平等互利的机制平台建设。粤港澳湾区是我国区域建设中一个特殊区域，该区域在"一国两制"条件下，由广东省与香港、澳门特别行政区共同组建起来的跨行政区划的整体区域。夏泉等建议在一国两制的框架下设立"横琴高教特区"，以化解澳门、珠海双方的争议，带动横琴整体开发和澳门经济适度多元化。在区域经济这个生态系统中，高职教育作为一个"物种"，既要适应区域经济，又要促进区域经济的发展。

虽然高职教育与区域经济关系的研究得到了广泛关注，但是以粤港澳大湾区为经济背景，高职教育如何引领区域经济发展，成为区域经济发展的直接因素的研究尚未涉及。

（二）竞合

合作竞争理论（Cooperation-Competition Theory）最早由哈佛大学商学院 亚当·布兰登勃格（Adam M. Brandenburger）教授和耶鲁大学管理学院拜瑞·内勒巴夫（Barry J. Nalebuff）教授在名为"Co-opetition"的著作中正式提出，他们指出，商业就是"战争与和平"的并存，"竞合"是一种超越了合作和竞争的已有规则、结合了二者各自优势的方法，既竞争又合作的关系，是一种可以实现"双赢"的非零和博弈。竞合关系本身是具有矛盾性的，即既有合作的一面，也有竞争的一面。其中，"合作"是指相互学习、共享和共同创造新知识提供平台和互动机制，"竞争"是指在共享与合作创新之外，企业在自私自利动机驱动下，会在合约规定以外对伙伴的知识进行转移和挖掘，以便提升竞争能力，并在后期市场竞争中对现在的伙伴形成威胁。该理论最早用于企业管理领域，现已应用于公共管理及社会科学的各个领域。

相对于企业利润最大化的目标而言，社会其他领域的发展目标的广泛性使得"竞合"的应用更加复杂。"竞合"应用于教育学界的研究相对比较滞后，主要有李晓琳的关于的大学的竞合和曹叔亮的将竞合应用于高职园区产学研的研究，而从竞合视角基于粤港澳大湾区的高职教育的研究尚未涉及，因此，文章以粤港澳大湾区为背景，研究高职教育如何与对手组建学习型竞合关系，成为经济发展的主动力。

二、粤港澳湾区内高职教育存在的问题

（一）与湾区发展的状态不匹配

从世界各大湾区发展的历程来看，湾区的发展一般主要经历四个阶段：港口阶段、工业阶段、服务阶段、创新阶段。而我国粤港澳大湾区呈现的是一种跳跃式的发展。这种跃迁式的发展为高职院校适应区域经济的发展带来很大的难题，如何在短期内，资源有限、信息不对称的复杂状况下融入大湾区是一个很重要的课题。其次，湾区的发展对港口、物流、海洋等专业的倚重，使得这方面高素质的应用型人才特别稀缺，例如海上丝绸之路的战略的提出，海洋产业被列为国家和沿海地区战略新兴产业，但真正面向海洋办学的还不太多，涉海学科和专业偏少，海洋人才培养规模不具。目前关于海洋专业人才的培养主要集中在本科层次，广东海洋大学、上海海洋大学和大连海洋大学等，而培养一线技能型人才的高职院校却少之又少。从无到有或者传统专业的改革都面临着极大风险，新形势下高职院校该何去何从。

（二）高职院校的主体意识不强

高职院校为适应湾区经济发展的新形势，及时跟踪市场信息，改善办学条件，有针对性的调整专业结构，适度进行改革，通过各种各样的方式积极融入区域经济的发展之中，力图为区域经济提供更好的服务。但是这种融入只是将自身作为湾区经济发展的"间接因素"，服务的主体意识不强，并未将自身提高到与湾区经济发展的平等地位。高职院校如何从主动适应湾区经济的发展走向引领湾区经济的发展的研究有着重要的意义。

三、竞争与合作

粤港澳大湾区经济一体化的市场体系为湾区内高职院校的竞争与合作提供了现实基础。本文认为高职院校的竞合是基于各高职院校自身利益最大化的原则，在合作性基础上围绕以政策资源、人力资源、技术资源、设备资源等而展开的横向与纵向的资源配置与整合，最终通过正式合同或隐性合同等形式而形成的相互关系。具体在高职教育领域方面，粤港澳大湾区内主要有以下三种竞合关系，如下图1。

一是城市内部高职院校之间的竞合。区域的一致性，资源的相似性，使这类高职院校的竞争比较激烈。高职院校普遍比较重视现实问题的解决，充分利用一切资源，提升自身能力。但是在资源有限性的情况下，各自为政很难实现长远发展。在这种情况下，可以由政府或相关组织牵头，统一规划，搭建平台，在尊重学校自身发展规律的前提下，共享师资、实践基地、实验设备等资源，形成规模经济效应，降低投入产出比，节约成本。

二是湾区内不同城市之间高职院校的竞合。粤港澳大湾区战略下每座城市按照湾区发展的目标和自身资源禀赋的差异实现错位发展，例如香港的金融、贸易、港口物流等比较发达，而珠海是连接粤港澳三地的战略要地，极力打造会展业和服务业为主导的产业格局。职业教育紧密结合当地的主导产业，形成了各具特色的人才培养体系，在不同学科和专业领域形成优势。这种差异化为竞争与合作提供了基础，通过竞合形成分工合理，竞争有序，优势互补的高职院校群体。粤港澳湾区一体化的战略为这类高职院校强强联手，有序竞争提供了现实依据。

微媒体时代让思想政治教育"活起来"[①]

任建霞[②]

摘　要：微媒体技术把我们带进了一个微媒体时代，也给高校思想政治教育在内容、主体和环境等方面带来了新的机遇和挑战，特别是其中娱乐主义、去中心化等后现代主义思潮对高校的社会主义核心价值观教育造成了冲击。为应对这些挑战，思想政治教育工作者要遵循习近平"思想政治工作传统优势与新技术优势高度融合"的新要求，学会使用微媒体技术，创新思想政治教育机制，用好学生的微媒体信息，探索新时代思想政治教育"活起来"的新途径。

关键词：微媒体时代　集体意识　教育　活起来

---

① 基金项目：广东省2018年度教育科学规划课题"岭南文化融入社会主义核心价值观的实践研究"（2018JKSJD55）。

② 任建霞（1972-），女，河南固始人，广东科贸职业学院马克思主义学院讲师，硕士，主要研究哲学与思想政治教育。

微博、微信、微视频等微媒体技术把我们带入了一个崭新的微媒体时代。在这个微时代，人们习惯于快节奏的职业生活和快餐化的文化生活，倾向于拒斥"宏大叙事"、关注个体的微生活，各种碎片化、娱乐化、去中心化的后现代主义思潮渐行其道，已经改变了并将继续改变着人们的思维方式和行为方式。这种影响在大学生群体中表现得尤为明显，潜移默化地侵蚀着大学生社会主义、集体主义、爱国主义等思想意识的根基，需要思想政治教育工作者认真研究，积极应对。2016 年底，习近平总书记对于高校思想政治工作提出了新要求：实现思想政治工作传统优势与新技术优势高度融合，让高校思想政治工作活起来。这一要求为我们进行思想政治教育改革指明了新的方向。

一、微媒体时代及其对大学生思想意识的影响

微媒体时代也称"微时代"，这一概念的正式提出是在 2009 年史金洋的"互联网的'微时代'"一文，其后"微电影"一词也因当红明星吴彦祖的"触电首都微电影"活动而获得大众的普遍接受。各种新样态的"微"（微博、微信、微公益等）方兴未艾，以至于今天的世界几乎是"无'微'不至"。可以说，"微时代"不是"完成时"，而是"进行时"。

微媒体时代到底是什么？许多研究者对此进行了探讨，《探索与争鸣》杂志还于 2014 年第 7 期专门刊载了一组探讨"微时代"的精神文明建设的文章，如汪民安的"机器身体：微时代的物质根基和文化逻辑"。综合各家之言，笔者认为微媒体时代的特征应该包括：（1）以快节奏的职业生活和快餐化的文化生活为其时代背景；（2）以互联网和移动智能终端如智能手机等为其技术载体；（3）以信息碎片化为其形态特征；（4）以娱乐化为其内容特征；（5）以全员参与为其主体特征；（6）以个人自由为其价值特征。

笔者曾对自己微信朋友圈里的在读大学生所发布的文章和视频等信息的价值观趋向做过抽样调查，统计发现：关于"个体的吃喝玩乐"约占他们朋友圈发布内容的 38%，"个体间交往"约为 19%，"家国时政"约为 7%，"各种集体活动"约为 4%。这和已有研究者的考查相契合，他们认为：新媒体时代的各种网络信息凸显了碎片化、娱乐化、游戏化和解构主流意识形态的后现代主义特征，不可避免地影响到大学生社会主义核心价值观的塑造。在和大学生的日常交流中笔者也注意到，作为新生代的他们更追求个体利益而非集体利益，更关注个体发展而非集体发展，更强调自我奋斗而非团队协作，更喜欢自我表达而非主流意见。如果不能认真研究和应对这一问题，其结果将是个人主义、利己主义思想的进一步泛滥，正如钱理群先生所言的那样：我们

的高等教育不过是培养了一大批"绝对的、精致的利己主义者"。

二、微媒体时代大学生思想政治教育的机遇与挑战

微媒体技术以其方便快捷的传播方式和丰富多彩的内容资源占领了人们休闲和交流的重要地位，也极大地冲击了思想政治教育的传统说教模式。辩证地看，这些影响既有扩展和提升大学生集体主义、社会主义思想观念培养的有利方面，也有限制和消解其集体主义思想的不利方面，机遇与挑战并存。

（一）微媒体的信息浩如烟海，内容良莠不齐

一方面来看，这是机遇：思想政治教育工作者可以从微媒体中获得更广泛的资讯素材，把符合社会主义核心价值观的各种资料充实到思想意识培养的资源库中。并且，可以更方便地向学生传播和共享这些有益信息，把好资讯及时地传播到多个学生群中去，吸引众多学生的关注、点评和转发。

另一方面，这也是一种挑战：微媒体上所传播的大多是个体的"微生活"，娱乐性、碎片化、非主流的资讯快餐充斥其中，不少内容甚至思想偏激、误人子弟；而集体主义、爱国主义、社会主义等官方意识形态往往会被冲淡或被抑制而不能得到广大学生的关注，甚至有被边缘化的危险。

（二）微平台的主体多元并存，去中心化、非权威化倾向凸显

微媒体平台的主体是多元的，价值观是多样的，大家各取所爱、各说各话，各种信息来源难溯、真假难辨。客观来看，智能手机等移动智能终端走进寻常学生中，使其具备了"人人都是发言人"的物质条件；主观而言，大学生是新时代新技术新观念的弄潮儿，有着"人人都想去发声"的强烈愿望。

（三）微媒体技术打破了教育环境的传统边界，更加难以掌控

一方面，思想政治教育工作者能够方便地利用各种微媒体，极大地扩展传统的教育环境，实现了线上和线下并存、课内和课外互补，为宣传教育提供了更宽广的用武之地。

另一方面，这个扩展的教育环境无边无界、难以掌控，垃圾信息和信息垃圾泛滥成灾，极端个人主义、自由主义、拜金主义、享乐主义屡禁不止。正如事实所证明的：一次网络谣言对人心的污染，需要十次新闻联播来清洗。对于思想政治理论认知不足的部分学生来说，被这种难以掌控的教育环境所误导的问题日渐凸显。

三、微媒体时代大学生思想政治教育"活起来"的策略

占据统治地位的意识形态必须和大众广泛使用的媒体技术相结合，才能占据并巩固其主流地位。"在政治说服体系里，'制造权力认知的权力'直接依赖于'通过展示宣传讲解权力的工具的效能'。"2016 年全国高校思想政治工作会议上，习近平同志提出："要运用新媒体新技术使工作活起来，推动思想政治工作传统优势同信息技术高度融合，增强时代感和吸引力。"新时代要有新举措，思想政治工作也必须打破理论说教的传统模式，而要使之"活起来"就必须用好大学生喜闻乐见的微媒体技术。

灵活运用微媒体技术，使思想政治工作"活起来"。其策略主要有两个：一是拿来主义，挖掘微媒体平台上宣扬社会主义核心价值观、传播正能量的微视频和短文章，为思想政治教育资源库不断注入源头活水。二是主动创造，采用微信公众号、微视频、朋友圈等大学生喜闻乐见的新媒体技术，来重新打造和传播优秀微作品，充实思想政治教育的工具箱，不断为思想政治教育注入新活力。

第二，科学设计集体活动，使思想教育"活起来"。实践是最好的教育，要让理论入耳入心，就必须以"行"为根本、知行合一。通过科学组织、精心设计一些蕴含正确思想价值的集体活动，采取文娱活动、体育比赛、拓展活动、党团活动、社会实践等形式，促进面对面的交流，可以增强学生的集体荣誉感和团队合作意识，进而增强集体的内在吸引力和凝聚力。这种以集体主义为核心的思想教育也必将引领和带动整个社会主义核心价值观教育实效性的提升。

第三，创新班级管理，使集体管理机制"活起来"。传统的班级管理强调教师制定班规和班干部负责制，其他学生参与管理的积极性往往不高。新时代要尊重大学生追求自由、自治的主体意识，改革完善班级管理机制，推进集体事务由学生集体决定、干部岗位定期轮换，让更多学生有机会参与集体事务管理，主动了解和维护集体利益，以此增强学生的集体意识。

粤港澳大湾区应用型教育体系创新建设研究

沈畔阳[①]

摘　要：粤港澳（澳门）大湾区战略不仅会给该地区的经济建设带来巨大变化，也会对该地区的应用型职业教育产生重大影响，抓住机遇调整结构办出自己特色是这类院校的当务之急。不谋全局者不足以谋一隅，审时度势理清发展思路、与时俱进响应这个重大举措采取有效措施创新应用型教育体系，对于培养目标、专业建设、课程设置改革都会起到提纲挈领的作用。

主题词：湾区建设创新路径具体措施

一、引言

粤港澳大湾区综合了纽约湾区、东京湾区、旧金山湾区的三个主要功能：纽约湾区主要是作为金融中心，东京湾区体现在先进的制造业，旧金山湾区以硅谷而著称。与它们相比，我们有香港、广州、深圳这样的经济中心城市，又有以东莞为代表的制造加工业城市群，开放四十年来一直扮演着各项改革领头羊的角色，正好符合中央在这个湾区里将其他三个湾区的特点结合起来的要求。就教育事业而言，我们的教育水平虽然还存在距离，但在这样形势下正好成为巨大发展潜力，经济基础和上层建筑相互作用的规律决定我们的教育事业会迎来前所未有的发展机遇。历史表明，经济一旦进入发展的快车道，就会在促进教育进步的同时也对其寄予希望和提出要求——希望它能够引领技术升级换代发挥领跑作用，要求它能够提供合格一线劳动者满足人力需求。总体说来，满足这样希望的责任落在重点、研究型大学身上，而后者正是应用型院校的用武之地，二者相互补充相得益彰，对于经济起飞来说相当于一翼，同样重要同样不可或缺。伴随经济发展的新特点和高等教育大众化浪潮，我国高等教育呈现出的一个新特点就是应用型院校迅速增加，办学形式日益多样化。同时，这类院校如何扩大发展空间、做大做强、培养应用型就业人才为地方经济建设服务，也是迫切需要思考和解决的问题。"应用型本科地方院校的主要任务是培养行业一线人才，与经济发展的相互影响非常明显。"（鲁嘉华，2014）将这样的办学理念落到实处、制定切实可行的培养目标、体现应用型和地方

---

① 沈畔阳，广东科技学院外语系办公室。

性这两个特色乘大湾区建设的时代潮流而上，对于广东地区的应用型高校来说，既是生存也是发展的底线。

二、广东湾区内应用型院校现状面面观

与地方经济发展相适应，广东地区应用型院校从不同角度分析，主要有如下特点：

从体制、规模上分：民办的多、万人学校占大多数，用人和资金使用也相对灵活。以学科门类而言：出于投资考虑，外语、管理、金融、会计多于需要较大投资的理工农医。就学校历史沿革而论，升本、从培训机构发展成为学历教育的占很大比例。从师资力量来看，缺乏学科领军人物、知名学者，主要以年轻硕士毕业生为主。从学校管理来说，随着竞争的加剧越来越规范化，各项规章制度不断健全。从生源分析，主要来自广东省内和农村，特别是教育和经济相对落后地区。从基础教育分析，高考成绩低于大多数公立高校的录取分数线。就学习素质而论，学生普遍没有养成良好学习习惯，为考试、毕业而学的想法较为常见。以求学动机而论，大多数学生没有太高期望值，主要以谋生就业为目的。从办学指导思想来看，对于校企结合、订单式培养更有积极性，普遍更加重视实践教学和毕业生的就业率。出于自身生存和发展的考虑，对于大湾区建设更加敏感，急切希望能够抓住这个机遇在竞争日趋激烈的教育领域争得一席之地。

从上述分析可以看出，与重点、研究型高校相比，这些特点对于大湾区建设来说具有很多互补性。相对优势在任何领域都是存在的，经济发展对于从业人员从来都有教育层次和素质方面的不同要求，而且经济发展和科技进步日益打破不同工作之间的高低贵贱偏见和壁垒，特别是近几年来国家大力倡导和褒奖工匠精神，对于学生就业观念的改变产生了非常积极的影响。社会和任何实体都好比人体，很难说哪个器官重要哪个不重要，教育就是要保证所有器官能够相互协调正常发挥功能。如果研究型大学起到大脑的作用，应用型院校就是执行大脑命令的四肢；如果前者的使命是心脏，后者就是把血液输送到位的血管。前者开发出的先进技术要由后者去应用，再好的理论不去落实都只能是一纸空文。因此，把学校办成研究型还是应用型对于这样的院校来说已经不存在争论和认识方面的问题，自身特点已经决定必须把自己定位在成应用型这个层面上，相对于有些老牌、公立、又不那么知名的高校在这方面的犹豫摇摆，应该说是一个很大进步和优势。为此，应用型院校当前要做的就是认真研究如何落实自己的办学定位，既扬长避短继承发展又不断研究湾区经济发展可能带来的市场变化，查缺补漏加大投资力度补齐短板填补空白实现体系创新，这样才能在竞争中立于不败之地。广东历来有"人有我有做得更好、人无我有敢为人先"的光荣传统，在应用型院校发展中同样要充分体现出来，迎来曾经"草根"学校的春天。

三、粤港澳大湾区应用型教育体系创新建设路径

首先，在明确定位的基础上，要认真做好调研，换言之，充分了解所属地区需要什么样的人才并确定自己在湾区这个棋盘上所处的地位。以东莞市为例，它位于珠三角的核心地带，经济结构的主要特点是以加工业为主的中、小、微企业占绝大多数，管理和用工制度灵活，产品五花八门，市场竞争非常激烈，所以应用型人才大有用武之地而且发展空间很大。企业对于这样的毕业生没有过高期望值，基本要求是能够吃苦耐劳、踏实肯干，希望他们应该是中小企业能够用得上、用得起的人，具体来说就是能够学以致用，简单培训后就能胜任应聘工作，相对于没有学历的就业者来说经过短期实际工作历练就能过渡到能够独立工作。职场、市场、社会只认可实力不同情弱者，更不欢迎徒有虚名者。为培养这样的人才，"应用型创新人才培养规划的推行，在很大程度上冲击了原有的教学大纲，课程教学体系必将重构。"（兰日旭，2014）与时俱进是社会发展的主题，应用型院校应该根据调研结果修订人才培养方案，在认真领会贯彻教育部相关规定的同时，积极行动起来把想法变成具体措施，例如可以把企业家请进来，认真倾听其意见和建议，聘请他们做顾问共同探讨如何培养企业切实需要的人才，条件成熟情况下实现定向顶岗培养。应该看到，一方面随着人口红利的逐渐减少和经济发展速度加快，就业在大湾区与过去相比更加容易，对于适龄就业人口来说找份工作已不是问题；另一方面，和高科技领域相同，生产一线也是千军易得一将难求，上岗就能顶岗的就业者显现出更多优势，两个方面都成为企业、院校之间愿意寻求和合作的动力和重要因素。任何合作的基础都是互利共赢，学校曾经为了上档次、企业因为嫌麻烦不愿走到一起的现象，在大湾区背景下会逐渐消失，这对于双方来说都是利好消息，为更加密切合作奠定了坚实基础。例如有的应用型院校通过调研获悉市场急需汽车修理方面的人才，就及时调整教学计划适时地增开相关专业和课程，企业和学生都很满意，学校也把自己的办学优势充分发挥出来。"应用型最重要的两个指标：一是专业设置与结构调整，二是产学研合作教育。"（黄达人，2016）

其次，既然应用就是服务，那么服务就要让客户满意，客户的需求既是推动力也是牵引力。时代在发展，社会在进步，"高等教育必须贯彻国家的教育方针，为社会主义现代化建设服务，与生产劳动相结合，使受教育者成为的、智、体等全面发展的社会主义事业的建设者和接班人"（《中华人民共和国高等教育法》）。清晰的学校建设思路对于后续发展至关重要，必须符合地方经济的现实情况，走理论联系实际的创新发展之路，否则一步走错全盘皆输。这样的建设思路要注意体现在专业建设上，需要认真考虑后才能定夺，一旦决定下来就要认真贯彻落实，在实践过程中不断加以改进完善，这也是时

代的要求。以前述应用型院校文科多于工科想象为例，这就需要校方及时调整专业，根据经济发展特点加大理工科专业投入，培养能够知其然又能够知其所以然的新一代生产线上的实际操作人才以适应生产升级换代的要求，最近很多学校开设机器人和跨境电商专业，就是向着这个方向迈出的一步，为企业输送教育水平低者干不了、研究型院校毕业生干又有些浪费的岗位从业人才。市场空白也是发展的空间，只是需要有识之士去发现，敢试敢为才能抢占先机，创新永远是时代的主题、经济发展的动力。

粤港澳大湾区职业教育建设探索

舒作伟[①]

摘　要：作为粤港澳大湾区建设与技术创新重要方面军的广东职业教育，必须贴近新时代，从宏观上清晰认识到自己的发展方向与历史使命，不仅要成为高级技术技能的人才源，同时也要成为技术应用源和技术创新源，与时俱进地做好自身的转型升级，迎接经济社会变革、经济全球化、工业 4.0 对职业教育提出的挑战。要将之渗透到每一项具体工作中，融入每一个参与者心中，最终形成以理念决定思维，以思维养成习惯，以习惯培育传统，以传统积淀文化，以文化彰显特色的局面，更好地为粤港澳大湾区服务。

关键词：粤港澳大湾区　职业教育　新时代　转型升级

一、新时代经济社会发展的时代背景

改革开放 40 年来，我国的方方面面取得了有目共睹的发展与进步。如何在新时代延续发展势头，最根本还是要继续深化改革与不断创新。

国家发改委、外交部、商务部审议了深圳市 2014 年初提出"联手周边城市共同打造粤港澳大湾区"的报告后，于 2015 年 3 月，联合发布了《推动共建丝绸之路经济带和 21 世纪海上丝绸之路的行动愿景与行动》，提出要"深化与港澳台合作，打造粤港澳大湾区"。

与此同时，广东自贸区于 2015 年 4 月 21 日正式挂牌成立，覆盖珠三角三座主要城市。2016 年 3 月，国家发改委将"推动粤港澳大湾区和跨省区重大合作平台建设"列

---

① 舒作伟（1953－），男，籍贯湖南，工作单位广州南洋理工职业学院（广州从化 510925），教师，副教授，数学学士，研究方向职业教育。

入国家"十三五"规划,强调要"携手港澳共同打造粤港澳大湾区,建设世界级城市群"。

粤港澳大湾区建设已经写入了十九大报告和政府工作报告,提升到国家发展战略层面。推进建设粤港澳大湾区,有利于深化内地和港澳交流合作,对港澳参与国家发展战略,提升竞争力,保持长期繁荣稳定具有重要意义。

粤港澳大湾区及广东自贸区建设,是新时代推动形成全面开放新格局的新举措,也是推动"一国两制"事业发展的新实践,是国家发展战略。

二、粤港澳大湾区建设概况

粤港澳大湾区是指由香港、澳门两个特别行政区和广东省的广州、深圳、珠海、佛山、中山、东莞、肇庆、江门、惠州等九市组成的城市群,是国家建设世界级城市群和参与全球竞争的重要空间载体,与美国纽约湾区、旧金山湾区和日本东京湾区比肩的世界四大湾区之一。

粤港澳大湾区建设,要强化规划引领,推动大湾区内各城市合理分工、功能互补,提高区域发展协调性,促进城乡融合发展,构建结构科学、集约高效的大湾区发展格局。

根据粤港澳大湾区的发展历史与特点,湾区的重点投资行业为金融行业、战略性新兴产业、高端制造业、现代服务业、港口物流业、环保产业、房地产业等方面。显而易见,粤港澳三极中的粤,产业结构偏重制造业。因此,广东省的职业教育,要偏重在制造业方面的专业设置,增加必要的分量与质量。

三、我国制造业的现状

粤港澳大湾区及广东自贸区建设,不应该注重虚拟经济,而要注重实体经济,尤其在制造业方面。

我国制造业的现状,存在以下几个问题:

(一)中国制造业发展迅速,但属于粗犷式发展,集中在中低端。我国企业在"做大"方面投入了很多热情,但在"做强"方面却屡陷瓶颈;在"中国制造"方面成绩不菲,在"中国创造""中国智造"方面还差强人意。关键是新技术的应用与研发跟不上。

(二)中国现在很多生产设备能够国产化,但其品质、稳定性、扩展性上和制造业强国相比,还有差距。比如在精密模具方面,还需要大量进口。

(三)制造业第一线的工人文化素质普遍不高,缺少技术工人,某些核心技术依赖国外技术人员。

(四)中国周边的政治、外交形势导致中国能与邻邦在科研、管理、人才方面的交流十分有限。

尽管中国制造业发展到今天取得了不菲的成绩，同时也面临某些核心技术落后、劳动力成本上升、产能过剩、环境保护等诸多挑战。然而，制造业是一个国家国民经济的主体，是立国之本、兴国之器、强国之基，对广东自贸区、粤港澳大湾区乃至中国未来的发展仍举足轻重。随着时代的发展，大数据、信息化等技术的产生与进步，制造业与时俱进，工业革命一直没有停顿。

四、职业教育的现状

职业教育是发展经济、安排就业、改善民生、解决"三农"问题的重要途径，是缓解劳动力供求矛盾、提升劳动力技术含量的关键环节。但由于受"农耕文化"和"学而优则仕"等传统观念的影响，职业教育还没有彻底被社会正确认识和理解。当前，我国职业教育改革发展取得了很大的成绩，但是，必须清醒看到，我国职业教育还存在着这样那样的问题。譬如，缺乏法律法规方面的制度保障；还没有相应的机构协调指导；职业教育的质量保障体系不健全；教师队伍的素质参差不齐；办学理念相对落后，行业企业参与不足；职业教育并不被大众广泛接受，社会吸引力不强，一直扮演着高等教育的补充角色；政府政策支持还没有较好到位；高等职业院校及其学生的社会地位与社会认可度不高，高职毕业生与其他普通高校毕业生相比，待遇方面还有一定差距；人才培养模式相对陈旧，高职毕业生作为高职院校培养的高级技术技能人才，其质量离正在转型升级的各行各业对技术技能人才的要求尚有不少差距；高职教育还没能成为我国技术创新的重要方面军，等等。

职业教育一直以来还存在一个认识上的误区，把科学与技术等同起来，其实二者是有区别的。我国历史上注重技术传统，缺乏科学传统。技术发明是经验的积累，熟能生巧，就像卖油翁向射箭能手陈尧咨演示从高处向油葫芦口倒油一样，完全是"唯手熟耳"；而科学的发现则是建立在系统研究和专业训练的基础上。我国古代四大发明属于技术范畴，它不是在科学理论指导下的技术创新与突破。譬如指南针，我们的祖先只知道它有用，迷不了路，而没有研究磁场、磁力线，也不懂得导体切割磁力线会产生电流。其他三大发明也存在类似情况。

乡村振兴战略下广东发达地区职业教育发展路径研究

宋　永[①]　李丽英[②]

摘　要：2018国家1号文件明确指出乡村振兴战略的实施意见，提出了如何发展农村经济建设、提高农产品质量、农产品供给侧改革等一系列建设和指导意见，新型农民培养是乡村振兴战略的根本，在国家乡村振兴战略指导下，广东欠发达地区应根据乡村振兴战略机遇，以培养农村需要的新型人才为目标，促进广东欠发达地区职业教育发展，对实现广东乡村全面振兴意义重大。

关键词：乡村振兴战略　职业教育　发展路径

一、引言

2018年中央一号文件中共中央国务院关于实施乡村振兴战略的意见中指出：乡村振兴，产业兴旺是重点。必须坚持质量兴农、绿色兴农，以农业供给侧结构性改革为主线，加快构建现代农业产业体系、生产体系、经营体系，提高农业创新力、竞争力和全要素生产率，加快实现由农业大国向农业强国转变。这种要求不仅是对农村发展的方向指导，还提供了乡村振兴的重点发展内容，以及相应的发展体系建设，更是对农村职业教育发展的要求，培养农村需要农业技术、设备技术、管理技术和产业技术是农村职业教育发展的要求。广东出台推进乡村振兴战略实施意见指出，通过实施新型职业农民培育工程，全面建立健全培养培训、认定管理、生产经营、社会保障、退休养老等新型职业农民制度体系。开展职业技能培训，力争用3—5年时间，基本实现50岁以下从业人员全员培训。广东省在振兴乡村战略指导意见中，更进一步明确职业教育在乡村振兴中的作用，也为广东欠发达地区职业教育发展提出人才培养的目标要求。著名经济学家西奥多·舒尔茨认为：改造传统农业的根本出路在于引进新的生产要素，不仅要引进农作物良种、农业机械这些物的要素，而且要引进具有现代科学知识、管理能力和适应市场新要素的农民。可见，乡村振兴战略必须依靠农业发展需要的相关技术，发展农村职业教育是改造传统农业，实现乡村振兴的重要途径。要

---

① 宋永，汕尾职业技术学院。
② 李丽英，汕尾职业技术学院。

在 2020 年以前实现贫困县全部脱贫，并且为防止脱贫后返贫，在这么短的时间内必须通过职业教育，培养乡村振兴战略需求人才的职业技能，管理能力和发展能力的农村职业教育，通过农民职业能力提升来不断提高农民收入，建设美丽乡村，为实现乡村振兴战略服务。乡村振兴战略是在党的十九大后，在国家的多个发展规划与战略中多次提出，也有很多学者从不同的角度进行了深入研究，提出了具体的发展建议和发展策略。张志增认为，改革发展农村职业教育是实施乡村振兴的重要抓手，必须把农业农村优先发展和农村职业教育改革发展紧密结合起来，以振兴农村职业教育为基础，积极培育新型农业经营主体，大力培养适应新时代需求的乡村各类人才，全面提高乡村各行业劳动者素质。

二、职业教育对乡村振兴的作用

（一）职业教育培养乡村振兴需要的职业技术人才

乡村振兴是国家经济发展的战略规划，职业教育是以国家发展提供职业人才为目标，是根据国家发展需要培养职业人才，乡村振兴需要培养新型农民，需要培养美丽乡村建设需要的管理、营销、生产和规划相关人才，职业教育最根本的功能就是培养职业人才，将职业教育与乡村振兴战略结合，就是通过职业教育培养乡村振兴需要的各类技能型人才，为实现乡村振兴服务，以乡村振兴为目标培养农村发展需要的人才是乡村振兴的实践需要，也是乡村职业教育发展的需要。乡村振兴战略下的职业教育教育发展，还要根据职业培养单位的能力与规模，进行合理的分工与配合，培养乡村战略需求下的人才，防止出现乡村振兴实现中的技能人才短板。

（二）职业教育能够培养为乡村振兴自觉服务的人才

人才的工作自觉性能够更好地完成工作任务，技能型人才更需要工作自觉性，乡村振兴刚刚起步，很多工作无法通过详尽的计划来完成，需要农村技能人才的自觉工作，必须有更多的工作独立、自觉的技术人才服务农村，才能更好地实现乡村振兴。高等教育的使命在于使人成为一个独立的、自觉的人。高等职业教育是职业教育的重要组成部分，也是乡村振兴需要人才的主要培养单位，能够为乡村振兴培养出高级技能人才。同时，高等职业教育也是高等教育的重要组成部分，因此，高等职业教育具有高等教育的功能，可以培养乡村振兴需要人才的自觉性，让技能人才自觉服务农村经济发展，通过自觉性技能人才培养为实现乡村振兴服务。

（三）职业教育能够扩展农村人才的视野

经济欠发达地区多数是交通闭塞的偏远地区，由于交通闭塞造成欠发达地区的信息闭塞，由于地理原因造成的信息闭塞限制了农村人才视野，也造成了不同地区的情况差异，产生了乡村振兴的人才需求差异和视野问题。人才需求差异可以通过职业教育解决，人才视野同样可以通过职业教育解决，职业技术是技术人才的语言，在乡村振兴战略的人才培养中，通过职业技能的培养，由于技术的相通性和技能性，使得人才在学习技能中交流，通过交流学习职业技术，并了解外部的职业技术情况，通过学习外部职业技术了解外部其他情况，并不断进行外部的学习和交流，不断扩大乡村振兴人才的视野，帮助农民了解更多外面的信息，更好地为乡村振兴服务。

三、乡村振兴战略下广东欠发达地区职业教育发展路径

（一）根据广东欠发达地区乡村振兴战略需要，进行职业教育布局和人才培养规划

人才培养离不开人才培养体系，在乡村振兴战略下发展广东欠发达地区职业教育，需要进行相应的体系规划，尤其是人力资源体系规划，张天波（2012）认为现代职业教育体系是包括学生全面发展的大集合；现代产业体系是包含十几个系统的大集合；现代职业教育体系与现代产业体系的交集就是人才资源系统、科研技术系统、协同创新系统、信息网络系统等方面；《广东省职业技术教育改革发展规划纲要（2011-2020年）》的总体目标明确规定："紧密围绕全省经济社会发展目标，加快建立与现代产业体系发展相匹配、与社会充分就业相适应、富有生机活力的现代职业技术教育体系。"广东省的职业教育改革发展纲要也突出了职业教育体系建设的要求。在建设职业教育体系规划中进行职业院校设计和人才培养，乡村振兴不仅是发展农村和农业的需要，也是美丽乡村建设和扶贫的重要方法，广东欠发达地区还有很多需要发展的农村，占据广东绝大部分的土地面积，实现乡村振兴是解决好广东经济发展的重要内容，广东省关于乡村振兴战略的指导意见中，明确了很多具体的内容要求，应当根据广东欠发达的乡村振兴战略意见，进行分析研究相应的人才需求，并对需求的人才进行有计划的职业院校建设和职业人才培养，根据乡村振兴战略的职业人才培养要求进行相应地职业教育发展研究，通过乡村振兴战略人才需要下发展职业教育，并通过发展职业教育的过程中，不断培养出职业农民与农村经济发展需要的各类技术人才。在乡村职业教育发展中培养乡村振兴战略人才，在乡村振兴战略人才培养中发展乡村职业教育，使两者在发展中统一，不断满足乡村振兴战略的人才需要中发展职业教育，在发展职业教育中突出乡村振兴战略人才培养要求。

（二）政府出台农村人才发展战略，引导技术人才和社会力量服务职业教育

职业教育能够培养技能人才，要培养更多的专业技术人才，必须扩大职业教育的培养能力，乡村振兴战略需要对农村人才培养，需要专业的乡村振兴战略需要的人才培养，针对职业教育调整的需要，必将出现职业教育对人才培养能力不足问题，要解决好乡村振兴战略人才培养问题，需要对农村职业教育人才培养能力进行评价，并针对性地引进有相应技能的人才服务农村职业教育。由于农村经济发展的现状不能对高端人才进行有效吸引，加上产业欠发展没有经济能力吸引人才服务农村职业教育，需要政府出台相关的政策对高端人才吸引，吸引到乡村振兴战略发展需要的职业教育人才培养的专业技术人才。当前广东欠发达地区社会力量办学，主要集中在基础教育和中等教育，以及少量的专业技能培训，主要为农村年轻人提供外出务工就业需要的职业技术，以短期培训为主的职业学校，针对农村和农业技能培训的社会力量极少，并且这些职业的培训能力与乡村振兴战略职业人才培养需求有一定的距离。这需要各级干部政府和教育管理单位在教育发展规划中，突出引进具有乡村振兴战略人才培养能力的社会力量，引导有能力社会力量投资农村职业教育，加强农村职业教育人才培养能力，更好地巩固农村职业教育能力，为实现乡村振兴战略而发展社会职业教育能力。

基于产教融合视阈构建高校创新创业教育评价体系[①]

钟之静[②]

摘　要：产教融合与创新创业教育存在天然的内在联系。本文在文献梳理研究基础上分析产教融合背景下高校创新创业教育评价体系的研究还存在一些不足，对此，以CIPP模型为主要理论依据，遵循相关原则，结合工作实践，构建了包括创业环境、创业资源、教育过程和创业成效4个一级指标、12个二级指标和60个观测点的高校创新创业教育评价体系，实现产教融合和创新创业教育双赢发展。

关键词：产教融合　创新创业教育　评价体系

---

①基金项目：广东省外语艺术职业学院2018年创新创业专项课题"新媒体背景下高校创业教育评价体系研究"（编码：2018JX28）。

②钟之静（1979– ），女，湖南人，广东省外语艺术职业学院，创新创业学院执行副院长，副研究员，博士，研究方向为创新创业教育和新闻传播学。

一、国内外相关研究的学术史梳理及研究价值

（一）国内研究现状

1. 高校创新创业教育的评价体系的研究

高希（2016）等运用国际创新型人才评价理论，采用层次分析法，构建与国际创新型人才评价接轨的高校创新创业教育评价指标体系；杨继祥（2016）采用高职学生档案袋评价法、胡盛强（2016）采取 AHP—模糊综合评价法等提出高校创新创业教育的评价方法；段丽华、张淑梅、刘珍（2017）与孙鹏、黄福华（2018）等人提出使用 CIPP 理论构建创新创业教育的评价体系；刘襄河、孔江红（2018）则采取层次分析法构建高职院校的创新创业教育评价体系；王石、陈曦（2018）提出"差别评价模型"的高职院校创新创业教育评价体系并加以应用；李旭辉、胡笑梅等（2018）从高校创新创业教育效果评价体系和生态环境评价体系等分支评价体系做出深入分析。

2. 产教融合作为创新创业教育环境背景或媒介工具的研究

陈立春（2017）针对创意产业特点，探寻创意业发展与大学生创新创业教育的契合点，从产教融合视角出发提出创意产业的创新创业教育模式。陈诗慧（2017）针对我国高职院校创新创业教育存在的不足，提出高职院校应切实转变观念加快课程改革，积极搭建产教融合的创新创业实践平台；徐云慧（2018）等学者针对化工等不同专业提出创新创业教育的体系构建和实践模式。

（二）国外研究现状

国外创新创业教育研究自从 1947 年哈佛大学开设第一个创新创业教育项目以来，相关研究蓬勃发展。KruegerandCarsrud（1993）最先将规划行为理论 TPB 应用于创业领域，这为分析创新创业教育项目如何影响参与者的创业行为提供了框架；Linan（2004）将创新创业教育分为创业意识教育、初创业者教育、创业机制教育和企业家继续教育四种类型，不同类型有不同的评价方式；Vepsern 和 Gartner（2010）通过对全球部分商学院专家的调查，通过实证研究确定创业企业数量、创业项目创新性、创新创业教育刊物、创新创业教育学术研讨会等 7 个一级指标 25 个二级指标对高校创新创业教育整体实力进行评价。

（三）研究价值

1. 学术价值

从整体来看，国内外关于创新创业教育研究成果较丰富，积累了一定的理论基础知识，对于后来者的研究具有启发性意义。

2. 应用价值

当前,大众创业、万众创新已成为鲜明的时代主题,我国高度重视创新创业教育工作,国务院先后出台了《关于深化高等学校创新创业教育改革的实施意见》等宏观指导文件。

二、产教融合与创新创业教育

(一)产教融合的背景与内涵

产教融合是国家从创新发展战略角度上提出的兴办教育的指导思想,它是我国教育与生产劳动相结合的教育思想在教育实践中的创新,是职业教育思想发展到一定阶段的产物,是高校为提高人才培养质量而与行业企业开展的深度合作,其具体内容包括学校与企业对接、专业与产业对接、课程内容与职业标准对接、教学过程与生产过程对接。

(二)产教融合与创新创业教育的辩证关系

1. 产教融合为创新创业教育资源共享提供保障

产教融合实际上是产业与教育在专创融合、课程资源、师资队伍等多方面的整合,有利于创新创业教育实现产业与教育双方的资源共享,有利于提高高校创新创业教育的发展水平。在专业教育与创新创业教育融合方面,高校可根据产教融合现状和要求不断调整专业设置,提高专业的社会适应性,力促创新创业教育人才与社会产业对接,为创新创业教育改革做出前瞻性准备,进一步探索产业与高校协同育人机制,促进专业教育与创新创业教育的无缝对接和融合,转而促进创新创业教育水平。

2. 创新创业教育促进产教深度融合

创新创业教育与产业对接不能简单停留在解决实习场所与师资队伍的短缺等浅层合作,它需要高校与企业的双主体逐渐深化内涵式发展"产教融合",这就包括在产教融合的视域下开展和完善创新创业教育的人才培养模式改革,健全课程体系,改革教学方法和考核方式,创新人才培养机制,依托产教融合平台将产教融合的办学理念融入创新创业教育人才培养全过程。

(三)产教融合视域下创新创业教育的不足

1. 创新创业教育尚未确立产教融合的办学理念

目前,不少高校还停留在高喊"创新创业""以就业为导向""创业促就业"的口号阶段,却并未将产教融合的办学理念深入学生创新创业能力的培养,难以实现"校企合作、产教融合、工学结合"的办学模式,导致培养的学生难对接市场需求和产业实践要求,导致创新创业教育服务经济社会发展出现偏差。

2. 创新创业教育缺乏产教融合的结构要素

为了符合《关于深化高等学校创新创业教育改革的实施意见》文件精神，据了解，目前大多数高校的创新创业教育课程主要是开设一门创新创业基础教育课程，36 学时 2 学分，不少高校甚至只开设《大学生就业创业基础》等课程，将就业与创业课程合并学分和课时以此满足文件要求，这导致创新创业教育课程体系结构较为单一。

3. 创新创业教育匮乏产教融合的师资力量

三、基于产教融合视阈构建高校创新创业教育评价体系

（一）高校构建创新创业教育评价体系的原则

1. 科学适应性原则

高校构建创新创业教育评价体系应遵循创新创业教育发展规律，坚持科学适应性原则，科学选取创新创业教育的评价指标以及合理分配权重，确保评价体系构建的科学性和评价结果的客观性，尤其是要注重创新创业教育与区域经济发展相结合，注重校企合作和产教融合，坚持评价体系适应区域产业发展特点，发挥产教融合四方主体的积极作用，对参与主体分别进行多方评价，进而实现产教融合和创新创业教育的双赢。

2. 全面开放性原则

创新创业教育是全员全过程的教育，将过程性评价与总结性评价有机结合，贯穿于创新创业教育教学的全过程，将构建创新创业教育评价体系融入人才培养体系，不断增强学生的创新意识和提高创业能力。同时，产教融合视角下，高校创新创业教育活动的开展离不开政府、企业、行业等社会主体参与和支持，因此，创新创业教育评价体系要坚持开放性让创新创业人才培养与产业相对接，比如实行创新创业双导师制或引进第三方评估，开放式地评价创新创业教育过程和成效。

（二）基于产教融合视阈构建高校创新创业教育评价体系

结合梳理文献发现，创新创业教育评价体系研究与实践存在理论欠缺、看重结果轻视过程、偏重定量分析等不足。结合文献史料和工作实践以及教育部文件要求，本文将基于产教融合视阈，主要借鉴 CIPP 模型，构建新的高校创新创业教育评价体系，该评价体系主要针对高校内部运营与评估考核而制定，评价主体主要是高校内部机构单位和员工，政府、企业、行业是高校创新创业教育工作的相关利益者，渗透在评价体系中的观测点中。该评价体系以期对高校开展创新创业教育工作起到抛砖引玉作用。

中高职衔接贯通培养机制研究[①]

郭丽娜[②]

摘　要：中高职衔接贯通培养可以促进现代职业教育体系的构建，为经济转型升级提供人才人力支撑。通过研究广州市中高职衔接培养的现状，发现广州市中高职衔接贯通培养在人才培养目标、课程结构体系设置、专业课程衔接等方面存在不足，提出了利用"三元联动"共建创新中高职衔接贯通培养机制、通过制度化实现中高职目标的衔接、制定中高职衔接的专业标准和课程体系标准等方面促进中高职衔接贯通培养机制的建成。

关键词：广州市　中高职　衔接　培养　机制

2006 年，广东省委、广东省人民政府联合下发《关于大力发展职业技术教育的决定》，广东省的职业教育迎来了一个高速发展的阶段。2012 年广东省更加广泛的专业领域实施面向中职校毕业生的高职自主招生，实施高职两年制教育。2012 年有 32 所高职院校参加了"中高职三二分段"试点院校。当前"三二分段"五年一贯制与面向中职校的自主招生的高职两年制教育，使得中等职业教育毕业生将成为高等职业教育生源的重要来源，从生源质量上比较，中等职业学校毕业生在专业知识特别是实践动手能力的储备上都高于普通高中毕业生，更适合进入高等职业学校学习，这迫切需要实施职业教育改革，建立中高职一体化的职业教育机制，实施中高职分段式教学组织，构建适应于职业教育人才成长的立交桥。

一、广州市中高职衔接培养现状

目前，广州市属高职院校有广州番禺职业技术学院、广州铁路职业技术学院、广州城市职业学院、广州工程技术职业学院、广州科技贸易职业学院、广州体育职业技术学院、广州市广播电视大学 7 所。在校生基本保持在 5.6 万人左右；教育局管理的中职学校 56 所，在校生每年在 12.1 万人，人社局管理的技工学校 27 所，在校生 11.3 万人。相关数据表

---

①基金项目：广东技术师范学院 2018 年研究生创新课题"广州中高职衔接贯通培养机制研究"（项目编号：GSY201818，主持人：郭丽娜）阶段性成果。

②郭丽娜（1993－），女，福建莆田人，广东技术师范学院教育科学与技术学院 2017 级硕士研究生，研究方向：职业教育管理。

明，广州市中职学校的数量和学生的数量偏大，高职学校的数量和学生人数偏少，中职学校学生升入高职的比例只有8%。中职教育和高职教育属于两个不同层次的教育类型，各自为政、缺少沟通，中高职衔接有思考，但是真正好的落实不多。

（一）人才培养目标没有衔接好

广州市部分的职业院校的人才培养目标是自己制定，他们当中有一些学校是去做了一些企业调研；有的是没有按照企业的需求来培养人才，直接制定的，这些都很难符合企业的用人规格。广州市的中职教育偏重于对学生操作技能和就业能力的培养，存在着轻基础、重技能，轻理论、重实践，轻理解、重操作的现象。有许多中职生的文化课入学成绩相对较低，一些中职学生学习能力相对较低，即使完成中职学习，考入高职学校，文化课水平仍比较低，进入高职后，很难适应高职更广、更深的理论基础学习，达不到高职所要求的"理实并重"的高端技能型人才培养的基本要求。另外，中职的目标是培养在生产、服务、技术和管理第一线工作的实用型初中级专门人才，而高职的目标是培养在生产、服务、管理、经营等第一线工作、具有综合职业能力的高层次、实用型、技能型高级应用型人才。另外，在实践中我们发现中职、高职各自为政，各自设定培养目标，无法协调，出现了培养目标难以衔接的情况。

（二）课程结构体系设置不合理

广州中职和高职院校普遍存在各自构建自己独立的专业课程体系的现象。在课程教学内容的设定方面，既没有中高职之间贯通的课程标准和教材，又没有相互之间的沟通交流，导致一些专业课程在中高职阶段内容重复的现象。甚至有不少课程中、高职是采用同一版本的教材，且中职文化基础课的安排遵循"必要、够用"的原则，而高职教育则从高等教育的要求出发，文化基础课是以普通高中为参照系，因而使得中、高职教育在文化基础课教学内容和要求上存在着一定的脱节现象。此外，高职院校在专业技能课程方面由于设备、师资、管理方面原因，在实操课程教学方面会出现不少高职学校的实操设备还不如中职学校的现象，使得中职学生在上实操课程时觉得没有什么可学的。采用独立性学制结构的高职院校，相对于中职"宽基础、活模块"的多样化特点显得单一、不灵活，呈现衔接的不对称性、不延续性。

（三）专业课程衔接不畅

目前，职业教育课程分为文化基础课程和专业课程两大体系，在专业课程中，又分为专业理论课和专业技能实践课两类，就目前来讲，除部分指导性意见外，中高职学校之间还没有形成统一的专业分类及名称。中高职为了适应市场的需求，中职的专业类别多且经常变动；而高职学校的专业设定按照普通高校的模式设定，相当稳定但专业种类少。与此同时，我国中职学校和高职院校分别隶属于教育管理部门的不同业务处室，存在信息沟通不畅，衔接不足的情况，面对中高职教育目标和培养对象的差异性，难以一蹴而就实现课程设置的科学性，课程内容选择的重复性，造成了课程设置资源设置上的浪费。通过广州市中高职院校的专业课程的设置中重复的比例不低于60%，造成了教育资源的严重消耗与学习时间的极大浪费，导致中职生源高职生学习积极性和兴趣不断减弱，不利于中高职职业人才培养目标的实现，甚至使得使得中职学生找不到适合的对口专业申报。

二、中高职衔接贯通培养机制的原则

中高职衔接是职业教育改革发展的主流趋势，也是现代职业教育体系构建的本质要求。中高职衔接不是中职教育与高职教育两个层级的简单链接，而是两个层级在多种特征上兼容性的繁杂适配。中高职衔接贯通人才培养模式在实施过程中存在诸多问题，在实践中，应遵循以下衔接原则：

（一）坚持以市场发展为准则的原则

中高职教育是我国教育的重要组成部分，在实施贯通培养的过程中，要注重职业教育的特点，体现基础知识和职业技能的连续性和递进性。专业人才培养机制要适应行业、企业需求，专业与产业有效对接；课程体系要与专业培养目标相契合，课程设置要具有前瞻性，适应行业发展需要，适应学生职业生涯发展需要，课程要与工作有效对接，课程内容要与职业标准相结合。因此，需要多方力量联合参与规划与设计，即：教育行政部门提供政策支持；企业人员掌握本行业的需求及发展动态，提供人才培养目标和培养方式；学校从人才培养的角度，考虑课程设置的科学性和合理性。通过多方联动，打通中高职衔接贯通培养的一体化渠道。

（二）坚持以职业发展为准的原则

以就业为导向开发课程体系，针对学生就业岗位开发专业核心课程。在贯通培养的实施过程中，既要体现终身教育、终身学习和可持续发展的职业教育理念，又要体现学生职业生涯的可持续发展，拓宽学习者的学习上升空间。既要开设培养学生基本素质的通识课程，也要开设培养学生职业能力的专业课程，还要开设培养学生综合职业能力的拓展课程，同时还要开设帮助获取执业资格证的执业资格考试课程。在高职阶段，既要兼顾学生在中职阶段基础知识和技能的延续性，又要考虑学生的职业技能在高职的发展性。在实施贯通培养时，注重培养学生的学习能力、职业能力和社会能力，培养学生的终身学习意识。

（三）坚持以发展学生能力为原则

课程设置应遵循人才系统培养规律，在设计贯通培养的课程体系时，应注重学生职业能力的培养，通过建设一体化的中高职课程体系，突出培养学生的职业能力和职业素养。中高职阶段在培养学生职业能力方面，要实行分层分级培养，既不断层又各有侧重。对中职学生，理论课程以适度够用为标准，实践课重点训练学生单项技能；对高职学生，既要注重理论知识的系统性，又要突出训练学生综合技能，实训项目设计由浅入深、由简单到复杂，实训教学由单项职业能力训练向综合职业能力训练渐进开展。

三、中高职衔接与贯通培养机制的建构

（一）利用"三元联动"共建创新中高职衔接贯通培养机制

广州市政府相关部门对广州市的中高职衔接非常重视，广州市发改委、教育局、人社局联合印发了关于职业教育发展规划 (2016—2020 年) 的通知，里面多次强调了中高职衔接的重要性。中高职衔接贯通培养的实施，涉及中职、高职的办学主体，需要有相应的协调机制。可以通过"三元联动"，即"政府、高职、中职"三方联动，多方合作，整合地方政府、中职与高职为主体的资源和力量，建立政校、校校合作机制，创新中高职衔接机制。"三元联动"以政府为，主导高职和中职为主体，通过政策支持和制度保障，围绕区域支柱产业、重点产业和特色产业发展的需求，构建中职与高职衔接贯通的立交桥，促进高职和中职深度合作，为地方发展培养各级各类的技术技能人才。依托职教集团，共享资源，整体设计人才培养目标和课程结构，合理衔接课程，构建以产业需求为导向，职业能力需求为培养目标的课程体系，推进中高职协调发展的现代职教体系，提升职业教育的吸引力，办人民满意的职业教育。

（二）通过制度化实现中高职目标的衔接

中高职学校培养目标的定位最终落脚点在用人单位岗位需求上，因此要以就业岗位或国家职业资格等级层次划分为前提，明确中职和高职阶段不同的培养层次目标。由于中等职业教育的培养目标具有双重性，毕业生除可以直接就业外，还有一部分选择进入高等职业院校继续深造，因此，中高职教育衔接，必须明确中等职业教育和高等职业教育的各自定位，协调好中高职教育的培养目标。此外，国家应以行业协会为主体，联合行业、企业、理论界和各级大中专院校，参照国际职业分类标准，制定我国职业资格层次等级标准，明确职业等级和等级标准。以促使各中高职院校为了使学生技能与岗位需求有效衔接，而根据各专业调研情况和讨论结果负责制定一体化的人才培养方案，并按能力进阶的要求，对人才培养目标进行详细分解，使人才培养目标进一步具体化和量化，克服把中职学校的人才培养方案和高职院校"瘦身版"的人才培养方案"简单"衔接问题。

（三）制定中高职衔接的专业标准和课程体系标准

中高职衔接的模式、专业衔接的条件，是影响中高职课程衔接的重要因素。由于中职的专业目录未能与高职的专业目录全面对接，因此，教育主管部门或教育研究院应协调组织中职和高职院校专业教师共同研制中高职衔接教学标准和课程标准，统筹安排中高职衔接的专业人才培养方案，以减少中高职课程内容的重复，实现中高职教学内容的和职业素养衔接。行业企业深度参与中高职衔接教育也是解决我国中高职课程有效衔接的重要措施。行业企业是用人需求方，是中高职院校培养人才的主要接收方，它是游离于中职和高职的第三方，能够明确实际岗位对职业能力的要求，保障课程与行业企业岗位的需求相对接，避免课程设置重复，有助于中高职课程衔接的协调性。

粤北山区职业教育精准扶贫对策研究[①]

覃礼媛[②]

摘　要：乡村振兴战略既为我国农业农村改革发展指明了方向，也为乡村职业教育发展指明了方向，乡村职业教育在推进精准扶贫中具有不可替代的作用，是实现乡村经济社会可持续发展的必然选择。本文基于粤北山区职业教育发展现状，对乡村职业教育精准扶贫的供需矛盾进行分析，从而提出优化乡村职业教育精准扶贫的政策环境，落实精准聚焦；探索乡村职业教育精准扶贫路径，实现拔根除贫；健全乡村职业教育协同管理体系，保障扶贫长效的对策建议，以期从根本上助力粤北山区实现乡村振兴，走向全面小康。

关键词：粤北山区　乡村职业教育　精准扶贫

党的十九大报告强调农业农村农民问题是关系国计民生的根本性问题，坚持农业农村优先发展，实施乡村振兴战略。这一战略既为我国农业农村改革发展指明了方向，也为乡村职业教育发展指明了方向。根据人力资本理论，教育精准扶贫功能体现在提高贫

①基金项目：广东技术师范学院2018年研究生创新课题"粤北山区乡村职业教育精准扶贫研究"（项目编号：GSY201817，主持人：覃礼媛）阶段性成果。

②覃礼媛（1993–），女，四川达州人，广东技术师范学院教育科学与技术学院2016级硕士研究生，研究方向：职业教育管理。

困人民进行生产的能力，实现人力资本的增长。职业教育则是教育精准扶贫实效性最大的一种教育类型，能够实现与产业经济的零距离对接，促进农业产业发展，从根本上消除乡村山区的贫困，阻隔贫困代际传递。乡村职业教育在推进精准扶贫中具有不可替代的作用，是实现乡村经济社会可持续发展的必然选择。

一、粤北山区职业教育现状

广东省职业教育的区域差异性源自于广东省珠三角地区和粤东西北地区的区域经济发展不均衡不平衡，珠三角地区是发达地带，而粤北山区是欠发达地带。粤北山区指广东省北部山区，包括韶关市、清远市、河源市、梅州市和云浮市五市，广东省 21 个重点扶贫开发县（市）中有 16 个都在粤北山区。粤北山区经济实力较弱，2016 年，珠三角地区 GDP 平均为 67841.85 亿元，粤北山区为 5328.69 亿元，二者比值为 12.7:1；珠三角地区三次产业比值 1.8:42.1:56.1；粤北山区为 15.9:38.2:45.9，由此可见在产业结构上粤北地区还处于较低层级。而职业教育方面，珠三角地区有 239 所中等职业院校，粤北山区有 86 所；珠三角地区中职院校在校生数为 58.8 万人，粤北山区为仅 13.72 万人，粤北山区职业教育规模较小，服务山区社会经济发展能力较差。此外，粤北山区职业教育的困境还表现在财政支持力度不足、师资队伍建设不到位、人才培养质量不高、专业设置与产业结构偏差较大、职业教育模式不符合粤北山区社会经济发展特征等，职业教育发展的不协调导致粤北山区乡村振兴战略的实施难以落到实处。通过笔者对粤北山区农民职业教育需求的调研发现，92% 的农民认为职业教育培训十分重要，并希望加强职业教育培训，尤其是种植技术、建筑技术、养殖技术等方面的技能培训。通过对粤北山区乡村职业教育现状和问题症状的精准把握，分析乡村职业教育精准扶贫的供需矛盾和价值取向，探索粤北山区职业教育发展路径，从而实现职业教育与粤北山区经济发展的良性互动与可持续发展。从根本上助力粤北山区实现乡村振兴，走向全面小康。

二、粤北山区职业教育精准扶贫的供需矛盾

乡村职业教育价值认识存在人力资源错位与浪费、社会阶层不平等、功利主义等发展误区。乡村职业教育精准扶贫应以可持续发展为导向，以服务乡村经济发展为发展定位，以扶贫攻坚为主攻方向，围绕粤北山区经济社会发展基础和产业发展实际情况，释放乡村职业教育精准扶贫的优势和潜力，实现精准聚焦、拔根除贫、扶贫长效的价值取向。乡村职业教育是粤北山区产业发展的支撑，新增劳动力就业的渠道和加快脱贫步伐的保证，在精准扶贫中具有基础性、先导性和持续性作用。但当前粤北山区乡村职业教育的发展水平并不能满足精准扶贫的需要，具体表征为以下三对供需矛盾：第一，乡村职业教育办学招生与精准聚焦需求间的矛盾。目前，乡村贫困人口对职业教育的了解还仅仅停留在初级阶段，同样乡村职业教育对区域产业结构和贫困人口的生产能力和职业技能掌握情况也有所欠缺，以上情况均会导致扶贫对象的精准聚焦不那么精准，真正贫困学生可能并未享受到职业教育的红利；第二，乡村职业教育人才培养与拔根除贫需求间的矛盾。拔根除贫的关键在于乡村职业院校培养的人才符合区域社会经济发展需求，能够实现贫困人口顺利就业和自主创业，拥有一技之长。这就要求乡村职业教育充分掌握当地的劳动力市场需求，紧密对接人力资源市场；第三，乡村职业教育管理协同与扶贫长效需求间的矛盾。职业教育精准扶贫是一个系统工程，需要多方共同参与，协同管理。但是从目前已进行的工作中可以发现不同政府部门管理的职业院校扶贫政策和标准往往有所差异，甚至在责权划分、经费投入中存在矛盾与冲突。使得职业教育精准扶贫工作进度迟缓，难以看到成效。虽然有着以上矛盾，但不可否认乡村振兴战略为粤北山区振兴发展带来了前所未有的机遇，更对农村职业教育的创新发展提出了同步升级的迫切要求。乡村振兴是一个系统工程，不仅是经济的振兴，也是生态的振兴、社会的振兴，文化、教育、科技的振兴，以及农民素质的提升。乡村职业教育要立足人才培养、科学研究、社会服务和文化传承之功能，主动担责、主动融入、主动升级，为乡村振兴战略的实施提供高素质技术技能人才保障、智力支持和技术支撑。

三、粤北山区职业教育精准扶贫策略与建议

（一）优化乡村职业教育精准扶贫的政策环境，落实精准聚焦

首先完善建档立卡机制。准确识别，建档立卡，是实现乡村职业教育精准扶贫的前提和基础。精确识别出粤北山区贫困户的贫困状况、贫困类型、致贫原因，以确定适合的职业学习或培训实现就业，达到脱贫的目的；改革现行招生制度。在控制规模的前提下鼓励招收社会失业青年，提高高职单招比例，对贫困家庭子女单独划线、单独录取，使粤北山区的每个适龄青少年都有机会接受职业教育；健全国家资助政策。建立完善的奖、助、贷、补、免、减、勤及新生入学绿色通道全方位贫困生资助体系，有针对性地完善粤北山区贫困学生接受职业教育的资助政策。

（二）探索乡村职业教育精准扶贫路径，实现拔根除贫

强化内涵建设，对接山区优势产业设置专业。根据自然地理和特色产业情况，进行专业建设布局，将粤北山区的特色文化和产业转化为现实的生产力；重视实习实训，加强珠三角山区与粤北山区职业教育的对口支援。通过校企合作、引企入校等方式，共建生产性实训基地、产学研结合研发中心，珠三角山区职业院校（集团）对口支援粤北山

区职业院校，提供实习实训机会，使粤北山区贫困家庭学生接受符合他们预期的职业教育；完善乡村职业教育培训体系。重视对适龄劳动力实施有针对性的近中长期职业技能培训，以最大限度地提高实效，促进就业助力扶贫。职业技能培训能够扩大乡村职业教育扶贫的受益面，也是乡村职业教育服务社会功能的重要体现。比如粤北韶关南雄市竹子资源丰富，便可以发展特色农业经济，当地政府可通过资助、引导对当地贫困人口进行竹子加工技能职业培训，培养竹子加工产业发展带头人等途径，推进技能富民、就业安民，增加当地贫困人口的就业发展机会，实现技能扶贫。

（三）健全乡村职业教育协同管理体系，保障扶贫长效

乡村职业教育精准扶贫的关键在于加大扶贫经费投入。建立以政府为主的乡村职业教育经费投入机制，通过信贷、资助等多形式参与乡村职业教育办学，拓宽乡村职业教育融资渠道，提高乡村职业教育整合资源谋求发展能力，破解乡村职业教育经费瓶颈问题；构建政校行企多方联动的产教联合扶贫机制。建立专门的乡村职业教育扶贫管理机构，加强对同行业的指导与统筹，强化政府、职业院校、行业、企业对于乡村职业教育扶贫开发资源的整合，进一步优化乡村职业教育资源配置；创新乡村职业教育精准扶贫监督评价机制。充分利用大数据平台，建立科学合理的监督评价体系。开发具体的、可操作的评价内容和操作程序；创新评价方法，综合使用定性评价和定量评价，对乡村职业教育精准扶贫成效进行动态监管与及时反馈。

乡村教育与产业发展

乡村振兴战略下农产品营销创新

李金保[①]　　陆翊嘉[②]

摘　要：农业是我国国民经济的基础，农产品营销是解决农民增收脱贫的核心问题。实施农产品营销创新可以解决产品销售效率低下、生产与市场脱节的问题。本文通过对农产品营销现状及问题分析，构建了具有现代特色的农产品营销新模式。

关键词：农产品营销　品牌营销　涉农电子商务

一、农产品营销现状及问题分析

（一）农产品营销地域性较强，信息比较封闭

这主要来源于我国农村村落传统布局是以"村落环绕中心城镇"而建，人口分布呈现"地广人稀"的特点。而这些区域恰恰又都是农产品生产主要基地。产品生产以家庭为单位，市场销售各自为政，产品积压再加上恶性竞争，是当前农产品营销最突出的问题。尤其在丰收旺季，农产品很容易在当地形成"局部市场饱和"，导致产品滞销，菜贱伤农的现象不断发生。这种供需关系不均衡现象的产生主要原因就在于供需信息不对称，农产品地域性强有关。

（二）农产品生产未遵循市场规律

以需求为导向的市场经济，要求农业生产活动必须遵循价值规律的要求，适应供求关系的变化，运用市场对各种经济信号反应灵敏的特点，促进生产和需求的及时协调。而在我国广大农村地区，农产品生产仅凭个人经验与直觉，农产品种类同质化严重，导致农产品价格大起大落，生产经营波动周期化，造成社会资源极大浪费。

（三）农产品营销理念落后

在农产品经营上，广大农民仍停留在传统观念之上，只擅长农业种植，不善于流通营销。农产品销售方式更多的是直接贩卖或被动式地等待客户上门收购，对以互联

---

① 李金保，广州管理学院。
② 陆翊嘉，广州管理学院。

网为基础的新兴市场营销还处于浅尝辄止的阶段。在国家大力倡导下，"互联网＋"已全面进入农村市场。农产品要想实现快速流通，就需要依靠互联网从多元化营销中寻求突破。这为提高农民收入水平，解决农产品销售困境提供了一个新的思路和方式。

二、构建具有现代特色的农产品营销模式必要性

（一）现代农产品营销模式可降低农副产品的流通成本

农产品流通领域对人力依赖性强，行业自动化水平不高，成本支出较大。其中仓储、配送、运输、管理等环节是流通过程中最大的费用支出。建立现代农产品营销体制有利于分析、检查成本费用升降原因，能够对生产流通过程中的各种耗费进行有效的控制和监督，有利于充分挖掘潜力，降低成本，提高农民增产增收的水平。

（二）现代农产品营销模式可以帮助农副产品打造品牌，开拓市场

品牌代表特定商品的属性，体现了生产者某些特定的个性及价值感。知名品牌能够有效地聚合人、财、物等社会资源，在激烈的市场竞争中求得生存与发展。

（三）现代农产品营销模式可以提高消费者的忠诚度

忠诚度是消费者对某一些农产品产生信赖、认同、亲近和推崇，通常会以反复购买以及推荐他人购买的形式来表达。提高顾客忠诚度重要的是产品品质。通过各种营销手段（比如优惠券，团购，会员价，拼团等等）来提升消费者的忠诚度和复购率，永远只能吸引消费者第一次购买，而不能提高顾客满意度水平。

（四）现代农产品营销模式可以促进农村经济可持续增长

构建现代特色的农产品营销模式可以解决传统型农业经济粗放式经营、低效率生产的弊病，实现农村经济可持续增长。首先要发展绿色食品产业，减少农药、化肥等残留物污染；其次要以品牌赋予农产品独特的内涵，实现交易双方的互通互融；再次要采用先进的农业技术，在提升产品质量的基础上降低农作物生产流通成本。

（五）现代农产品营销模式有利于建立标准化的生产经营模式

长期以来，在农产品生产加工过程当中，农户往往根据自身的实践经验而进行农副产品的加工生产，没有一套统一的标准，导致生产出来的农产品质量参差不齐，同类产品之间的差距也较大。这也就是当今农产品生产经营过程中存在的主要问题之一。

三、构建具有现代特色的农产品营销新模式

（一）构建现代农产品营销新模式需要建立新型合作组织

新型农民合作组织是在市场经济条件下，为适应竞争而创建的一种自我管理、自我组织、自我服务、自我受益的基层机构。这是新时期农村经济适应市场经济要求的必然产物，对发展农村经济，调整产品结构，增加农民收入，发挥着重要的作用。

随着农业产业化经营的不断深入，农村众多小生产者与大市场之间的矛盾日益突出，已经严重阻碍了农村经济持续健康的发展势头。政府应该着力培育新型农村合作组织，壮大农村经纪人队伍，发展主导产业，做强龙头企业，创新经营机制。

（二）构建现代农产品营销新模式需要创建品牌营销理念

以农民专业合作组织打造农产品品牌，是最佳选择。塑造优秀品牌，首先需要强化品牌意识的培养。参与合作组织的农民，都应该充分认识品牌效应给自己带来的利益，珍惜并保护好品牌；其次，农产品品牌的构建需要立足于区域特色。长期以来，我国农业的生产实际上是农户分散性经营，不仅规模小，而且没有太大竞争力。农村绝大部分的农产品都还远未实现商品化、品牌化，只能烂在地里；第三，实施农产品品牌营销传播战略。该战略要求充分利用好农产品展销会，实施广告推广，加强公关活动，增进消费者品牌价值的体验；第四，积极对接超市，实施农超深度合作。这样可以为超市节约采购费用，减少农产品供应链上的中间环节，降低了交易成本，提升了经济效益。

（三）构建现代农产品营销新模式需要发展高效经济作物

发展高效经济作物首先需要引导农民因地制宜，调整优化产业结构，突出发展区域特色水果蔬菜、花卉苗木、中药材等高效经济作物，建立标准化农业生产培育基地；其次要求地方政府出台优惠支持政策，安排专项基金，推进高效经济作物种植规模；再次要加大科技精准扶贫力度，建立村级农技推广服务站点，对农民进行技术指导和培训。

（四）构建现代农产品营销新模式需要创新流通机制

创新流通机制首先需要缩减流通环节，快速及时进入消费领域（如超市、便利店、农产品批发市场等），提高农产品流通效率；其次需要开发农产品低温包装和保鲜技术，保持新鲜美味，提升产品附加值；再次，需要在产区附近建设大型农产品物流配套基础设施。冷链物流泛指农产品在贮藏、运输、销售、消费前的各个环节中始终处于规

定的低温环境下，以保证产品质量和性能的一套物流体系，可以帮助农副产品完成从田间到餐桌的保鲜度；第四，需要提高物流信息化水平。应该将广泛用于其他领域的物流信息技术，普及到农产品领域，消除产业链各个环节信息不能充分共享的弊端。有效的信息流通机制，可以让物流信息资源得到全面、准确、及时地发布，有利于降低流通周期，减少物流成本；第五，提高以果蔬为代表的农产品物流系统中的物流效率，降低物流运输成本。政府公安交通等部门应该对运载鲜活农产品的车辆实行"不扣车、不罚款、不卸载"等原则，确保农产品在全国范围内顺利、快速、低成本流通。未来，还应该将免收农产品运输车辆通行费的道路范围扩大到全部收费公路。

（五）构建现代农产品营销新模式需要建立质量认证体系

我国多数农产品来源于以家庭为单位从事农业活动的农民，其投入的农业生产要素（如人力、资金、土地等）极为有限，而且数量众多、分散，充分突出了我国农产品生产的"小农性"这一本质特征。全方位实施"四品一标"，提高农产品质量与安全水平，是政府质量兴农工作的当务之急。首先应该对农产品实施市场准入制度，对进入市场销售的农产品进行无公害认证；其次，将从事农产品生产的散户集中起来，成立农民合作组织，统一实施品牌化、标准化、规模化管理；再次要强化日常监管，实现质量抽检工作规范化和制度化，对不合格的农产品要坚决予以打击和曝光。

（六）构建现代农产品营销新模式需要发展涉农电子商务

涉农电子商务是基于互联网商务平台进行农产品销售。该平台通过降低交易成本，汇聚大量需求信息，提供金融服务等方式降低了村民及其合作组织进入市场的壁垒，使得信息闭塞的村民不会受限于自身财力和能力的不足，而平等地参与到市场竞争中去，并能在交易中获得可观的利润。

关于大学生农村电商创业项目的思考

杨 越[①]

摘 要：党的十九大提出实施乡村振兴战略，是以习近平同志为核心的党中央着眼党和国家事业全局、顺应亿万农民对美好生活的向往，对"三农"工作做出的重大

---

① 杨越，广东农工商职业技术学院。

决策部署，高职高专院校如何响应党中央的号召，结合大学生创新创业活动，服务农村，是摆在我们面前必须要认真思考的一个重要问题。本文通过对大学生农村电商创业的市场分析、市场定位、服务设计、发展路径等方面的分析旨在探讨有针对性地先从满足校内师生这方面的需求，通过电商线上平台及线下超市代售农村的农特产品，开拓销售渠道，实现公益帮扶村镇村的同时，达成项目的盈利的大学生电商创业服务农村的可行性。

关键词：大学生　农村　电商　创业

一、市场分析

（一）市场概况

党的十九大提出实施乡村振兴战略，是以习近平同志为核心的党中央着眼党和国家事业全局、顺应亿万农民对美好生活的向往，对"三农"工作做出的重大决策部署，是决胜全面建成小康社会、全面建设社会主义现代化国家的重大历史任务，是新时代做好"三农"工作的总抓手。高职高专院校如何响应党中央的号召，结合大学生创新创业活动，服务农村，是摆在我们面前必须要认真思考的一个重要问题。

当今社会，我国农村发展互联网已成为信息化时代的主流，农村居民中网民数量越来越多，截至2017年6月，我国农村网民占比为26.7%，规模为2.01亿，预计2018年中国农村网民规模将达2.4亿。在互联网发展的推动下，农村居民对网络购物及产品的网络销售渠道需求越来越大，农村发展电子商务的意义重大。

（二）市场前景

农村电商涉及农业服务领域、农村服务领域、农民服务领域、农村医疗卫生服务领域。近年来，我国政府、企业纷纷加大对农村电商基础设施建设投入。商务部电子商务进农村综合示范活动以完善农村电子商务基础设施为主要实施内容。电商进农村综合示范活动截至目前在全国已投入125亿，覆盖756个县，建设1051个县级运营中心，5万个村级电商站点，服务涉及275万贫困户。随着活动的深入开展，县级运营中心和乡村服务站的覆盖面将进一步扩大。商务部还支持15个省建设了304个农产品仓储冷链中心，联合15家知名电商平台开通电商扶贫频道。在多方重视的背景下，政校行企的公益创业项目既是顺应"互联网+"发展的潮流，也是助力农村电商发展，大有发展前景。

1. 打破困局 新鲜绿色农产品符合新时代大众需求

所有农产品生产和消费都有一个怪现象，越是偏远的地方环境越好，农产品质量越天然越有保障，而且越便宜，"好产品、卖不出、价格低"成了农民的心头痛，信息不对称造成农民的利润低，打击农民种养积极性；然而越是在大城市，种养环境越糟糕，产品反而越贵，却恰恰没有很好的质量保障，"找不到、买不了、不敢吃"成了农产品消费的三个困局。说明在大城市，新鲜绿色农产品逐渐成为人们生活的首要选择，符合新时代的大众需求。而传统农产品要走出农村走进城市还必须先解决规范生产、营销平台、商品流通、信誉溯源这几个痛点。在目前的大数据时代下，互联网技术高速发展，工商行业迅速崛起，精准扶贫农村电商创业项目通过电商平台则能打破此困局，构建线上、线下、物流三位一体的商业模式，以更高效、更宽广的方式宣传，帮助村镇输出绿色天然的农特产品以及生活用品，满足师生对绿色产品需求的同时，团队也从帮扶中获得一定的利润。其优点可以概括为以下 4 个方面：扶贫公益，长效助力扶贫；质量保证，货真价实物美；种类齐全，物品多种；选购便捷，网购可配送到家，方便在校学生及临近居民选购。

2. 铸造品牌 以农村为核心包围城市大格局

目前市场上的电商平台逐渐意识到农村电商的战略性，但发展农村电商仍有一定的壁垒。包括以物流、包装、时效性等为主的农产品运输弊端，解决这些问题仍需要研究。所以目前的市场规模是大而零散的，农村电商创业项目可以通过强大的电商平台迅速构建出以农村为核心包围城市的大格局，实现急速配送、基地直供、冷链配送、安全监测、自建物流组等功能，加入市场竞争，抢占市场占有率，铸造出自己的品牌，建造更多的市场壁垒阻止其他电商平台的介入。

二、市场定位

农村电商的目前的市场虽呈增长趋势，但对比其他农村电商而言，大学生创业缺乏更广泛的渠道，因此面对日益激烈的市场竞争，必须确定项目能够提供有效服务并能获取最大利润的目标市场，而不是试图在整个市场上竞争。

（一）市场细分

农村电商项目是以精准扶贫为基体的，承载其上的农村电商，其市场趋向多元化，有相当的深度与广度。需针对多元化市场输入不同类型的产品，以满足消费者的需求最大化。根据市场调研的分析，主要通过消费动机及消费习惯进行市场细分。

1．消费动机

可以在学院内部通过对在校老师和学生购买产品进行了问卷调查，根据消费者的消费动机，可以将产品分为食物类农产品和其他类产品。根据调查结果显示判断分析消费者是否受健康且绿色的农产品吸引而产生购买的，是否还应在公益上加大力度。

2．消费习惯

在对价格、服务、新鲜度、品类四个购买时考虑因素排序，根据这些消费者的消费习惯，将产品细分为品类、价格、新鲜三类，判断产品销售率最高的是什么。

（二）目标市场选择

1．选择目标人群

创业团队可以尝试主要定位的目标人群为喜欢天然与绿色食品的青年学生，小资及中等阶层注重健康的教师人群，其特点是喜欢健康，对产品新鲜及营养价值需求较高。据此，团队会为其推荐特色农产品，如：水果、土鸡、绿色蔬菜等产品，从而满足师生的喜好。

2．选择目标市场

面对复杂的市场变化，单纯的选择任意一种目标市场策略都是不足以取得成功的，应运用多种战略。

三、服务设计

（一）线上服务

为了方便在校老师和学生购买电商平台的农特产品，团队可以推出了线上预定和预售的平台。老师和同学可以在平台上选择预定自己想要的农特产品。完成预定后，货物会先送到学校，再由团队成员按照预定要求送往指定地点或者由客户到店自提。

创业团队可以为买家提供购买指南、购买方案等，为卖家提供管理服务等帮助。只要客户有什么问题都可随时向团队反应，届时会根据客户的反应，对平台进行相应完善，让平台设计更加人性化，让用户有更舒适的网购体验。团队设置客户服务中心，为广大师生提供精准售前售后服务，同时快速处理投诉单。当老师和学生前来咨询与解决问题，可以提供行之有效的解决方案。

（二）线下服务

超市：为落实项目建设，团队在校内设立大学生创业超市，超市内产品种类齐全，校内老师和学生不仅能在超市中购买农产品，还能购买零食和一些日常用品，满足老师和学生的日常需求。超市人员热情有礼，为顾客提供优良的服务，让顾客在创业超市有很好的购物体验。且超市作为我们的一个服务站点还可为线上预定的产品提供一个客户自提的地点，为顾客打造最良好的服务。

（三）展销

为深化项目建设，加大帮扶力度，尝试在校区举办以农特产品为主的展销活动。为方便在校老师及学生方便购买农特色产品，团队可以在展销现场实行预售和直接购买的方式购买农特色产品。例如农产品可以预定，零食可以直接现场购买。实时跟进产品销售情况，做好老师和学生的服务工作，加深广大师生对团队的印象，树立良好的信誉和口碑，同时可以扩大宣传。

（四）助力精准扶贫

创新创业团队通过与企业共建农村电商平台，旨在把贫困村的农（特）产品推出去、发达城市的电器、日常用品等优质产品引进来，以"消费扶贫"作为理念（每一笔消费纯利润 75%）为贫困学生助学、贫困户农业生产成本投入等筹集帮扶资金，助其脱贫。贯彻落实精准扶贫的政策，在线上、线下超市宣传扶贫的思想理念，使得扶贫思想深入学生、老师以及各阶层社会人士的心中，使得人们更加了解这个项目，真正使这个项目落实到实处，促进村镇当地的发展。

关于一体化乡村职业教育的研究

黄　锵①

摘　要：从乡村职业教育的发展历史出发，总结国内外的乡村职业教育情况，指出目前国内存在的不足，根据乡村现状，提出我校可从政治、文化、技术三大方面，以一体化的模式推进乡村职业教育，具体落地到"建设一个党支部""会唱一首歌、会跳一支舞、会画一幅画，会看一本书"和"能用一种工具，能懂一种技术，能会一种服务"的指标来实施乡村教育。

关键词：乡村　职业教育　一体化

---

① 黄锵，广东农工商职业技术学院。

一、乡村职业教育研究情况

截至 2016 年，我国乡村人口的比重为 42.65%、第一产业产值占国内生产总值 8.6%，乡村就业以私营企业和个体经营为主，分别有 5914 万人和 4235 万人 [1]，根据以上数据，我国乡村存在人口多但产值低的情况。乡村进行产业转型，提高产值迫在眉睫。而转型的关键在于人才，必须依靠教育从根本上解决产业人才的问题。

（一）对国内乡村职业教育的情况

随着我国经济持续增长、城镇化进程的不断推进、产业结构调整持续深化，乡村应该如何面对社会发展的大浪潮逐渐成为研究的热点。培养出懂知识，会技术的新型乡村劳动力，以适应乡村经济从低附加值向高附加值转型、乡村的生产从劳动密集、粗放型生产向集约化发展，成为乡村职业教育的重点和难点。目前，学者对乡村职业教育的研究主要分发展历史、政策制度和产业融合实践。

（二）对国外乡村职业教育的情况

在国外发达国家依然重视农村人力资源的开发，对乡村职业教育都做出部署和规划。德国为保障职业教育，从 20 世纪 50 年代起就制定了一系列的职业教育法律法规，强调"城乡等值化"，形成学校、企业和政府共同负责的制度来推动职业教育的发展。在乡村职业教育领域，德国联邦政府牵头成立的"德国农业青年协会"和其他企业组织专门针对乡村青年进行教育，政府对投入乡村职业教育的企业减免税收、对参加学习的农民减免杂费并提供补贴。美国"乡村复兴"模式中，通过"工读课程计划"，开展丰富多样的农民职业教育课程，以提高乡村居民的综合素质。韩国专门设立"新村运动本部"用于指导全国的"新村运动"。

二、乡村职业教育面临的挑战

虽然我国的乡村职业教育发展平稳，但仍然存在着不少挑战：

1. 如政策法规和相关制度有待完善。德国等国家的乡村职业教育历经超过半个世纪的发展，各项法律法规和政策制度日趋完善，而我国 1996 年才颁发了第一部职业教育相关的法律。

2. 如何统筹职业教育与本科、研究生教育，制度建设任重道远。

资金保障仍需加强。经费投入的不足，都制约着我国乡村职业教育的发展。

3. 社会观念的约束。高学历才能出人头地、务农是低级劳动等传统的认知束缚着乡村职业教育的发展。厌农、鄙农的情绪仍然存在在当今社会之中，"离农"现象严重。

4．课程设置统筹难。由于我国面积广大，乡村布局分散，各个乡村之间生产特点、农忙时间各不相同，推广职业教育时难以定义统一的课程内容。

5．乡村发展不平衡、不充分。各个乡村的基础设施条件、受教育水平各不相同且存在较大差异，具有较大的施教难度。

6．缺乏落地可行方案，产业结合情况相对单一。

三、一体化的乡村职业教育模式

面对我国广大的幅员，各个地区的乡村情况差异大，发展不平衡的特点，推进乡村职业教育需要因地制宜、量身定制，从经济、政治、文化、社会、生态文明五个方面统筹规划，为乡村定制成龙配套的一体化教育。而我校作为农、工、商三位一体的综合性的高职院校，具备实施"一条龙"乡村职业教育的条件，无论在思政、艺术，还是工商领域都有着优秀的师资，我们需要打破院系专业的壁垒，协同创新，团队合作，从政治、文化和技术三个层面落实乡村职业教育。

（一）政治进乡

乡村职业教育必须是一种政治教育。乡村人口是我国人口的重要组成部分，占据近半的比重，乡村人口的基本素质影响着我国人口的总体素质。但受制于我国的历史原因，经过封建社会的数千年统治，目前的乡村仍存有不少的遗风陋习。文献指出，目前偏远地区的乡村，存在着缺乏党员，某些乡村中甚至存在支书岗位明码标价，林矿资源肆意买卖等触目惊心的情况。乡村职业教育的重要任务之一便是肃清官僚主义、封建迷信等错误思想。借鉴梁漱溟"创造新文化，救活旧农村"的思想，结合儒家传统中的道德观、积极入世等精华传统，我校可在乡村职业教育环节以讲座、课程的形式，弘扬宣讲"富强、民主、文明、和谐，自由、平等、公正、法治，爱国、敬业、诚信、友善"的社会主义核心价值观，用社会主义新文化改造乡村的思想文化领域，清除糟粕。

（二）文化进乡

乡村职业教育是一种基础文化教育。在我国的乡村生活中，不少乡村仍存在着文化素质偏低的情况，教育程度大多为初中及以下。例如文献指出，湛江市农村人力资源中，高中以上学历的仅占2.03%。文化水平不足，一方面直接导致乡村文化生活的单一，存在着以赌博为娱乐活动的不良现象，另一方面也束缚着乡村人口的视野和见识，出现沉迷封建迷信活动、日益加重红白彩礼等不良风尚。

因此，在落实乡村职业教育的时候，必须重视基础教育环节。部分乡村的现状，迫切需要能够通过教育，让村民"会唱一首歌、会跳一支舞、会画一幅画，会看一本书"，来提高乡村人口的整体文化水平，丰富精神生活，断绝陋习。为更好的送文化入乡，可定期组织教师、学生走进乡村，结合乡风特色，指导村民学习、创作文化作品，向乡村提供社会义工等服务，改善乡村文化生活和日常生存环境。

（三）技术进乡

乡村职业教育是一种技能教育。文献指出，乡村经济的发展，不应该仅仅只是体现在为其他产业的发展提供劳动力资源，而需要解放出乡村的生产力，在为其他产业释放劳动力的同时，生产出更多、更好的农业产品。文献认为，职业教育需要让接受教育者掌握一技之长，达到"教育（培训）一人，就业一个，脱贫一家"的效果。乡村职业教育需要能更好地为乡村创造出价值。这种价值的创造，体现在对非农业类和农业类的技能培训、教育上。随着我国社会主义进入新时代，乡村人力资源也应该产生新的形态：

1. 信息化能力

互联网技术，尤其是移动互联网的迅猛发展，我国步入了数字时代、信息时代。无论是学习生活，还是工作当中，无论是传统行业，还是新兴行业中，人们的信息活动愈发活跃。信息设备和信息处理技术的获得门槛逐渐降低，已经从原来学术殿堂的概念，逐渐转变成日常社会活动中的必备技能。即使是高校大学生，也存在信息处理能力不足的问题，导致各国纷纷颁布了信息能力标准以指导教育的实施。因此在乡村职业教育中，加入信息处理能力的培养和训练是时代的要求。

2. 专业技能能力

乡村职业教育不能仅仅局限与农业技能。现代社会化的大生产使得产业间的结合越来越紧密。日本"一村一品"的发展思路，强调对农产品进行再加工、深加工，以提高其附加值。因此，乡村职业教育需要拓展视野，找准突破产品，站在完整产业链的角度，对产品进行深度开发：从农业技术着手，提高产量质量；利用工业技术进行再加工，延长保质期，增加衍生产品，提升产品附加值；依托服务业进行后加工，完善产品的售后服务或行业应用，令产品进入完整的生命周期闭环。

3. 职业经理能力

"创业难，守业更难"，信息技术只是一种工具，利用工具、运用技能可以创造出新的价值，但是如何保持产出，维持乡村经济、生活的良性循环，离不开优秀经营能力的支撑。如何利用新媒体进行营销推广，如何提升售后服务质量，如何节省生产运营成本等等问题，是以前种田卖果的传统乡村经济所没有遇到过的新挑战，也是从传统的乡村生产模式向新型的生产经营模式转变过程中，必须解决和面对的问题。在乡村职业中普及财务知识、营销技巧是保障乡村发展的重要环节。

现代信息技术助力农垦产业升级

李振军

摘　要：本文主要介绍了全国农业信息化的工程中，学院计算机学院和网络中心，利用自身技术优势为广东农垦橡胶产业信息化建设服务的项目及效益情况。

一、项目背景

橡胶是广东农垦的一个重要产业，在生产、加工和销售等方面已经形成了一套比较系统完善的流程，在信息化建设方面，经过"十二五"期间的逐步建设，已经初步形成了深入进行信息化建设的基础。但是，由于环境、工作习惯等客观因素以及橡胶产业本身的特殊性，整体信息化水平不高，尤其是基层农场。在信息化建设方面，橡胶基地农场的信息化仍有较大的提升空间。在这种情况下，广东农垦根据《农业部办公厅关于开展国有农场信息化试点工作的通知》的要求，先期启动了广东省胜利农场的橡胶信息服务平台的建设工作。

自 2012 年以来，广东农工商职业技术学院计算机学院和网络中心响应学校号召，利用自身优势，一直致力于服务广东农垦信息化工作，先后主持了文化信息资源共享工程项目、广东农垦信息化发展规划项目的调研和方案编写工作，自主研发的橡胶生产管理系统，已经在广东省胜利农场投入使用，效果良好。目前，该项目正在广垦橡胶农场逐步推广。

二、系统简介

橡胶生产管理系统，是基于云计算与物联网等核心技术，采用物联网技术和移动终端设备，实现以多元服务为主导的橡胶种植、割胶管理等为一体的专业管理平台，实现了橡胶种植生产领域的信息化精准规范管理。该系统目前部署在广东省胜利农场试点使用，覆盖橡胶生产过程的树位管理、胶工信息管理、割胶信息管理和收胶自动识别称量、灾害防治系统、成本分析决策支持系统、掌上信息服务系统等。

该系统的建设，将云计算和物联网技术应用于橡胶种植生产领域，在国内尚属首次，推进了信息技术与橡胶产业的深度融合，加快了信息技术对橡胶产业的改造升级，实现了从具体的生产管理向技术、经营等产业高端环节的创新转变。

该项目 2013 年获农业部农垦局专项资金资助，共投入 100 万元用于研发，先期试行的广东省胜利农场也凭借该项目成为全国农垦九个信息化示范农场之一。

2013-2016 年，分别完成了"基于物联网的橡胶生产管理系统"一、二期建设任务，目前该系统已覆盖了广东省胜利农场全部 2050 个树位、600 多名割胶工以及 44 个生产队的生产信息化管理。系统的主要功能如下：

（一）树位管理

数据导入导出功能：结合土地信息管理系统，支持树位数据导入、导出，方便修改；

树位信息维护：结合现有的土地信息管理系统，将橡胶划分为若干个树位进行管理，维护每个树位的相关信息：地理位置、橡胶树株数、树龄、品系等；

承包信息管理：管理维护树位对应的承包人及承包相关信息；

对开割树位的信息管理，如：橡胶树的品系、树龄、株数、产量，中小苗转开割树等；

树位信息查询：查询树位相关的基础数据和生产数据。如：查询树位的承包人、品系、株数，分析比较不同树位的产量，查询橡胶树位的各种历史记录。

（二）割胶工信息管理

胶工基本信息管理：对农场 2000 多名割胶工的基本信息，如姓名、出生年月、性别、籍贯、住址身体状况等进行管理；

胶工等级管理：根据相关的评定标准，对胶工的技术等级进行管理；

承包树位信息管理：对胶工承包的树位信息进行管理；

胶工综合信息查询：可查询胶工的基本信息，胶工的承包信息，胶工的生产数据，出勤情况，并对割胶产量进行对比分析。

（三）割胶信息管理

割胶数据管理：在各个生产队的收胶站，工作人员通过设备读取胶工的 IC 卡，系统自动调出胶工的信息，然后通过电子秤称量并记录该胶工的相关生产数据；

胶水样本管理：对胶工送来的胶水，工作人员随机取一个带有 RFID 标签的样，取样本，并通过 RFID 标签读写器，读取标签信息，自动记录到系统中；

干含数据管理：带有 RFID 标签的胶水样本被送到农场化验室后，干含测定人员，通过 RFID 标签读写器，读取信息，将测定结果输入系统中；

误差调整：由于农场的干含测定和加工厂的干含测定可能存在一定的偏差，化验室相关人员根据加工厂的最终数据对产生的误差进行调整，系统则自动将误差合理分解的每个胶工；

割胶数据查询：查询胶工、生产队、片区等的橡胶生产信息，割胶的株数、刀数、胶头产量、杂胶产量、胶水产量、胶线产量、割胶日期等；

报表管理：根据农场生产管理的需要，定制各种统计分析报表。如胶工、生产队的产量排名，计划完成情况，胶工的产量动态分析。

（四）收胶自动识别称量

在农场 16 个收胶站，全面采用 RFID 技术，在胶水样品瓶上贴上 RFID 标签（收胶），在农场的干含测定中心，通过 RFID 标签读写器识别样品信息，以避免干含测定过程的人为数据错误发生；（采用低频、耐用的电子标签，首批使用的电子标签样品盒为 2000 个，手持式电子标签读写器 20 个）；

生产队收胶站收胶时，设置在收胶站的称量系统可以读取胶工的身份 IC 卡，电子秤既可以通过有线，也可以通过蓝牙进行称量传输，方便、可靠，能大幅提高收胶的准确度和工作效率，降低人工成本。

（五）GPS 树位查询系统

开发用于具有定位功能的智能手机和平板的应用，当用户进入某个橡胶数位时，就可以通过定位，自动展示当前所在地位的相关数据，包括橡胶树的品系、树龄、株数和产量等信息等，并可查询展示出其他临近树位的有关数据进行对比。

三、主要特色

1. 胶水样本瓶的完全随机匿名，通过安装在样本瓶底部的 RFID 标签、PDA 和读卡器，完全实现了胶工胶水样本瓶的匿名处理，避免人为因素对生产数据的影响；

2. 胶水的自动称量，采用蓝牙电子秤代替传统的磅秤，收胶员通过 PDA 设备，实现快速称量，数据即时进入系统，实现胶水称量的自动化；

3. 快速确定干含，在农场中心化验室，化验员通过配有读卡器的平板电脑，可快速完成胶工样本的测定，大大缩短了测定的时间；

4. 病虫害的有效防治，通过橡胶生产管理系统，实现橡胶叶片等部位图片样本的比对，通过服务平台专家系统的分析，可有效提高橡胶病虫害的预防能力；对于病害预警来说，就是按照"预防为主，综合防治，保护环境"的原则，向用户提供防治建议；能够根据最新的调查、监测数据（用孢子传感器和温湿度传感器采集地块土壤和空气中的元素指标数据）和气象数据后，从系统的"知识库"中调取预警信息模板并进行填充，结合相应的专家知识库，系统能够根据已经设定的预警指标，发送短信、邮件或者系统消息实时的进行病虫害的监测预警；

5. 生产数据的即时性，通过以物联网、云计算和移动终端应用为基础的橡胶信息服务平台，生产的相关数据基本上可以即时查询，当天的生产数据当天就可以查询统计了；

6. 成本分析与决策支持，利用云计算和大数据技术，实现多种多样的生产数据统计分析，为管理层的决策提供科学依据；

7. 信息及时推送，通过移动服务平台，可以将相关生产数据和重要信息及时推送到有关人员的手机、平板电脑等智能终端设备。

四、推广应用及成效

目前，橡胶生产管理系统已经在广东省胜利农场完成部署实施，并推广到团结、火星农场，其他橡胶基地农场也将逐步实施。

（一）经济效益

项目实施后强化了生产信息化管理，准确指导橡胶生产，细化橡胶生产管理，预计每个农场当年干胶增产62吨，企业增收90多万元，之后橡胶产量逐年增产20吨以上，增收30万元；项目实施后建立了庞大的信息平台加强了各部门的协作，进一步实现信息共享，每年节省办公管理经费5万元。

（二）社会效益

通过项目实施，农场信息中心运用"橡胶生产管理系统"每天对胶工收入进行"天天算"，可进一步提高工人的积极性，使职工增收，达到稳定职工队伍，促进农场繁荣，带动周边经济发展的目标。

（三）生态效益

通过项目实施可以提供和整合出精确数据，进一步指挥生产，以此避免橡胶生产施肥用药的盲目性，减少化肥和农药的投入和使用，一定程度上改善了土壤理化性质，促进了农场生态胶园建设。

农民计算机基础培训与信息化教学融合策略的研究

蔡建轩[①]

摘　要：实施乡村振兴战略，是党的十九大做出的重大决策部署，是决胜全面建成小康社会、全面建设社会主义现代化国家的重大历史任务。农民作为乡村发展的主体，其职业能力将成为乡村振兴的重要因素。随着信息技术的发展，计算机基础成为农民职业能力中重要的部分。目前，科学技术发展迅猛，信息化的运用随处可见，信息化逐渐成为教学过程中的重要手段，笔者针对农民计算机基础培训存在的问题展开分析，结合计算机应用基础教学经验，将信息化教学手段融入计算机基础课程培训，探索研究了计算机基础培训与信息化教学融合的策略，旨在解决农民计算机基础培训过程中存在的问题。

关键字：农民计算机基础培训　信息化教学　融合策略

一、农民计算机基础培训现状分析

（一）农民群体本身存在的问题

首先，农民一般集中关注与自身利益直接相关的农务实用知识和技能的学习，缺乏对其他领域学习的兴趣；其次，农民群体的缺乏系统文化水平，缺乏较好的学习氛围；第三，农民日常忙于农务，学习时间需要高度适应农务生产，学习受到农务工作的限制。

（二）计算机基础培训课程有待改善

首先，计算机基础培训课程教开展模式存在不足。目前，信息化教学设施已越来越先进，但计算机教学课程教学仍然存在很多了落后现象，教学模式与先进的信息化教学设施不匹配，发展滞后。当前，计算机培训课程一般设计为理论加实操两个环节，旨在以理实结合的方式，让受训农民构建基础知识结构并锻炼实际操作能力。然而在开展的过程中，大部分教师教学过程缺少灵活性，沿用落后的教学方法，培训内容枯燥无味，缺乏拓展。在理论课教学过程中，无法利用新颖的手段贯穿整个教学过

---

① 蔡建轩，广东农工商职业技术学院。

程，勾起受训农民的学习兴趣。课后，受训农民需要利用农闲时间，通过微信等易用型 APP 进行复习来补齐课堂学习中缺漏的知识，而教师往往在课后环节没有过多的补充设计，没有制作教学资源供受训农民进行复习。因此，在这种模式下，受训农民在学习过程存在的问题无法得到充分解决，降低了学习的效率。

其次，课堂教学手段单一。在实际课堂教学过程中，受训农民的学习兴趣无法在教师单一的教学手段下被激发，达不到"课开始兴趣生，课进行兴趣浓，课结束兴趣存"的效果。对于计算机基础知识和课程核心知识涉及的办公软件的理论性知识需要教师结合书本去讲解。大部分教师讲解理论知识仅结合课件进行单一讲授，缺乏对理论知识本身的枯燥性以及受训农民对知识的掌握情况的考虑，无法调动受训农民的好奇心。教学手段单一易引起学习兴趣的丧失，受训农民疲于对文字的讲授与阅读，无法化解学习的重难点，同时产生疲劳感对课程的厌恶。

二、信息化教学的优点

首先，信息化本身具有较强的交互感，多数信息化手段新颖有趣，可以充分将枯燥无味的文本学习资源转为生动有趣的交互式教学资源，通过信息化硬件和网络的支撑，形成一个趣味、内涵丰富知识环境。

其次，利用信息化手段开展教学，可以创设出更好的学习情境，激发受训农民的学习积极性，让受训农民在接受知识信息的过程变被动为主动。

再者，利用信息化手段，课上营造良好的课堂教学模式，课下可以提供大量基于微信 APP 的数字化学习资源给培训对象进行复习，并为师生提供了一个线上交流途径，加强沟通，及时解决教学存在问题。

最后，将信息引入到课堂管理中，可以对培训对象进行严格管理，对不认真学习的学生形成一种约束，从而提升课堂纪律的质量。

三、农民计算机基础培训信息化教学策略

（一）强化信息化教学思维，进行科学教学设计

作为计算机专业教师，笔者认为教师本身应该从专业的角度，强化信息化教学思维，善于将信息化教学手段实际应用到课程中，让信息化的成果反哺计算机应用基础课程教学过程，提升教学效果。在强化信息化教学思维的基础上，开展基于信息化的教学设计，教学设计分课前、课中和课后三个阶段进行。

课前环节，教师根据受训农民自身特点，引入信息化手段，选择有利于激发农民学习兴趣的教学方式。目前受训农民普遍存在缺乏学习兴趣、基础知识薄弱、纪律性差等特征，教师要充分考虑这些特征开展教学设计。起初，教师可以根据课程内容进行视频演示等，在视频中放入与"三农"问题切实相关新闻和图片等，以直观的方式创设受训农民关注的教学情境，勾起受训农民的兴趣。接着，选择任务驱动式教学手段，考虑农民基础方面存在的差距，以分组教学讨论等方式让受训农民共同进行完成实操任务。

课中环节，受训农民学习兴趣会严重影响学习效率的提升，因此教师要在课程设计中做到环环相扣，保证所有课堂环节的关联性。教师可考虑巧妙使用信息化元素，帮助解决计算机应用基础课程重难点问题。

（二）采用可靠信息化技术，构建新型课堂

在课堂导入方面，有许多种不同的方法可以使用。比如采用情境导入法，在情境导入的过程中，创设计算机应用基础技术在农务方面的应用场景，通过视频和动画等方式，引起受训农民兴趣，达到"课开始兴趣生"的效果。对于技术的应用，视频与动画凭借其可以化静为动、化抽象为直观的功能，丰富了教学内容，创设了生动形象的场景，极大地激发了受训农民的学习热情，有效地提升了受训农民对课堂的兴趣。

理论课讲授过程可采用信息化手段加强师生互动。作为受训农民，学习过程需要多提问，但却不能影响课堂教学秩序，用信息化手段进行课堂学习交流，如弹幕等方式，只需用微信扫一扫就能完成教师与学生的受训农民，可以解决计算机应用基础课程师生交流不足问题。

利用微信等易用的平台，构建线上线下课堂。课堂的教学中，教师的操是标准化的、不可逆的，而时间是有限的，往往无法在短时间内记住操作的流程，因此教学过程存在很多问题亟待解决。因此，需利用微信等易用的平台，制作 Word、Excel、PPT 标准化操作微课资源，让受训农民可以重复性地学习观看，并将存在的问题在空间上进行留言，使课堂教学永不下线，加强了教师与受训农民的沟通，更好地解决教学问题。

（三）信息化教学管理，有效提升学习效果

农民的纪律观念相对较低，因此在教学管理方面，可以采用信息化手段，达到精准管理。在考勤管理方面，若采用人工点名的方式，会有多数受训农民在漫长的点名过程中感到无趣乏味。采用签到软件，受训农民通过扫码进行签到，可以提高考勤效率和趣味性，从侧面提升了课堂的乐趣。

在实操课实训过程，由于受训农民在理论课中对教学模式的弊端而产生了对课程兴趣的缺乏，在课堂上表现出懈怠，会在课堂上做与课程无关的事情，扰乱课堂纪律，采用电子教室管理平台，对受训农民操作画面进行监控，并让受训农民在管理平台上反映问题，通过该手段实现对课堂的有效管控，优化课堂纪律。同时，对受训农民操作过程存在的明显问题，教师可以通过屏幕监控的方式，及时发现并做针对性的指导，使其能及时改正，改善培训效果。

四、结束语

综上所述，采用信息化教学方法，可以解决农民计算机基础培训过程中存在的问题。培训教师需要从信息化与培训课程融合的角度展开探索，逐步探索适合农民计算机基础培训的信息化教学手段，解决教学过程中存在的问题，提升培训质量，打造具备计算机应用能力的高素质农民，为服务乡村振兴贡献力量。

"互联网+"理念下职业教育的特点与挑战

贾 岛①

摘 要：职业教育改革的一个发展趋势是"互联网＋教育"。虽然"互联网＋教育"存在很多不同的模式，但存在着共同的共性特点。教学中心转变，信息化程度加深，沟通多元化、扁平化等都是"互联网＋教育"理念的特点。而伴随着特点，教师也面临着相应的挑战。

关键字：互联网＋教育 去中心化 信息化 扁平化

一、"互联网＋教育"是职业教育发展趋势

近年来，"互联网＋教育"已经成为职业教育的一个发展趋势。李克强总理于第十二届全国人民代表大会第三次会议的政府工作报告中已经提出了"互联网＋"战略方向。同年在国务院印发的《国务院关于积极推进"互联网＋"行动的指导意见》中，

---

① 贾岛，广东农工商职业技术学院。

更是明确将"互联网＋"与教育进行联立，鼓励"新型教育服务供给方式"。

"互联网＋教育"的实质是运用互联网技术，秉承互联网精神，通过互联网资源共享，改革传统教育模式。但事实上，早在"互联网＋教育"这一名词诞生前，拥有互联网精神、使用互联网技术、通过互联网进行教育服务的教育模式存在。

早在 1996 年，美国就已经开展了名为"E-Learning"的互联网教育方面的理念和技术研究。随后涌现出了诸如混合式学习（Blended Learning）、翻转课堂（Flipped Classroom）、慕课（Massive Open Online Courses，MOOC）、小规模限制性在线课程（Small Private Online Course，SPOC）等大量基于或借助互联网进行职业教育的"互联网＋教育"教学模式，并成为自诞生后相当长一段时期，尤其是最近十年，职业教育课程与教学方法改革的一大热点。

二、"互联网＋教育"的共同特点

虽然各种"互联网＋教育"的理论基础、教育模式、教学过程、使用资源各不相同，在针对的教育对象和期望达成的教学目标也各不一样，但与传统教学模式相比，其中绝大多数都具备一些共同的特点和发展趋势，如教学中心转变、信息化程度加深、沟通多元化、扁平化等，这些可被认为是"互联网＋教育"理念的共性。

（一）"互联网＋教育"理念将体现出更强的教学去中心化趋势

教学过程当中两个最具决定性的因素是教师和学生。在传统教育模式下，各级教师对课程及教学内容有着近乎绝对地掌握。教师通过对学生的了解、对行业发展的预测、对用人单位需求的分析等，最终自行决定开设课程的内容及教学进度；而学生则只能被动接受经过教师筛选过的教学内容，可供自主选择扬弃的部分在实际教学过程中往往少之又少。传统教育模式在客观上给予了教师更大的决定权，将教师摆上了教与学过程中的中心位置，并削弱了学生自主学习的能动性，打击了学生的积极性。

而在各类"互联网＋教育"教学模式中，学生则拥有了更多的主观能动性。从学习时间、空间的选择，到学习内容、学习成果的选择，再到课程和学校、教师的选择，各类"互联网＋教育"教学模式不同程度的给予了学生各类选择的权力，并且更有效的发挥了学生自主学习的作用。通过"互联网＋教育"理念对教学过程控制权的再分配，教学模式进一步向着"以学生为中心"发展，驱动教师更好地向学生服务，将原本以教师为中心的教学模式向多中心化、去中心化转变。

（二）"互联网＋教育"理念迎合了第四次工业革命的发展趋势

第四次工业革命的核心是深度信息化。自第四次工业革命这一理念提出以来，各类技术的发展使大量信息进一步与物质和社会相结合，进一步充斥包裹人类的日常生活，同时也深度影响了新时代的职业教育。如今学生不仅可以通过网络轻易获得远胜于过去的信息总量和教学资源，更通过以智能手机为代表的移动个人信息终端随时随地访问这些信息资源和教学资源。而同时，相当数量的学生表现出了远胜于过去的信息依赖现象，并在传统教学单元中日益体现出来，进一步结合教学去中心化趋势，冲击了原有的传统教学模式解构。

针对这一趋势，"互联网＋教育"采用了"移动学习""泛在学习""碎片化学习"模式进行应对。"互联网＋教育"理念打破了正式学习和非正式学习的界限，将原本以上课时、课堂内、教师面对面指导下进行正式学习为主，其他非正式学习方式为辅的教学模式，转变成以课堂外、教师远程非即时指导的非正式学习为主，或两者并重的学习模式。通过打造富含各类教学资源，方便各类终端，包括移动终端访问的云平台，以满足学生时时学习、处处学习的需求。将学习资源、学习内容和学习过程进行分解，形成碎片式的学习元，以适应当今学生碎片化的学习习惯，并且通过暂停、回放、多次访问等形式，由学生自主控制教学节奏。

（三）"互联网＋教育"理念下的教学过程，师生交流需要更加多元化、扁平化

传统教学模式下，师生交流主要以课堂沟通为主、课下沟通为辅；同时空沟通为主，异时空沟通为辅；教师单一信息源向学生"广播"信息为主，学生多信息源反馈、教师针对性"窄播"信息为辅。而"互联网＋教育"理念下技术的发展，极大地方便了教师与学生、学生与学生在教学过程中进行课下沟通、异时空沟通。尤其是透过 WEB2.0 技术，令学生作为信息源成为可能，增强了学习过程的共享性和互动性。结合教学去中心化趋势，使原本一对多的沟通模式，拓展为一对一、多对一、多对多，甚至多种沟通模式同时存在、相互杂糅，使得师生之间沟通进一步扁平化。

但另一方面，"互联网＋教育"技术虽然使师生之间的异时空交流成为可能，但却需要软件和硬件的介入，与传统面对面交流的课堂相比，反而层级多、不直接、不便捷、信息损失大。相对于课堂讲解，文字、视频、微课等借助互联网的教学手段在信息传递上更为单向，教师难以及时获取学生学习信息，对教学过程进行适当管控；学生也难以及时反馈，获得针对性指导。

三、"互联网 + 教育"存在的挑战

因为"互联网 + 教育"理念与传统教学相比存在的独有特点,教师在进行"互联网 + 教育"时也必须正视一些客观存在的挑战。

如教学去中心化意味着学生可以主动选择教师、选择课程,教师必须主动改变自身的教学模式、教学技法以求满足学生需求,而非学生被动适应教师的教学供给。深度信息化意味着教师必须适应学生强信息依赖的趋势,非但不能刻意阻止学生对信息的渴求,反而应该将教学内容碎片化,利用教学时间空间延长的特点,满足学生对知识的渴求。但碎片化的知识传递常使信息断续、凌乱、甚至自相矛盾,如何将其整合也是教师在"互联网 + 教育"理念下不得不面对的问题。而多元化、扁平化的沟通模式则进一步的挑战了教师对教学的掌控,学生主导的沟通、学生主导的教学、甚至学生成为教与学中"教"的一方都将是"互联网 + 教育"理念下可能发生的情况。

另一方面,仅仅使用互联网教学技术以取代传统教学技术,而没有融合"互联网 + 教育"理念,不能体现出其特点,不肯面对新兴挑战的教学方式,也不能被认为是真正的"互联网 + 教育"。

论内生产发展的乡村振兴策略

高文峻[①]

摘　要:本文论述了乡村振兴战略如何进行内生产发展的思路。内生产发展是立足于乡村自身特点和优势,整合外部资源而进行的多目标同时满足的一种发展模式。内生产发展要求振兴战略的实施既要确保环境友好,又要在不同类型的地区有区别的开展工作,而且要耐心从容、有定力地持续进行。要强调发展,但不能被发展主义牵着鼻子走。本论文选用了一些实例对此加以阐明。最后本文还对广东农工商职业技术学院在乡村振兴方面的情况作了一些分析和建议。

关键词:乡村振兴　内生产发展　"三大革命"　区别发展战略

---

① 高文峻,广东农工商职业技术学院。

一、内生产发展的乡村振兴策略的内涵

内生产发展是以地域内的物质与文化资源为基础，以地域经济振兴为抓手，通过居民自主自立，辅之以国家配合性干预，并适当利用外部协助而实现产业振兴和居民生活、生态环境提升的一种发展模式。

本文论述的内生式发展具有如下内涵：（1）它是一种基于乡村自身发展需求，保持和改善乡村本来的自然风貌，使得环境更友好的发展模式；（2）它是充分利用乡村自身地域和经济文化特点，结合国家扶助的外部资源进行融合发展的一种度身定做的方法；（3）它是一种耐心从容，既强调发展，但又警惕陷入发展主义泥潭的理论分寸。

二、内生产发展的乡村振兴策略的具体举措

（一）清洁乡村战略

1. 开展"三大革命"的作用

垃圾、污水、厕所革命称为中国当代乡村的"三大革命"。习总书记强调的这些革命，的确是让中国乡村环境变好的要害所在。发达国家、地区与不发达国家、地区的一个本质性差别就是公共卫生的好坏。有过在国外旅游或工作经历的国人对此皆有着直观而深刻的感受。

宜居是首先要务，只有乡村干净了，才会有更多的人过来在此谋划发展。产业兴旺所需要的建设人才，以及后面来的观光旅游或进行农事生态体验的消费者才愿意光顾。

2. 进行"三大革命"的途径

关于如何进行着"三大革命"，国内已经有研究者提出了具体而务实的措施。措施如下：对于农村垃圾要"加大资金投入，按照人口规模及垃圾产量新建或扩建垃圾处理措施，选择成熟可靠的处理技术和工艺"，并且要"建立长效管理机制，配备保洁员"，"垃圾分类和资源化利用"也要同步进行。对于农村生活污水要"将城市周边乡村尽量纳入市政污水管网，集中统一处理。……条件不具备、基础设施较为落后的村庄可选择分散处理，通过三格式化粪池等简易处理技术，就地进行生态治理"。而农村厕所改造的主体负责者是各乡镇政府，他们要"进行全面的调查摸底工作，摸清需要该厕的户数及农民意愿……该厕的模式选择，在重点饮用水源地区，建议采用水冲式厕所，并集中收集处置，配套自然村建议使用装配式三格式化粪池或双瓮式化粪池等卫生厕所"；后期维护也很重要，"政府应做好相关的配套辅助措施，提供化粪池的有偿清运政策……化粪池的使用方法及维护方式应准确告知农户，防止因使用或维护不当造成损毁"。

3．对乡村污染企业进行整改

当然，还要对已经在乡村扎根的污染型企业进行环保整改，不行的话就关停并转。对新申请成立的企业严把环保关。

对经济效益虽好，但污染严重的企业也不能手软，但可以在严厉的同时运用灵活而合理手段，取得管理部门、企业、环境和当地居民的共赢。

对此，习总书记在今年四月召开的"深入推动长江经济带发展座谈会"上举了个例子："我看到新华社一篇报道反映，位于长江'九曲回肠'石首段的一家临江化工企业，产业规模居世界前三，是当地的纳税大户，严重污染问题难以解决，周围群众苦不堪言。这两年环保部门动真格严查，开出2700多万元的长江流域'史上最大环保罚单'，倒逼企业关闭污染严重、难以改造的生产线，投入约1亿元引进行业最先进的治污装置，不仅解决了污染问题，而且推动企业实现了转型升级，一举两得。"

有决心，有方法，这样人民的发展需求和绿水青山都得到了保证。

（二）因地制宜的区别发展战略

1．对传统产粮区

贯彻"三不，两零，一全"的可持续的绿色农业之路。这是习近平领导的"中央全面深化改革领导小组"在2017年秋第三十七次会议上审议通过的绿色农业发展的总体目标。"三不"就是耕地数量不减少，耕地质量不降低，地下水不超采；"两零"就是化肥、农药使用量零增长；"一全"就是秸秆、畜禽粪污、农膜等农业废弃物全利用。

确保耕地不被挪作他用，实现国家的粮食安全，对产粮区的乡村以保持其现状，增加优种、优育、优收以及保持土壤肥力的技术和资金投入为主。还可在有条件的地区推行适度规模的集约化生产，把不同农户的耕地打破田埂沟壑的界线，连片播种、生产、收割，充分使用现代农业设备，节省人力，提高效率。

2．对适合耕种的非集中产粮区

对有适合耕种的土壤和气候的地区，施行精耕细作，实行精准高效的种植，从选品、种植、到如何供应市场方面进行"供给侧"思考，推行如"一村一品"等项目。关于这方面，中国古代，以及当代国外的某些乡村都有着丰富的可借鉴经验。

3．对农业天然资源（土壤，阳光，降水等）禀赋一般的地区

又可分两种情况：一是自然风光美丽的地方，就可适度发展观光旅游业；二是自

然风光一般的，可以从文化民俗、文艺体育等角度进行产业设计。当然，就像"十八少女无丑人"一样，只要是乡村，自然风光都不会差，都有着城市不具备的吸引力：好空气，开阔的视野及活动区域，大自然的环境，安静的氛围……所以只要把乡村的"三大革命"做好了，合理适度地开发一些有意思的文体、健康、休闲、娱乐等为主题的商业项目，在城镇居住的人们总是会有在休息日去乡村走走的消费需求的。

（三）从容耐心、循序渐进的发展策略。

发展要耐心并循序渐进，切勿陷入发展主义泥潭。

清华大学教授、政治经济学研究中心主任蔡继明在今年1月于北大召开的"新常态下的增长动力及其转换"研讨会上提出，乡村振兴离不开新型城镇化。

他的论证思路是清晰的，他认为中国农村贫困的主要原因是农业劳动生产率过低。他用数学方法精确地计算出，我国的农户户均拥有8.9亩地，在世界上属于户均拥有土地数极少的国家，而就算出了名的人多地少的日本，其农户拥有土地的数目也达到了100亩，更不用说欧盟和澳加美等国了。户均拥有土地数目越大，才越能通过集约化和规模化生产来提高劳动生产率。因此，他认为"我们要达到户均100亩的适度规模，目前2.2亿的农户的90%都要转移出来，留下2000万农户就足矣"。

但由于目前我们国家城镇化进程是控制式的，国家政策是严格限制大城市和超大城市的发展规模，每年新增建设用地的供给由东部向西部倾斜，那么照这样下去农村转移出去的人口在未来可见的几十年里是远远不可能达到蔡教授所希望的这个数字。因此他坦率直言，认为目前的乡村振兴策略是有些治标不治本的，"恐怕会收效甚微"。

这一看法的可取之处是其指出了似乎是矛盾的两种国家战略（城镇化和乡村振兴）中的联系，点出了两者之间相辅相成的互相作用力。使得人们在实施这两种战略时能互相借力，促进彼此。

而这一看法值得商榷的地方可能在于其纯粹用数字推演来设计发展模式，多少有些机械，这与"唯GDP论"有"异曲同工"之处，就是忽略了现实生活的复杂性和丰富性，也忽略了一些数字不能表达的、覆盖不到的社会效益和幸福感受。

对于这种发展主义的机械性以及因其而生的悲观情绪，我们应有所认识，让自己具备免疫力。

农产品流通相关主体利益协调的博弈研究[①]

王 伟[②]

摘 要：以农产品流通期间的博弈问题作为研究重点，分析农产品流通相关主体之间的博弈行为，探讨参与主体的各自利益需求与其内在影响特征，构建农产品流通相关主体利益博弈协调机制。通过提高市场流通管理效率，扩大优质农产品市场覆盖范围，创建农产品流通追溯平台，建立健全相关追溯体系，组建农产品流通信息公开披露平台，加强农产品市场监管力度等措施优化农产品流通相关主体利益协调机制。

关键词：农产品流通 利益主体 协调机制 博弈研究

农产品流通的相关主体主要包括生产者、批发商、零售商、消费者、市场中介和政府，其中生产者即农民一直处于弱势地位，而批发商、零售商则拥有较强的话语权，因而在利益博弈期间，批发商、零售商通常能获取更多的利益。这一现象导致农民的盈利与农产品价格之间并非绝对的正向关系，即不管是农产品价格上浮多少，农民的盈利往往受到一定的限制，甚至有时还会出现亏损的情况。由于在市场博弈中的弱势地位，因此农民往往承担着农产品生产与流通环节中相当一部分的风险。为了改变农户在农产品流通环节的弱势地位，文章对农产品流通相关主体之间的博弈行为开展研究，构建农产品流通相关主体的利益协调机制，具体通过提高市场流通管理效率，扩大优质农产品市场覆盖范围，创建农产品流通追溯平台，建立健全相关追溯体系，组建农产品流通信息公开披露平台，加强农产品市场监管力度等措施来持续优化农产品流通相关主体利益协调机制。

———————————

①基金项目:广东省青年创新人才类项目(人文社科)——广东生鲜农产品流通体系与物流供应链模式研究（编号 2017GWQNCX038）；广州市哲学社会科学"十三五"规划课题——广州市农产品流通体系与协调机制研究（编号 2017GZYB16）；中国物流学会、中国物流与采购联合会研究课题计划——电子商务环境下农产品物流模式优化研究（编号 2018CSLKT3-171）。

②王伟（1984-），男，湖北广水人，广东农工商职业技术学院管理学院，讲师、经济师，主要从事农产品流通研究。

一、农产品流通相关主体之间的博弈行为研究

农产品流通相关主体之间的博弈很大程度上可以说是由于各自掌握的信息不对称所引起的，特别是各自主体对于市场信息、质量信息和价格信息三者的掌握不尽相同。市场信息主要体现农产品流通市场供求关系的变化，质量信息主要体现农产品本身的质量优劣，而价格信息则反映农产品在流通市场中的价值体现。上述三种信息之间区别明显，但各自仍存在密切联系。

（一）生产者和批发商之间的博弈

农产品生产者的主体有2个，农产品种养殖生产者和农产品加工单位。尽管这些年来部分农产品种养殖生产者的规模持续扩大，但大部分依旧是以中小型经营为主，这其中也包括不少以家庭经营为核心的散户。不管经营如何拓展，规模如何扩大，其都属于农产品流通的末端，对农产品质量方面的相关信息可以做到充分掌握。现今不少农产品生产期间并未进行产品质量检测，所以批发商仅仅是被动性地收购农产品，生产者或许在支付较少成本的背景下确定较高的市场定价，不过这种基于信息失衡而带来的部分收益也是有限的。若批发商无法客观、有效地评估产品质量的话，其通常是根据最差质量标准来进行定价，不管生产者的产品质量如何，其定价标准是相同的，该现象很常见，也是必然存在的一个问题。其原因是生产者尽管掌控了农产品的质量信息，但并不了解市场信息，而批发商相对而言能对市场信息完全掌控，所以在议价方面，批发商具备显著的优势。该博弈的结果是提供高品质的农产品生产者无法得到较高的收益，无奈只能够将精力转移到低品质的产品上。必然会造成农产品质量问题愈发严峻。

（二）批发商和零售商之间的博弈

这种博弈属于一种相对简单的市场博弈。批发商和零售商对市场信息的掌握度相同，在这方面没有明显的失衡性，不过对于农产品质量信息的把握来说，却是有差异的。原因在于批发商是否可以通过正规大型公司采购、是否能够在散户手中采购、是否可以高价采购高品质农产品、是否可以低价采购不达标产品等，以上信息仅有批发商可以掌握到，基于此，批发商是可以得到较高盈利的。就算是将正常农产品进行市场交易，由于质量不一样，批发商也能够在质量信息失衡的背景下得到较高盈利。就算是两者存在议价问题，也依旧需要遵循两方共赢的条件下方可实现合作，因此其议价空间并不大。

（三）零售商和消费者之间的博弈

消费者与零售商之间的博弈最为直接，同时也具有信息失衡的特点，原因在于零售商利用采购价格对其选购的农产品质量进行评估。假若是通过低价选购伪劣农产品，消费者在没有识别力的背景下必然会按照正常价格来进行选购，或按照略低于正常价格的价格进行选购，此时消费者会觉得自己买对了，然而从本质上来看，消费者买到的是名不符实的农产品，甚至有可能发生安全风险。就算是零售商根据正常的市场价格来选购正常达标的产品，不一样的产品品质也是有区别的，其可能按照高品质的标准来宣传劣质农产品，赢得消费者的信任，从而得到较高的盈利。有信誉的零售商则会按照市场价值来出售相应档次的产品，此时，零售商与消费者之间是没有任何欺诈嫌疑的。在两者博弈的过程中，消费者并不是被动的，其属于相对理性的一方，在基于信息不透明的条件下，消费者会尽量在正规商家进行消费，同时货比三家。当前从市场角度来看，供过于求，消费者在进行挑选、议价方面具备一定的主动权，大部分商家为了能够挽留老顾客，通常非常重视其信誉，实施固定价格。并且，对于零售市场而言，价格监管机构的监管是比较严格的，所以不少零售市场在进行产品销售方面，还是比较规范和严谨的。

二、农产品流通相关主体利益协调机制的优化方案

第一，提高市场流通管理效率，从生产、流通直至到最终消费实施规范化的准入监管。尽力做到农产品流通市场利益平衡，同时加强市场有序化发展，促使农产品市场竞争环境得以有效改善。为此需提高产品市场不同类型市场主体的资格鉴定标准，按照不同类型农产品的实际情况来确定相关标准，实施准入门槛监管政策。对于无准入资格、不满足准入要求的市场主体，不允许进入市场流通，已进入的要强制其退出。

第二，着力打造优质农产品品牌与相关生产加工企业，扩大优质农产品市场覆盖范围，制定精品战略。从农产品自身着手，通过努力提升农产品质量来进一步提高其附加值。在这一方面，与西方国家相比，我国优质农产品农产品的竞争力亟待提高，需努力追赶。

第三，创建覆盖全国的农产品流通追溯平台，建立健全相关追溯体系，力促全部市场主体统一入驻，加强规范化、系统化管理。追溯平台与体系的创建非常复杂，需要各市场主体的共同参与，方可获得相应的效果，这一个过程需稳步改革与完善，直至最终实现总目标。假若部分市场主体没有参与其中，可能出现遗漏导致不合格农产品进入流通市场。

第四，按照追溯信息体系组建农产品流通信息公开披露平台，设立统一机构为不同类型的市场主体提供高标准服务。平台的创建需要具备以下几项必要条件：①有专业的技术人员提供支持，设定平台应具有的基本功能并加以持续改进和优化；②具有优秀的管理人员和完善的管理制度，确保信息研究与管理工作的能顺利开展；③规范化、系统化地整合各类相关资源，保证各项要素投入促使功能更加完善；④涉及的相关单位或部门要通力合作，进一步提升信息的精准率与有效性。

第五，进一步强化农产品市场监管，坚决打击各类违法违规行为，抵制各类假冒伪劣产品，杜绝出现以次充好、劣质高价的情况。明确监管是确保不同主体正当利益不受损害的主要手段，只有具备完善的市场监管条件，才可确保各方共同享有公正、透明、客观的市场竞争环境。对于农产品市场监管，政府应清晰准确的把握自身定位，不可过度干涉市场有序发展。只需发挥好相应的监督管理功能即可，无须直接参与其中，做到既不失位，也不越位。

新时代广东职业教育与乡村振兴

蓝新波[①]

摘　要：基于十九大报告提出的坚持农业农村优先发展，实施乡村振兴战略，对乡村的现状及形成原因、乡村振兴的科学内涵和广东职业教育助推乡村振兴的实现路径进行分析。研究认为，目前发展最大的不平衡是城乡发展不平衡，最大的不充分是农村发展不充分，作为广东职业院校，要推进乡村振兴，就要成立乡村振兴师资团队；组建乡村振兴特色产业学院；培养乡村振兴人才；尝试解决乡村存在的突出问题；推动农业农村金融保险政策的实施；深入乡村，以引领示范的方式指导乡村振兴工作的有序开展。目标是改变人们对农村农业工作的看法，提升农民的幸福感、获得感、自豪感和安全感，密切联系和为了广大农民，紧紧围绕"产业兴旺、生态宜居、乡风文明、治理有效、生活富裕"的总要求，推动乡村振兴战略行稳走远。

关键词：新时代　乡村振兴　职业教育　实现路径

---

① 蓝新波，广东农工商职业技术学院。

一、实施乡村振兴战略的现实背景

除了城乡差距逐步拉大，农业和农村发展滞后于城市这个老问题外，中国农业农村还存在着一系列亟待解决的深层次矛盾，这些矛盾将不可避免影响和削弱乡村的自我发展，严重拖到 2020 年将我国全面决胜建成小康社会的后腿，危及整个经济社会的和谐与稳定。所以，实施乡村振兴战略，首先要深入了解目前中国乡村的现状，深挖其产生的原因，然后对症下药，方可顺利和有效地推进。

（一）中国乡村的现状

一是青壮年劳动力大量外流，留守老人、儿童问题日益严重。随着国家高速工业化、城镇化的推进，大多数农村的青壮年，特别是贫困边远山区，不管是有文化还是无文化的，都离乡往城市里涌，留下的都是病人、老人和儿童。据调查，目前农村劳动力平均年龄接近 60 岁，且有不断上升的趋势。这一发展态势严重损害了现代农业农村发展的基础。

二是大片土地荒芜或污损化严重。一方面由于大批青壮年离乡进城谋生，留下的老人、儿童无力地耕种，农村土地出现大片的荒芜，杂草丛生，随着岁月的推移，这些缺乏管理的地块水土流失益加严重；另一方面农村的非农化发展过快，过去农村用的多数是人畜产生的粪便所形成的有机肥，基本不影响土质。

三是农村农产品生产力水平低下，竞争力不强或滞销严重。农村劳动力老龄化甚至高龄化的结果进一步拉低了农村劳动力的教育和技术供给水平，对采用新技术、新方式和新品种多持保守态度。于是，新时代，老农民、原品种、旧技术、粗放经营，其结果是农产品生产力水平低下，竞争力不强。

四是教育、医疗缺失。教育方面与八九十年代相比，目前乡村的教育体系明显缺失，有的村庄没有学校，留守儿童要走几十里地才能上小学，初中就更远了，往往需要住校，就算有学校，校舍破旧，资源缺乏，师资严重不足。并且，更谈不上有专门针对农民提升农村耕种水平和技术的培训机构了。医疗方面，尽管十八大以后，国家作了许多努力，也取得了一定的成效，但目前乡村的医疗体系相对于城镇仍远远落后，往严重说，有不少地方可以说是没有，村民得了普通的感冒发烧等的病都要往城镇里跑。

（二）造成目前乡村衰败的原因分析

观念封闭保守。尽管中国几千年来一直是农业大国，大部分人群都从事过农耕劳作，但它们潜意识觉得要想出人头地、光宗耀祖，就应该离开农村，摘掉农民的帽子，如果辛辛苦苦培养出一个大学生，还回到农村工作，他们会觉得很没有面子。所以上一辈农民家庭从一开始就给自己的孩子灌输了这种思想，从而造成目前农村年轻的劳动力就算在外面打零工散工，也不愿留在农村安稳地劳作。除此之外，长期自给自足的小农经济意识使得他们很难接受新鲜事物，除非让他们看到实际利益，眼前利益，否则如科学种植水稻、甘蔗、水蜜桃等，没有示范作用就基本推广不下去。

国家城镇化迅速推进。长期以来，中国的发展都是"重城轻乡"，造成农村的居住环境、公共基础设施、教育、医疗、卫生、文化等远远落后于城市。虽然这几年来，国家陆续出台了一系列扶农惠农措施，脱贫攻坚战取得显著成效，实现粮食连年增产，农民收入逐年提高，农村社会和谐稳定。但当大量年轻农村人口涌向城市，必然出现农村人口老龄化严重；农村劳动力素质普遍低下；先进的农业科技成果在农村普及和应用难以开展；弃耕抛荒、水土流失现象严重；农村宅基地、住房闲置，出现一片破败的景象。

二、乡村振兴战略的科学内涵

（一）乡村振兴战略的总体要求

乡村振兴战略的总要求可以用五个方面，二十个字来概括，那就是"产业兴旺、生态宜居、乡风文明、治理有效、生活富裕"。这二十个字五方面的概括是一个有机的整体，不可分割。其中，产业兴旺是乡村经济建设的重点。坚持质量兴农、绿色兴农，重在优化资源配置，培育新兴产业，构建农村一二三产业融合发展体系；生态宜居是乡村生态文明建设的关键。必须尊重自然、顺应自然、保护自然，综合治理农村荒漠化、水土流失等突出环境问题，美化农村景观，居住环境，打造绿色生态环保的乡村特色旅游产业链；乡风文明是乡村文化建设的保障和体现。

（二）乡村振兴战略的目标

新时代我国的社会主要矛盾已经转化为"人民日益增长的美好生活的需要和不平衡不充分发展之间的矛盾"，党中央于十九大提出乡村振兴战略，可以说明当前最不平衡和不充分发展的就是农业农村。实施乡村振兴战略，就是要实现城市工业化和农村农业现代化的同步推进，让城市与乡村有良好的互动，资源共享，促使城乡融合，协调发展，让乡村变得更美好，绝不能让乡村建设成为全面决胜建成小康社会的短板。总之一句话，实施乡村振兴战略，是一个伟大的系统工程，其目标是让农村好起来，农民富起来，最终实现农业农村现代化。

三、广东职业教育助推乡村振兴的实现路径

纵观农村问题和发展目标，要想实现乡村振兴，首要问题是积聚乡村人气，一是把懂农业、爱农村、爱农民的人留住，踏踏实实从事农业农村工作；二是把城里的人引进乡村来，真真正正消费，激活乡村经济。所以，广东职业教育要想助推新时代乡村振兴，应以积聚农村人气为出发点，以培养农村从业人才、利用农村土地、激活农村绿色产业为抓手，秉持创新意识，科学有序地推进乡村经济、政治、文化、教育、卫生和生态文明的可持续发展。

（一）组建乡村振兴师资团队

广东职业院校若想有效地助推乡村振兴，组建一支素质过硬的乡村振兴师资团队那是首先要考虑的问题。按照《中共中央国务院关于实施乡村振兴战略的意见》，这支师资队伍的每一位成员必须是愿意从事"三农"工作，要懂"三农"工作，会抓"三农"工作。且其构成不能过于单一：既要有懂农业种植的、懂农产品销售的、懂农村旅游项目开发的、懂农村金融保险服务的、懂农业农村政策的，也要有懂乡风文明建设的和乡村环境治理的。当然，这些成员的构成不一定全部来源于学校，也可以来源于企业，由学校和企业联合去建立这样的师资团队。

（二）成立乡村振兴产业学院

有了乡村振兴师资团队，就可以成立乡村振兴产业学院了。根据广东乡村实际情况以及秉持绿色兴农的理念，可以成立乡村旅游产业学院、农产品种养产业学院和农产品销售网络学院等。

（三）培养乡村振兴人才

乡村振兴战略需要人去执行，这些人我们可以分成两类：一类是普通农村劳动者；一类是新型职业农民。普通农村劳动者长期居住于农村，其知识文化水平不高，年龄偏大，农业生产主要是以经验为主，创新意识不强，使用新技术的意愿不高，生产效率低下；新型职业农民也称新时代农民，其需要拥有现代农业科学技术知识和管理能力，是懂得应用现代理念管理和经营规模农业，应用市场手段发展农业的精英。

"特色乡村"建设中的乡土文化复兴策略与实践

——以高州市镇江镇为例

桂　明　黄　生　孟昭中　朱晓琳①

摘　要： 高州市镇江镇2015年确立为广东省五个"新农村建设示范片"之一。该镇历史上被誉为粤西瓷都，留下众多古窑址，其中碗窑古窑址始兴于唐宋，断烧于清末民初，窑址保持完好，留存丰富的残片。项目组提出钉钉子、借梯子和串珠子三大设计策略，深入挖掘当地陶瓷文化，借力乡村振兴战略，在村荣村貌改造、文旅园区建设以及扶持当地陶瓷产业升级等领域统筹规划，重塑"粤西陶都"这一文化名片，为振兴乡村做出有益探索。

关键词： 乡村振兴　传统文化　设计策略

一、项目背景

镇江镇是广东省五个"新农村建设示范片"之一，当地物产丰饶，其中野生水稻和马铃薯入选2008年奥运会专供食品，故有"奥运农业、五谷镇江"之说。除了农业之外，镇江人文底蕴业非常深厚。境内发现古文化遗址20余处，其中东汉至明代的聚落遗址5处；宋宣德年间修建的古井一口；清代同治帝的"昭武都尉"诰封碑一座；宋至清代的古窑址10多座，出土一批古代陶瓷器物，具有较高的历史价值，素有粤西"陶都"之美誉。明清时期高州窑受景德镇窑影响明显，生产青花和青白釉、单色釉瓷为主，尤其是在南塘镇白坑、长山岭等地生产的青花瓷器为粤西主要日用瓷。值一提的是晚清以来随着洋务运动的发展，受西方文化影响，高州府为了进一步发展瓷器制造业，开办了瓷业学堂，教授瓷器生产技术，并"设厂于县南十里秋林"作为实践基地，专门生产瓷器，这些瓷器最大的特点是在底足或器身落有"高州府瓷业学堂""高州瓷校高州府瓷业厂""高州府官工厂"等款识，成为晚清以来独树一帜的地方官窑。

为了在新农村建设中物质文明建设与精神文明建设同步，经济发展与文化传承并行，镇政府决定将古窑文化的挖掘与应用纳入新农村建设中，为此成立了项目组，并

---

① 桂明、黄生、孟昭中、朱晓琳，广东农工商职业技术学院。

开展了卓有成效的工作。

现状：镇江镇现存古窑址 20 余座，无一受到保护，碗窑古窑址占地约 10 亩，周围无护栏无警示牌，村民可自由出入并随意挖掘。该镇现有陶厂 10 家（含红砖厂），其经营状况堪忧，主要表现在这类企业资源消耗大，污染大，劳动密集，盈利能力低。以现有的模式不可持续。生产工艺落后，从业人员断层。产品陈旧附加值低，受众面小。陶厂与当地生产生活基本脱钩，失去了手工艺就地取材就地生产就地销售的优势。

二、复兴传统工艺的几个误区

传统工艺的复兴。"复"是手段，"兴"是目的。今天，传统工艺复而不兴者大有人在。究其原因，其一：把特点当优点。弄清特点形成的原因很重要，特别是一些失传的工艺，必有其致命弱点，没弄清楚就依葫芦画瓢，容易掉进陷阱；其二：感情用事，爱屋及乌。高古、拙朴！其中多少是文人的意气？是精神的还是物质的？精神的是文化的活，物质的是技术的活，虽不能对立但不等同更不能错偏。"用"是超越一切的工艺本质。能走进百姓生活才是生存发展的唯一标准，买卖是最好的传承；其三：复需考据，兴靠应用。设计创新的成败社会大众是评委，关系其切身利益，不能用文化人的情怀，我们要审时度势，通过艺术家、设计师和手工艺人的努力，切实了解传统工艺融入当代生活的可能性和途径。

要复兴传统手工艺，就必须先恢复农村自身的经济链，进而恢复对传统工艺的文化自信。自给自足一度被认为是落后生产力的表现，但手工艺就地取材，就地生产，就近销售，是最低碳，可持续程度最高的生产方式之一，也唯有形成因地制宜的文化载体也才能构建鲜明的文化特色。

三、设计策略

（一）钉钉子——文献研究和田野考察

抓住古窑址这一核心文化元素，在田野考察中挖掘和研究残片，从工艺、器形、使用方式入手，摸清高州瓷在当地经济生活中曾经扮演的角色。碗窑是镇江镇古窑址中体量最大，历史最久远的一座，项目组专家亲赴碗窑古窑址考察和研究性采集，得到丰富的第一手资料。初步判定碗窑建于宋，停烧于清末民初，窑体依山而建，属龙窑，长度近百米，产品以碗、碟、灯盏、油壶、罐等民用器物为主，多施黑釉。也发现了青瓷、白瓷、青花瓷等残片，应该是仿制同期的北方著名窑口产品。碗窑产品做工精致，口足干净利索，交代清晰，胎体轻薄匀称，拉坯技术纯熟，且造型有比较明显的地方特点。

其中青白瓷原料外来，现有陶瓷厂已经没有烧制。在烧的产品主要有粗陶钵、无釉红陶罐、绿釉陶罐等，我们在建设中对这类产品进行了设计运用。并通过政府采购的拉动激活陶瓷厂进行工艺升级的内在动力。

（二）借梯子——寻求政策制度的扶持和当地政府、企业的投入

传承发展提升农村优秀传统文化。立足乡村文明，吸取城市文明及外来文化优秀成果，在保护传承的基础上，创造性转化、创新性发展，不断赋予时代内涵、丰富表现形式。切实保护好优秀农耕文化遗产，推动优秀农耕文化遗产合理适度利用。深入挖掘农耕文化蕴含的优秀思想观念、人文精神、道德规范，充分发挥其在凝聚人心、教化群众、淳化民风中的重要作用。划定乡村建设的历史文化保护线，保护好文物古迹、传统村落、民族村寨、传统建筑、农业遗迹、灌溉工程遗产。支持农村地区优秀戏曲曲艺、少数民族文化、民间文化等传承发展。

借势新农村建设项目支持，夯实试点建设，让乡土工艺在新农村建设中发光发热，使新农村物质文化和精神文化同步发展。形成建设与保护并重，文化复兴与经济发展并行，官民合力，因地制宜的模式。借力广东美术家协会陶瓷艺术委员会的专业支持，通过学术交流、驻地创作、艺术展览等形式打造艺术高地和传媒热点，重树"粤西陶都"文化名片。

（三）串珠子——构建以古窑文化为核心的产业群

陶艺创作基地、陶瓷博物馆、高州市中小学生陶艺教育基地、镇江"碗窑风情"民宿群四大项目是互相补充互相促进的。涵盖了不同的需求和消费主体，也会裂变出不同的商业形态。项目群的汇聚使得园区的资源优势得以突显，在粤西地区将独树一帜。

四、结语

按照产业兴旺、生态宜居、乡风文明、治理有效、生活富裕的总要求，项目组在镇江镇新农村示范片建设的咨询服务中，因地制宜，将当地的制陶产业、村荣村貌改造、本土悠久的陶瓷历史和区位旅游需求统筹考虑，在建设中振兴文化，文化带动产业，形成文、旅、产同步，文化建设与经济建设协调发展。实现乡村的到全方位振兴。

广东省民族地区乡村振兴的实践研究[①]

董婷婷[②]

摘　要：乡村振兴战略的制定是基于我国乡村逐渐走向衰落的境遇而提出的。民族地区因受地理环境特殊、贫困程度较深、人口受教育程度不高等多重因素的影响，实现乡村振兴的难度较大。文章以连南瑶族自治县为个案，对其进行乡村振兴的难点及实践模式进行分析。民族地区的乡村振兴，要以民族特色作为首要考虑因素，以民族地区脱贫为关键，以发展民族地区教育为核心，发挥共治合力作用，实现民族地区乡村全方位的振兴。

关键词：民族地区　乡村振兴　实践

一、问题的提出

十九大报告正式将乡村振兴提高到战略地位，作为解决"三农问题"的重要抓手。乡村振兴战略的实施，对于缓解城乡发展矛盾、补齐乡村发展短板、实现共同富裕提供了一种全新的思路。乡村振兴不仅是乡村经济的振兴，更预示着乡村文明、生态的振兴，是乡村全方位的振兴。民族地区的乡村更是我国乡村发展的"短板"，地理环境特殊、贫困程度较深、人口受教育程度不高等都成为制约其经济发展的重要因素。民族地区因地处边疆、山区等地，基础设施落后，经济发展较为缓慢，衰落现象更为严重。加之民族文化、语言、传统习俗等影响，民族地区乡村建设的难度也更大。在乡村振兴的大背景下，如何实现民族地区的乡村振兴，补齐发展短板，对于解决"三农"问题，全面实现乡村振兴具有极为重要的意义。

二、民族地区乡村振兴的重要性

由于历史、地理、民族文化等因素的影响，民族地区大多分布在山区、边疆等地

---

①基金项目：广东省教育厅基础研究重大项目：乡村振兴战略下粤东西北地区职业教育发展路径选择（项目编号：2017WZDXM026）阶段性成果。

②董婷婷（1994–），女，内蒙古人，广东技术师范学院硕士研究生。研究方向：职业教育管理。

理环境较差的地区，与其他地区相比，民族地区乡村振兴的难度也更大。乡村振兴战略的提出，为民族地区实现乡村振兴带来了良好际遇，有助于焕发民族地区乡村活力、维护社会和谐稳定，从而全面实现乡村振兴。

（一）有助于焕发民族地区乡村活力

地理环境的特殊性限制了民族地区乡村与外界交流学习的可能，民族传统思想又从某种程度上束缚了村民的思维，在自然、人文等多重因素的叠加作用下，有些民族地区的乡村已经形成了较为固定的生产模式及生活方式。民族地区实现乡村振兴，有助于将先进信息技术及思想引入乡村，转变民众自给自足的生产方式，引导其逐渐转向现代农业，为其生产发展注入新鲜血液。此外，乡村振兴对民族地区民众的传统思想也形成了很大的冲击，有助于激发民众参与乡村建设的积极性和主动性，增强自身的商品意识及竞争意识，在此过程中，民众的创造意识也逐渐培养起来。

（二）有助于发掘民族地区乡村价值

近年来，乡村空心化，甚至乡村消亡的现象日益严重，成为制约我国经济发展，造成城乡发展不平衡的重要因素。在此背景下，乡村振兴战略得以实施，民族地区也紧跟时代潮流，加入到乡村振兴的大军中。但乡村振兴不是面子工程，不是通过加强乡村基础设施、修盖房屋等就能解决的事情，而是关乎乡村价值的人事。民族地区乡村封闭性较强，受工业化和城市化的冲击较少，相对完整地保留了民族地区独特的乡风习俗及传统文化价值。发掘乡村价值是实现乡村振兴的动力源泉，只有当乡村价值为社会主流价值所认同时，我们才有能力制止乡村衰落的蔓延，乡村才能实现真正振兴。

（三）有助于全面实现乡村振兴

乡村振兴不能一概而论，就民族地区而言，在进行乡村建设时，要将民族及地区特色作为重要的考量因素。民族地区有自身独特的语言及生活习俗，近年来，我国民族问题也较为敏感，在实施乡村振兴战略的同时，需对其进行全面的规划与思考，关注不同民族的差异性及特殊性。民族地区的乡村振兴也较内地更为复杂，乡村振兴的任务也更为艰巨。因此，民族地区实现乡村振兴对于我国乡村振兴全面的实现具有极为重要的意义，有助于以点带面，进而全面实现乡村振兴。乡村振兴不仅包括乡村经济的振兴，更是涵盖乡村政治、文化、生态、教育等多个方面。

三、民族地区乡村振兴的难点

民族地区主要是指少数民族聚集生活的地区，我国的少数民族大多聚集于西部、北部等偏远山区。民族地区乡村振兴的难点主要表现为地理环境具有特殊性、贫困程度较深、人口受教育程度不高三个方面。

（一）地理环境具有特殊性

地区经济发展与地理环境在某种程度上是互动的，地理环境良好，经济社会发展向好，反之，地理环境严峻，经济社会发展亦会受到影响。广东省少数民族地区只有乳源、连南、连山三个少数民族自治县，以连南瑶族自治县为例，连南瑶族自治县位于粤、桂、湘三省交界，分布于占全县面积88%的山区，地势较高，能够用于发展种植业的空间较为有限。此外，因地处山区地带，瑶族的交通也较为不便，这也是其经济发展较为落后的原因之一。但瑶族地处广东省境内，易受其辐射影响，刺激经济发展。瑶族地区虽地处山区但易受周边地区的辐射带动，地理环境较为特殊，如何取长补短，化区域劣势为区域优势成为影响其经济发展，实现乡村振兴的重要因素。

（二）贫困程度较深

2015年《中共中央、国务院关于打赢脱贫攻坚战的决定》指出重点支持民族地区脱贫攻坚，民族地区贫困程度深是影响其实现乡村振兴的又一难点。以广东连南瑶族自治县为例，2016年，全县农村经济总收入120099万元，比2015年增长8415万元，增长7.5%。第一产业54674万元，比上年增长3346万元，增长6.5%；第二产业32045万元，比上年减少1656万元，减少4.9%；第三产业33396万元，比上年增长6742万元，增长25.3%。总体来看，全县经济发展向好，但发展速度较为缓慢，第二产业发展滞后，脱贫难度较大。2016年，全县贫困户为2171户5930人，贫困程度仍然较深，乡村振兴大有可为。

（三）人口受教育程度不高

少数民族地区人口受教育程度与其经济发展密切相关，经济发展较快的民族地区，人口受教育程度普遍偏高，经济发展较为缓慢的民族地区，人口受教育程度普遍较低。以连南瑶族地区为例，2016年，全县有普通高中1所，职业技术学校1所，义务教育学校41所，设有教学点43个，幼儿园16所。全县中小学在校生20532人。"十五"期间，连南瑶族自治县小学入学率高达99%，初中入学率超过97%，"十二五"期间学前教育至高中阶段长达15年的教育得以提前普及，高考质量也得到明显提高，民族教育事业投入三亿元以上。但总体而言，连南瑶族地区人口受教育程度多停留在初中阶段，受教育程度较低，此外，乡村人口受教育程度普遍低于城市人口受教育程度。

四、民族地区乡村振兴的实践

自古以来，中国社会就是一个乡土社会，关于建设乡村的理论与实践也层出不穷。从晏阳初、梁漱溟等人的乡村建设运动到"城乡统筹""城乡一体化发展""美丽乡村建设"等，乡村振兴的理论与实践也日益趋向成熟，文章以广东省连南瑶族自治县为例，探讨其乡村振兴的实践模式。

（一）立足当地实际，大力发展乡村旅游

连南瑶族自治县，位于广东省西北部。境内崇山峻岭，连绵百余里。自古以来，连南有"锦绣瑶山"的美誉。连南旅游资源非常丰富，类型多样，其中以瑶族文化旅游资源最为突出。瑶族是一个山地民族，瑶族居住的最大特点，就是靠山，"大分散、小聚居"。因地形特殊，居民建筑也别具一格。连南瑶族地区在此基础上，充分发挥其地形特色与建筑特色，吸引大量游客到此观光，大力发展乡村旅游业。数据显示，2017年连南瑶族自治县接待游客数量接近280万人，旅游收入高达10亿多元。地理环境的特殊，既是连南瑶族自治县发展的劣势，又是其发展优势。劣势主要指瑶族地处山区，交通不便，基础设施落后，与外界沟通交流少，经济发展缓慢。优势是指其独具特色的地形地貌、居民建筑等，适宜发展旅游业。瑶族自治县在乡村振兴过程中，有效地化区域劣势为区域优势，带动地区经济增长。

（二）发展特色农业，助力乡村经济

2016年，连南瑶族自治县农业人口15.09万人，比上年增长2.07%。全县农村经济总收入比上年增长7.5%，其中，第一产业增长6.5%，第三产业增长25.3%，只有第二产业发展缓慢，比上年减少4.9%。农业在连南瑶族地区仍是重点产业，具有较大的发展前景。瑶族地区因其独特的生态环境及地理位置，亚热带季风湿润气候显著，具有发展农业的天然优势。在此基础上，当地政府充分利用其资源优势发展特色农业，形成了特色农业生产基地，为实现乡村经济振兴提供了基础。乡村经济振兴是实现乡村全面振兴的基础，连南瑶族自治县进一步扶持蚕桑、茶叶、土猪、食用菌等特色农业不断扩大规模，鼓励开办农产品深加工企业，引导新型农业经营主体通过电子商务等扩大农产品销售渠道，全县农村经济总收入、农民人均纯收入均实现8%以上增长，乡村经济发展增速较快。

（三）弘扬民族文化，传承刺绣工艺

乡村振兴不仅是乡村经济的振兴，更是乡村教育、乡村文化的振兴。连南瑶族地区人口受教育程度普遍不高，为此，当地政府致力于改善办学条件，让当地人民受到更好地教育，提高民众文化水平。2016年，投入资金2500多万元，完成改扩建学校综合楼5250.36平方米，复办大坪羊功其教学点；完成5所学校运动场改建项目。此外，弘扬民族文化也是实现乡村振兴的一个重要思路。民族文化是民族的"魂"，没有灵魂的人类无异于行尸走肉，没有灵魂的民族也无法屹立于世界民族之林。广东省连南瑶族自治县的刺绣工艺是中国刺绣艺术史中不可或缺的一部分，瑶族刺绣2009年被列入广东非物质文化遗产名录，成为瑶族走向世界的一张特别的名片。瑶族刺绣的特别之处就在于其对民族传统文化的弘扬，反映了瑶族地区独特的生活环境、宗教信仰及民众的思维方式等。连南瑶族自治县以刺绣工艺为依托，弘扬民族文化，通过文化振兴来增强民众的自信心，进而发掘乡村价值，使其为社会主流价值所认可，达到乡村振兴的目的。连南瑶族刺绣看似简单，却蕴含着民族地区的传统文化，不失为文化振兴的一种典范。

抓住美丽乡村建设机遇，依托农垦，打造民宿设计旅游品牌
——以湛江收获罐头厂为例

盛希希[①]　李　盖[②]

摘　要：民宿是农民利用自有剩余闲置的住宅用房，解决和满足前来旅游的游客居住需求的一种住宿形式。民宿设计需要整合当地的人文资源、生态资源和社会资源等，使游客有更多机会近距离地与当地人接触、深入体验、了解当地居民的生活方式、风土人情，探索当地传统文化，获取较多的当地咨询和信息，以取得新的认知和体验。对于当地居民而言，富有个性特色的民宿设计，有助于延长游客的逗留时间，提高收入、促进当地的经济繁荣。本文主要以广东湛江农垦收获罐头厂（以下简称为收获罐头厂）为例，探索利用建设美丽乡村机遇，打造依靠热带农作物民宿设计旅游品牌，对收获

---

① 盛希希，广东农工商职业技术学院艺术与设计学院。
② 李盖，广东农工商职业技术学院艺术与设计学院。

罐头厂及农垦未来农业经济发展的影响。

关键词： 农垦　民宿设计　热带农作物　罐头厂　特色

随着物质生活水平的提高，人们对旅游的认知早已不再是仅仅为了寻访名迹、游览观光、放松身心的简单层面。今天的专题旅游或替代旅游、生态旅游、亲子旅游、出海滩游、探险旅游、体育旅游等旅游形式的出现，说明通过科学探索、追求猎奇、竞技活动、彰显个性化的旅游形式越来越受到人们的青睐。旅游追求越来越趋向更高深层次、更多样化的方向发展。

民宿旅游是乡村旅游的高级发展模式。产品具备地方性、慢生活、家服务、趣体验。它是一个以特色旅馆业为基础，衍生酒吧、茶楼、作坊、互动、科普、民艺、展示等休闲业态的高端农家乐集群。民宿的发展，不仅延展了建筑设计、景观设计、室内设计等设计领域，同时它也拓展了设计师的视野空间，激发了设计师的创作灵感，在遵循自然规律、实现人与自然和谐相处的同时，使设计师能灵动的运用当地的材质，注入更多的地方特色元素融入民宿的景观设计当中。民宿的出现对地方经济沿着健康、有序和可持续发展带来了广阔前景，具有重要的现实意义。

一、湛江农垦罐头厂民宿设计背景及现实状况分析

（一）地理位置优势

我国民宿主要出现在拥有良好的自然资源、社会资源和优越深厚人文资源的地方，如湖南凤凰、广西黄姚、江西婺源等。收获罐头厂隶属于广东农垦集团公司、湛江农垦的一家中型国有农业企业。它位于中国大陆最南端的雷州半岛，占地面积14万多平方米，产地范围地理坐标在北纬20°54′至20°59′东经110°05′至110°15′，地处热带和亚热带之间，适合热带农作物生长。这里全年气候温暖，风景宜人。收获罐头厂距离农垦调丰糖厂0.5公里、距离素有"海上之林"的九龙山红树林国家湿地公园风景区只有2.5公里，距拥有"粤西第一钟""粤西第一鼓"的宝林禅寺3公里，距以生产经营橡胶、建有绿色食品标准和国际食品卫生标准集甘蔗、香蕉、菠萝、蚕桑、果蔬生产开发基地的南华农场15公里，距五一农场著名的杧果街基地18公里，距种植剑麻著称的东方红农场25公里，距离南海英楼湾、站堰码头仅3公里。交通四通八达，十分便利。

收获罐头厂已有近40年历史，在它南门的右手边，至今仍伫立着高5米左右、外

用青色大理石砌成的水泥门柱。上面几个黄铜金属铸成的繁体大字"廣東國營收穫罐頭廠"，尽管已被岁月氧化变成了灰黑色但却十分惹人眼目，非常具有时代感。罐头厂四周，是一望无际、郁郁葱葱的菠萝种植园和甘蔗园，园内绕着一条清澈见底的小溪。在正门入口不远处，有一棵根粗叶茂具有多年历史的参天古榕大树，在它的主干四周又长了十几株大小不等的小榕树，它们扶老携幼，根茎缠绕兼顾彼此，难舍难分，极像一个团结有爱的大家庭，早已形成一片树林王国，人们亲切的称它为"独木成林"，也寓意罐头厂产品的品质一枝独秀、出类拔萃。与"独木成林"相伴的是一排排干净、整齐的旧厂房。房前各种各样的花卉错落有致、正争奇斗艳。厂房周围装点的各式热带、亚热带独有的芭蕉树、杧果树、甘蔗林、橡胶林和各种红花绿叶融为一体，十分宁静。厂房的古香古色与优美的生态交织辉映、相得益彰，人与自然十分和谐，更突出老厂房之闺秀、自然、纯朴与秀美。这些得天独厚的自然条件，给人一种"世外桃源"和"梦境家园"美感和田园风光。

（二）得天独厚的自然资源优势

收获罐头厂属热带季风性湿润气候区，年平均气温在23.6摄氏度，夏长冬短，全年阳光和雨量充沛，一年有约200天左右笼罩在雾气中，所以又被称为"雾都"。这些特有的雾，给菠萝种植地以天然的湿润和灌溉。加上这里拥有土质疏松、独特的砖红土壤。这种土壤排水良好、pH区值在4-5.5之间，富含有机质，素有"红土地"之称，这些条件都非常适宜菠萝生长，使菠萝产地区域面积可达140.67平方公里，拥有菠萝生产原料基地3万亩。因此，收获罐头厂又被称为"菠萝的海"。它是中国最大的菠萝罐头生产和出口基地，是农业产业化国家重点龙头企业，被中国农业部授予"国家级菠萝标准化示范农场"称号，被评为"南亚热带作物名优基地"。目前约有10条糖水菠萝罐头加工生产线，年产菠萝罐头20000吨；一条菠萝浓缩汁生产车间，年产能10000吨及菠萝饮料5000吨的生产能力。它的产品"三叶牌"菠萝罐头因色泽金黄、酸甜适中、果肉鲜脆、成熟度一致，具有浓郁的菠萝芳香等特点而闻名中外。产品除了提供给国内高端餐饮企业如上海百胜、必胜客、肯德基、绿茵阁、喜之郎、徐福记等公司的指定供应商外，大部分远销欧美、中东、澳洲、日本等40多个国家和地区。获得了"中国名牌""中国绿色食品""广东省著名商标"等称号，是中国菠萝罐头行业第一家质量追溯企业。

据笔者对当地的实际考察和走访了解到，目前收获罐头厂周围酒店、宾馆或其他住宿形式非常匮乏，唯有收获罐头厂的一幢3层可同时容纳40个床位的招待所，及一座 2 层可同时容纳 15 人床位的别墅。如果改变现有的经营模式，利用收获罐头厂废弃的厂房和现有的招待所，在观念上及软装上进行改造，打造成可同时容纳 100 人左右的民宿特色旅馆，配备必要的餐饮设备、服务设施，将当地特有的热带农产品元素运用到民宿设计的理念中，将更多与当地特色相关的主题内容和文化内涵的元素注入到民宿的设计里，向时尚化、现代化、个性化、精致化、特色化和多元化方向推进。收获罐头厂将会以其独有的热带、亚热带地区独特个性和休闲方式，成为展现农垦民宿乡村风貌的重要载体。

（三）发展民宿的必要性

收获罐头厂主打产品目前是菠萝罐头和菠萝浓缩汁，产品相对比较单一。随着中国步入工业化中后期，国内主要农产品市场价格已经明显高于国际市场价格。中国劳动力成本、农产品成本迅速上升，造成了菠萝从采摘、运送、生产、加工等各种人工成本居高不下。目前罐头厂职工总人数为 480 多人，在岗职工占职工总人数的 41% 左右，退休员工占职工总人数的 55.3%！企业负担重！年龄构成上，50 年代占在职人数的 10%，60 年代占 51%，70、80 年代各占约 19.5%，人才结构出现了青黄不接。职工文化程度，硕士占在岗人数的 0.5%，大学本科占 1%，专科占 0.5%，中专及其他占 98%，科技竞争能力相对较弱！国际政治因素，中国农业面临着国际农业巨头及美国、新西兰等农业强国的竞争越发激烈。国家"一带一路"战略及中国与越来越多的国家签署了自由贸易协议，进口水果关税逐渐降低，价格必然下降，竞争力自然加大。再加上历史遗留的、文化的、传统的、体制的、技术的、管理的等其他问题，在现代化的生产方式、科技、生态等观念上，都给收获罐头厂的发展带来较大困扰。

作为农垦的一个部分，收获罐头厂属于农业企业，依靠自己已有的资源优势，充分利用田园景观、农业生产活动、生态环境和生态农业经营模式，以热带农业资源为基础，发展民宿旅游，将会成为罐头厂的一个亮点。罐头厂周边有天然橡胶园、花卉园、甘蔗林、剑麻园、杧果园、茶叶园、菠萝种植园等数万公顷遍布垦区的热带、亚热带果蔬园。利用这些独特的热带农业资源优势，及健康、环保、安全、绿色、无污染的果蔬、中药材及当地新鲜的水产品、土特产和无圈养的家禽、家畜等种养业来吸引更多的旅游观光旅游。建设丰富多彩的旅游项目，为人们休闲旅游、观光体验、度假提供去处。

发展民宿，开发、吸引、打造观光农业、休闲农业、旅游农业等农业新业态，使民宿集餐宿、观赏、生产、品尝、体验、制作、生态、科普、考察、环保教育、度假、购物、物流、康养和服务于一体的新型的、多姿多彩的、特色鲜明的民宿旅游文化资源。这样既可以收纳更多的劳动力就业，创造就业岗位，又发展了当地农业，拓宽了增收渠道。像深圳西部海上田园风光旅游区，就是利用自身的区域优势，改变生产方式，将现有的自然环境与人工设计巧妙结合，吸引了几十万海内外游客，已成为深圳西部旅游的龙头企业。

二、收获罐头厂民宿设计的方法和路径

目前我国民宿数量很庞大，散落在不同的地区，区域分区极不匀衡，主要以旅游业比较发达的地区较多。但如何充分利用当地的自然优势，保护好原生态的民宿设计与规划，是摆在每一个具有社会责任感的设计师面前的一个不太容易的课题。针对收获罐头厂的自身特点，笔者认为，在进行民宿设计时要关注以下几点：

（一）尊重原生态设计的场所精神

收获罐头厂四周环境优美、空气清新，热带、亚热带植物种类繁多，空气负氧离子高。对于远道而来的游客而言，那些古朴、具有历史感的旧厂房、亚热带自然风光、优美的环境、淳朴的民俗民风、当地良好的治安、韵律舒缓、闲适恬淡的慢生活，都让人回到旧时光，以弥补都市人情怀上的缺失。因此，在对民宿的景观营造和设计时，要保留罐头厂原有的旧厂房、旧设备及乡村旧貌背景特色，不能人为刻意的跳脱这些地方特色元素，以免影响整个自然景观的统一和谐。根据当地热带农业作物自身的景观生态优势，在对民宿景观整体营造进行规划设计前，要尊重自然及人文环境，尊重原有的场所精神，避免对原有的生态环境和自然景观造成破坏。收获罐头厂内那些整齐的旧厂房及墙上块块斑驳印迹，都让人感受到罐头厂的历史和原生态。从墙角到屋顶爬满整个外墙，花期较长开得正艳的各色三角梅、月季花、喇叭花，让原本陈旧的老厂房立即返老还童，变成童话般的花的宫殿。那些艺术感极强、具有美化景观又可挡风遮阴、鬼斧神工般错落有致的一棵棵榕树的龙须，让人流连忘返、赏心悦目。蔚蓝的天空，清新的空气，厂区四周各种原生的热带植被，各种不同树木间隙的通透形成的似隔非隔的一道道天然的屏风，给空间增加了一份禅意和遐想。其形态、纹理、质地、气质、特色早已融入当地人的日常文化生活，成为人们生活的一部分，更能体现厂区之美，与乡村原生态的自然环境融合度更高。在民宿的旅游环境中，人们参与当地独有的私方景点，尽情品尝正宗的特色菜和新鲜的海鲜食材、芭蕉叶烤鸡、荷叶蒸饭、各种糖水，各种无任何药物残留的热带果蔬。放空自己，体验自然，全身心地

将自己融入自然。与此对应的，在进行民宿设计时，就地取材，运用具有地方特色的建筑材料，谨慎处理自然资源与人化自然的关系，最大弱化人工介入的景观痕迹。对民宿进行景观营造时，尊重环境、地方特色植被、地方传统，为游客打造一个贴心、自然、可人、具有当地原生态风貌的住宿环境，避免同质化的景观模式，以增强人们在视觉上、心理上对场地的感染力和可读性，满足人们多层次的审美需求和多维度的居住体验。

（二）因地制宜，挖掘地域材质

鲜明的主题是赋予民宿空间特色的关键。设计为民宿的发展与壮大产生重大影响，民宿的地域材质，也为当代设计师们提供了新的设计元素。它像一股春风，让设计师脑动大开，延展了设计师的创作思维和想象空间。从整体到局部，从平面到立体，从材料到形状，从抽象到具象，从色彩到加工工艺，都能衍生出不同的设计元素，最后都被设计师整合、运用到当代的民宿设计的创作中。如当地特有的芭蕉叶、棕榈树、香蕉叶、菠萝果等等，这些独有的热带植物、果蔬素材应用于民宿设计中，即会产生各种不同材质的"热带植物墙"这样的民宿元素。通过设计者的自身实践和不断积累，在民宿的探索过程中将提炼出更多具有地域性、独特性、个性化的民宿设计元素。符合远道而来的游客的好奇心、追求探索求真、回归自然的心理诉求。

对收获罐头厂进行民宿设计时，设计师可充分发挥艺术的想象思维，关注蕴含农垦的个性特色，注入更多富有形式美感的地域元素。在充分挖掘当地材料和文化元素、优化形式，增加创意，利用倍受外来人青睐的地域材质、普通而常见的各种亚热带地方资源素材。通过创意化的设计、组合与重构，充实内容，展现收获罐头厂独特的内涵，强调意境的表现。从乡村生活的角度塑造民宿景观，做好民宿生存所依托的乡村生活体验区的打造。如将厂区前面的景区"钓鱼台"开发成休闲垂钓园及娱乐型渔业场所；让游客参与果蔬基地作物种植的机械化，了解育苗大棚、微喷机械化覆膜、膜下滴灌等热带作物的大田种植技术、农机具的使用技术；利用园区优势，设计菠萝园观光区，集采摘、体验、品尝、制作加工、包装、实验示范。让游客就地取材，亲身体验热带农产品的生产过程。从采摘果子开始到制作菠萝罐头、菠萝干、菠萝汁及各种口味不同的糖水等热带农产品加工技术，以及农业经营管理活动等，为游客提供能够深入农场生产的情景空间，经历热带农产品生产过程，丰富游客体验。农场提供原材料，配备一定数量的人工监护、讲授基本安全操作流程知识，这样既增长了游客对农产品的认知和好奇心，又增强了人们对食用水果罐头安全性的了解。最后游客带回去的不只是产品和知识，还有再来一次的憧憬和期盼。对企业而言，既宣传了产品，又推销了产品。其次，利用当地热带植物和各式果蔬外形特征，就地做成各种"盆景"让游人观赏。这样的民宿庭院景观更容易唤起人们对大自然的向往，让生活充满了更美的诗意，增添了旅行的愉快和对住宿的期待。伴随民宿的发展，这些景观设计元素都将成为特色农垦民宿延绵不绝的文化软实力。

（三）观照室内软装设计，打造农垦特色

软装一直以来都是在进行室内外景观设计时最受设计师青睐的设计形式。室内软装饰设计是民宿文化理念最直接的反映，它影响着民宿价值的实现。因为它花钱最少，效果最好，安装方便，容易移动。它让民宿室内软装设计可以根据季节不同或经常追随时尚更新装置，解决各种因物理原因难以解决的实际空间问题。收获罐头厂的厂房，大部分对旧建筑保留了原有的建筑特色，传承了原建筑的历史风貌和深厚的文化底蕴及农垦人的精神内涵。设计师可在还原有历史建筑真实性基础上，完善民宿的建筑功能需求，符合现代人的审美观。民宿景观的营造要观照软装的细节刻画，需要独特理念，突显个性与品位，使其在原生态基础上更具有生命力和艺术感。

由于人们对民宿环境场所的精神需求不断增多，设计师需要遵循建筑的功能性、经济性原则，同时还要关照室内环境的宜人性和民宿本身所反映的情感特征，以便整个环境能带给人们美的心理反应。民宿室内中的一草一木、一器一物，都是一种关怀、一种无微不至的体贴。如挂在土墙上的渔网、竹编的筛子、桌上插花的瓷器、盛放新鲜果子的簸箕、室内藤编的摇椅等等，这些传统编制技巧，既装饰、美化了室内软环境，又保护了地域性工艺，传承了民族文化和精神，满足人们回归大自然的审美要求。当夜幕来临时，抬头清晰可见无数的星星在天空中闪烁，稻田里的蛙声、身边忽明忽暗飞来飞去的萤火虫……在这种别有一番韵味的静谧空间里，让人身心放松愉悦，带给人一种家的温馨和丰富的视觉感及浓郁的归属感。这也是民宿带给忙碌的都市人精神上的安全感和满足感。

三、民宿设计布局及建议

挖掘农业的多元化功能。依托广东农垦农业和高校技术优势，资源整合，打造湛江垦区民宿旅游联盟。

农垦农产品绿色生产方面领先于全国，绿色 A 级农作物种植面积全国最大，单位面积和单位农产品使用的化肥、农药施用量均低于全国平均水平，农产品"生产有记录，安全有监管，产品有标识，质量有检测，消费有信心。除了依托农垦自身优势外，利用高校如广东农工商职业技术学院已有的专业教师队伍资源优势，实现校企合作，专业技术精确对接，让技术型教师下垦区给予技术指导，或选派垦区职工来校培训学习，加强农垦职工职业技能培训，建设知识型、技能型、创新型劳动者，实现农垦现代农业产业体系、经营体系不断完善，在目前关于建设美丽乡村振兴战略中找到自己的事业坐标和位置。摸清家底，打破行政区域界限，联合湛江农垦辖区内的十余家农垦企业，在发展民宿的同时，开发绿色生态产品。建设围绕热带、亚热带观光园、特色农产品或农业产业链，使观光园区内热带农作物品种结构在时间上合理搭配，分出早、中、晚熟，真正现实瓜果四季飘香。利用东方红农场的剑麻园，幸福农场的蔬菜瓜果园、橡胶园，五一农场的杧果园，丰收公司的甘蔗园，广垦雄鸥茶业公司的生态海洋绿茶园，收获罐头厂的"菠萝的海"园，广前公司的热带花卉园等特色园区，按照"一场一品""一场一业"的独特优势，进行农业生态民宿设计旅游资源的开发，带动民宿及农场经济发展。如在茶园农场设茶导游，让游客观茶、采茶、炒茶、制茶、品茶等过程。在橡胶园设立夜间割胶逍遥游，游客通过专业导游解授，跟随胶工割胶，了解橡胶树的生长规律及其在国家战略中的地位。以此发展绿色农产品，推动农垦民宿旅游资源优化整合，实现民宿共建联盟，最终实现农垦民宿旅游产业抱团式经营，跨越式发展，以推动农业外部功能的拓展与产业间的融合发展。

四、民宿的未来

民宿具有区域性、文化性和自然生态的特质。收获罐头厂民宿的景观设计与室内设计，要在尊重自然环境、地域人文的基础上，注重设计的个性化创新、文化品质和旅居体验。充分利用当地独特的热带农作物资源，在景观营造上一定会为民宿设计注入温暖和活力。民宿的灵魂是文化传承，是一种对本土历史文化、民族精神的传承，是人们对于传统文化感性的回归。发展民宿共建，是向世人推崇农垦人的精神面貌、独特魅力与风采的最好平台和最好机遇。利用农垦热带农作物独特的元素和配套项目，追溯生活的本源，传递健康、简单、美好的生活理念。用探究的态度来设计打造个性化、舒适、高颜值的民宿体验，这些对当地经济的发展带来的商机将是不可估量的。

粤北地区乡村教师培养策略研究[①]

单丽娜[②]

摘　要：乡村教师既是新农村文化建设的"灵魂"人物，担负着乡村文化的重任，又是新农村文化的引领者。乡村教师的整体水平直接影响着我国社会主义新农村文化建设的质量。通过调研粤北地区乡村教师培养发展现状，发现粤北地区乡村教师存在教育资源与机会配置不平等、乡村教师专业化发展不足、骨干教师流动性严重等现实困境，提出从提高乡村教师职业认同感、优化乡村资源配置、加强教师专业发展自主性等策略，为粤北地区乡村经济教育发展提供智力支持和人才储备。

关键词：粤北地区　乡村教师　培养策略

2015年6月，国务院办公厅印发《乡村教师支持计划（2015—2020年）》，直指乡村教师这个教师队伍最短板，围绕师德建设、培养补充、待遇提升、资源配置、能力提升等出台系列政策，吹响了加强乡村教师队伍建设的号角。为了落实关于国务院办公厅关于印发乡村教师支持计划（2015—2020年）的战略部署，广东省出台了《广东省乡村教师支持计划实施办法（2015—2020年）》，进一步促进教育均衡发展，让每个乡村孩子都能接受公平、有质量的教育。

一、粤北地区乡村教师培养现状分析

粤北山区指广东省北部山区，包括韶关市、清远市、河源市、梅州市和云浮市五市，广东省21个重点扶贫开发县（市）中有16个都在粤北山区。粤北地区以连山小学、连山中心小学、连南民族小学、连南县顺德小学这4所小学为研究对象，分别对教师、教育管理者、学生进行问卷调研和访谈得知，关于教师流动性因素分析，其中有69.6%的教师希望可以在教育质量更好的学校任教，乡镇教师想到县级以上甚至是城市任教的有91.33%，村屯教师向乡镇及以上地区流动的有93.35%；关于教师培训现状因素调研得知，由于资源配置不均衡、教学任务较重，平时学习及提升自我的途径，依然是通过传统的

---

①基金项目：1.广东技术师范学院2018年研究生创新课题"粤北地区乡村教师培养策略研究"（项目编号：GSY201815，主持人：单丽娜）阶段性成果。

②单丽娜（1994—），女，湖南郴州人，广东技术师范学院教育科学与技术学院2017级硕士研究生，研究方向：职业教育管理。

工作中学习（48%），时间调控较为自如的占比 34%，而取代了比较耗费时间与精力的高校学历教学（12%）等职后培训；但关于教师专业培训重要性因素而言，88% 的乡村教师认识到教师专业自主发展的重要性，94% 的教师也时常在教学中感到自己存在的不足并有学习进修的想法。通过调研现状得知，乡村教育资源配置不足导致专业知识狭隘，但教师对培训有强烈的需求，面临培训的机会少等现实困境。通过对粤北地区乡村教师培养现状和问题症状的精准把握，探索适应粤北地区乡村教师的培养对策，促进乡村教师专业发展，提高乡村教师职业能力，助力乡村振兴。

二、粤北地区乡村教师培养现实困境

随着我国城镇化的大力推进和户籍制度的改革，我国已经开始由以乡村型社会为主体进入到城市型社会为主体的时代，但我国居住在乡村的人口仍有 61866 万，占总人口数 50.3%，有外出农民工 16821 万人。2017 学年广东省共有乡村小规模学校 6103 所，数量居全国前列。这些乡村小规模学校绝大多数分布在粤东西北地区乡村，不但数量多、规模小、分布散，而且办学基础设施薄弱，教学质量不高，已明显成为基础教育发展的短板，面临现实困境具体表现在以下几方面：其一，教育资源与机会配置的不平等。均衡城乡师资配置，最根本的目的是让贫困地区的孩子享有公平、优质的教育。教师资源优化，不仅仅指教师的数量、学历、职称等外在的"硬件"建设，还要关注农村教师的专业素质、教学水平的实质性提高，最终提高农村教育的质量。随着政府和社会公益力量对贫困农村帮扶力度的加大，一些原来的危房换成了漂亮的校舍、各种配套设施逐渐完善。但在调查中发现，这些教学设施的改良并未在教学质量上发挥应有作用。阅览室有了，但没有老师去有意识指导学生进行课上和课下的阅读；多媒体教学设备也有了，但因为没有老师懂得使用技术，被闲置起来。另外，调查显示，教师们对新课改的理念并没有深刻的理解，教学多是凭经验。我们知道，作为"知识"分子，农村教师在农村的作用不仅仅体现在学校的情境中，还承担着在偏僻农村传播文明的职责和使命。高水平的教师，不但能培养出优秀的学生，还能在新农村建设中发挥作用。反之，这种作用就会弱化。其二，乡村教师的专业化发展不足。乡村中小学教师教学任务相对较重，学校培训经费欠缺，图书资料与网络教学资源不足；主观上，不少学校领导在对待教师业务进修方面不够重视，认为教师从事教育科研课题研究和撰写论文是"不务正业"，因此乡村中小学教师外出参加各类研修的机会相对匮乏，也有些教师自我发展的主动性和自觉性不强，认为难以在乡村学校做出教学成绩，无须白费经历去提升教育教学技能。其三，职称晋升政策等体制弊端加剧了乡村骨干教师的流失。乡村学校毕竟领导管理岗位有限，教师最关心的就是自己的职称晋升问题。但是，由于分配到乡村学校高级职称的职位数较少，乡村教师在职称评聘方面却比城镇学校更为不易。此外，相比在城镇工作的教师，乡村教师更不易在教学岗位上做出教学成绩，更不易取得优异的教学成果，在职称评聘时的业绩量化考核这一块就要逊色很多。不少原在乡村学校担任一定领导职务的校级领导，宁愿辞去领导职务到城镇学校担任一名普通教师，每年跳槽离职自谋职业或到沿海城市务工不再从事教育工作的乡村教师亦不在少数。

三、粤北地区乡村教师培养策略分析

（一）提升乡村教师职业认同感

教师职业认同是教师对自己的职业发自内心的认可，把职业规范内化为自己的行为准则，努力实践好职业角色，从中找到乐趣的一种状态。教师职业认同程度的高低一定程度上影响着教师自主发展意识。真教育是发自内心深处的心心相印的活动，只有从心里发出来的，才能打到心的深处。第一，提高乡村教师对乡村教育事业的热情、信心和乐趣。一方面，找准方向，加强乡村教师的情怀教育，包括乡土情怀和教育情怀教育，提高教师职业的责任感、使命感和光荣感；另一方面，接通"地气"，提升乡村教师服务"三农"的知识与能力，提高乡土文化与教育教学融通的能力，加大学校和教师、教师与学生及家长的畅通能力等。第二，以人为本，加大人文关怀的力度和制度保障，激励教师奉献乡村教育事业。一方面，切实营造有利于乡村教师发展的环境，使他们在生活与工作中得到认可、尊重且得到发展，激励他们工作的积极性。另一方面，突出历史贡献，加大政策倾斜力度，落实好各项社会保障。第三，科学制订乡村教师职业生涯规划，并有计划、有意识地付诸。引导乡村教师建构合理的知识架构，明确职业的价值，理清职业的现状和发展前景，确立奋斗目标，勾勒出自我发展、自我实现的路线图。年轻教师加强教育理想与信念，提高自身责任感和使命感，防止紧张或懒散；中年教师加强进取心，加大反思，强化科研力度成就自身发展，防止"求稳怕变"的职业倦怠；老年教师坚定自信心，加大学习力、反思力和社会同化力，增强工作的情感体验与认知，形成自理论。

（二）优化乡村资源配置

粤北山区地域广、学生分散、校点多、规模小，所需教师多于城镇。因此，在制订编制标准时，应以统筹兼顾和基本均衡为价值取向，坚持因地制宜的原则，适当增加农村学校教师的编制数量。对人口居住分散的农村偏远地区、山区必须保留的村小和教学点，编制按照生师比和班师比相结合的方式核定。在保证整体数量的同时，要充分考虑学科因素，保证能满足国家课程的开课需求。同时，严格规范招聘标准、招聘程序和

聘后管理，确保为农村输送优秀师范毕业生。加大免费师范生的实施力度，吸引有志农村教育的学子进入师范院校，为以后的农村教育储备力量。当然，考虑到生活环境等实际问题，在招聘时，同等条件下，可以向本地生源的毕业生倾斜。其二，农村教师生活条件差、环境艰苦、收入低是有目共睹的事实。仅靠责任心和爱心去长期坚守，或用奉献精神来激励，只能激发少数先进分子。"唯有梧桐树，才能招来金凤凰"，想办法让农村教师成为"有地位、有尊严、有幸福感"的岗位才是长久之计。首先，要大幅度提高农村教师的工资水平。近几年来，国家也在提高农村教师的收入，但力度不够，效果不明显。在美国、日本等发达国家，乡村教师的收入均高于城市的同行。所以，要加大工资上涨力度，使这些收入与教师们在不良条件下付出的额外劳动相匹配。其次，增加各种交通补贴、住房补贴、乡村教师重大疾病求助基金等，尽最大努力解决农村教师的生活顾虑。具体操作中可以将学校按照距城市的远近、生活条件、教学环境等情况分成层级，不同层级制定不同的补贴系数。第三，加大投资力度，实行城乡学校建设标准一体化，"一张图纸"建学校，改善教师的工作环境，并解决教师的住房条件。让农村教师能在跟城市学校一样的教室里上课，一样的房子里生活，让教师们感到"付出就有回报"。

（三）加强乡村教师的专业发展的自主性

乡村教师的专业成长是融"乡村性"与"乡土性"于一体的成长。这种成长受多方面原因的制约，故在成长过程中也面临着错综复杂的情境。在此过程中，"内源力"与"外援力"是不可或缺的动力。一是强化专业信念，这是教师专业成长积极性与创造性的重要源泉和动力，乡村教师通过反思性实践，不断加深和巩固自身专业认同感及教学自信；二是尊重教育教学实践经验，在教育教学实践通过"文化人""知识管理者"等角色的认同与强化，"唤醒"自我、"唤醒"学生、传承乡村文化；三是在遵循教育教学规律的基础上，通过不断的阅读、学习、思考、践行、研究，树立新的教育教学理念，创新教学方法；四是加强与教师之间的"对话交流"与"合作探究"，分享交流经验、共享资源、互利共赢。总之，乡村教师的专业发展，必须要立足于"乡村""乡土"，在强化"内源力"的基础上，借助"外援力"，积极自主地投入乡村教育事业中，以自身的专业成长为乡村振兴添砖加瓦。